KB116383

일본어
문법
사전

일본어 문법사전

지은이 송수영
펴낸이 임상진
펴낸곳 (주)넥서스

초판 1쇄 발행 2009년 12월 20일
초판 11쇄 발행 2016년 9월 5일

2판 1쇄 발행 2018년 7월 30일
2판 11쇄 발행 2024년 1월 30일

출판신고 1992년 4월 3일 제311-2002-2호
주소 10880 경기도 파주시 지목로 5
전화 (02)330-5500 팩스 (02)330-5555

ISBN 979-11-6165-447-8 13730

이 책은 『넥서스 일본어 문법사전』(2009)의 개정판입니다.

www.nexusbook.com

기초 문법부터 고급 문법까지
한 권으로 끝! ————

일본어 문법 사전

송수영 **지음**

넥서스

필자는 오랜 세월 강사직에 몸담아 왔다. 일본어 교사를 오래 하다 보면 학습자들이 자주 틀리는 오류나 한국인 학습자가 어려워하는 점이 어디 인지, 말하자면 가려운 곳을 알 수 있게 된다.

이러한 학습자들의 어려운 부분을 해소시켜 주기 위해서 〈일본어 문법사전〉 책을 쓰게 되었다. 초급자는 초급자대로, 중고급자는 중고급자대로 일본어를 공부하는 한 계속 도움을 받게 되는 그런 책 말이다. 각종 시험을 준비하는 분들이나 일본에서 생활한 경험이 있더라도 문법에 자신이 없는 분들에게도 도움을 주고 싶었다.

이 책은 학습자들이 어려워하는 문법을 체계적으로 설명하고, 그동안 학습 현장에서 학습자들이 궁금해 하던 부분을 되도록 알기 쉽게 풀어내고자 했다. 그리고 JPT나 JLPT 등 각종 시험에 대비할 수 있도록 필수적으로 알아야 하는 고급 문법을 첨가했다. 시험 대비에 필요한 문법은 기초 문법을 이해하는 것만으로 해결될 만큼 그리 쉽지는 않다. 기초 문법 이상의 지식을 필요로 한다. 이 책을 숙지하면 JLPT 2급, JPT 700점 이상의 문법은 어렵지 않게 마스터하게 될 것이다.

그런데 언어라는 게 실제 말로 구사할 수 없다면 소용이 없는 경우도 있다. 실제로 JLPT, JPT 등의 시험에서도 일상 회화적인 이해를 요구하는 문제도 출제된다.

그래서 이 책의 예문은 되도록 실생활에서 응용이 가능한 구어 표현을 넣으려고 했다. 따라서 딱딱한 표현으로 기초를 학습한 학생들에게는 조금 어려운 예문이 있을 수도 있다. 그럴 경우 그냥 통째로 암기할 것을 권한다. 회화를 필요로 하는 학습자도 예문을 암기하면 많은 도움이 될 것이다. 일본 드라마나 애니메이션을 즐기는 학습자도 마찬가지이다.

필자는 문법책은 여러 권 볼 필요가 없다고 생각한다. 한 권을 몇 번이고 봐서 그 내용을 확실하게 익히는 게 중요하다. 이 책이 어학 사전처럼 평생 곁에 두고 계속해서 볼 수 있는 책이 되길 바란다.

또한 이 책은 문법 표현의 차이점도 비교적 자세히 설명했으므로 일본어 강의를 처음 시작하는 분들에게도 도움을 줄 수 있으리라고 생각한다.

마지막으로 예문의 감수를 봐 준 일본인 지인들에게 감사하고, 이 책을 출간하게 해 주신 넥서스 출판사 여러분께 감사드린다.

송수영

이 책의 활용법

초중급 학습자라면 이 책을 처음부터 끝까지 모조리 알고 넘어가려는 생각은 하지 않는 것이 좋다. 그렇게 접근하면 도중에 포기하게 될 확률이 높기 때문이다.

우선 Intro는 그냥 넘어가도 상관없다. 문법에 대한 개략적인 소개나 이 책의 용어 해설을 한 부분이다. 다른 교재로 기초를 마친 학생들이라면 대략적인 기초 지식은 있을 터이다.

'Chapter 1 명사'부터 'Chapter 26 경어의 표현'까지가 기초 문법을 정리한 부분으로, 대부분 〈초중급 문법 문형〉과 〈중고급 문법 문형〉으로 나누어 놓았다.

초중급 학습자는 Chapter 26까지는 일단 〈초중급 문법 문형〉 부분만을 공부한다. 두 가지로 나눠져 있지 않은 Chapter는 어떤 학습자에게나 중요한 부분이므로 되도록 내용 전체를 공부한다.

어느 정도 기초 문법이 정리되었다고 생각되면 다시 처음으로 돌아가 이번에는 〈중고급 문법 문형〉을 학습한다. 너무 어렵다고 생각되면 처음 볼 때는 대략적으로 읽어 보고 이해하는 선에서 공부한다. 그런 후에 Chapter 27부터 보기 시작한다. Chapter 27 이후의 조사, 부사, 형식명사 등이 너무 광범위하다고 생각되면 우선 제목만이라도 이해하고 지나가고, 반복 학습으로 조금씩 이해의 범위를 넓혀 나가도록 하자.

중고급자들은 처음부터 꼼꼼히 읽어 나간다. 레벨이 높은 학습자들이라도 기본 문법에 구멍이 숭숭 뚫려 있는 경우를 많이 보았다. 특히 회화나 영상으로만 학습한 사람들이 이런 현상이 심하다. 하지만 제대로 된 문법으로 구성된 말을 할 수 없다면, 언제가 돼도 일본어다운 일본어를 구사할 수 없을 것이다. 중고급 학습자는 TIP이라든가 별단의 설명을 한 줄도 빠짐없이 익히고 지나가도록 한다. Chapter 27 이후의 부분도 숙지해야 함은 말할 것도 없다.

이 책은 시험 대비를 하는 학생들에게도 유용할 수 있도록 문법 표현에 대한 차이를 자세히 설명했다. 어려운 시험이라고 해서 모든 시험이 어려운 어휘나 관용어구, 한자만 많이 출제하고 있는 것은 아니다. 오히려 공신력이 높은 시험, 일본에서 출제하는 시험일수록 정확한 문법 지식과 기본 표현의 뉘앙스 차이를 묻는 경우가 많다. 그래서 어휘만 많이 알고 있는 학습자가 의외로 고득점을 얻지 못하는 것이다.

다음은 본문 구성과 활용법이다.

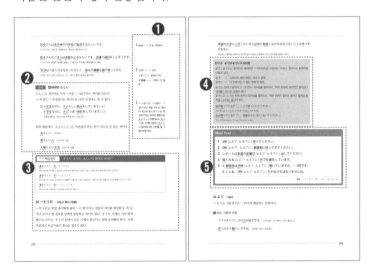

❶ 별단 추가 설명이나 관련 단어를 별도로 정리했다.

❷ 심화 문법 설명 중에 조금 난이도가 높은 부분이다. 초중급자는 나중에 봐도 괜찮지만, 고급자에게는 꼭 필요한 중요 문법이다.

❸ 핵심정리 꼭 암기해야 하는 필수 문법이다. 각종 시험에도 단골로 출제되는 부분이니 확실하게 알아두자.

❹ TIP 단어나 표현의 비교, 뉘앙스 차이를 이해하는 데 도움이 되는 내용이다. 시험을 준비하는 분들은 고득점을 위해 필요한 부분이다.

❺ Mini Test 문법 차이를 반드시 알고 넘어가야 할 부분은 〈Mini Test〉를 통해 확인할 수 있도록 했다.

이 책은 ふりがな를 글자 아랫부분에 달았다. 한자는 학습자들이 넘어야 할 또 하나의 큰 산이다. 종이나 자 등으로 아래의 요미가나 부분을 가리고 읽어 보도록 하자. 초중급 학습자는 일단 보면서 읽고, 한 번 더 읽을 때는 가리고 읽어 보는 연습을 해서 자연스럽게 한자를 익히도록 한다.

이 책으로 여러분들의 실력을 레벨 업 할 수 있길 바란다.

목차

目次

Intro

일본어 문법에
관하여

Intro   일본어 문법에 관하여

문법이란 언어를 사용하는 데 필요한 규칙이나 질서를 말한다.

외국어의 경우, 현지에서 공부를 한다면 감각으로 익힐 수도 있겠지만, 한국에서 공부할 경우에는 언어 습득의 유연성이 뛰어난 유년 시절의 학습이 아니고서는 감각에만 의지해서 언어를 익힐 수가 없다. 그래서 문법에 관한 이해가 필수적인 것이다.

일본에서 3년 이상 거주한 학습자라도 문법의 이해가 부족해서 각종 시험에서 높은 점수를 얻지 못하는 사례도 많이 보았다. 혹자는 그저 표현이나 문형을 통째로 암기하라고 말하기도 한다. 맞는 말이긴 하지만, 문법에 대한 정확한 이해가 없으면 그 이상의 응용이 어려워서, 어느 수준 이상의 레벨 업은 불가능하다. Intro에서는 일본어 문법에서 중심이라고 할 수 있는 품사와 활용에 대해서 설명하기로 한다. 이 교재를 이해하는 데 있어서 기본적인 숙지 사항이지만, 어렵고 부담스럽게 느껴진다면 넘어가도 상관없다.

1 품사

품사란 문장 안에서의 역할과 활용 방법으로 분류한 말의 그룹이라고 할 수 있다. 크게 동사, 명사, 형용사, 부사, 접속사, 조사 등으로 나눌 수 있다. 이 교재에서는 일본어를 학습하는 데 있어서 꼭 필요한 문법을 학습자가 이해하기 쉬운 수준의 항목으로 크게 나누어서 설명한다.

(1) 동사 → Chapter 8 동사의 종류와 ます형

동사는 말 그대로 주어의 동작을 나타내는 표현이다. 때로는 '있다', '할 수 있다' 등의 상태를 나타내는 표현도 포함한다. 모든 동사의 기본형(원형)은 う단으로 끝난다.

동사의 종류는 활용 방식에 따라, **1그룹(5단 동사) / 2그룹(1단 동사) / 3그룹(변격동사 또는 불규칙동사)**으로 나눈다. 일본어 교육에서 최신 경향은 그룹별로 나누는 것이기는 하나, 이 교재에서는 활용에 대한 이해를 돕기 위해서 5단 동사 / 1단 동사 / 변격동사로 나누어서 설명한다.

5단 동사 (1그룹)	1단 동사와 변격동사를 제외한 모든 동사
1단 동사 (2그룹)	る 앞의 발음이 [i]단이나 [e]단인 동사
변격동사 (3그룹)	불규칙 변화를 하는 する(하다), くる(오다)의 두 가지 동사

'5단'의 의미는 다섯 단에 걸쳐 활용을 일으킨다고 생각하면 쉽게 이해가 될 것이다. 일본 학교문법에서는 1단 동사를 상일단(上一段), 하일단(下一段) 동사로 나누기도 한다. 하지만 상, 하 모두 활용상 차이가 없으므로 구별하지 않아도 된다. 또한 변격동사도 サ행 변격동사, カ행 변격동사로 나누기도 하는데, 불규칙으로 암기해야 하므로 명칭 자체는 의미가 없다.

> サ행 변격동사: する(하다)를 말한다.
> カ행 변격동사: くる(오다)를 말한다.

(2) 명사 → Chapter 1 명사

명사는 사물의 개념을 나타내는 품사이다. 단독으로는 활용을 할 수 없고 격조사를 뒤에 붙일 수가 있다는 특징을 가지고 있다. 대략 다음과 같이 나눌 수 있다.

보통명사	本(책) 등 일반 사물을 가리키는 말.
고유명사	吉田さん(요시다 씨), 北海道(홋카이도) 등 인 명이나 지명을 가리키는 말.
대명사	彼(그), それ(그것)처럼 사람이나 사물, 장소 대신에 쓸 수 있는 말. → Chapter 2 대명사
수사, 조수사	一つ(하나), 二つ(둘) 등의 수를 세는 말이나, 一本(한 자루), 一冊(한 권) 등 숫자 뒤에 붙여서 세는 말. → Chapter 3 수사, 조수사
형식명사	こと, もの, わけ, ため 등 명사 구실을 하지만, 실질적인 의미가 거의 없고 일반적으로 수식어를 동반해서 나타내는 표현. → Chapter 33 형식명사

> こと / もの / わけ / ため는 보통명사일 때 각각 '일 / 물건 / 이유 / 위함'의 뜻이다.

(3) 형용사 → Chapter 5 い형용사 / Chapter 6 な형용사

일본어의 형용사는 **い형용사**와 **な형용사**로 나뉜다. な형용사는 학교문법에서는 형용동사라고도 한다.

い형용사는 명사수식형이 될 때 赤いネクタイ(빨간 넥타이)처럼 원형을 그대로 쓰고, な형용사는 きれいな人(예쁜 사람)처럼 어간에 な를 붙이는 형태가 된다. 이러한 특징 때문에 'い형용사', 'な형용사'라고 하는 것이다. 각자 다른 형태의 활용 어미를 가진다.

(4) 부사 → Chapter 29 부사

日本のビールはとてもおいしかったです。　일본 맥주는 매우 맛있었어요.

とても(매우)처럼 부사는 활용을 하지 않는 말이다. 동사, 형용사, 다른 부사를 수식해서 동작이나 상태, 모습, 정도 등 말하는 사람의 기분을 나타내는 역할을 한다. しとしと(부슬부슬) 같은 의성어, 의태어도 포함한다.

(5) 접속사 → Chapter 32 접속사

접속사란 활용이 없는 형태의 말로, そして(그리고), それで(그래서), しかし(그러나) 등과 같이 명사끼리 연결하거나 절을 연결하거나, 또는 한 문장을 끝내고 나서 내용을 새로운 문장으로 연결할 때 쓰인다.

朝寝坊をしました。それで会社に遅刻しました。
늦잠을 잤습니다. 그래서 회사에 지각했습니다.

> 朝寝坊あさねぼうをする 늦잠을 자다
> 遅刻ちこくする 지각하다

(6) 조사 → Chapter 27 조사 I (격조사 / 병렬조사) / Chapter 28 조사 II (부조사 / 종조사)

단독으로는 쓸 수 없고 명사나 동사 등 다른 말 뒤에 붙는 활용이 없는 말이다. 조사의 종류에는 격조사, 병렬조사, 접속조사, 부조사, 종조사가 있다.

격조사(格助詞)	が(이/가), を(을/를) 등. 명사의 술어에 대해 어떠한 관계로(자격으로) 연결이 되는가를 나타내는 말이다.
병렬조사(並列助詞)	と(~와), や(~랑) 등. 명사와 명사 사이에 병렬의 관계를 나타내는 조사를 말한다.

접속조사(接續助詞)	から (~이니까), のに (~인데도) 등. 활용어에 붙어서 뒤의 절과의 접속 관계를 나타내는 조사를 말한다.
부조사(副助詞)	も (도), さえ (조차) 등. 동사의 의미와 관계하면서 명사와 같은 기능을 하는 조사로, 격조사와 함께 쓰이거나 격조사 대신 강조의 의미로 쓰인다.
종조사(終助詞)	ね, よ 등. 문장의 끝에 오면서 문장을 끝맺으며, 감동·명령·의문·희망 등의 의미를 나타내고 진술을 제약하는 조사를 말한다.

(7) 그 외의 품사

그 외 조동사, 보조동사 같은 문법 용어도 있지만, 그 범위가 광범위하므로 이 교재에서는 '가능 표현', '의지의 표현', '희망/요구의 표현', '추측/전문의 표현', '사역 표현', '수동 표현' 등 표현의 범주에 넣고 문법 용어는 가급적 쓰지 않도록 했다.

또한 명사를 수식하는 말로만 쓰이는 **연체사**가 있다. 연체(連体)는 말 그대로 체언(명사)을 연결한다는 의미이다. ある~(어느 ~), 我が~(우리 ~), 大きな~(큰 ~), 小さな~(작은 ~), さる~(지난 ~), 来た~(오는 ~) 등의 말이 있는데, 이 교재에서는 따로 다루지 않는다.

기쁨, 슬픔, 놀람 등의 감정을 한마디로 표현하는 **감동사**도 있다.
あら(어머), ああ(아아), まあ(뭐), さあ(글쎄), あれ(어라), ほら(거봐) 등이 그것인데, 이런 표현들은 생활에서 익힐 수 있는 표현이므로 이 교재에서는 문법 사항으로 다루지 않는다.

2 활용

동사, い형용사, な형용사는 뒤에 오는 표현에 따라 조합 방법을 달리하고 형
태를 바꾸는데 이를 활용이라고 한다.

**일본 학교문법에서는 활용형을 미연(未然), 연용(連用), 종지(終止), 연체(連
体), 가정(仮定), 명령(命令)의 표현으로 명칭한다. 하지만 말 자체가 이해하기
어려우므로 일본어 교육에서는 ます형, て형, ない형처럼 활용형 자체로 이름
을 붙인다.

이 교재에서는 미연(未然)형은 ない형으로, 연용(連用)형은 ます형으로, 종지
(終止)형은 기본형 또는 종지형으로, 연체(連体)형은 → 명사 수식형으로 설명
하고, 가정(仮定)형, 명령(命令)형은 그대로 사용한다.

| 학교문법 용어의 의미

미연(未然) : 아직 일어나지 않은
　　　　　　 일
연용(連用) : 용언(用言 : 동사 ·
　　　　　　 형용사류)에 연결되
　　　　　　 는 형태
연체(連体) : 체언(体言 : 명사류)
　　　　　　 에 연결되는 형태
종지(終止) : 문장을 끝내는 형태

(1) 형용사의 어간과 어미

い형용사, な형용사는 뒤에 오는 형식에 따라 활용의 변화를 일으킨다. 이때 활
용에 의해 형태가 변하지 않는 부분을 어간(語幹), 변하는 부분을 어미(語尾)라
고 한다.

기본형은 い형용사는 大きい(크다)처럼 い로 끝나는 형태로 나타낸다. な형용
사는 好きだ(좋아하다)처럼 편의상 어간에 ~だ를 붙여서 나타내는데, **사전에
는 어간만으로 나온다.

대표적인 어미의 변화는 다음과 같다.

| な형용사의 사전 형태

例 しずか〔静か〕
　　形動 ①고요함 ②잠잠함
　　にぎやか〔賑やか〕
　　形動 ①번화함 ②떠들썩함

• い형용사

大きい → 어간 : **大き** / 어미 : **い**	
た형(과거형)	大きかった 컸다
ない형(부정형)	大きくない 크지 않다
て형(연결형)	大きくて 크고
ば형(가정형)	大きければ 크면

• な형용사(형용동사)

好きだ → 어간 : **好き** / 어미 : **だ**	
た형(과거형)	好きだった 좋아했다
ない형(부정형)	好きではない 좋아하지 않는다
て형(연결형)	好きで 좋아해서
ば형(가정형)	好きなら(ば) 좋아하면

(2) 동사의 활용

동사도 어간과 어미 구별이 있기는 하지만, 여러 가지 변형이 있으므로, 어간 어미 구별보다는 활용형으로 학습하는 편이 좋다. 5단 동사(1그룹)가 활용이 가장 어려운데, 다음과 같이 다섯 단에 걸쳐서 여러 가지 형태로 활용을 한다. 1단 동사는 뒤의 る를 빼기만 하면 되고, 변격은 불규칙이므로 규칙 없이 변형한다.

あ[a]단 → ない형(부정형) / 수동(受身)형 / 사역(使役)형

い[i]단 → ます형

う[u]단 → 종지형(기본형)

え[e]단 → 가능형 / 가정형(ば형) / 명령형

お[o]단 → 의지형

ない형(부정형)	あ[a]단+ない	書かない 쓰지 않는다
수동(受身)형	あ[a]단+れる	書かれる 쓰인다
사역(使役)형	あ[a]단+せる	書かせる 쓰게 한다
ます형	い[i]단+ます	書きます 씁니다
가능형	え[e]단+る	書ける 쓸 수 있다
가정형(ば형)	え[e]단+ば	書けば 쓰면
명령형	え[e]단	書け 써라
의지형	お[o]단+う	書こう 쓰자

다섯 단에 걸쳐 하는 활용 이외에 ます형에서 변형된 음편형(음이 변화하는 형)이 있다. 동사의 연결형 「て형」이 그것인데, ~て형뿐만 아니라, 완료형인 ~た의 형태도 같은 형식으로 변화한다.

음편 현상은 5단 동사(1그룹)에서만 나타나고 다음과 같은 세 가지 유형이 있다.

① 끝 발음이 い로 변하는 い음편 : く, ぐ로 끝나는 5단 동사

예 書く → 書いて   歩く → 歩いて   泳ぐ → 泳いで

② 끝 발음이 っ로 변하는 촉음편 : う, つ, る로 끝나는 5단 동사

예 買う → 買って   待つ → 待って   乗る → 乗って

③ 끝 발음이 ん으로 변하는 발음편 : ぬ, ぶ, む로 끝나는 5단 동사

예 死ぬ → 死んで   遊ぶ → 遊んで   飲む → 飲んで

(자세한 사항은 'Chapter 9 동사의 て형'을 참조한다.)

(3) 공손체와 반말형

한국어와 마찬가지로 일본어도 공손한 형태와 친근하게 격 없이 쓰이는 형태가 있다. 일본어 교육에서 보통 공손체를 です形, ます形이라고 하고, 격 없이 쓰는 표현은 普通体(보통체), 普通形(보통형)이라고 한다.

그러나 보통체나 보통형이라는 말은 한국에서는 안 쓰므로 이 책에서는 반말형, 또는 기본형, 종지형이라고 표현하기로 한다. 기본형 또는 시제가 들어가는 반말 종지형이 곧 격 없는 반말 표현이기 때문이다.

현재형만 소개하면 다음과 같다.

• 동사

	반말형	공손체
현재	飲む 마시다	飲みます 마십니다
현재 부정	飲まない 마시지 않는다	飲みません 마시지 않습니다

• い형용사

	반말형	공손체
현재	高い 비싸다	高いです 비쌉니다
현재 부정	高くない 비싸지 않다	高くありません 비싸지 않습니다

い형용사의 부정형 〜くありません은 〜くないです라고도 하는데, 〜くありません 쪽이 조금 더 공손하고 딱딱한 느낌이 든다.

• な형용사(형용동사)

	반말형	공손체
현재	まじめだ 성실하다	まじめです 성실합니다
현재 부정	まじめではない 성실하지 않다	まじめではありません 성실하지 않습니다

〜では는 축약형 〜じゃ로 바꿔 쓸 수 있다. 즉 雪じゃない, まじめじゃない라고 해도 상관없다.

• 명사

	반말형	공손체
현재	雪だ 눈이다	雪です 눈입니다
현재 부정	雪ではない 눈이 아니다	雪ではありません 눈이 아닙니다

Chapter

01

명사

1 명사의 개념과 활용

명사는 사물의 개념을 나타내는 품사이다. 단독으로는 활용을 할 수 없고 격조사를 뒤에 붙일 수 있다는 특징을 가지고 있다.

서술형을 만들려면 だ / です / である 또는 이들의 활용형을 붙인다. 명사 수식을 하기 위해서는 격조사 の를 붙이는데, 이것이 다른 품사와 구별되는 큰 특징이기도 하다. 예를 들어 な형용사(Chapter 6)의 경우, 뒤에 명사를 수식할 때는 「어간+な」의 형태가 되는데 명사인 경우는 の를 붙인다.

> [명사]　　　　日本語の先生 일본어 선생님
> 　　　　　　　に ほん ご　　せんせい
>
> [な형용사]　　有名な大学 유명한 대학
> 　　　　　　　ゆうめい　　だいがく

日本語の先生의 경우, 한국어에서는 の에 해당하는 '의'가 필요 없는 반면, 일
に ほん ご　　せんせい
본어에서는 の를 꼭 붙여야 함을 명심하자. 또한 の를 붙이지 않을 경우엔 고유
명사가 되기도 하므로 주의한다.

> 京都の大学 교토의 대학(교토에 있는 대학)
> きょうと　　だいがく
>
> 京都大学 교토대학(대학 이름)
> きょうと だいがく

2 여러 가지 문법 문형

(1) ～です / ～ではありません ～입니다 / ～가 아닙니다

「명사+です」의 형태로, '～입니다'의 뜻을 나타낸다. 부정형 '～가 아닙니다'는
～では〔じゃ〕ありません이라고 하면 되는데, 편하게 말할 때는 では는 축약
해서 じゃ라고 하기도 하고, ありません은 ないです라고 하기도 한다. では
나 ありません이라고 하는 편이 더 공손하고 딱딱한 말투로 느껴진다.

또한 ❚의문형일 경우는 뒤에 의문사 か를 붙여서 억양을 올려서 말한다.
대답은 '예'는 はい라고 하고, 편하고 부드럽게 말할 때는 ええ라고도 한다. '아
니요'는 いいえ라고 한다.

> A : (あなたは)会社員ですか。
> 　　　　　　　かいしゃいん
>
> B : はい、会社員です。
>
> A : (당신은) 회사원입니까? B : 예, 회사원입니다.

> 일본어는 원칙적으로 의문 부
> 호 '?'를 사용하지 않는다. 그
> 러나 의문의 형태라고 확실히
> 명시하고자 할 때는 사용하기
> 도 한다.

A：公務員ですか。
B：いいえ、公務員じゃないです。

A : 공무원입니까? B : 아니요, 공무원이 아닙니다.

A：高橋さんですか。
B：いいえ、高橋ではありません。

A : 다카하시 씨입니까? B : 아니요, 다카하시가 아닙니다.

A：お医者さんですか。
B：いいえ、医者ではありません。看護師です。

A : 의사 선생님이세요? B : 아니요, 의사가 아닙니다. 간호사입니다.

기본적으로 상대의 이름엔 존칭인 「～さん(～ 씨)을 붙인다. 이때 조심할 것은 ～さん은 성씨가 아니라 <u>상대에 대한 존칭</u>이라는 것이다. 따라서 절대 자신의 이름에 붙여 말하면 안 된다. 그럼에도 대다수의 학생들이 「お名前は？(이름이 뭐죠?)」라고 물으면 「キムさんです～！(김상입니다!)」라고 자신 있게 대답하는 실수를 범한다.

또한 일본인은 공손하게 말할 때 상대의 직업에도 ～さん을 붙이는 경향이 있다. 이런 경우에도 본인의 직업엔 ～さん을 붙이지 않는다.

> ～さん은 弁護士さん(변호사)처럼 직업을 나타내는 경우도 있고, 때에 따라서는 花屋さん(꽃집), 本屋さん(서점)처럼 가게를 의미하거나, 그곳의 경영자나 일하는 사람을 뜻하기도 한다.

(2) ～でした / ～ではありませんでした ～이었습니다 / ～가 아니었습니다

「명사＋でした」는 '～이었습니다', 즉 공손한 형태의 과거를 나타내며, 과거부정일 경우는 ～では〔じゃ〕ありませんでした(～가 아니었습니다)라고 한다. 마찬가지로 では는 축약해서 じゃ라고 하기도 하며, 의문형일 경우는 뒤에 의문사 か를 붙여서 억양을 올려서 말한다.

A：誰でしたか。
B：吉田さんでした。

A : 누구였어요? B : 요시다 씨였어요.

A：日本語の本でしたか。
B：いいえ、日本語じゃありませんでした。英語でした。

A : 일본어 책이었어요? B : 아니요, 일본어가 아니었어요. 영어였어요.

A：雪でしたか。
B：いいえ、雪じゃありませんでした。雨でした。

A : 눈이 왔어요? B : 아니요, 눈이 오지 않았어요, 비였어요.

> 雨だ, 雪だ는 각각 '비이다', '눈이다'에 해당하는 말이지만, 일본어에서는 '비가 온다', '눈이 온다'라는 뜻으로도 쓰인다.

A：数学の先生でしたか。
すうがく　せんせい

B：いいえ、国語の教師でした。
こくご　きょうし

A：수학 선생님이었어요?　B：아뇨, 국어 교사였어요.

先生(선생님)는 존칭으로 쓰이는 표현이고, 보통 공손하게 말할 때는 教師(교사)라고 한다.
せんせい
きょうし

(3) ～だ / ～では〔じゃ〕ない　～이다 / ～가 아니다

～だ는 '～이다'에 해당하는 표현이고, 문장체나 격식 차린 말투에서는 ～である라고도 한다. 부정의 표현 '～가 아니다'는 ～では〔じゃ〕ない라고 한다.

ここは韓国である。　여기는 한국이다.
かんこく

これは桜の花だ。　이것은 벚꽃이다.
さくら　はな

明日は休みではない。　내일은 휴일이 아니다.
あした　やす

일상 회화에서는 이러한 표현들이 반말로 쓰인다. 하지만 축약형이 되거나 종조사 등이 덧붙여질 때가 많고, 여성의 경우는 ～だ를 넣지 않는 경향이 있다.
대답을 할 때도 친근하게 말할 때는 はい、いいえ를 사용하지 않고, 긍정일 경우는 うん(그래), 부정일 경우는 ううん(아니), 또는 いや(아냐)라고 한다.

A：彼、社会人？
かれ　しゃかいじん

B：ううん、社会人じゃない。

A：じゃ、大学生？
だいがくせい

B：うん、医大生(だ)よ。
い だいせい

A：그이, 사회인이야?　B：아니, 사회인 아니야.
A：그럼, 대학생이야?　B：응, 의대생이야.

A：彼女？
かのじょ

B：いや、彼女じゃないよ。

A：애인이야?　B：아니, 애인 아냐.

彼、彼女는 각각 '그', '그녀'이
かれ　かのじょ
지만, '애인'이라는 뜻으로도 쓰인다.

(4) ～だった / ～では〔じゃ〕なかった　～이었다 / ～가 아니었다

～だった는 '～이었다', ～では〔じゃ〕なかった는 '～가 아니었다'라는 뜻으로, 반말 형태의 과거형이라고 할 수 있다. 문장체나 격식 차린 말투에서는 ～であった라고도 한다.

昨日は母の誕生日だった。　어제는 엄마의 생일이었다.
きのう　はは　たんじょうび

本物のダイヤじゃなかった。偽物だった。　진짜 다이아가 아니었다. 가짜였다.
ほんもの　にせもの

あれ、うそじゃなかったよ。本当だったよ。
ほんとう

그거, 거짓말 아니었어, 정말이던걸.

本物ほんもの 진짜, 진품
↔ 偽物にせもの 가짜, 가품

A：中身はお茶だった？

B：ううん、お茶じゃなかった。コーヒーだった。

A : 내용물은 차였어? B : 아니, 차가 아니었어, 커피였어.

それが彼の本音であった。

그것이 그의 본심이었다.

★★★ 핵심정리	명사의 기본 시제 공식	
	반말형	공손체
현재	学生だ 학생이다	学生です 학생입니다
현재 부정	学生では〔じゃ〕ない 학생이 아니다	学生では〔じゃ〕ありません 학생이 아닙니다
과거	学生だった 학생이었다	学生でした 학생이었습니다
과거 부정	学生では〔じゃ〕なかった 학생이 아니었다	学生では〔じゃ〕ありませんでした 학생이 아니었습니다

(5) ～で　～이고

～では '～이고'라는 뜻의 연결형이다. 문장체나 격식 차린 말투에서는 ～であり라고도 한다.

彼は大学生で二十歳です。

그는 대학생이고 스무 살입니다.

ジョンさんはアメリカ人で役者さんです。

존 씨는 미국인이고 배우입니다.

彼女は大学の教授であり、有名な評論家でもある。

그녀는 대학교수이자, 유명한 평론가이기도 하다.

야쿠샤? 야쿠자?

'조폭'에 해당하는 일본어는 やくざ이다. やくしゃ는 '배우'를 의미한다. 발음에 조심하자.

(6) ～では〔じゃ〕なくて　～가 아니라

～では〔じゃ〕なくて는 '～가 아니라', '～가 아니고'의 뜻을 나타낸다. 문장체나 격식 차린 말투에서는 ～ではなく라고도 한다.

キムさんは男の人じゃなくて、女の人です。

김 씨는 남자가 아니라 여자입니다.

彼は年上じゃなくて年下です。

그는 연상이 아니라 연하입니다.

その人はキャリアウーマンではなく、普通の主婦だった。

그 사람은 커리어우먼이 아니라 평범한 주부였다.

'남자', '여자'를 지칭해서 말할 때 男の人, 女の人라고 한다. 男, 女는 女の先生(여자 선생님), 男の子(남자아이)처럼 성별을 말할 때 쓴다.

Chapter
02

대명사

Chapter 02 대명사 (인칭대명사/지시대명사/의문사)

1 대명사의 의미와 종류

사람이나 사물, 장소 대신에 쓸 수 있는 말을 대명사라고 한다. 보통명사는 일반적인 사물을 직접 가리켜 말하지만, 대명사는 보통명사를 받아서 彼(그), 그
れ(그거) 등으로 간접적으로 표현한다. 보통 사람을 가리켜 말하는 표현은 **인칭대명사**, 사물을 가리켜 말하는 표현은 **지시대명사**, 가리키는 것이 뭔지 모를 때의 표현은 **의문사**라고 한다.

(1) 인칭대명사

인칭대명사에는 기본적으로 다음과 같은 표현들이 있다.

1인칭(나)	2인칭(상대)	3인칭(그, 그녀)	의문사
わたし・わたくし	あなた 당신	彼 그	だれ 누구
僕	君 그대, 자네	彼女 그녀	どなた (だれ의 존칭)
おれ	おまえ 너		

•1인칭

일반적으로 わたし라고 한다. 남자들은 보통 'ぼく라고 하고, 남자답게 말할
때, 즉 친구들에게나 애인에게 말할 때는 おれ라고 한다. 그러나 정중한 자리에
서는 남자들도 わたし, わたくし라고 한다.

•2인칭

보통은 상대의 이름에 ～さん을 붙여서 말하는 게 일반적이다.
あなた는 한국어의 '당신'과 뉘앙스가 비슷해서, 공손한 표현으로는 쓰이지 않고
부인이 남편을 부를 때나, 상대에 대한 정보가 전혀 없을 때 쓸 수 있다. 영어의
you를 생각해서 あなた를 남발한다면 일본인은 불쾌하게 생각할 것이다.
きみ는 직장 상사가 부하를 대할 때 쓰거나, 친구나 이성에게 쓴다.
おまえ는 좀 더 친구끼리 막역하게 부를 때의 표현으로 보통 남성이 많이 사용
한다.
언어란 개인차가 있어서 공손한 말을 선호하는 일본인은 의식적으로 きみ, お
まえ를 쓰려고 하지 않는다고 한다.
손아랫사람이나 친구에게는 이름에 ～ちゃん, ～君을 붙여 부르기도 한다.

ぼく는 때로 남자아이에게 물
어볼 때 2인칭으로 쓰기도 한
다.
예 ねえ、ぼく、お名前は?
얘, 꼬마야, 이름이 뭐니?

• 3인칭

'그'는 彼_{かれ}, '그녀'는 彼女_{かのじょ}이지만, 각기 '남자친구', '여자친구'라는 의미로도 쓰인다.

• 의문사

どなた는 誰_{だれ}의 존경어이다. 한국어의 해석은 둘 다 '누구'이지만, だれですか
는 '누굽니까?'이고, どなたですか는 '누구십니까?'가 된다.

또한 誰_{だれ}も, どなたも처럼 격조사 も와 함께 쓰이면, '아무도'라는 부정을 동반
하는 말이 되므로 '부정칭'이라고도 한다.

(2) 지시대명사

사물을 가리킬 때 쓰는 표현은 こ~ / そ~ / あ~(이 ~ / 그 ~ / 저 ~)로 시작
되는 지시사와 ど~(어느 ~)로 시작되는 의문사로 이루어진 규칙적인 체계를
가지고 있다.

こ~ / そ~ / あ~ / ど~는 품사와 상관없는 공식을 가지고 있으므로, 초급
자는 「こ~ / そ~ / あ~ / ど~ = 이 / 그 / 저 / 어느」로 암기하도록 한다.

기본적으로,

こ는 말하는 사람에 가까이 있을 때

そ는 듣는 사람에게 가까이 있을 때

あ는 말하는 사람과 듣는 사람에게서 멀리 있을 때

ど는 물어볼 때 쓰인다.

┃기본적인 지시대명사┃

この~ 이	その~ 그	あの~ 저	どの~ 어느
これ 이것	それ 그것	あれ 저것	どれ 어느 것
こちら(こっち) 이쪽	そちら(そっち) 그쪽	あちら(あっち) 저쪽	どちら(どっち) 어느 쪽
ここ 여기	そこ 거기	あそこ 저기	どこ 어디
こんな 이런	そんな 그런	あんな 저런	どんな 어떤
こう 이렇게	そう 그렇게	ああ 저렇게	どう 어떻게
こいつ 이 녀석	そいつ 그 녀석	あいつ 저 녀석	どいつ 어느 녀석

この / その / あの / どの와 こんな / そんな / あんな / どんな는 뒤에 명사
가 올 때의 형태이다.

この / その / あの / どのは '이 ~ / 그 ~ / 저 ~ / 어느 ~'에 해당하는 단지 명사 수식의 형태이고, こんな / そんな / あんな / どんなは '이런 / 그런 / 저런 / 어떤'에 해당하는 말로, 형용하고 설명하는 느낌이다.

하지만 레벨이 올라가면 「こ～ / そ～ / あ～ / ど～ = '이 / 그 / 저 / 어느」는 통하지 않는다. あ～도 '그~'로 해석해야 할 때가 많다. <u>공통으로 체험한 것이나, 서로 알고 있는 정보에 대해 말할 때는 '그~'일지라도, あ～로 말해야 한다.</u>

A：昨日のあの人、彼氏ですか？
B：いいえ、違います。

A : 어제 그 사람 애인이에요?　B : 아니에요.

> 彼氏かれし 남자 친구, 애인

이 부분은 약간 까다로워서 일본어를 잘하는 사람도 많이 틀리므로, 초급자라면 무리해서 구분할 필요는 없다.

• 활용 예

A：どの方が社長ですか。
B：あの女性の方です。

A : 어느 분이 사장님입니까?　B : 저 여자분입니다.

> 方は 人의 높임말로 '분'에 해당하는 말이다.

A：どれが木村さんのバッグですか。
B：それです。
A：これですか。
B：いいえ、その赤いバッグです。

A : 어느 것이 기무라 씨의 백입니까?　B : 그것입니다.
A : 이거요?　B : 아니요, 그 빨간 백이요.

A：本屋はどこですか。
B：あそこです。

A : 서점은 어디입니까?　B : 저기요.

A：岡田さんは立派な人ですね。
B：はい、わたしもあんな人になりたいです。

A : 오카다 씨는 훌륭한 사람이네요.　B : 예, 저도 그런 사람이 되고 싶어요.

> 立派りっぱだ 훌륭하다
> ～になりたい ～가 되고 싶다

2 초중급 문법 문형

(1) ～のです　～것입니다

のは 대명사는 아니지만, 초급 교재 지시사 부분에서 반드시 나오는 표현이므로 간단히 설명하고 지나가겠다. のは 격조사 '～의'에 해당하는 말이지만, 명사의 구실도 하므로 '것'이라는 뜻으로도 쓰인다.

예를 들어 それはわたしのかばんです。(그것은 나의 가방입니다.)는 가방이 눈앞에 있을 경우, それはわたしのです。(그건 내 것입니다.)라고 할 수 있다.

> A：これ、キムさんのケータイですか。
> B：いいえ、僕のじゃありません。
> ぼく
>
> A : 이것은 김 씨의 휴대 전화입니까? B : 아니요, 내 것이 아닙니다.

> A：この辞書、誰のですか。
> じしょ だれ
> B：あ、わたしのです。『すみません。
>
> A : 이 사전 누구 것입니까? B : 아, 제 것입니다. 감사합니다.

| すみません은 '실례합니다', '미안합니다'의 뜻으로만 알고 있는 사람이 많은데, '감사합니다'의 뜻으로도 많이 쓰인다. 상대가 잠깐의 친절을 베풀어 줬을 때는 ありがとうございます보다는 보통 すみません이라고 한다.

(2) これ / それ / あれ / どれ / 何ですか 이것 / 그것 / 저것 / 어느 것 / 뭡니까
なん

これ / それ / あれ / どれ는

これ(이것)로 질문하면 それ(그것)로 대답,

それ(그것)로 질문하면 これ(이것)로 대답,

あれ(저것)로 질문하면 あれ(저것)로 대답하는 것이 기본적인 공식이지만,

대답의 경우는 지시대명사를 생략하는 게 더 자연스럽다.

> A：これは何ですか。
> なん
> B：(それは)ケータイです。
>
> A : 이것은 무엇입니까? B : (그것은) 휴대 전화입니다.

> A：それは何ですか。
> なん
> B：(これは)めがねケースです。
>
> A : 그것은 무엇입니까? B : (이것은) 안경 케이스입니다.

| めがねケース 안경 케이스

> A：あれは何ですか。
> なん
> B：(あれは)ノートパソコンです。
>
> A : 저것은 무엇입니까? B : (저것은) 노트북입니다.

> A：これ、何。『変わったデザインだね。
> なに か
> B：『ワイヤレススピーカーだよ。
>
> A : 이거, 뭐야? 독특한 디자인이네. B : 블루투스 스피커야.

| 変わった 특이한
か

| ワイヤレススピーカー (wireless speaker) 무선 스피커. 블루투스(ブルートゥース) 스피커를 이렇게 말하기도 한다.

> ▌ TIP 「何」의 읽기
>
> 何(무엇)은 なん과 なに의 두 가지 읽기가 있는데, さ・た・だ・な・ら행 앞에서는 なん으로 읽는 경향이 있다.
>
> 예 何の(무슨) / 何だ(뭐야) / 何と(뭐라고) / 何せ(어차피) / 何ら(아무런)
> なん　　　　なん　　　　なん　　　　なん　　　　なん
>
> 하지만 예외도 있으므로 나올 때마다 외우도록 한다. 단독으로 쓸 때는 なに라고 읽자.

(3) こんな / そんな / あんな / どんな　이런 / 그런 / 저런 / 어떤

앞서 설명했듯이「この / その / あの / どの」는 '이 / 그 / 저 / 어느'의 단순한 지시어인 반면,「こんな / そんな / あんな / どんな」는 '이런 / 그런 / 저런 / 어떤'에 해당하는 말로, 형용하고 설명하는 느낌이다. 유사 표현으로는 다음과 같은 표현들이 있다.

このような / そのような / あのような / どのような
－ 문장체나 격식 차린 표현으로 쓰인다.

こういう / そういう / ああいう / どういう
－ 직역했을 때 '이(그/저)렇게 말하는'의 의미지만, 실제로는 '이(그/저)런'의 의미로, 좀 더 설명의 느낌으로 말할 때 쓰인다. 회화체에서 많이 들을 수 있다.

こういった / そういった / ああいった / どういった
－ 가리키는 대상이 복수인 경우에 쓰인다.

この人 이 사람 / その人 그 사람 / あの人 저 사람 / どの人 어느 사람
こんなもの 이런 물건 / そんなもの 그런 물건 / あんなもの 저런 물건 / どんなもの 어떤 물건
こういうこと 이런 일 / そういうこと 그런 일 / ああいうこと 저런 일 / どういうこと 어떤 일

　　そのようなことは ございません。　그런 일은 없습니다.

　　そんな 下品な言葉は 使いません。　그런 천박한 말은 안 써요.

　　どういう 風の吹き回し かしら。　무슨 바람이 불었을까? (어떤 일이지?)

ございませんは ありませんの 정중한 표현이다.

下品げひんだ 천박하다
↔ 上品じょうひんだ 고상하다

〜かしらは 여성어로 '〜일까'에 해당하는 표현이다.

(4) なんの / どんな　무슨 / 어떤

なんの는 '무슨'으로 주로 구체적인 의미를 묻는 말임에 반해, どんな는 '어떤'이라는 뜻이므로 뒤에 형용하는 대답이 와야 한다.

　　A：何の本ですか。
　　B：日本語の本です。
　　A : 무슨 책입니까?　B : 일본어 책입니다.

　　A：どんな本ですか。
　　B：難しい本です。
　　A : 어떤 책입니까?　B : 어려운 책입니다.

　　A：何の先生ですか。
　　B：日本語の先生です。
　　A : 무슨 선생님입니까?　B : 일본어 선생님입니다.

A : どんな先生ですか。
B : やさしい先生です。

A : 어떤 선생님입니까? B : 자상한 선생님입니다.

(5) 의문사 どの〜 / どれ / どこ / どちら / どなた
어느 〜 / 어느 것 / 어디 / 어느 쪽 / 누구

どの〜 / どれ / どこ / どちら / どなた는 각기 '어느 〜 / 어느 것 / 어디(어느
곳) / 어느 쪽 / 누구'에 해당하는 의문사이다.
どちらですか는 '어느 쪽입니까'라는 방향을 묻는 표현이지만, 공손하게 장소
나 사람을 가리키는 말로 쓰이기도 한다. (예 どちら様ですか。누구세요?)
특히 どの人ですか와 どなたですか는 잘 구별해서 말해야 한다. どの人です
か는 제시된 사람들 중 어느 사람인지를 묻는 표현이라서 대답도 この〜 / そ
の〜 / あの〜로 해야 한다. 반면, どなたですか(누구십니까?)는 대상을 직접
적으로 묻는 표현이므로, 이름 등으로 대답해야 한다. 誰ですか(누굽니까?)도
마찬가지이다.

A : あのハンサムな方はどなたですか。
B : 営業部のエース、片岡さんです。

A : 저 잘생긴 분은 누구십니까? B : 영업부의 에이스, 가타오카 씨입니다.

A : 田中課長はどの人ですか。
B : あの人です。

A : 다나카 과장님은 어느 사람입니까? B : 저 사람입니다.

Mini Test

「どれ / どの〜 / どこ / どちら / どなた」를 적절히 넣어 보세요.

1 わたしのは(　　　　　　　　)ですか。― それです。

2 南は(　　　　　　　　)ですか。― あちらです。

3 これは(　　　　　　　　)の上着ですか。― 先生のです。

4 (　　　　　　　　)人が木村さんですか。― あの人です。

5 パソコンは(　　　　　　　　)にありますか。― あの部屋です。

정답 1 どれ 2 どちら 3 どなた 4 どの 5 どこ

Chapter

03

수사, 조수사

1 수사, 조수사의 의미와 종류

수사(数詞)란 일반적으로 一, 二, 三 …처럼 숫자만으로 표시하는 기본적인 수
세는 법을 말한다. 뭔가를 셀 때 ～匹(～마리), ～台(～대), ～本(～자루)처럼 숫
자 뒤에 붙이는 표현을 조수사라고 한다. 이번 Chapter에서는 기본적인 수사,
조수사와 시간의 표현을 설명한다.

> 本은 보통명사로는 '책'이다.
> 그렇다고 해서 ～本이 '～권'
> 이 되는 것은 아니다. '～권'은
> ～冊라고 한다.

(1) 수사

1～10까지의 기본적인 숫자는 다음과 같이 말한다.

0				
ゼロ・れい				

一	二	三	四	五
いち	に	さん	し/よん	ご
六	七	八	九	十
ろく	しち/なな	はち	きゅう/く	じゅう

四는 よん이라고도, 七는 なな라고도, 九는 く라고도 읽는다. 숫자만으로 말
할 때는 둘 다 상관없지만, 뒤에 조수사가 붙을 때는 주로 よん, なな, きゅう
로 말하는 경향이 있다.

10단위 이후에는 수사에 ～十, ～百, ～千, ～万 …을 붙여 나가면 된다.

• 10단위(十)

十	二十	三十	四十	五十
じゅう	にじゅう	さんじゅう	よんじゅう/しじゅう	ごじゅう
六十	七十	八十	九十	
ろくじゅう	しちじゅう/ななじゅう	はちじゅう	きゅうじゅう	

• 100단위(百)

百	二百	三百	四百	五百
ひゃく	にひゃく	さんびゃく	よんひゃく	ごひゃく
六百	七百	八百	九百	
ろっぴゃく	ななひゃく	はっぴゃく	きゅうひゃく	

100은 いちひゃく라고 하지 않고, 또한 300, 600, 800에서는 탁음이 붙거나 축약이 되는 것에 주의한다.

• 1000단위(千)

千	二千	三千	四千	五千
せん	にせん	**さんぜん**	よんせん	ごせん
六千	七千	八千	九千	
ろくせん	ななせん	**はっせん**	きゅうせん	

1000은 いちせん이라고 하지 않는다. 또한 3000, 8000에서는 탁음이 붙거나 축약이 되는 데에 주의한다. 다만, 6000(ろくせん)의 경우 せ 발음 앞의 く는 자연스러운 모음 탈락이 이루어지므로 ろっせん이라고는 하지 않는다.

• 10000단위(万)

一万	二万	三万	四万	五万
いちまん	にまん	さんまん	よんまん	ごまん
六万	七万	八万	九万	
ろくまん	ななまん	はちまん	きゅうまん	
十万	二十万	三十万	…	
じゅうまん	にじゅうまん	さんじゅうまん	…	
百万	二百万	三百万	…	
ひゃくまん	にひゃくまん	さんびゃくまん	…	
一千万	二千万	三千万	…	
いっせんまん	にせんまん	さんぜんまん	…	

まん은 발음이 부드러워서 축약이나 변형이 없으므로 앞에 숫자를 붙이기만 하면 된다. 다만, '만'은 반드시 いちまん, 즉 '일만'이라고 한다. 또한 원래 '천'은 いっせん(천만)이라고는 하지 않지만, 만 단위부터는 반드시 いっせんまん이라고 한다.

그 외 '억'은 一億, 二億 …, '조'는 一兆, 二兆 …라고 한다.
　　　　　　いちおく　 におく　　　　　　 いっちょう　にちょう

♦ 일본 돈 세는 법

일본의 화폐 단위는 円이다. 위의 숫자에 円을 붙이면 된다.
　　　　　　　　　　　えん

一円	二円	三円	四円	五円
いちえん	にえん	さんえん	よえん	ごえん
六円	七円	八円	九円	十円
ろくえん	ななえん	はちえん	きゅうえん	じゅうえん

4円은 よえん으로 발음하는 데 주의한다.

• 하나 ~ 열

1~10까지의 수를 세는 방법으로 또 다른 한 가지가 있다. 한국어에서 1부터 10까지 세는 방법과 하나에서 열까지 세는 방법이 있는 것과 마찬가지이다. 주로 물건 등을 셀 때 쓰는데, 꼭 암기해야 한다. 다만, '열' 이후에는 위의 숫자 말하기와 동일하다.

一つ	二つ	三つ	四つ	五つ
ひとつ	ふたつ	みっつ	よっつ	いつつ
하나	둘	셋	넷	다섯
六つ	七つ	八つ	九つ	十
むっつ	ななつ	やっつ	ここのつ	とお
여섯	일곱	여덟	아홉	열

• 전화번호 읽기

전화번호를 읽을 때는 몇 가지 규칙이 있다. 일단은 숫자 하나하나를 읽어 준다. 또한 하이픈(-)은 の라고 발음하고, 숫자 0은 반드시 ゼロ, 4는 しち와 혼동될 수 있으므로 반드시 よん으로, 7은 なな로 말한다. 상대가 듣기 쉽게 말해 주는 게 원칙이다. 예를 들면 다음과 같다.

> 電話番号てんわばんごう 전화번호
>
> ケータイ番号ばんごう 휴대전화 번호

　　03-2804-6789 → ぜろさんの、にはちぜろよんの、ろくななはちきゅう

• 분수, 소수 말하기

한국어와 말하는 방법이 같아서 분수는 ～分の～(~분의 ~), 소수는 ～点～(~점 ~)이라고 한다.

　　¼, 4분의 1　　→　　よんぶんのいち
　　⅜, 8분의 3　　→　　はちぶんのさん
　　0.8　　　　　　→　　れいてんはち
　　3.25　　　　　→　　さんてんにご

---

break time　숫자 4, 7, 9 읽는 방법이 두 가지인 이유

4의 경우 「し」는 한자의 '죽을 사'인 死와 발음이 같아서, 7인 「しち」는 '죽음의 땅' 死地와 발음이 같아서, 9인 「く」는 '괴로워할 고' 苦와 발음이 같아서 기피하는 경향이 있다고 한다. 그래서 よん, なな, きゅう의 발음을 선호한다고.

---

(2) 조수사

뭔가를 셀 때 숫자 뒤에 붙여 세는 말을 조수사라고 한다. 세는 물건의 종류에 따라 달라지는 기본적인 조수사를 소개한다. 수사에 조수사가 붙을 때 탁음이

붙거나, 축약이 일어나는 경우가 많은데, 무조건 암기하기보다는 공식을 세워 외우는 편이 좋다. 예외도 있지만 대개의 공식은 다음과 같다.

> ▌공식
>
> 「숫자＋は행」으로 시작되는 말은 1, 3, 6, 8, 10에서 변형이 있다. 3에서는 탁음이, 나머지는 축약이 된다.
> 「숫자＋か행」으로 시작되는 말은 1, 6, (8), 10에서 축약이 일어난다.
> 「숫자＋さ행」으로 시작되는 말은 1, (8), 10에서 축약이 일어난다. 때로는 3에서 탁음이 되기도 한다.

• ~にん(人) ~ 사람

사람을 셀 때 쓰는 조수사이다. 한 사람, 두 사람일 때는 전혀 다른 발음을 하고 '4명'은 よ라고 읽는 데에 주의한다. 또한 11명은 じゅうひとり라고 하지 않는다.

一人	二人	三人	四人	五人
ひとり	ふたり	さんにん	よにん	ごにん
六人	七人	八人	九人	十人
ろくにん	しちにん/ななにん	はちにん	きゅうにん	じゅうにん
十一人	十二人	十三人	…	何人
じゅういちにん	じゅうににん	じゅうさんにん		なんにん

♦ 딱딱하거나 공손하게 말할 때는 一名, 二名, 三名…라고도 한다.
　　　　　　　　　　　　　　　　いちめい　にめい　さんめい

• ~こ(個) ~ 개

'~ 개'라는 뜻으로, 조그만 물건 등을 셀 때 쓰는 조수사이다.

一個	二個	三個	四個	五個
いっこ	にこ	さんこ	よんこ	ごこ
六個	七個	八個	九個	十個
ろっこ	ななこ	はちこ/はっこ	きゅうこ	じゅっこ/じっこ
何個				
なんこ				

• ~かい(回) ~ 회, ~ 번

'~ 번', '~ 회' 등의 횟수를 나타내는 조수사이다. 참고로 ~番(~번)은 순서를
　　　　　　　　　　　　　　　　　　　　　　　　　　　　　　　ばん
나타내는 말이고, 횟수를 표현하는 말은 아니므로 주의한다.

「人」의 읽는 법

① 人 사람
　ひと
② ~人 ~인
　　じん
　例 韓国人 한국인
　　かんこくじん
　　日本人 일본인
　　にほんじん
　　外国人 외국인
　　がいこくじん
③ ~人
　　にん
　– ~명(사람 수 세는 말)
　– ~인(~하는 사람)
　　例 保証人 보증인
　　　ほしょうにん
　　　管理人 관리인
　　　かんりにん

一回	二回	三回	四回	五回
いっかい	にかい	さんかい	よんかい	ごかい
六回	七回	八回	九回	十回
ろっかい	ななかい	はっかい/はちかい	きゅうかい	じゅっかい
何回				
なんかい				

•〜かい(階) 〜 층

건물 등의 '〜 층'을 나타내는 조수사이다.

一階	二階	三階	四階	五階
いっかい	にかい	さんがい/さんかい	よんかい	ごかい
六階	七階	八階	九階	十階
ろっかい	ななかい	はっかい/はちかい	きゅうかい	じゅっかい
何階				
なんがい/なんかい				

•〜ほん(本) 〜 개, 〜 자루, 〜 그루

기다란 물건, 펜, 나무, 병 등을 셀 때 쓰는 조수사로 '〜 개', '〜 자루', '〜 그루'를 나타낸다. 때로는 영화, 버스, 지하철의 '〜 편'을 말하기도 한다. (예 映画
一本 영화 1편 / 電車を一本乗り遅れる。 전철 한 대를 놓쳐 타다.)

一本	二本	三本	四本	五本
いっぽん	にほん	さんぼん	よんほん	ごほん
六本	七本	八本	九本	十本
ろっぽん	ななほん	はっぽん	きゅうほん	じゅっぽん/じっぽん
何本				
なんぼん				

•〜はい(杯) 〜 잔

용기 하나 가득을 나타내는 단위이다. '〜 잔', '〜 그릇'의 뜻이다. 'いっぱい의 경우는 '가득'이라는 부사로도 쓰인다.

一杯	二杯	三杯	四杯	五杯
いっぱい	にはい	さんばい	よんはい	ごはい
六杯	七杯	八杯	九杯	十杯
ろっぱい	ななはい	はっぱい	きゅうはい	じゅっぱい
何杯				
なんばい				

いっぱい는 '한 잔'이라는 뜻과 '가득'이라는 뜻으로 쓰이는데, 사실 쓰임새에 따라 악센트가 달라진다. '한 잔'인 경우는 '하나'가 강조되므로, 앞에 악센트가 들어가서 いっぱい가 되고, '가득'인 경우는 뒤에 강세가 가서 いっぱい가 된다.

• ～ひき(匹) ～ 마리

짐승을 세는 단위로 '～ 마리'의 뜻이다. 주로 작은 동물을 셀 때 쓴다.

一匹	二匹	三匹	四匹	五匹
いっぴき	にひき	さんびき	よんひき	ごひき
六匹	七匹	八匹	九匹	十匹
ろっぴき	ななひき	はっぴき	きゅうひき	じゅっぴき/じっぴき
何匹				
なんびき				

♦ 큰 동물을 셀 때는 一頭, 二頭…처럼 ～頭라고 한다. 또한 새를 셀 때는 ～羽를 쓴다.
いっとう　にとう　　とう　　　　　　　わ

• ～まい(枚) ～ 매, ～ 장

종이, 접시 등 얇고 평평한 것을 세는 단위로 '～ 장', '～ 매'를 말한다.

一枚	二枚	三枚	四枚	五枚
いちまい	にまい	さんまい	よんまい	ごまい
六枚	七枚	八枚	九枚	十枚
ろくまい	ななまい	はちまい	きゅうまい	じゅうまい
何枚				
なんまい				

• ～だい(台) ～ 대

차, 기계 등을 세는 말로 '～ 대'를 나타낸다.

一台	二台	三台	四台	五台
いちだい	にだい	さんだい	よんだい	ごだい
六台	七台	八台	九台	十台
ろくだい	ななだい	はちだい	きゅうだい	じゅうだい
何台				
なんだい				

• ～さつ(冊) ～ 권

책 등을 세는 표현으로 '～ 권'을 나타낸다.

一冊	二冊	三冊	四冊	五冊
いっさつ	にさつ	さんさつ	よんさつ	ごさつ
六冊	七冊	八冊	九冊	十冊
ろくさつ	ななさつ	はっさつ	きゅうさつ	じゅっさつ/じっさつ
何冊				
なんさつ				

♦ 문서 등의 부수를 셀 때는 ～部라고도 한다.
ぶ

•〜そく(足) 〜 켤레

'〜켤레'의 뜻으로, 한 벌의 신을 세는 단위이다.

一足	二足	三足	四足	五足
いっそく	にそく	さんぞく	よんそく	ごそく
六足	七足	八足	九足	十足
ろくそく	ななそく	はっそく	きゅうそく	じゅっそく/じっそく
何足				
なんぞく				

•〜さい(歳) 〜 세

'나이를 세는 단위로 '〜 세', '〜 살'의 뜻이다.

'나이'는 일본어로 年 또는
年齢이다.

一歳	二歳	三歳	四歳	五歳
いっさい	にさい	さんさい	よんさい	ごさい
六歳	七歳	八歳	九歳	十歳
ろくさい	ななさい	はっさい	きゅうさい	じゅっさい/じっさい
何歳				
なんさい				

♦ 10세 미만을 나타낼 때는 ひとつ, ふたつ…라고도 한다.

　子供はまだ三つです. 아이는 아직 3살입니다.

또한 스무 살은 二十歳라고 써서, 딱딱한 말로는 にじゅっさい로, 보통은 はたち라고 읽는다.

▌TIP　ろくせん(6000)이 축약이 되지 않는 이유(모음의 무성화)

발음에 관련된 사항인데, 일본어는 무성자음 [k, s, t, h, p] 앞에 모음 [u] 발음이 오면, 모음 [u]는 발음이 약해진다. ろくせん에서 せ 발음 앞의 く는 모음 [u]의 발음은 약해지고 [k]만이 발음되는 현상이 일어난다. 언뜻 '록센'처럼 들리는데, 자연스럽게 축약되는 형태가 되므로, 굳이 축약할 이유가 없는 것이다. 설령 축약을 한다 해도 '롯센(ろっせん)'이라는 엉뚱한 발음이 될 것이다. 「숫자+さ행」으로 시작되는 말, 예를 들어 ろくそく(여섯 켤레), ろくさつ(여섯 권) 등도 마찬가지이다.
조수사와는 관련이 없지만, 모음의 무성화는 たくさん(많이 : 다ㅋ상), がくせい(학생 : 가ㅋ세-) 같은 단어에서도 흔히 볼 수 있다.

2 시간, 때를 나타내는 표현

(1) 시간을 나타내는 표현

• ~월

1月	2月	3月	4月	5月
いちがつ	にがつ	さんがつ	**しがつ**	ごがつ
6月	7月	8月	9月	10月
ろくがつ	**しちがつ**	はちがつ	**くがつ**	じゅうがつ
11月	12月			
じゅういちがつ	じゅうにがつ			

'달'에 해당하는 말은 月이다.

♦ 4月, 7月, 9月의 읽는 방법에 주의한다.
  しがつ しちがつ くがつ

• ~일

1日	2日	3日	4日	5日
ついたち	**ふつか**	**みっか**	**よっか**	**いつか**
6日	7日	8日	9日	10日
むいか	**なのか**	**ようか**	**ここのか**	**とおか**
11日	12日	13日	14日	15日
じゅういちにち	じゅうににち	じゅうさんにち	**じゅうよっか**	じゅうごにち
16日	17日	18日	19日	20日
じゅうろくにち	じゅうしちにち	じゅうはちにち	**じゅうくにち**	**はつか**
21日	22日	23日	24日	25日
にじゅういちにち	にじゅうににち	にじゅうさんにち	**にじゅうよっか**	にじゅうごにち
26日	27日	28日	29日	30日
にじゅうろくにち	にじゅうしちにち	にじゅうはちにち	**にじゅうくにち**	さんじゅうにち
31日				
さんじゅういちにち				

一日를 いちにち라고 읽으면 '하루'의 뜻이 된다.
예 私の一日 나의 하루
  わたし いちにち

• 시

1時	2時	3時	4時	5時
いちじ	にじ	さんじ	**よじ**	ごじ
6時	7時	8時	9時	10時
ろくじ	**しちじ**	はちじ	**くじ**	じゅうじ
11時	12時	何時		
じゅういちじ	じゅうにじ	なんじ		

♦ 4時, 7時, 9時는 읽는 방법에 주의한다.
  よじ しちじ くじ

• 분

一分	二分	三分	四分	五分
いっぷん	にふん	さんぷん	よんぷん	ごふん
六分	七分	八分	九分	十分
ろっぷん	ななふん	はっぷん	きゅうふん	じゅっぷん/じっぷん
十五分	二十分	三十分	四十分	何分
じゅうごふん	にじゅっぷん	さんじゅっぷん	よんじゅっぷん	なんぷん

◆ '～시 30분'은 ～時半(～시 반)이라고도 한다.
　　 じ はん

　　 12시 30분 → 12時半 / 12時30分
　　　　　　　　　 じ はん　　 じ ぷん

• 초

一秒	二秒	三秒	四秒	五秒
いちびょう	にびょう	さんびょう	よんびょう	ごびょう
六秒	七秒	八秒	九秒	十秒
ろくびょう	ななびょう	はちびょう	きゅうびょう	じゅうびょう
何秒				
なんびょう				

• 시간

'～ 시간'으로 시간을 세는 단위이다.

1時間	2時間	3時間	4時間	5時間
いちじかん	にじかん	さんじかん	よじかん	ごじかん
…	何時間			
…	なんじかん			

'～시'와 같은 요령으로 붙여 나가면 된다. 「～時」와 마찬가지로 4, 7, 9에 주의한다.

• ～ 주일

한국어에서는 '～ 주일'이라고 하지만, 일본어로는 '～ 주간'이라고 표현한다.

1週間	2週間	3週間	4週間	5週間
いっしゅうかん	にしゅうかん	さんしゅうかん	よんしゅうかん	ごしゅうかん
6週間	7週間	8週間	9週間	10週間
ろくしゅうかん	ななしゅうかん	はっしゅうかん	きゅうしゅうかん	じゅっしゅうかん (じっしゅうかん)
何週間				
なんしゅうかん				

- **~ 개월**

달수를 세는 표현으로 '~ 달', '~ 개월'을 뜻한다.

한 달에서 세 달까지는 一月, 二月, 三月라고도 한다.
<small>ひとつき ふたつき みつき</small>

또한 '보름'은 半月, '반년(6개월)'은 半年라고 한다.
<small>はんつき　　　　　　はんとし</small>

1ヶ月	2ヶ月	3ヶ月	4ヶ月	5ヶ月
いっかげつ	にかげつ	さんかげつ	よんかげつ	ごかげつ
6ヶ月	7ヶ月	8ヶ月	9ヶ月	10ヶ月
ろっかげつ	ななかげつ	はっかげつ (はちかげつ)	きゅうかげつ	じゅっかげつ (じっかげつ)
何ヶ月				
なんかげつ				

- **~ 년**

해를 세는 단위로 '~ 년'을 나타낸다.

1年	2年	3年	4年	5年
いちねん	にねん	さんねん	よねん	ごねん
…	何年			
…	なんねん			

(2) 요일, 때를 나타내는 표현

요일이나 때를 나타내는 표현은 수량을 나타내는 표현은 아니지만, 초급 단계에서 시간을 나타내는 표현과 같이 학습하는 경우가 많으므로 조수사와 같이 다루기로 한다.

- **요일**

月曜日	火曜日	水曜日	木曜日
げつようび	かようび	すいようび	もくようび
金曜日	土曜日	日曜日	何曜日
きんようび	どようび	にちようび	なんようび

- **때를 나타내는 표현**

一昨日	昨日	今日	明日	明後日
おととい	きのう	きょう	あした	あさって
그저께	어제	오늘	내일	모레
先々週	先週	今週	来週	再来週
せんせんしゅう	せんしゅう	こんしゅう	らいしゅう	さらいしゅう
지지난주	지난주	이번 주	다음 주	다다음주

딱딱한 표현으로

一昨日 그저께
<small>いっさくじつ</small>

昨日 어제
<small>さくじつ</small>

明日 내일
<small>みょうにち</small>

明後日 모레
<small>みょうごにち</small>

昨年 작년
<small>さくねん</small>

一昨年 재작년
<small>いっさくねん</small>

등의 말을 사용하기도 한다.

先々月	先月	今月	来月	再来月
せんせんげつ	せんげつ	こんげつ	らいげつ	さらいげつ
지지난달	지난 달	이번 달	다음 달	다다음달
一昨年	去年	今年	来年	再来年
おととし	きょねん	ことし	らいねん	さらいねん
재작년	작년	올해	내년	내후년

朝	昼	夜・晩	夕べ	夕方
あさ	ひる	よる・ばん	ゆうべ	ゆうがた
아침	점심	저녁, 밤	어젯밤	저녁(해 질 무렵)
今朝	今晩	今夜		
けさ	こんばん	こんや		
오늘 아침	오늘 저녁	오늘 밤		

위의 때를 나타내는(구체적인 며칠, 무슨 요일, 몇 시가 제시되지 않은) 말은, 대개
조사 に(~에)를 붙이지 않는 것이 일반적이다.

朝新聞を読みます。(○) 아침에 신문을 읽습니다.
朝に新聞を読みます。(×)

Chapter
04

존재의 표현

일본어에서는 존재나 소유를 나타낼 때, '있습니다'의 의미를 나타내는 あります나 います를 써서 표현할 수 있다.

존재의 표현으로 쓰일 때는 많은 경우, 장소를 나타내는 조사 '~에', 즉 に를 넣어서 말하고, 소유의 표현일 때는 '~에게'를 나타내는 に를 넣거나 넣지 않거나 한다. 어느 쪽이건 존재나 소유하는 게 사물이냐 사람이냐에 따라서 あります 또는 います로 표현 방법이 달라질 뿐이다.

> 机の上にパソコンがあります。 – 존재
> つくえ うえ
> 책상 위에 PC가 있습니다.

> 彼女には子供が二人います。 – 소유
> かのじょ   こども   ふたり
> 그녀에게는 아이가 둘 있습니다.

> パソコン 퍼스널 컴퓨터. PC
> ➡ パーソナルコンピュー
> ターの준말.

이번 Chapter에서는 존재, 소유를 나타내는 표현과, 소유, 소속을 나타내는 데 필수적인 가족 관계를 표현하는 방법 등을 다루기로 한다.

1 あります・います 있습니다

(1) ある・いる의 구별

일본어에서 존재의(때로는 소유를 나타내는) 표현은 다음 두 가지로 나뉜다.

> **ある** 있다 / **あります** 있습니다 / **ありません** 없습니다
> – 일반적인 사물의 존재를 나타낸다.
> **いる** 있다 / **います** 있습니다 / **いません** 없습니다
> – 사람이나 동물의 존재를 나타낸다.

구별의 기준은 <u>스스로 움직일 수 있는지</u>의 여부에 따른다. 따라서 꽃이나 나무 등은 ある 라고 해야 한다. 어려운 문법은 아니지만 한국어에는 이런 구별이 없으므로 조심해야 한다.

> 花や木があります。 꽃이랑 나무가 있습니다.
> はな き

> 犬と猫がいます。 개와 고양이가 있습니다.
> いぬ ねこ

部屋につくえがありません。　방에 책상이 없습니다。
へや

A：お金ある？
　　かね
B：少しなら「あるよ。
　　すこ

A：돈 있어？　B：조금이라면 있어.

ある의 부정 표현은 ない이다.

A：教室に誰かいる？
　　きょうしつ　だれ
B：誰も「いないよ。

A：교실에 누군가가 있어?　B：아무도 없어.

いない는 いる의 부정 표현
'없다'이다.

(2) 위치를 나타내는 표현

上・中・下 위 / 속, 안 / 아래 うえ　なか　した	前・後ろ 앞 / 뒤 まえ　うし
左・右 왼쪽 / 오른쪽 ひだり　みぎ	間 사이 あいだ
となり 옆, 이웃	そば 옆, 근처　　　　よこ 옆, 곁
向かい 맞은편 む	向こう 건너편 む

장소를 나타내는 '~에'를 나타내는 조사는 に를 사용한다.

隣는 옆이나 이웃하고 있는 것을 말하고,
となり

そば는 조금 반경이 넓어서 옆이나 가까운 근처를 말한다.

向かい는 대개는 마주하고 있는 경우, 즉 '맞은편'이고,
む

向こう는 향하고 있는 정면, 또는 그 너머라는 의미로 꼭 마주하고 있지 않아
む

도 된다. (⋯ 空の向こう 하늘 너머 / 山の向こう 산 너머)

・활용 예

机の上に「辞書があります。　책상 위에 사전이 있습니다。
つくえ　うえ　じしょ

辞書じしょ 사전

ケータイはポケットの中にあります。　휴대 전화는 주머니 속에 있습니다。
　　　　　　　　　　　　なか

椅子の下に猫がいます。　의자 아래 고양이가 있습니다。
いす　した　ねこ

「交番は公園の前にあります。　파출소는 공원 앞에 있습니다。
こうばん　こうえん　まえ

交番こうばん 파출소, 지구대

後ろにエアコンがあります。　뒤에 에어컨이 있습니다。
うし

花屋の左側にコンビニがあります。　꽃집 왼쪽에 편의점이 있습니다。
はなや　ひだりがわ

花屋の右側に「薬屋があります。　꽃집 오른쪽에 약국이 있습니다。
はなや　みぎがわ　くすりや

薬屋くすりや 약국
＝薬局やっきょく

コンビニと薬局の間に花屋があります。　편의점과 약국 사이에 꽃집이 있습니다。
やっきょく　あいだ　はなや

隣の部屋には誰もいません。　옆방에는 아무도 없습니다。
となり　へや　　　だれ

家のそばにスーパーがあります。　집 근처에 슈퍼마켓이 있습니다.

学校の向かい側に公園があります。　학교 맞은편에 공원이 있습니다.

あのビルの向こうに病院があります。　저 빌딩 건너에 병원이 있습니다.

ビル 빌딩
➡ ビール 맥주

(3) 의문사+か / 의문사+も

「의문사+か」는 부정확한 대상을 가리키는 표현이다. 何か(무언가), 誰か(누군가), どなたか(누군가), どこか(어딘가) 등의 표현으로, 이러한 의문 표현에 대한 대답은 대개 はい, いいえ가 선행되어야 한다.

또한 「의문사+も」, 예를 들어 何も(아무것도), 誰も(누구도), どなたも(누구도), どこも(어디도) 등의 표현은 뒤에 부정의 표현 ない, ありません, いません 등을 동반하여, 전면적인 부정을 나타낸다.

A : 袋の中に何かありますか。
B : はい、パンがあります。/ いいえ、何もありません。

袋 ふくろ 봉지, 봉투

A : 봉지 안에 무언가 있어요?
B : 예, 빵이 있어요. / 아니요, 아무것도 없어요.

A : 何かいますか。
B : はい、猫がいます。

A : (살아 있는) 뭔가 있어요?　B : 예, 고양이가 있어요.

A : 部屋に誰かいますか。
B : いいえ、誰もいません。

A : 방에 누군가 있어요?　B : 아니요, 아무도 없어요.

A : 家のどこかに金庫がありますか。
B : そんなの、どこにもないですよ。

A : 집 어딘가에 금고가 있어요?　B : 그런 거, 어디에도 없어요.

(4) 소유를 나타내는 표현

あります, います는 때로는 소유를 나타내는 표현으로 쓰인다. 소유의 대상이 물건일 경우는 持っています(가지고 있습니다)로 표현할 수도 있다.

또한, 키, 체중, 열 등이 있을 때도 あります라고 하는데, 꼭 소유의 의미가 아니더라도 수량, 수치 등을 말할 때는 '그 정도 된다'라는 의미로 あります라고 표현한다.

A：自転車がありますか。
じてんしゃ

B：はい、2台持っています。(=あります)
にだい も

A：자전거가 있어요? B：예, 두 대 가지고 있어요.

A：兄弟がいますか。
きょうだい

B：はい、兄が二人います。
あに ふたり

A：형제가 있어요? B：예, 형〔오빠〕이 둘 있어요.

熱が38.5度あります。 열이 38.5도 있어요.
ねつ ど

身長は168センチあります。 신장이 168센티 돼요.
しんちょう

身長 しんちょう 신장
=背 せい 키

2 가족 관계

(1) 가족 관계를 나타내는 말

▌가족 관계의 표현▐

	내 쪽 (겸양 표현)	상대 쪽	호칭
가족	家族 かぞく	ご家族 (가족분) かぞく	
형제	兄弟 きょうだい	ご兄弟 (형제분) きょうだい	
부모	両親・親 りょうしん おや	ご両親・親御さん (부모님) りょうしん おやご	
아이	子・子供 こ こども	お子さん・子供さん (자제분) こ こども	
어머니	母 はは	お母さん (어머님) かあ	(お)かあさん・お母様 かあ かあさま
아버지	父 ちち	お父さん (아버님) とう	(お)とうさん・お父様 とう とうさま
형 / 오빠	兄 あに	お兄さん (형님, 오빠분) にい	(お)にいさん
누나 / 언니	姉 あね	お姉さん (누님, 언니분) ねえ	(お)ねえさん
남동생	弟 おとうと	弟さん (동생분) おとうと	
여동생	妹 いもうと	妹さん (여동생분) いもうと	
남편	夫・主人・旦那 おっと しゅじん だんな	ご主人・旦那さん (남편분) しゅじん だんな	あなた・おとうさん
아내, 처	妻・家内 つま かない	奥さん (사모님) おく	
아들	息子 むすこ	息子さん・ぼっちゃん (아드님) むすこ	
딸	娘 むすめ	娘さん・お嬢さん (따님) むすめ じょう	
할아버지	祖父 そふ	おじいさん (할아버님)	おじいさん・おじい様 さま
할머니	祖母 そぼ	おばあさん (할머님)	おばあさん・おばあ様 さま

숙부 / 백부 / 삼촌	おじ(叔父・伯父)	おじさん (숙부님)	おじさん
숙모 / 백모 / 이모	おば(叔母・伯母)	おばさん (숙모님)	おばさん
남자 조카	おい	おいごさん (조카분)	
여자 조카	めい	めいごさん (조카분)	

내 쪽 가족의 말은 대부분이 겸양 표현이 되므로 절대 호칭이 될 수 없다. 상대
쪽 말에서 ~さん을 붙이는 표현은 대부분 호칭으로도 가능하다. 내 가족을 직
접 부르는 호칭에 있어서의 ~さん은 친근한 표현으로 ~ちゃん이라 말하기
도 한다.

(2) 가족 관계를 묻는 표현

가족을 묻는 방식은 다음과 같다. 한국어에서는 '몇 명 가족입니까?'라는 표현
은 하지 않지만, 일본어에서는 이러한 표현을 하기도 한다.

　A：何人家族ですか。
　　　なんにん か ぞく
　B：父と母、妹と私の4人家族です。
　　　ちち はは いもうと わたし よにん
　A：몇 명 가족입니까?　B：아버지와 어머니, 여동생과 저 해서 4명 가족입니다.

　A：ご家族は何人ですか。
　　　か ぞく なんにん
　B：私を入れて5人です。　　　　　　　　　　　　　| ～を入れて ～을 넣어서
　　　わたし い ごにん
　A：가족은 몇 명입니까?　B：저를 포함해서 5명입니다.

　A：何人兄弟ですか。
　　　なんにんきょうだい
　B：二人兄弟です。/ 一人っ子です。/ 三人兄弟の末っ子です。　| 一人ひとりっ子こ 외동이
　　　ふたり　　　　　　ひとり こ　　　　さんにん　　　すえ こ　　　　　　　　　　末すえっ子こ 막내
　A：몇 형제입니까?　B：두 형제입니다. / 외동이입니다. / 3형제의 막내입니다.

가족 관계를 말할 때의 兄弟는 남녀 모두를 통틀어서 일컫는 말이다. 자매를 강
　　　　　　　　　　　きょうだい
조할 때는 姉妹라고도 한다.
　　　　しまい

　A：ご兄弟は何人ですか。
　　　きょうだい なんにん
　B：私を含めて四人です。　　　　　　　　　　　| ～を含ふくめて ～을 포함해서
　　　わたし ふく よにん
　A：형제는 몇 명입니까?　B：저를 포함해서 4명입니다.

　A：○○さんは何番目ですか。
　　　　　　　なんばん め
　B：2番目です。　　　　　　　　　　　　　　　| ～番目ばんめ ～ 번째
　　　にばんめ
　A：○○씨는 몇 째입니까?　B：둘째입니다.

그 외에도 長女(장녀), 次女(차녀), 長男(장남), 次男(차남) 등의 표현을 쓰기도
　　　　　ちょうじょ　　じ じょ　　ちょうなん　　じ なん
한다.

Chapter
05

い형용사

Chapter 05 い형용사

1 い형용사란?

일본어의 형용사는 い형용사와 な형용사로 나뉜다. い형용사의 범주는 한국에서도 대부분 형용사의 분류에 속하고, な형용사의 경우는 한국어에서는 형용사뿐만 아니라, 명사나 동사의 범주에 속하는 것들도 있어서 조금 애매하다. 따라서 い형용사는 이해하기가 수월하고, 단독으로 의미 표현이 가능하므로 재미있기도 하다.

い형용사는 <u>기본형이 반드시 い로 끝나고</u> 사물의 성질, 상태, 감정, 기후, 색상을 나타낸다. 단독으로 술어가 되기도 하고, 어형 변화를 일으키기도 한다.

다음은 초중급의 기초 어휘들이다. 반대말과 함께 알아두면 암기하기가 쉬울 것이다.

▌초중급 い형용사 ▌

• 형태·상태

大きい 크다	↔	小さい 작다	高い 높다	↔	低い 낮다
高い 비싸다	↔	安い 싸다	長い 길다	↔	短い 짧다
太い 굵다	↔	細い 가늘다	軽い 가볍다	↔	重い 무겁다
多い 많다	↔	少ない 적다	近い 가깝다	↔	遠い 멀다
広い 넓다	↔	狭い 좁다	強い 강하다	↔	弱い 약하다
新しい 새롭다	↔	古い 낡다	厚い 두껍다	↔	薄い 얇다
いい(良い) 좋다	↔	悪い 나쁘다	明るい 밝다	↔	暗い 어둡다
難しい 어렵다	↔	易しい 쉽다	早い·速い 이르다·빠르다	↔	遅い 늦다
柔らかい 부드럽다	↔	固い 딱딱하다	深い 깊다	↔	浅い 얕다
熱い 뜨겁다	↔	冷たい 차갑다	忙しい 바쁘다		

• 감정

楽しい 즐겁다	嬉しい 기쁘다	悲しい 슬프다
寂しい 외롭다	怖い 무섭다	悔しい 분하다
恥ずかしい 부끄럽다	面白い 재미있다	つまらない 시시하다
ひどい 심하다	すばらしい 멋지다	すごい 광장하다
もったいない 아깝다	うらやましい 부럽다	惜しい 안타깝다

> 背せが高たかい 키가 크다
> 背せが低ひくい 키가 작다

> 한자를 달리 써서 優やさしい 라고 하면 '상냥하다'라는 뜻이 된다.

• 미각

おいしい 맛있다	うまい 맛있다	まずい 맛없다	
甘い (あま) 달다	辛い (から) 맵다	すっぱい 시다	しょっぱい 짜다
濃い (こ) 진하다	薄い (うす) 싱겁다, 연하다	苦い (にが) 쓰다	

우まい는 '잘한다'는 뜻도 있다.

• 기후

| 暖かい・暖かい (あたた)(あたた) 따뜻하다 | 暑い (あつ) 덥다 |
| 涼しい (すず) 선선하다 | 寒い (さむ) 춥다 |

暑い / 熱い / 厚い는 한자에 따라서 뜻이 각각 '덥다 / 뜨겁다 / 두껍다'가 된다.

• 색상

赤い (あか) 빨갛다	青い (あお) 파랗다
白い (しろ) 하얗다	黒い (くろ) 검다
黄色い (きいろ) 노랗다	茶色い (ちゃいろ) 갈색이다

2 い형용사의 활용

앞서 언급했듯이 い형용사는 い로 끝나는 말들이다. い로 끝나는 형태를 기본형(원형)으로 보면 된다. い의 앞부분이 어간이고, 때에 따라서 어미변화를 일으킨다. 즉 い의 형태가 변화하는 것이다.

예를 들어 大きい (おお)(크다)의 경우 大き (おお)가 어간인 셈이다. 그러나 분리를 시킬 수 없는 いい(좋다) 같은 단어도 있다. いい는 분리가 되지 않으므로 활용을 할 수가 없고, 같은 뜻의 단어인 よい로 활용을 한다. 세세한 활용 방법은 문형을 통해 제시하기로 한다.

3 초중급 문법 문형

(1) 기본형과 です형

앞서 말했듯이 い형용사는 단독으로 술어가 되므로 기본형으로도 의사 표시를 할 수 있다는 장점이 있다.

A : おいしい？
B : うん、おいしい。
A : 맛있어? B : 응, 맛있어.

A : むずかしい？
B : うん、少し難しいかな…。 (すこ)(むずか)
A : 어려워? B : 응, 좀 어려워.

'예', '아니요'에 해당하는 はい / いいえ는 공손하고 깍듯한 표현이다. 친구들끼리는 うん(응) / ううん(아니)이라고 한다.

여기에 です를 붙이면 공손한 표현, ですか를 붙이면 의문형이 된다.

> A：おもしろいですか。
> B：はい、とてもおもしろいです。
>
> A：재미있어요? B：예, 매우 재미있어요.

> A：忙しいですか。
> 　　いそが
> B：はい、ちょっと忙しいです。
>
> A：바빠요? B：예, 조금 바빠요.

(2) 현재 / 현재 부정

현재형은 위의 기본형과 です를 쓰면 되고, 부정 표현은 어미 <u>い를 く로 바꾸고</u>
<u>ない</u>를 붙인다. 공손한 표현은 여기에 또 です를 붙이면 그만이다.

> A：あの店、安い？
> 　　　みせ やす
> B：ううん、あまり安くない。
>
> A：저 가게 저렴하니? B：아니, 별로 안 싸.

> A：毎日楽しい？
> 　まいにちたの
> B：いや、別に楽しくないよ。
> 　　　べつ
>
> A：매일 즐거워? B：아니, 별로 즐겁지 않아.

> A：お酒、強いですか。
> 　　さけ つよ
> B：いいえ、あまり強くないです。
>
> A：술 세요? B：아니요, 그다지 세지 않아요.

> A：彼は背が高いですか。
> 　　かれ せ たか
> B：いいえ、あまり高くないです。
>
> A：남자 친구는 키가 커요? B：아뇨, 그다지 크지 않아요.

그런데 공손한 표현인 경우 ~くないです는 ~くありません이라고도 말한다. ~くないです는 です만 빼면 언제든 반말이 될 수 있는 표현이므로 ~くありません 쪽이 좀 더 공손하다고 할 수 있겠다.

> このバッグ、あまり軽くありませんね。(＝軽くないですね)
> 　　　　　　　　　かる
> 이 백, 그다지 가볍지 않네요.

> A：あのレストラン、サービスはいいですか。
> B：あまりよくありません。(＝よくないです)
>
> A：저 레스토랑, 서비스는 괜찮아요? B：그다지 좋지 않아요.

일본어에서는 키, 신장을 말할 때는 '크다', '작다'라는 표현은 안 한다. 背が大きい나 背が小さい라고 하지 않는 것이다. 반드시 '높다', '낮다'라고 해서 背が高い, 背が低い라고 한다.
그러나 몸집이 큰 경우는 大きい, 작은 경우는 小さい라고 한다.

위에서도 언급했지만 주의해야 할 점은 いい는 활용을 할 수 없는 말이라서 いくない라고는 할 수 없고, 활용할 때는 같은 뜻인 よい로 활용해야 한다. よい 자체는 딱딱한 표현이므로 구어체에서 기본형으로 말할 때, 즉 '좋다', '좋아', '괜찮아'라는 말은 보통 いい라고 한다.

(3) 과거 / 과거 부정

おいしいです의 과거형은 おいしいでした가 아니다. い형용사는 ～かった라는 과거의 어미가 별도로 존재해서, 기본형의 い를 빼고 대신 형용사 과거 어미인 ～かった로 바꿔 주면 된다.

おいしい 맛있다　→　おいしかった 맛있었다

공손한 표현인 경우는 위의 말에 です를 붙인다. 이때 과거의 의미라고 해서 ～かったでした가 되지 않도록 조심한다.

おいしいです 맛있습니다　→　おいしかったです 맛있었습니다
おいしかったでした(×)

또한 부정형 ない형도 い형용사 활용을 하기 때문에 과거형은 ～かった로 바꿔야 한다.

おいしくないです 맛이 없습니다　→　おいしくなかったです 맛있지 않았습니다

• 활용 예

A : 合コン、たのしかった？
B : うん、すごく楽しかった。
A : 미팅 즐거웠어? B : 응, 굉장히 즐거웠어.

A : 成績、よかったでしょう？
B : いや、あまりよくなかったよ。
A : 성적 좋았지? B : 아니, 별로 좋지 않았어.

A : 漢字テストはどうでしたか。
B : とても難しかったです。
A : 한자 테스트는 어땠어요? B : 아주 어려웠어요.

A : 昨日の映画はどうでしたか。
B : あまりおもしろくなかったです。
A : 어제 영화 어땠어요? B : 그다지 재미있지 않았어요.

合コン은 合＋コンパニー (친목 모임)의 약자로, 남녀가 어울려 마시면서 만남을 공유하는 미팅을 말한다.

午前中は けっこう忙しかったです。
ごぜんちゅう　　　　　　　　いそが
오전 중에는 꽤 바빴어요.

けっこう 꽤 상당히 생각보다

★★★ 핵심정리	い형용사의 기본 시제 공식	
	반말형	공손체
현재	あつい 덥다	あついです 덥습니다
현재 부정	あつくない 덥지 않다	あつくないです あつくありません 덥지 않습니다
과거	あつかった 더웠다	あつかったです 더웠습니다
과거 부정	あつくなかった 덥지 않았다	あつくなかったです あつくありませんでした 덥지 않았습니다

(4) 수식형

い형용사는 뒤에 명사를 수식할 때는 아무런 변화를 일으키지 않고 그대로 접속한다. 따라서 다음의 예문처럼 かわいい는 한국어로 '귀엽다'와 '귀여운'이 다 되는 것이다.

A : わあ、かわいい〜〜！ 와, 귀엽다〜!

B : 本当にかわいい女の子だね。 정말 귀여운 여자아이네.
　　ほんとう　　　　　おんな こ

楽しい 즐겁다　　　　　　楽しい旅行 즐거운 여행
たの　　　　　　　　　　　たの　りょこう
怖い 무섭다　　　　　　　怖い映画 무서운 영화
こわ　　　　　　　　　　　こわ えいが
カッコいい 멋있다　　　　カッコいい男の人 멋진 남자
　　　　　　　　　　　　　　　　　　おとこ ひと
新しい 새롭다　　　　　　新しい洋服 새 옷
あたら　　　　　　　　　　あたら　ようふく
悪い 나쁘다　　　　　　　悪い印象 나쁜 인상
わる　　　　　　　　　　　わる いんしょう
優しい 상냥하다　　　　　優しい彼女 상냥한 그녀
やさ　　　　　　　　　　　やさ かのじょ

カッコいい는 주로 멋진 남자를 형용하는 말로, 말 그대로 格好(모습, 외양)가 훌륭하
　　　かっこう
다는 뜻이다. 때로는 행동이 씩씩하거나 터프한 여자에게도 쓴다.

洋服는 남자의 양복만을 말
ようふく
하는 게 아니라 일본 고유의
着物와 대비되는 개념으로 서
きもの
양식 옷을 말한다. お服, お
　　　　　　　　　　ふく
洋服라고도 한다.
ようふく

(5) ~くて 연결형

일본어에서 ～て는 접속조사의 하나로 문장 연결의 역할을 하고, '~이고' 등의 나열의 뜻과 '~하여', '~해서' 등의 이유의 뜻을 가지고 있다.
い형용사에서는 い는 く로 바꾸고 て를 붙여 표현한다.

高い 비싸다　→　高くて 비싸고 / 비싸서
たか　　　　　　　たか

• 열거의 표현

大きくて軽いバッグはないですか。
크고 가벼운 백은 없어요?

あの店のコーヒーは薄くてまずいです。
저 가게 커피는 연하고 맛없어요.

この部屋は冬はあたたかくて、夏は涼しいです。
이 방은 겨울은 따뜻하고 여름은 선선해요.

背が高くて、頭がよくて、しかも優しい…、私の好みだわ。
키 크고, 머리 좋고, 게다가 자상해…… 내 취향인걸.

好このみ 취향, 기호

東京に家賃が安くて広い部屋なんてありませんよ。
도쿄에 집세가 싸고 넓은 방 따위 없어요.

~なんて ~ 따위, ~ 등

• 이유의 표현

字が小さくてよく見えません。
글씨가 작아서 잘 안 보여요.

ベルトがきつくて苦しいです。
벨트가 꼭 껴서 괴로워요.

きつい 꼭 끼다, 꽉 죄다.
심하다, 엄하다

手持ちのお金がなくて恥ずかしかったです。
수중에 돈이 없어서 부끄러웠어요.

ない는 단독으로 쓰면 '없다'
라는 뜻이고, 명사, 형용사, 동
사 뒤에 붙어서 '~가 아니다'
라는 부정의 의미로 쓰이기도
한다.

説明が難しくて理解できません。
설명이 어려워서 이해할 수가 없어요.

荷物が重くて重くて、もう苦労しましたよ。
짐이 너무 무거워서 정말이지 고생했어요.

て형을 반복하면 강조의 의미
가 된다.

苦労くろうする 고생하다

(6) ~く 부사적인 용법

い형용사는 い를 빼고 く를 붙여 부사형(~하게, ~히)으로 만들 수 있다. 예를
들어 はやい(빠르다)는 부사형으로 만들면 はやく(빠르게, 빨리)가 된다. 한국
인들이 '빨리빨리'란 말을 좋아하듯 일본에서도 はやく！はやく！는 많이 들을
수 있는 말이다. 이러한 부사형은 단독보다는 주로 뒤에 동사 종류를 수식할 때
쓰인다.

楽しく勉強しましょう。　즐겁게 공부합시다.

もう少し大きく書いてください。 좀 더 크게 써 주세요.
すこ おお か

照明を明るくしてください。 조명을 밝게 해 주세요.
しょうめい あか

彼の家族は私にとてもよくしてくれます。 그의 가족은 나에게 아주 잘해 줘요.
かれ かぞく わたし

(7) 〜くなる ~하게 되다

なる는 원래 '되다', '이루어지다'라는 뜻의 동사이다. 그런데 い형용사의 부사형에 연결해서 〜くなる의 형태로 쓰면 '~하게 되다', '~해지다'라는 변화의 뜻을 나타내는 의미가 된다. 〜くなりました, 〜くなった는 각각 '~해졌습니다', '~해졌다'에 해당하는 과거의 표현이다.

子供が大きくなりました。 아이가 자랐습니다.
こども おお

コンビニのおにぎりが安くなりました。 편의점 주먹밥이 싸졌습니다.
やす

風邪がひどくなりました。 감기가 심해졌습니다.
かぜ

祭りが終わって、街が寂しくなった。 축제가 끝나고 거리가 쓸쓸해졌다.
まつ お まち さび

絶対に今より強くなるよ。 절대 지금보다 강해질 거야.
ぜったい いま つよ

大きい・小さいは 각각 아
おお ちい
이가 '자랐다', '어리다'라는 뜻
으로도 쓰인다.
예子供はまだ小さいです。
こども ちい
아이는 아직 어려요.

(8) 〜ければ 가정의 형태

〜ば는 '~하면', '~한다면' 등의 가정의 뜻을 나타내는 표현이다. い형용사의 경우는 어간에 ければ를 붙이면 된다.

寒い 춥다 → 寒ければ 추우면
さむ　　　　　 さむ
新しい 새롭다 → 新しければ 새롭다면
あたら　　　　　 あたら
いい 좋다 → よければ 괜찮다면

당연한 사항이지만, 부정의 뜻을 가진 보조 형용사 ない의 경우도 〜なければ처럼 일반 형용사와 같은 활용을 한다. (자세한 조건 가정의 표현은 Chapter 22에서 자세히 언급하기로 한다.)

紅茶がなければウーロン茶でもいいです。
こうちゃ ちゃ
홍차가 없으면 우롱차라도 좋아요.

よろしければもう一杯いかがですか。
いっぱい
괜찮으시다면 한잔 더 어때요?

仕事が忙しければ規則的な運動なんて無理ですね。
しごと いそが きそくてき うんどう むり
일이 바쁘면 규칙적인 운동 따윈 무리죠.

よろしい는 いい의 공손한
형태이다.

〜なんて는 단어 뒤에 붙어
서 '~ 따위'의 뜻을 나타낸다.

天気が悪ければ試合は中止になるでしょう。
날씨가 나쁘면 시합은 중지가 되겠죠.

それだけ成績がよければどの学校も大丈夫でしょう。
그만큼 성적이 좋다면 어떤 학교건 괜찮겠지요.

高くなければ私も買うつもりです。
비싸지 않으면 저도 살 생각입니다.

~つもりです ~할 생각(작정)입니다

4 중고급 문법 문형

(1) い형용사의 중지법

い형용사의 ~くて 형은 격식 차린 말이나, 문장체에서는 て를 생략해서 쓰기도 하는데 이 용법을 중지법이라고 한다. ~くて와 마찬가지로 열거나 이유의 의미를 나타낸다.

あまりに寒く、手足の感覚がなくなってきた。
너무 추워서 손발의 감각이 없어졌다.

新人の頃は失敗も多く、よく先輩に助けられた。
신입 때는 실수가 많아서 자주 선배의 도움을 받았다.

助けられる 도움을 받다
➡ 助ける(돕다, 도와주다)의 수동 표현이다.

留学は今すぐではなく、大学を卒業してからにします。
유학은 당장이 아니라, 대학을 졸업하고 나서 하겠습니다.

동사, 형용사, 명사에 붙어 부정의 말을 나타내는 ~ない 형도 마찬가지로 ~なく라고 한다.

(2) い형용사의 명사형

일반적으로 い형용사의 어간에 ~さ를 붙이면 객관적인 성질을 나타내는 명사가 되는데, 명사형을 만드는 데는 이 밖에도 몇 가지 방법이 있다.

1 ~さ

형용사 어간에 ~さ를 붙이면 객관적인 성질이나 정도를 나타내는 명사가 된다.

高い 높다	→	高さ 높이		
広い 넓다	→	広さ 넓이		
長い 길다	→	長さ 길이		
あつい 덥다	→	暑さ 더위 / 熱さ 뜨거움 / 厚さ 두께		
寒い 춥다	→	寒さ 추위		
重い 무겁다	→	重さ 무게		
太い 굵다	→	太さ 굵기		

親しい 친하다	→	親しさ 친한 정도
優しい 상냥하다	→	優しさ 상냥함
速い 빠르다	→	速さ 빠르기, 속도

② ～み

～の感じ(～의 느낌), 즉 주관적인 인상, 느낌, 상태 등을 말한다. 모든 단어에 다 쓸 수 있는 것은 아니다.

甘い 달다	→	甘み 단맛
苦い 쓰다	→	苦み 쓴맛
赤い 빨갛다	→	赤み 붉은 기
黄色い 노랗다	→	黄色み 노란 느낌
うまい 맛있다	→	うまみ 맛있는 맛·정도
重い 무겁다	→	重み 중후함
深い 깊다	→	深み 깊은 맛
丸い 동그랗다	→	丸み 둥근 느낌

③ 어간의 형태

일부 색깔이나 형태를 나타내는 형용사는 어간만으로 명사화가 되기도 한다.

赤い 빨갛다	→	赤 빨강		青い 파랗다	→	青 파랑
黒い 검다	→	黒 검정		白い 하얗다	→	白 하양
黄色い 노랗다	→	黄色 노랑		茶色い 갈색이다	→	茶色 갈색
丸い 동그랗다	→	丸 동그라미		四角い 네모나다	→	四角 사각

이 이외에 형용사의 명사형을 만드는 말로「～け」같은 것이 있는데, け는 気와 같은 말이라서, 말 그대로 '～한 기운'을 뜻한다. (예 寒気 오한, 추운 기운)

(3) い형용사의 음편형

동사뿐만 아니라 형용사에도 음편형이 존재한다.

ございます는 원래 '있습니다' 또는 '～입니다'의 뜻으로 쓰이는 극히 공손한 말인데, 형용사에 붙여서 '～입니다'란 뜻으로 쓰일 때는 형용사 음의 변형이 일어난다. 다음의 세 가지 형태가 있다.

① ―アい로 끝나는 형태의 형용사 → ―オうございます

ありがたい 고맙다	ありがとうございます 감사합니다
おめでたい 경사스럽다	おめでとうございます 축하합니다
高い 비싸다	たこうございます 비쌉니다

2 ―イい로 끝나는 형태의 형용사 → ―ュうございます

大きい 크다　　　　　　　おおきゅうございます 큽니다
(おお)

嬉しい 기쁘다　　　　　　うれしゅうございます 기쁩니다
(うれ)

3 ―ウい로 끝나는 형태의 형용사 → ―ウうございます

暑い 덥다　　　　　　　　あつうございます 덥습니다
(あつ)

寒い 춥다　　　　　　　　さむうございます 춥습니다
(さむ)

인사말처럼 된 ありがとうございます나 おめでとうございます를 제외한 나
머지 표현들은 거의 고어에 가까운 형태라서 현재는 옛 명소나 전통 여관, 사극,
또는 극히 격식 차린 장소에서만 들을 수 있다.

▌TIP　시험에 출제되는 중고급 い형용사

厚かましい 뻔뻔스럽다, 염치없다 (あつ)	危うい 위험하다 (あや)
怪しい 수상하다 (あや)	荒い 거칠다 (あら)
慌ただしい 분주하다 (あわ)	潔い 깨끗하다, 떳떳하다 (いさぎよ)
勇ましい 용감하다 (いさ)	著しい 현저하다 (いちじる)
卑しい 천하다, 초라하다 (いや)	初々しい 젊고 싱싱하다, 순진하다 (ういうい)
大人しい 얌전하다 (おとな)	賢い 현명하다 (かしこ)
くどい 장황하다, 느끼하다	険しい 험하다 (けわ)
快い 기분 좋다, 흔쾌하다 (こころよ)	好ましい 바람직하다 (この)
細かい 세세하다, 자잘하다 (こま)	白々しい 시치미 떼다 (しらじら)
鋭い 날카롭다 (するど)	切ない 안타깝다, 애절하다 (せつ)
たくましい 씩씩하다	尊い 귀하다 (とうと)
乏しい 부족하다, 모자라다 (とぼ)	情けない 한심하다 (なさ)
鈍い 둔하다 (にぶ)	望ましい 바람직하다 (のぞ)
激しい 격하다, 세차다 (はげ)	甚だしい 심하다 (はなは)
久しい 오랜만이다 (ひさ)	等しい 동등하다 (ひと)
ふさわしい 어울리다	紛らわしい 헷갈리기 쉽다 (まぎ)
空しい 허무하다 (むな)	珍しい 드물다, 진귀하다 (めずら)
脆い 약하다, 무르다 (もろ)	喧しい 시끄럽다 (やかま)
緩い 느슨하다 (ゆる)	煩わしい 번거롭다 (わずら)

Chapter
06

な형용사

Chapter 06 な형용사 (형용동사)

1 な형용사란?

사물의 성질이나 상태를 나타내는 말 중에 だ를 붙여 주로 '~이다', '~하다'라고
해석되는 것이 な형용사이다. (예 親切だ 친절하다)
'~하다'라고 해석하면 한국어에서는 동사의 범주로 생각되는 탓에 의외로 초급
자들이 어려워하기도 한다. 하지만 기본적으로 명사와 같은 활용을 하기 때문
에, 단어만 암기한다면 문법은 비교적 간단히 이해될 것이다. 다만 뒤에 명사를
수식할 때만은 だ가 な로 바뀐다는 특징 때문에 **な형용사**라고 하며, 한편 동사
의 성질도 가지고 있다고 하여 일본 학교문법에서는 **형용동사**라고도 한다.

▌초중급 な형용사 ▌

반대말로 외우기 쉬운 것

好きだ 좋아하다, 좋다	嫌いだ 싫어하다, 싫다	嫌だ 싫다
上手だ 잘하다, 능숙하다	下手だ 못하다, 서투르다	
便利だ 편리하다	不便だ 불편하다	
静かだ 조용하다	賑やかだ 번화하다, 시끌시끌하다	
得意だ 자신 있다, 잘하다	苦手だ 서투르다, 어려워하다, 싫다	
安心だ 안심이다	不安だ 불안하다	

사람을 형용할 때 쓸 수 있는 말

きれいだ 예쁘다	ハンサムだ 핸섬하다	すてきだ 멋지다
派手だ 화려하다	地味だ 수수하다	
朗らかだ 명랑하다	陽気だ 명랑하다, 밝다	
親切だ 친절하다	立派だ 훌륭하다	
真面目だ 성실하다	誠実だ 성실하다	
かわいそうだ 불쌍하다	だめだ 못쓰다, 안 된다	
幸せだ 행복하다	不幸せだ 불행하다	不幸だ 불행하다

비슷한 느낌의 말

簡単だ 간단하다	容易だ 용이하다	楽だ 편하다
変だ 이상하다	大変だ 큰일이다, 힘들다	無理だ 무리이다
元気だ 기운차다	健康だ 건강하다	健やかだ 건강하다
丈夫だ 튼튼하다	頑丈だ 튼튼하다	
大丈夫だ 괜찮다	平気だ 아무렇지도 않다	無事だ 무사하다

大事だ 중요하다	大切だ 중요하다	肝心だ 중요하다
残念だ 유감이다	心配だ 걱정이다	
素直だ 순수하고 솔직하다	正直だ 정직하다	率直だ 솔직하다
派手だ 화려하다	華やかだ 화려하다	

2 な형용사의 활용

な형용사 역시 い형용사와 마찬가지로 어간과 어미로 나뉘어져 있어서 경우에 따라서 어미변화를 일으킨다. 예를 들어 親切だ(친절하다)의 경우 親切까지가 어간, だ는 서술형의 어미라고 생각하면 되는 것이다. 단, 일반적으로 な형용사를 쉽게 이해하기 위해 기본형은 ~だ를 붙여 설명하지만, 사전에는 <u>기본형이 어간만 실려 있음</u>에 주의해야 한다.

또한, 구어체 반말에서 여성들은 어간만으로 말을 표현하기도 한다.

> 女：わあ～！ きれい～～！　와～! 예쁘다～～!
> 男：ホントだ、きれいだね。　정말이네. 예쁘군.

3 초중급 문법 문형

(1) 기본형과 です형

앞서 설명했듯이 대부분의 교재에서는 기본형은 ~だ를 붙여 설명하고 사전의 형태는 어간만을 말한다. い형용사와 마찬가지로 어간에 です를 붙이면, 공손한 표현이, ですか를 붙이면 의문형이 된다.

> 日本の コンビニは便利ですね。
> 일본의 편의점은 편리하네요.

| コンビニ 편의점

> A : お元気ですか。
> B : はい、元気です。
> A : 잘 지내세요? B : 예, 잘 지내요.

| お는 존경의 의미를 나타내는 접두어. 元気だ 는 '기운 있다', '건강하다'라는 뜻이지만, 안부를 묻는 인사말로 자주 쓰인다.

> 今お暇ですか。　지금 시간 있으세요?

(2) 수식형

な형용사 뒤에 명사가 오는 수식의 형태를 만들 때는 어간에 「な」를 붙인다.

> 元気な子供　건강한 아이

형용하는 표현이면서도 명사와 같은 활용을 하고 다만 수식형은 な로 표현하는
특징 때문에 'な형용사'라고 하는 것이다.

静かだ / 街   →   静かな街 조용한 거리
親切だ / 店員   →   親切な店員 친절한 점원
楽だ / 仕事   →   楽な仕事 편한 직업
変だ / こと   →   変なこと 이상한 일
大事だ / 約束   →   大事な約束 중요한 약속
同じだ / 時間   →   同じ時間 같은 시간

◆ 同じだ(같다)는 な형용사의 범주에 들어가지만 な 수식을 하지 않으므로 주의해야 한다.
　同じ雑誌(○) 같은 잡지
　同じな雑誌(×)

초급자들은 仕事와 こと를 혼
동하는 경우가 많다.

仕事 : 구체적인, 때로는 직업
적인 일.

こと : 추상적인 일. '(~한)
일', '(~한) 것'이라는 뜻의 형
식명사로 쓰이고 대개의 경우
단독으로 쓰지 않는다.

(3) ～が ～です   ~이 ~(합)니다

な형용사는 기본적으로 '~이 ~하다'라는 뜻이므로 앞에 대상이 되는 말에 대한
조사는 보통 '~이/가'에 해당하는 ～が가 쓰인다.

魚が新鮮です。 생선이 신선해요.

하지만 어떤 화두(말머리)로 시작하거나, 어떤 사항을 강조해서 말할 때는 ～は
를 쓰기도 한다.

スキーは下手です。 (다른 건 괜찮은데) 스키는 못해요.

辞書は必要です。 (다른 건 몰라도) 사전은 필요해요.

그런데 한국어에서 '을/를'을 쓸 수 있는 말인데도, 일본어에서는 が를 써야 하
는 경우가 있는데 초급자들이 틀리기 쉬우므로 주의한다.

好きだ   ～을 좋아하다, ～이 좋다
　　　　예 日本のドラマが好きです。 일본 드라마를 좋아해요. (일본 드라마가 좋아요)

きらいだ   ～을 싫어하다, ～이 싫다
　　　　예 野菜がきらいです。 야채를 싫어해요. (야채가 싫어요)

上手だ   ～을 잘하다, ～이 능숙하다
　　　　예 英語が上手です。 영어를 잘해요. (영어가 능숙해요)

下手だ へた	~을 못하다, ~이 서투르다
	例 料理が下手です。　요리를 못해요. (요리가 서투러요)
得意だ とくい	~을 잘하다, ~이 자신 있다
	例 スポーツが得意です。　스포츠에 능해요.
苦手だ にがて	~을 어려워하다, ~이 서투르다
	例 人前で話すのが苦手です。　남 앞에서 말하는 걸 잘 못해요.

苦手だ는 잘 못하고 어려워한다는 의미이므로 대상이 사람이거나 음식일 경우는 '싫다', '못 먹는다'의 뜻이 된다.

(4) 현재 부정

な형용사는 기본적으로 명사와 활용 형태가 같으므로 부정의 말은 어간에 では〔じゃ〕ありません을 붙인다. 반말일 경우는 では〔じゃ〕ない라고 하면 된다. 구어에서는 공손한 표현을 じゃないです라고 하는 경우도 많다.

A：歌が上手ですか。
B：いいえ、上手ではありません。

A：노래를 잘해요?　B：아니요, 잘 못해요.

A：トイレはきれいですか。
B：いいえ、あまりきれいじゃありません。

A：화장실은 깨끗해요?　B：아니요, 별로 깨끗하지 않아요.

A：野菜がきらいですか。
B：いいえ、きらいじゃないです。

A：야채를 싫어해요?　B：아뇨, 싫어하지 않아요.

A：お金が必要ですか。
B：いや、必要じゃないです。

A：돈이 필요해요?　B：아뇨, 필요하지 않아요.

A：彼のことが好きなの？
B：別に好きじゃない。

A：그가 좋아?　B：별로 좋아하지 않아.

(5) 과거 / 과거 부정

な형용사는 기본적으로 명사와 활용 형태가 같으므로 과거의 말은 어간에 でした를, 과거 부정의 말은 어간에 では〔じゃ〕ありませんでした를 붙이면 된다.

A：公園は静かでしたか。
B：いいえ、あまり静かではありませんでした。

A：공원은 조용했어요?　B：아니요, 그다지 조용하지 않았어요.

사람을 좋아한다고 할 때 ~が好きです라는 표현도 하지만, 흔히 ~のことが好きです라는 표현을 많이 들을 수 있다. 이때 ~のこと는 별 다른 의미를 가지고 있지 않으므로 관용적인 용법으로 받아들이는 게 좋겠다.
例 山田君のことが好きです。　야마다 군이 좋아요.

A：魚は新鮮でしたか。
B：いいえ、別に新鮮じゃありませんでした。

A : 생선은 신선했어요? B : 아뇨, 그다지 신선하지 않았어요.

A：テストは簡単でしたか。
B：いいえ、それほど簡単じゃありませんでした。

| それほど 그렇게, 그만큼

A : 테스트는 쉬웠나요? B : 아니요, 그렇게 쉽지 않았어요.

그런데 반말의 경우는 조금 어렵다. 긍정인 경우는 어간에 ~だった를, 부정인 경우는 어간에 ~では〔じゃ〕なかった를 붙인다. 부정 표현 では〔じゃ〕ない 의 경우는 보조 형용사 ない가 い형용사의 활용을 따르므로 ~では〔じゃ〕なかった가 되는 것이다.

その子の態度はあまり素直じゃなかった。
그 아이의 태도는 그다지 솔직하지 않았다.

窓から見る景色はとてもきれいだった。
창문에서 보는 경치는 아주 예뻤다.

A：あの歌手、歌が上手だった？
B：うん、すごく上手だった。

A : 그 가수 노래 잘했어? B : 응, 아주 잘하더라.

A：交通が便利だった？
B：いや、あまり便利じゃなかったよ。

A : 교통이 편리했어? B : 아니, 그다지 편리하지 않던걸.

A：あの店、日本語で大丈夫だった？
B：いや、日本語が通じなくて大変だったよ。

| 通つうじる 통하다, 통용되다

A : 그 가게, 일본어 괜찮았어(통했어)? B : 아니, 일본어가 안 통해서 힘들었어.

<table>
<tr><td colspan="2" rowspan="2">*** 핵심정리</td><td>な형용사의 기본 시제 공식</td><td></td></tr>
<tr><td></td><td></td></tr>
<tr><td></td><td>반말형</td><td>공손체</td></tr>
<tr><td>현재</td><td>きれいだ 예쁘다</td><td>きれいです 예쁩니다</td></tr>
<tr><td>현재 부정</td><td>きれいじゃない 예쁘지 않다</td><td>きれいでは〔じゃ〕ありません 예쁘지 않습니다</td></tr>
<tr><td>과거</td><td>きれいだった 예뻤다</td><td>きれいでした 예뻤습니다</td></tr>
<tr><td>과거 부정</td><td>きれいじゃなかった 예쁘지 않았다</td><td>きれいでは〔じゃ〕ありませんでした 예쁘지 않았습니다</td></tr>
</table>

(6) ～で 연결형

な형용사는 연결형으로 만들 때는 어간에 で를 붙인다.

> **예** 便利だ　→　便利で 편리하고
> べん り　　　　べん り

앞에서 설명했듯이 일본어에서 ～て 또는 ～で는 접속조사의 하나로 문장 연결의 역할을 하고, '～이고' 등의 나열의 의미와 '～하여', '～해서' 등의 이유의 의미를 가지고 있다. な형용사는 이 중에서 탁음이 붙은 で만 접속이 될 수 있다는 것에 주의한다.

• 열거의 표현

> きれいです＋やさしいです＋人です　→　きれいでやさしい人です。
> 　　　　　　　　　　　　　　　ひと
> 　　　　　　　　　　　　　　　　　　　예쁘고 상냥한 사람입니다.

> 元気です＋かわいいです＋子供です　→　元気でかわいい子供です。
> げん き　　　　　　　　　こ ども
> 　　　　　　　　　　　　　　　　　　건강하고 귀여운 아이입니다.

> 丈夫です＋安全です＋システムです　→　丈夫で安全なシステムです。
> じょう ぶ　　あん ぜん
> 　　　　　　　　　　　　　　　　　　튼튼하고 안전한 시스템입니다.

> ハンサムです＋まじめです＋恋人です　→　ハンサムでまじめな恋人です。
> 　　　　　　　　　　　　　こい びと
> 　　　　　　　　　　　　　　　　　　핸섬하고 성실한 애인이에요.

• 이유의 표현

> 外は真っ暗でこわかった。 밖은 캄캄해서 무서웠다.
> そと ま くら
>
> > 真まっ暗くらだ 새까맣다. 아주 어둡다

> 子供のことが不安で毎晩電話をしました。 아이가 불안해서 매일 밤 전화를 했습니다.
> こ ども　　　　ふ あん　まい ばん でん わ

> 試験の結果が心配で眠れません。 시험 결과가 걱정돼서 잠이 안 와요.
> し けん けっ か しん ぱい ねむ
>
> > 眠ねむれない 잠들 수 없다, 잠이 안 오다

(7) ～に 부사적인 용법

부사적 용법이란 뒤에 동사류 표현을 수식할 때의 형태를 말한다. な형용사는 어간에 に를 붙여 부사형(~하게, ~히)으로 만들 수 있다. (**예** 親切だ 친절하다 →
親切に 친절하게)

> 静かにしてください。 조용히 해 주세요.
> しず

> 正直に話してください。 솔직히 말해 주세요.
> しょう じき はな

> あの事故のことは残念に思っています。 그 사건은 유감으로 생각하고 있습니다.
> じ こ　　　　　　ざん ねん おも

> もう少しまじめに考えてもらえませんか。 좀 더 진지하게 생각해 줄 수 없나요?
> すこ　　　　　　かんが

あの子が元気に育ってくれて何よりです。

<ruby>子<rt>こ</rt></ruby> <ruby>元気<rt>げんき</rt></ruby> <ruby>育<rt>そだ</rt></ruby> <ruby>何<rt>なに</rt></ruby>

그 아이가 건강하게 자라준 게 좋을 따름입니다.

～てなによりだ ～한 게 무엇보다 좋다, 무엇보다 다행이다

(8) ～になる ～하게 되다

앞에서 설명했듯이 なる는 원래 '되다', '이루어지다'라는 뜻의 동사이다. な형용사의 부사형에 연결해서 ～になる의 형태로 쓰면 '～하게 되다', '～해지다'라는 변화의 뜻을 나타내는 의미가 된다.

♦ い형용사는 ～くなる가 되는데, 혼동하기 쉬운 부분이므로 조심해야 한다.

い형용사   厳しい → 厳しくなる 엄격해지다
<ruby>厳<rt>きび</rt></ruby>

な형용사   きれいだ → きれいになる 예뻐지다

특히 きれいだ는 어간만으로 형용하는 경우가 많기 때문에 い형용사라고 착각하고 きれくなる라고 오류를 범하는 사람이 많다.

使い方が簡単になりました。   사용법이 간단해졌습니다.
<ruby>使<rt>つか</rt></ruby> <ruby>方<rt>かた</rt></ruby> <ruby>簡単<rt>かんたん</rt></ruby>

ドラマを見て主役の女優さんが好きになりました。
<ruby>見<rt>み</rt></ruby> <ruby>主役<rt>しゅやく</rt></ruby> <ruby>女優<rt>じょゆう</rt></ruby> <ruby>好<rt>す</rt></ruby>

드라마를 보고 주연 여배우가 좋아졌습니다.

牛乳がきらいになりました。   우유가 싫어졌습니다.
<ruby>牛乳<rt>ぎゅうにゅう</rt></ruby>

はやく英会話が上手になりたいです。
<ruby>英会話<rt>えいかいわ</rt></ruby> <ruby>上手<rt>じょうず</rt></ruby>

빨리 영어 회화를 잘하고 싶습니다.

家の近くに大型スーパーができて、買い物が楽になりました。
<ruby>家<rt>いえ</rt></ruby> <ruby>近<rt>ちか</rt></ruby> <ruby>大型<rt>おおがた</rt></ruby> <ruby>買<rt>か</rt></ruby> <ruby>物<rt>もの</rt></ruby> <ruby>楽<rt>らく</rt></ruby>

집 근처에 큰 슈퍼마켓이 생겨서, 쇼핑이 편해졌습니다.

배우, 탤런트를 일컫는 말

芸能人けいのうじん 연예인
タレント 탤런트
俳優はいゆう 배우
女優じょゆう 여배우
役者やくしゃ 배우

たい ～하고 싶다

참고로 ～になる는 명사에 접속되면 '～가 되다'라는 의미가 된다. 이 표현은 다음의 예처럼 한국어로는 '이', '가'로 해석하는데도 조사는 に를 사용함에 주의해야 한다. (예 선생님이 되다 → 先生になる)

決心しました。私、弁護士になります。
<ruby>決心<rt>けっしん</rt></ruby> <ruby>私<rt>わたし</rt></ruby> <ruby>弁護士<rt>べんごし</rt></ruby>

결심했어요. 저, 변호사가 될래요.

A：読書の季節、秋になりましたね。
<ruby>読書<rt>どくしょ</rt></ruby> <ruby>季節<rt>きせつ</rt></ruby> <ruby>秋<rt>あき</rt></ruby>
B：そうですか？私には食欲の秋ですけど。
<ruby>私<rt>わたし</rt></ruby> <ruby>食欲<rt>しょくよく</rt></ruby>

A : 독서의 계절, 가을이 되었네요. B : 그래요? 저에게는 식욕의 계절인데요.

やっと金曜日になりましたよ。忙しい一週間でしたね。
<ruby>金曜日<rt>きんようび</rt></ruby> <ruby>忙<rt>いそが</rt></ruby> <ruby>一週間<rt>いっしゅうかん</rt></ruby>

겨우 금요일이 되었습니다. 바쁜 일주일이었네요.

(9) ～なら(ば) 가정형

～ば는 '~하면', '~한다면' 등의 가정의 뜻을 나타내는 표현이다. な형용사의 경우는 어간에 ならば를 붙이면 되는데, 흔히 ば는 생략이 되어 なら의 형태로 쓰기도 한다.

辞書が必要なら(ば)私のをあげます。
사전이 필요하다면 제 것을 줄게요.

まわりがもう少し静かなら(ば)集中できるのですが。
주위가 좀 더 조용하다면 집중할 수 있는데요.

やり方が簡単なら(ば)、買ってもいいですが。
하는 방식이 간단하다면, 살 수도 있어요.

値段が同じなら(ば)、派手な方にします。
가격이 같다면, 화려한 쪽으로 할게요.

きれいなら誰でもいいということではないでしょうね。
예쁘면 누구든 좋다는 건 아니겠죠?

| やり方かた 하는 방식, 방법
➡ ～方かた ~하는 법, 방식

| ～方ほうにする ~쪽으로 하다

4 중고급 문법 문형

(1) な형용사의 명사형

い형용사와 마찬가지로 형용사의 어간에 ～さ를 붙이면 객관적인 성질을 나타내는 명사가 된다.

静かだ 조용하다 → 静かさ・静けさ 조용함, 정적
賑やかだ 번화하다 → 賑やかさ 번화함
豊かだ 풍부하다 → 豊かさ 풍부함
大切だ 소중하다 → 大切さ 소중함
華やかだ 화려하다 → 華やかさ 화려함
穏やかだ 온화하다 → 穏やかさ 온화함
重大だ 중대하다 → 重大さ 중대함
危険だ 위험하다 → 危険さ 위험함

(2) 파생 な형용사 ～げ ~인 듯함

い형용사나 な형용사 어간에 げ를 붙이면 '~인 듯함'이라는 뜻의 어떠한 모습이나 상태를 나타내는 말이 된다.

怪しい 수상하다	→	怪しげだ 수상한 듯하다	
羨ましい 부럽다	→	羨ましげだ 부러운 듯하다	
苦しい 괴롭다	→	苦しげだ 괴로운 듯하다	
恥ずかしい 부끄럽다	→	恥ずかしげだ 부끄러운 듯하다	
涼しい 선선하다	→	涼しげだ 선선한 듯하다	
得意だ 자신 있다	→	得意げだ 자신 있는 듯하다	
退屈だ 따분하다	→	退屈げだ 따분한 듯하다	
満足だ 만족하다	→	満足げだ 만족스러운 듯하다	

・활용 예

笑ってはいたが、どこか寂しげだった。
웃고는 있었지만, 어딘가 쓸쓸한 듯했다.

涼しげな浴衣を着ている。
시원해 보이는 유카타를 입고 있다.

得意げに話すあの態度が嫌です。
자신만만한 저 태도가 싫어요.

店員は黒い眼鏡をかけている人を怪しげな目で見ていた。
점원은 검은 안경을 쓰고 있는 사람을 수상한 듯 보고 있었다.

眼鏡めがねをかける 안경을 쓰다

▌TIP 시험에 출제되는 중고급 な형용사

鮮やかだ 선명하다	新ただ 새롭다
大まかだ 대략적이다	臆病だ 겁쟁이이다
厳かだ 엄숙하다	穏やかだ 온화하다
愚かだ 어리석다	疎かだ 소홀히 하다
勝手だ 제멋대로다	頑固だ 완고하다
盛んだ 한창이다, 왕성하다	さわやかだ 상큼하다, 상쾌하다
地道だ 착실하다	上品だ 고상하다
真剣だ 진지하다	速やかだ 신속하다, 빠르다
退屈だ 따분하다	巧みだ 교묘하다
生意気だ 건방지다	滑らかだ 매끄럽다
密かだ 은밀하다, 몰래 하다	無茶だ 터무니없다, 무모하다
厄介だ 성가시다	緩やかだ 완만하다, 느슨하다

Chapter

07

비교의 표현

이번 Chapter에서는 두 개 이상의 사물에 대해 그것들이 공통적으로 갖고 있는 성질을 비교하는 비교의 표현을 설명한다. 일본어에서는 두 가지의 비교, 세 개 이상의 비교, 또한 전체 중에서 비교 표현이 각기 조금씩 차이가 있다. 대개는 より(보다), ほど(만큼), もっと(더), ずっと(훨씬) 등의 정도부사를 이용해서 표현을 하는데 여기서는 문형을 중심으로 설명하기로 하겠다.

1 초중급 문법 문형

(1) 양자(두 개)의 비교

1 AとBと(では)どちらが～ですか A와 B와 어느 쪽이 ～입니까?

두 개의 사항, 즉 양자를 비교할 때 한국어에서는 'A와 B 중 어느 것이 좋습니까?'라고 하는데, 일본어에서는 '어느 것'에 해당하는 どれ를 쓰지 않고 반드시 どちら라고 묻는다. 또한 'A와 B 중'에 해당하는 표현도 AとBと 또는 AとBとでは라고 말하는 게 한국어와는 다르다. 말하는 내용이 어떤 사항, 사물이든 사람이든 양자를 비교할 때의 의문문은 반드시 이 표현을 쓴다.

① 牛肉と豚肉とどちらが好きですか。
　ぎゅうにく　ぶたにく　　　　　　　す
　쇠고기와 돼지고기 중 어느 쪽이 좋습니까?

② 発音は中国語と日本語とどちらが難しいですか。
　はつおん　ちゅうごく ご　に ほん ご　　　　　　むずか
　발음은 중국어와 일본어 중 어느 쪽이 어렵습니까?

③ キムさんはスキーとスノーボードとではどちらが上手ですか。
　　　　　　　　　　　　　　　　　　　　　　じょう ず
　김 씨는 스키와 스노보드 중 어느 쪽이 능숙합니까?

④ 韓国のドラマと日本のドラマとではどちらが面白いと思いますか。
　かんこく　　　　　に ほん　　　　　　　　　　　おもしろ　　おも
　한국 드라마와 일본 드라마 중 어느 쪽이 재미있다고 생각하세요?

⑤ 高橋さんと山田さんとどちらが背が高いですか。
　たかはし　　　やま だ　　　　　　　　せ　たか
　다카하시 씨와 야마다 씨 중 어느 쪽이 키가 큽니까?

⑥ 今度の旅行は東南アジアにしましょうよ。ベトナムとタイとじゃ、
　こん ど　りょこう　とうなん
　'どっちがいい？
　이번 여행은 동남아시아로 해요. 베트남과 태국 중에선 어느 쪽이 좋아?

| どちら=どっち
➡ どっち는 친근하게 말할 때의 표현이다.

2 AよりBの方が～です　A보다 B쪽이 ～합니다

두 가지 사항에 대한 비교는 한국어와 마찬가지로 '～보다'에 해당하는 조사 보다 를 이용하는 경우가 많다. 다만 '(～보다) ~가'가 아니라 '(～보다) ~쪽이', 즉 ～の方が라는 표현을 주로 쓴다는 점에 유의한다.

日本のりんごより韓国のりんごの方が甘いです。
일본 사과보다 한국 사과 쪽이 달아요.

위의 **1**항 질문 「AとBと(では)どちらが ～ですか」에 대한 대답은 이 표현을 이용해서 대답한다. 이때 조사 より는 생략할 수도 있다. 또한 '양쪽 다 ～합니다'라고 할 때는 「どちらも ～です」라고 한다.
다음은 위의 **1**항 질문에 대한 대답이다.

① 私は牛肉より豚肉の方が好きです。
저는 쇠고기보다 돼지고기 쪽이 좋아요.

② そうですね。中国語の方が難しいと思います。
글쎄요. 중국어 쪽이 어렵다고 생각해요.

③ スノーボードよりはスキーの方が上手ですね。子供の時から'やっていましたから。
스노보드보다는 스키 쪽을 잘해요. 어릴 때부터 했으니까요.

| やっている 하고 있다
➡ やる는 '하다'와 '주다'의 뜻이 있다.

④ どちらも面白いと思います。
둘 다 재미있다고 생각해요.

⑤ 高橋さんの方がもう少し高いんじゃないですか。
다카하시 씨 쪽이 조금 더 크지 않나요?

⑥ どっちでもいいよ。
어느 쪽이든 괜찮아.

3 AはBほど～부정　A는 B만큼 ～하지 않습니다

ほど는 '정도'나 '～만큼'에 해당하는 조사이다. 정도를 비교하는 기준을 나타낼 때는 '～만큼'으로 해석하며 뒤에 반드시 부정의 표현을 수반한다.

私は田中さんほど英語が上手ではありません。
나는 다나카 씨만큼 영어를 잘하지 못해요.

この街はミョンドンほど賑やかじゃないです。
이 거리는 명동만큼 번화하지 않아요.

犬は猿ほど頭がよくないです。
いぬ さる あたま
개는 원숭이만큼 머리가 좋지 않습니다.

大型スーパーはデパートほど高くない。
おおがた たか
대형 마트는 백화점만큼 비싸지 않다.

A：部屋が広いね。
へや ひろ
B：君の部屋ほどじゃないよ。
きみ
A : 방이 넓네.　B : 네 방만큼은 아니야.

문맥에 따라서는 다음의 예문처럼 최상급의 표현으로도 사용된다.

この店に山田さんほどきれいな人はいません。
みせ やまだ ひと
이 상점에 야마다 씨만큼 예쁜 사람은 없어요. (야마다 씨가 가장 예뻐요.)

(2) 세 개 이상의 비교

AとBとCとでは～が一番～ですか　A와 B와 C 중에서는 ～이 가장 ～입니까?
いちばん

세 개 이상의 사항이 구체적으로 제시될 때의 비교문은, 사물일 경우는 주로 ど
れ(어느 것)를 써서 질문하는데, 제시되는 내용에 따라 장소일 때는 どこ(어디),
시간일 때는 いつ(언제)라고 한다.

또한 AとBとCとでは(A와 B와 C에서는)는 AとBとCの中で(A와 B와 C 중에
なか
서)로 바꾸어 써도 무방하다.

대답은 둘 중 어느 것에 대한 선택이 아니므로 ～の方が로 대답할 수 없다.
ほう

A：りんごとみかんとなしとではどれが一番好きですか。
いちばん す
사과와 귤과 배 중에서는 어느 것이 가장 좋아요?

B：みかんが一番好きです。(○) 귤이 가장 좋아요.

みかんの方が好きです。(✕) 귤 쪽이 좋아요.
ほう

A：特急と急行と快速の中でどれが一番速いですか。
とっきゅう きゅうこう かいそく なか いちばんはや
B：特急が一番速いです。

A : 특급과 급행과 쾌속 중에서 어느 것이 가장 빠릅니까?　B : 특급이 가장 빨라요.

A：東京と大阪と京都では、どこが一番食べ物がおいしいですか。
とうきょう おおさか きょうと いちばん た もの
B：そうですね。大阪じゃないでしょうか。

A : 도쿄와 오사카와 교토 중에서는 어디가 가장 음식이 맛있어요?　B : 글쎄요. 오사카 아닐까요?

A：春と夏と秋と冬の中でいつが一番好きですか。
はる なつ あき ふゆ なか いちばん す
B：春です。

A : 봄과 여름과 가을과 겨울 중에서는 언제가 가장 좋아요?　B : 봄이요.

特急、急行、快速は列車の
とっきゅう きゅうこう かいそく
種類を言う。

A：A社とB社とC社の中でどこが一番給料が高いですか。

B：A社が一番給料がいいと聞きました。

給料きゅうりょう 급료, 월급

A：A사와 B사와 C사 중에서 어디가 가장 월급이 높나요? B：A사가 가장 월급이 좋다고 들었어요.

(3) 전체 중에서의 비교

〜の中で〜が一番〜ですか　〜 중에서 〜이 가장 〜입니까?

전체 중에서 비교할 때, 즉 '〜 중에서'라고 비교할 때 사물인 경우는 주로 何(무엇)로 질문을 한다. 이때 구체적으로 제시된 것 중 어느 것을 말하는 게 아니므로 どれ(어느 것)는 쓸 수 없다.

果物の中で何が一番好きですか。(○) 과일 중에서 무엇을 가장 좋아합니까?

果物の中でどれが一番好きですか。(×)

제시되는 내용에 따라서 사람일 경우는 誰(누구), 시간일 경우는 いつ(언제)로 묻는다. 또한 〜の中では 〜のうちで로 바꿔 써도 무방하다.

スポーツの中で何が一番上手ですか。
스포츠 중에 뭐가 가장 능숙해요?

クラスの中で誰が一番背が高いですか。
반에서 누가 가장 키가 커요?

A：一年のうちでいつが一番忙しいですか。

B：12月が一番忙しいです。
A : 1년 중 언제가 가장 바빠요? B : 12월이 가장 바빠요.

*** 핵심정리	물건의 비교에 있어서의 기본 공식

〈양자 비교〉

AとBとどちらが〜ですか A와 B와 어느 쪽이 〜입니까?

→ A〔B〕の方が〜です A(B)쪽이 〜입니다 / どちらも〜です 둘 다 〜입니다

〈세 개 이상의 비교〉

AとBとCの中でどれが〜ですか A와 B와 C 중 어느 것이 〜입니까?

→ A〔B/C〕が(いちばん)〜です A(B/C)가 (가장) 〜입니다 / どれも〜です 어느 거나 〜입니다

〈전체 중의 비교〉

〜の中で何がいちばん〜ですか 〜 중에서 무엇이 가장 〜입니까?

→ 〜がいちばん〜です 〜이 가장 〜입니다 / なんでも〜です 뭐든지 〜합니다

2 중고급 문법 문형

비교의 표현에서 표현을 더욱 풍부하게 하기 위해서는 아래 예문과 같이 もっと(더), ずっと(훨씬), やや(다소), もっとも(가장), さらに(더 한층) 같은 정도 부사를 사용해서 말할 수 있다.

デパートは市場よりずっと高い。
백화점은 시장보다 훨씬 비싸다.

こちらの本がやや厚い。
이쪽 책이 다소 두껍다.

彼女はこのクラスで最も優秀です。
그녀는 이 반에서 가장 우수합니다.

さらに新しくなったこの製品をぜひお試しください。
더욱 더 새로워진 이 상품을 꼭 한번 사용해 보세요.

> 試めす 시험해 보다, 해 보다
> お~ください ~해 주세요, ~하세요(공손한 표현)

다음은 이러한 부사 외에 시험에서 자주 출제되는 기능어로의 비교 표현을 소개한다.

(1) ～に比べて ～에 비교해서

'～와 비교해서'나 '～에 비해'에 해당하는 표현이다.
～に比べて～는 ～より～로 바꿔 말할 수도 있다.

今年の夏は例年に比べて降水量が少なかったそうです。
올해 여름은 예년에 비교해서 강수량이 적었다고 합니다.

都会に比べて田舎の方が老人人口が多い。
도심에 비해 시골 쪽이 노인 인구가 많다.

男性に比べて女性の方が語学をはやく覚えると言われる。
남성에 비해 여성 쪽이 어학을 빨리 배운다고 한다.

> 원래 동사 比べる는 '비교하다'라는 뜻의 타동사이다.

> ～と言われる는 言う(말하다)의 수동 표현. 직역하면 '～라고 말해지다'로 '일반적으로 그렇게 말한다'는 의미이다.

(2) ～わりには ～에 비해서는

원래 わりには '비교적'이란 부사이다. 단독으로도 말할 수 있고, わりあいなわりと로 바꿔 말할 수도 있다.

仕事がわりに早く終わりました。 일이 비교적 빨리 끝났습니다.

명사, な형용사, い형용사, 동사의 수식형에 연결해서 ～わりには라고 하면
'～에 비해서는'이라는 뜻이 되며, '어떤 상태에서 상식적으로 기대되는 기준에 비
해서 ～하다'라는 의미이다.

体のわりには顔が小さい。
몸에 비해서는 얼굴이 작다.

あのレストランは値段が高いわりにはあまりおいしくない。
저 레스토랑은 가격이 비싼데 비해서는 그다지 맛이 없다.

交通が不便なわりには家賃が高い。
교통이 불편한 데 비해서는 집세가 비싸다.

あまり勉強しなかったわりにはいい点数が出た。
그다지 공부 안 한 것에 비해서는 좋은 점수가 나왔다.

食欲がないと言っているわりにはよく食べている。
식욕이 없다고 말하는 것에 비해서는 잘 먹고 있다.

(3) ～にしては ～치고는

'～치고는'이나 '～로써는'에 해당하는 말이다. 앞 사항에서 예상되는 것과 다르
다는 느낌의 말로 주로 명사에 연결되어 쓰이나, 때로는 동사나 그 외의 품사에
연결되기도 한다.

彼は男にしては几帳面な方です。
그는 남자치고는 꼼꼼한 편입니다.

几帳面きちょうめんだ 성격이
규칙적이고 꼼꼼하다

大学の教授にしては若すぎるんじゃないですか。
대학 교수치고는 너무 젊은 것 아닙니까?

ビルさんは欧米人にしては小柄だ。
빌 씨는 서양인치고는 왜소하다.

小柄こがら 몸집이 작고 왜소
함

始めたばかりにしてはよくできますね。
시작한 지 얼마 안 된 것치고는 잘하네요.

日本に10年も住んでいたにしては日本語が上手じゃない。
일본에 10년이나 산 것치고는 일본어가 능숙하지 않다.

(4) ～きわまりない ~하기 짝이 없다

원래 極まり는 끝, 마지막, 궁극을 나타내는 명사이다. な형용사의 어간에 연결해서 ～きわまりない라고 하면 '극히 ~하다'라는 최상급의 표현이 된다. 보통 '~하기 짝이 없다'라는 느낌으로 실례, 무례, 태만 등의 부정적인 의미의 단어에 주로 연결이 된다.

夜中に大声で騒ぐなんて非常識きわまりない。
한밤중에 큰 소리로 떠들다니 몰상식하기 짝이 없다.

危険きわまりない遊びに付き合ってはいけません。
위험하기 짝이 없는 놀이에 어울리면 안 돼요.

向こうの電話の切り方は無礼きわまりないものだった。
그쪽의 전화 끊는 방식은 무례하기 짝이 없었다.

ノックもしないで人の部屋のドアを開けるなんて失礼きわまりない。
노크도 하지 않고 남의 방문을 열다니 실례되기 짝이 없다.

종지형에 なんて를 연결하면 '~하다니' 등의 경시나 의외의 뜻을 나타내는 표현이 된다. ～などとは 등으로 바꿔 쓸 수 있다.

예 お酒を飲んだとは言え、部屋を間違えるなんてあり得ない。술을 마셨다고는 하나, 방을 잘못 들어가다니 있을 수 없다.

付っき合ぅう
①남녀가 사귀다. 교제하다
②어울리다. 행동을 같이하다

Chapter

08

동사의 종류와
ます형

동사의 종류와 ます형

1 동사란?

사물의 동작, 작용, 존재를 나타내고 자립어로 다양한 활용을 한다.

(1) 기본형

동사의 원래의 형태, 즉 원형을 말한다. 원어민 교사들은 사전형(辞書形), 보통
체(普通体)라고도 하지만, 본 교재에서는 기본형이라고 하겠다.
모든 동사의 기본형은 [u]단으로 끝난다.

> **'あう、かく、はなす、まつ、しぬ、あそぶ、よむ、かえる、する**…

기본형만으로도 말은 성립된다. 기본형으로는 '~이다'라고 해석하지만, 친근한
말투에서 억양, 어조 등에 따라 의문형이나 의지의 느낌으로 말할 수 있다.

> A：これ、食べる？ 이거 먹을래?
> B：うん、食べる。 응, 먹을래.

あう(会う) 만나다
かく(書く) 쓰다
はなす(話す) 말하다
まつ(待つ) 기다리다
しぬ(死ぬ) 죽다
あそぶ(遊ぶ) 놀다
よむ(読む) 읽다
かえる(帰る) 돌아가다
する 하다

(2) 동사의 종류

5단 동사(1그룹 동사), 1단 동사(2그룹 동사), 변격동사(3그룹 동사)의 세 가지
로 나뉜다.

5단 동사(1그룹) : 불규칙동사, 1단 동사를 제외한 모든 동사로 숫자적으로 가
장 많다.

1단 동사(2그룹) : る 앞의 발음이 [i]단(い、き、ぎ、ち、び、り…)이나,
[e]단(え、け、げ、せ、て、ね、べ、め、れ…)인 동사.

 ◆ 일본 국어문법에서는 る 앞의 발음이 [i]단인 동사를 상1단 동
  사, る 앞의 발음이 [e]단인 동사를 하1단 동사라고 하는데 본
  교재에서는 1단 동사로 통일한다.

변격동사(3그룹) : する(하다), くる(来る: 오다)

 단 두 가지이며 기본형과 활용은 나올 때마다 무조건 암기한다.

 ◆ 일본 국어문법에서는 する를 サ행 변격동사, くる를 カ행 변격
  동사라고 하는데, 어학원에서는 이러한 표현을 쓰지 않는다.

다음은 초중급 교재에 많이 나오는 기본 동사들이다.

▌기본 동사 ▌

5단 동사 (1그룹)

買う 사다	会う 만나다	歌う 노래하다	洗う 씻다
使う 사용하다	吸う (담배) 피우다, 흡입하다	言う 말하다	思う 생각하다
書く 쓰다	聞く 듣다	行く 가다	歩く 걷다
はく 신다	磨く 닦다	脱ぐ 벗다	急ぐ 서두르다
話す 말하다	消す 끄다	押す 밀다, 누르다	出す 내다
落とす 떨어뜨리다, 분실하다	渡す 건네주다	貸す 빌려 주다	
待つ 기다리다	勝つ 이기다	立つ 서다	持つ 가지다, 들다
死ぬ 죽다			
呼ぶ 부르다	遊ぶ 놀다	及ぶ 미치다	
飲む 마시다	読む 읽다	休む 쉬다	住む 살다
済む 끝나다			
ある 있다	分かる 알다	乗る 타다	作る 만들다
送る 보내다	止まる 서다, 멈추다	売る 팔다	やる 하다, 주다
*帰る 돌아가다	*知る 알다	*走る 달리다	
*切る 자르다	*入る 들어가다	(*표시는 '예외 5단 동사)	

1단 동사 (2그룹)

いる (사람이) 있다	見る 보다	起きる 일어나다	着る 입다
借りる 빌리다	似る 닮다		
食べる 먹다	寝る 자다	見せる 보여 주다	入れる 넣다
教える 가르치다	出る 나가다	かける 걸다	止める 세우다
開ける 열다	覚える 외우다	忘れる 잊다	別れる 헤어지다
調べる 조사하다	比べる 비교하다		

불규칙동사 (3그룹)

する 하다	勉強する 공부하다	相談する 상담하다
くる 오다	持ってくる 가지고 오다	

'예외 5단 동사'란 형태는 1단 동사처럼 보이지만 5단 활용을 하는 동사를 말한다.
일본어는 기본형이 같은 발음, 즉 동음이의어가 많다. 예를 들어 きる는 '자르다(切る)'인 경우는 예외 5단 동사, '입다(着る)'인 경우는 1단 동사 활용을 한다.

2 ます형 접속 방법

ます형이란 동사의 기본형에 공손체 ～ます(～합니다)를 붙이는 형태를 말한다.
많은 초급 학습자들이 ます와 です를 혼동한다. ます는 꼭 <u>동사에만 붙는다</u>는 사실을 명심하자.

～ます는 기본적으로 두 가지의 뜻을 내포하고 있다.

① 일반적인 사항이나 규칙적으로 반복되는 행동 '～합니다'

② 가까운 미래를 나타내는 표현 '～하겠습니다'

그런데 문법적으로 ます형이라고 하면 ます를 뺀 앞의 형태를 말해서(예 飲み),
ます형 뒤에 오는 형태에 따라 여러 가지 의미의 말을 파생시키므로 아주 중요하다. 다음은 ます형을 만드는 방법을 소개한다.

쉬운 이해를 위해 3그룹 불규칙동사부터 설명한다.

ます형의 다른 용법의 예

飲みたい 마시고 싶다
飲みに行く 마시러 가다

(1) 변격동사 (3그룹)

무조건 암기한다.

| する 하다 | → | します 합니다 |
| くる(来る) 오다 | → | きます(来ます) 옵니다 |

(2) 1단 동사 (2그룹) : る 앞의 발음이 [i]단이나 [e]단인 동사

る를 없애고 ます를 붙인다.

예 みる(見る) 보다	→	みます 봅니다
たべる(食べる) 먹다	→	たべます 먹습니다
ねる(寝る) 자다	→	ねます 잡니다
おきる(起きる) 일어나다	→	おきます 일어납니다

(3) 5단 동사 (1그룹) : 변격동사, 1단 동사를 제외한 모든 동사

끝 발음 [u]단을 [i]단으로 바꿔 준다.

예 かう(買う) 사다	→	かいます 삽니다
いく(行く) 가다	→	いきます 갑니다
およぐ(泳ぐ) 수영하다	→	およぎます 수영합니다
はなす(話す) 이야기하다	→	はなします 이야기합니다
まつ(待つ) 기다리다	→	まちます 기다립니다
しぬ(死ぬ) 죽다	→	しにます 죽습니다
あそぶ(遊ぶ) 놀다	→	あそびます 놉니다

よむ(読む) 읽다　　　　→　　よみます 읽습니다
ある 있다　　　　　　　→　　あります 있습니다

※ 예외 5단 동사

형태는 1단 동사처럼 보이지만, 5단 동사인 것들이 있으므로 주의해야 한다.

　🔲 かえる(帰る) 돌아가다　→　　かえります 돌아갑니다
　　はいる(入る) 들어가다　→　　はいります 들어갑니다

예외 5단 동사는 생각보다 많아서 일본어에 50~60개 정도가 존재한다고 한다.
하지만 대부분이 속어이고 기본적으로 알아야 할 동사는 그리 많지 않다. 여력
이 있다면 암기해도 되지만, 나올 때마다 익혀도 상관없다.

❙주요 '예외 5단 동사❙

〈초중급 동사〉		
帰る 돌아가다	入る 들어가다	知る 알다
切る 자르다	走る 달리다	参る '가다, 오다'의 겸양어
要る 필요하다	滑る 미끄러지다	減る 줄다
限る 한하다, 한정되다	しゃべる 말하다, 지껄이다	散る 지다
〈중고급 동사〉		
入る 들다	焦る 초조해하다	蹴る 차다
握る 쥐다	湿る 습기 차다	混じる 섞이다
練る 다듬다, 반죽하다	いじる 만지다, 만지작거리다	遮る 차단하다
陥る 빠지다	ひねる 비틀다	抓る 꼬집다
滅入る 풀이 죽다	甦る 소생하다	よじる 비꼬다
やじる 야유하다	寝そべる 눕다	もぎる 비틀어 떼다
ちぎる 잘라 떼다	契る 장래를 약속하다	罵る 큰 소리로 나무라다
誹る 헐뜯다	耽る 탐닉하다, 골몰하다	

예외 5단 동사는 1단 동사임을
구별하는 る 앞의 [i]나 [e] 발
음이 한자 속에 포함되는 경
우가 대부분이다.

🔲 帰る(돌아가다) −5단 동사
　変える(바꾸다) −1단 동사

3 초중급 문법 문형

(1) ～ます / ～ません ~합니다 / ~하지 않습니다

앞서 설명했듯이 일본어에서 ます형은 '(일반적으로) ~합니다' 또는 '(앞으로)
~하겠습니다'의 뜻이다. 일본어는 미래형이 따로 존재하지 않고 <u>현재형이 가까</u>
<u>운 미래</u>를 대신한다.

A : これから何をしますか。 지금 뭐 할 거예요?

B : アルバイトに行きます。 아르바이트 갈 거예요.

♦ 지금 현재 상황은 반드시 '~하고 있다(~ている)'라고 한다. 한국어와는 느낌이 조금 다르므로 주의한다.

A : 今何をしていますか。 지금 뭐해요?

B : 音楽を聞いています。 음악을 들어요.

• 활용 예

A : 土曜日のパーティーに行きますか。

B : はい、行きます。楽しみですね〜。

A : 토요일 파티에 갈 거예요? B : 예, 가요. 기대돼요!

A : よくタクシーに乗りますか。

B : いいえ、あまり乗りません。

A : 자주 택시를 타세요? B : 아뇨, 별로 안 타요.

～にのる〔のります〕 ～을 타다〔탑니다〕
➡ 조사는 반드시 に를 쓰는데 주의한다.

A : 時々日本のドラマを見ますか。

B : いいえ、ほとんど見ません。

A : 때때로 일본 드라마를 봐요? B : 아뇨, 거의 안 봐요.

> **▌ TIP 빈도를 나타내는 표현**
>
> いつも (항상) ＞ よく (자주) ＞ しばしば (자주, 종종) ＞ 時々 (때때로) ＞ たまに (가끔) ＞
> ほとんど (거의) ＞ めったに (좀처럼) ＞ 全然・まったく (전혀)
> ほとんど, めったに, 全然, まったく는 대개 뒤에 부정을 동반한다.

(2) ～ました / ～ませんでした ~했습니다 / ~하지 않았습니다

～ました / ～ませんでした는 공손체로 '~했습니다', '~하지 않았습니다'라는 완료나 과거를 나타내는 의미이다. きのう(어제), 去年(작년)같이 과거를 나타 내는 말과 함께 쓴다.

A : ゆうべお酒を飲みましたか。

B : いいえ、飲みませんでした。

A : 어제 술을 마셨습니까? B : 아니요, 마시지 않았습니다.

A : きのう彼女に会いましたか。

B : いいえ、会いませんでした。

A : 어제 여자 친구를 만났습니까? B : 아뇨, 만나지 않았습니다.

会うは '~를 만나다'인 경우 조사는 반드시 に를 써야 한 다. '~와 만나다'인 경우는 と 를 써도 상관없다.

A：週末'どこかへ行きましたか。

B：いいえ、どこへも行きませんでした。

A：주말에 어딘가 갔습니까? B：아니요, 어디에도 가지 않았습니다.

A：部屋に誰かいましたか。

B：いいえ、誰もいませんでした。

A：방에 누군가 있었습니까? B：아니요, 아무도 없었습니다.

何か 뭔가 /
何も 아무것도

どこか(へ) 어딘가(에) /
どこ(へ)も 어디(에)도

誰か 누군가 /
誰も 아무도

(3) ～ましょう / ～ましょうか ～합시다 / ～할까요?

～ましょうは ①'～합시다'라는 청유의 뜻과 ②'～하지요'라는 의향, 의지의 뜻으로 쓰인다.

～ましょうかは 상대의 의향을 묻는 표현으로 '～할까요?'로 해석할 수 있다.

また、'お会いしましょう。

또 만나 뵙죠.

お会いするは 会う(만나다)
의 겸양 표현.

そろそろ帰りましょう。

슬슬 돌아갑시다.

私が彼の意見を聞い'てみましょう。

제가 그의 의견을 물어볼게요. (의지)

～てみるは '～해 보다'.
聞くは '듣다'뿐만 아니라 '묻
다'의 뜻을 가지고 있다.

あとでこちらから連絡をしましょう。

나중에 이쪽에서 연락드리지요. (의지)

A：少し休憩を入れましょうか。

B：ええ、そうしましょう。

A：조금 휴식을 가질까요? B：예, 그러죠.

久しぶりに映画を見ましょうか。

오랜만에 영화를 볼까요?

의향을 묻는 표현에는 ～ましょうか와 유사한 표현으로 ～ませんか(～하지 않겠습니까?)도 있는데, 후자 쪽이 더 상대의 의사를 묻는다는 느낌이 있다.

A：今晩飲みに行きませんか。 오늘 밤 마시러 가지 않겠어요?

B：今日はちょっと…。 오늘은 좀…….

(4) 전성 명사형 만들기

ます형에서 ます를 빼는 형태만으로 명사를 만들 수 있다.

話す 이야기하다	→	話 이야기
読む 읽다	→	読み 읽기
聞く 듣다	→	聞き 듣기
書く 쓰다	→	書き 쓰기
休む 쉬다	→	休み 휴일
集まる 모이다	→	集まり 모임
答える 대답하다	→	答え 대답
借りる 빌리다	→	借り 빚
別れる 헤어지다	→	別れ 이별
終わる 끝나다	→	終わり 끝

(5) ～に行く ～하러 가다

'～하러 가다' 등의 목적의 표현은 반드시 동사의 ます형에 ～に行く라고 하면 된다. 이러한 목적의 용법은 行く에 한하지 않고 ～に来る(～하러 오다)・～に帰る(～하러 돌아가다)・～に入る(～하러 들어가다) 등의 이동을 나타내는 동사에는 다 적용이 된다.

遊園地へ遊びに行きましょう。
놀이 공원에 놀러 갑시다.

空港へ母を迎えに行きます。
공항에 어머니를 마중하러 갑니다.

今日は彼女に会いに来ました。
오늘은 그녀를 만나러 왔습니다.

家へ忘れ物を取りに帰りました。
집에 놓고 온 물건을 가지러 갔습니다.

> 忘れ物もの 잊은 물건, 놓고 온 물건

♦ 동작성 명사(する를 붙여 말이 되는 명사)는 ～をしに行く라고 해도 되고, 명사에 직접 に를 붙여 말할 수도 있다.

예 勉強しに行く → 勉強に行く 공부하러 가다

買い物に行く 쇼핑하러 가다
旅行に行く 여행하러 가다
バイトに行く 아르바이트하러 가다
出張に行く 출장하러 가다

> バイト 아르바이트
> ＝アルバイト

한편, 동작성 명사가 아닌데도 자주 쓰는 말이 있다. 映画に行く(영화 보러 가다), コンサートに行く(콘서트 보러 가다) 같은 말이 그에 해당한다.

4 중고급 문형

(1) 중지법

ます형에 콤마를 찍고 문장을 연결하면 て형(~이고, ~해서)과 같은 뜻의 말이 된다. 주로 문장체에서 쓰거나 공식적인 자리에서 딱딱한 말투로 쓰인다.

中級が終わり、上級に入りました。
중급이 끝나고, 상급에 들어갔습니다.

日本語学校で日本語を学び、日本へ留学するつもりです。
일본어 학원에서 일본어를 배워, 일본에 유학할 생각입니다.

(2) ます형+ながら ~하면서

ます형에 접속되는 여러 표현 중에서 자주 쓰이는 표현 중의 하나가 ~ながら (~하면서)이다. 주로 전후의 동작을 나타내는 동사를 연결하여 동시병행적인 상황을 나타내는 표현이다.

예 テレビを見る / ご飯を食べる → テレビを見ながらご飯を食べます。
　　　　　　　　　　　　　　　　TV를 보면서 밥을 먹습니다.

音楽を聞きながら、宿題をします。
음악을 들으면서 숙제를 합니다.

その辺でお茶でも飲みながら話しましょう。
근처에서 차라도 마시면서 얘기합시다.

> その辺은 직역하면 '그 주변' 이지만, '가까운 근처'를 말하기도 한다.

夜は働きながら、昼間は大学に通っています。
밤엔 일하면서, 낮에는 대학에 다니고 있습니다.

> 昼間ひるま 낮 동안

그런데 다음과 같이 상태, 역접의 표현으로 쓰이기도 한다.

① 변화 없이 계속되는 상태·모습

彼は生まれながらの優れた才能を持っている人です。
그는 뛰어난 재능을 가지고 태어난 사람입니다.

> 優すぐれる 뛰어나다. 우수하다

② 역접

すぐ近くまで行きながら、山田さんのお店に寄らないで帰ってきました。
바로 근처까지 가면서도 야마다 씨 가게에 들르지 않고 돌아왔습니다.

> 寄よる 들르다. 다가서다. 모이다

最近では能力がありながら、仕事がない人が多い。
さいきん　　のうりょく　　　　　　　　　しごと　　　ひと　おお

최근에는 능력이 있으면서도, 일이 없는 사람이 많다.

♦ ①의 표현은 명사에 접속해서도, ②의 표현은 명사, 형용사에 접속해서도 많이 쓰인다.

そこでは昔ながらの生活をしている。(명사 접속)
むかし　　　　　　　せいかつ

그곳에서는 옛날 그대로의 생활을 하고 있다.

残念ながらその意見に賛成することはできません。(な형용사 접속)
ざんねん　　　　　　いけん　さんせい

유감이지만 그 의견에 찬성할 수가 없네요.

狭いながらようやくマイホームを手に入れることができました。(い형용사 접속)
せま　　　　　　　　　　　　　　て　い

좁긴 하지만 드디어 내 집을 얻게 되었습니다.

(3) ～つつ / ～つつある　～하면서 / ～하고 있다

ます형에 つつ를 연결하면 ～ながら와 유사한 뜻, 즉 '～하면서'라는 의미가 된다. 하지만 대개는 문어체나 딱딱한 말투에서 쓰인다. ～つつある는 동작이나 작용이 어떤 방향을 향해 계속되고 있다는 의미로 '～하고 있다', '～하고 있는 중이다'라고 해석할 수 있다.

• ～つつ

순접(～하면서), 역접(～하면서도)의 의미를 모두 가지고 있다.

窓から景色を眺めつつ、考えにふけっていた。
まど　　けしき　なが　　　　かんが

창문으로 경치를 바라보면서 생각에 잠겨 있었다.

| 考かんがえにふける 생각에 잠기다

やめなければいけないと思いつつ、ついタバコに手が行ってしまう。
おも　　　　　　　　　　て　い

그만둬야 한다고 생각하면서도 그만 담배에 손이 가 버린다.

いけないことだと知りつつ、芝生にゴミを捨ててしまった。
し　　　　　しばふ　　　　　す

안 된다는 것을 알면서도 잔디에 쓰레기를 버려 버렸다.

• ～つつある

'～하고 있다', '하고 있는 중이다'의 뜻이다.

国民の意識は変わりつつある。
こくみん　いしき　か

국민의 의식은 바뀌고 있다.

景気は回復しつつあるが、少し時間がかかりそうだ。
けいき　かいふく　　　　　　すこ　じかん

경기는 회복하고 있지만, 조금 시간이 걸릴 듯하다.

住民の努力によって、騒音問題は改善されつつある。
じゅうみん　どりょく　　　　　そうおんもんだい　かいぜん

주민의 노력에 의해 소음 문제가 개선되고 있다.

| 改善かいぜんされる 개선되다

(4) 복합동사 / 복합형용사 만들기

일본어에서 복합동사, 복합형용사를 만들 때는 <u>반드시 ます형에 접속한다.</u>
이때 두 단어가 합쳐져서 조금 다른 의미의 단어를 파생하는 경우도 있어 약간
어렵게 느껴질 수도 있다. (더 많은 표현은 복합동사, 복합형용사 항목에서 설명하기로
한다.)

1 ～'合う 서로 ～하다 | 合あう 맞다

話す＋合う → 話し合う 서로 이야기하다
　예 これからのことについてみんなで話し合いましょう。
　　　앞으로의 일에 대해 모두 같이 얘기해 봅시다.

見せる＋合う → 見せ合う 서로 보여 주다
　예 彼氏の写真を見せ合いました。
　　　애인 사진을 서로 보여 줬습니다.

言う＋合う → 言い合う 서로 말하다, 언쟁하다
　예 どちらが先にするかで言い合いました。
　　　어느 쪽이 먼저 할지 다투었습니다.

2 ～'かえる 바꿔 ～하다 | かえる(替える・換える) 바꾸다

乗る＋かえる → 乗り換える 갈아타다
　예 次の駅で乗り換えてください。
　　　다음 역에서 갈아타세요.

着る＋かえる → 着替える 갈아입다
　예 あちらの更衣室で着替えてください。 | 更衣室こういしつ 탈의실
　　　저쪽 탈의실에서 갈아입으세요.

3 ～'すぎる 지나치게 ～하다

吸う＋すぎる → 吸いすぎる 과흡연하다
　예 たばこの吸い過ぎは体によくないですよ。
　　　지나친 흡연은 몸에 좋지 않아요.

飲む＋すぎる → 飲みすぎる 과음하다
　예 いやなことがあって、つい飲みすぎてしまいました。
　　　싫은 일이 있어서 그만 과음해 버렸어요.

入れる＋すぎる → 入れすぎる 너무 넣다

> 囫 さとうを入れすぎました。 설탕을 너무 넣었어요.

④ **〜'やすい 〜하기 쉽다**

やすい 싸다

使う＋やすい → 使いやすい 사용하기 쉽다

> 囫 電子辞書は使いやすい。
> でんし じしょ つか
> 전자사전은 사용하기 쉽다.

わかる＋やすい → わかりやすい 알기 쉽다

> 囫 先生の説明はわかりやすい。
> せんせい せつめい
> 선생님의 설명은 알기 쉬워.

飲む＋やすい → 飲みやすい 마시기 쉽다

> 囫 飲みやすい薬なんてありません。
> の くすり
> 먹기 쉬운 약 따위는 없어요.

⑤ **〜'にくい 〜하기 어렵다**

にくい 밉다

話す＋にくい → 話しにくい 말하기 어렵다

> 囫 人前ではちょっと話しにくいですが…
> ひとまえ はな
> 남들 앞에서는 좀 말하기 그런데……

歩く＋にくい → 歩きにくい 걷기 어렵다

> 囫 こんな道、ハイヒールじゃ歩きにくいわ。
> みち ある
> 이런 길, 하이힐로는 걷기 어려워요.

Chapter

09

동사의 て형

1 동사의 て[で]형이란?

동사가 て(앞에 오는 활용 형태에 따라 で가 되기도 함)에 연결될 때의 형태를 말하며, 기본적으로 '~이고', '~해서', '~하여' 등의 뜻으로 쓰이는데, 뒤에 오는 말에 따라서 여러 가지 다양한 의미를 가지므로 학습자들이 기본적으로 꼭 숙지해야 할 아주 중요한 문법 중 하나이다.

기본적으로 ます형과 형태가 같지만, 5단 동사(1그룹)에는 음편(音便 : 음이 변하는 현상)이 있어 조금 복잡하다. 음편은 말 그대로 음성적인 편의를 위해 발음을 바꾸는 현상인데, 외국인 학습자에게는 아주 어려운 부분이다.

> い형용사인 경우는 ~くて, な형용사인 경우는 ~で가 된다. (い형용사, な형용사 편을 참조할 것)
>
> て형뿐만 아니라 뒤에서 학습할 ~た(~했다), ~たり(~하기도 하고)도 て형과 똑같은 음편의 형태를 취한다.
> 예 歩いた 걸었다
> 　歩いたり 걷기도 하고

2 음편의 종류와 접속 방법

(1) 5단 동사의 음편

동사의 ます형과 형태가 같다고 생각하면 되지만, 5단 동사(1그룹)만은 음편(음이 변하는 현상)이 있고, 아래와 같이 ①い로 변하는 い음편, ②っ로 변하는 촉음편, ③ん으로 변하는 발음편의 세 가지 유형이 있다.

1 い음편

기본형이 く, ぐ로 끝나는 동사는 끝 발음을 い로 바꾸고 て를 붙인다.
단, ぐ로 끝나는 동사는 いで가 되는데 기본형에 있던 탁음이 뒤로 옮아간다고 생각하면 된다.

```
く → いて     ぐ → いで(★)
```

예 かく → かいて　　　　　あるく → あるいて
　ぬぐ → ぬいで　　　　　さわぐ → さわいで
　いく → いって*(行く만은 예외적으로 っ음편을 취한다)

> 書く 쓰다
> 歩く 걷다
> 脱ぐ 벗다
> 騒ぐ 떠들다
> 行く 가다

2 っ음편

기본형이 う, つ, る로 끝나는 동사는 끝 발음을 촉음(っ)으로 바꾸고 て를 붙인다.

う・つ・る → って

例 かう　　→ かって　　　　ならう → ならって
　　もつ　　→ もって　　　　かつ　　→ かって
　　つくる → つくって　　　　おくる → おくって

買う 사다
習う 배우다
持つ 들다
勝つ 이기다
作る 만들다
送る 보내다

③ ん음편

기본형이 ぬ, ぶ, む로 끝나는 동사는 끝 발음을 ん으로 바꾸고 で를 붙인다.
이때 ん 발음의 영향으로 て가 아니라 탁음이 붙은 で로 바뀌는 것에 주의한다.

ぬ・ぶ・む → んで

例 しぬ → しんで
　　よぶ → よんで　　　　およぶ → およんで
　　よむ → よんで　　　　やすむ → やすんで

死ぬ 죽다
呼ぶ 부르다
及ぶ 미치다
読む 읽다
休む 쉬다

◆ 당연한 얘기지만, 예외 5단 동사도 5단 동사임에는 변함이 없으므로 촉음편(っ 음편)을
　해야 한다. (예외 5단 동사는 'Chapter 8 동사의 ます형' 부분을 참고한다.)
　　　例 かえる(帰る) 돌아가다　　→　　かえって
　　　きる(切る) 자르다　　→　　きって

◆ 가끔 買う(사다) → かって / 勝つ(이기다) → かって처럼 음편이 같은 형태가 되는
　동음이의어도 많다. 하지만 기본형도 뜻도 다르다는 것을 명심하자.

(2) 그 외 동사의 접속

그 외의 모든 동사는 원칙적으로 ます형과 동일하다.
5단 동사에도 음편을 하지 않는 동사류가 있는데, 바로 す로 끝나는 동사이다.
이 경우를 포함해서 나머지 동사, 즉 1단 동사와 변격동사도 무조건 ます형과
같다고 생각하면 된다.

　5단 동사(1그룹)　　はなす → はなします / はなして
　　　　　　　　　　おす　　→ おします / おして
　1단 동사(2그룹)　　みる　　→ みます / みて
　　　　　　　　　　たべる → たべます / たべて
　변격동사(3그룹)　　する　　→ します / して
　　　　　　　　　　くる　　→ きます / きて

話す 말하다
押す 밀다, 누르다
見る 보다
食べる 먹다
する 하다
来る 오다

3 초중급 문법 문형

(1) 〜て　〜하고, 〜해서(열거, 이유)

て〔で〕형은 기본적으로

① '〜하고', '〜하고 …' 등의 행동의 나열 또는 그 다음 순서의 행동을 나타낸다.

ご飯を食べます / コーヒーを飲みます
→ ご飯を食べてコーヒーを飲みます。　밥 먹고 커피를 마십니다.

友達に会います / 買い物をします / 映画を見ました。
→ 友達に会って買い物をして映画を見ました。　친구를 만나서 쇼핑하고 영화를 봤습니다.

② '〜해서' 등으로 해석되어 가벼운 원인이나 이유를 나타낸다.

急に用事ができて、レッスンを休んでしまいました。
갑자기 용무가 생겨서 레슨을 쉬었습니다.

事故があって道が込んでいます。
사고가 있어서 길이 막힙니다.

> 急きゅうに用事ようじができ
> る 갑자기 용무가 생기다

> 道みちが込こんでいる 길이
> 막히다

(2) 〜てから　〜하고 나서

〜てから는 '〜하고 나서'라는 뜻으로, 앞일이 끝나고 나서 뒷일을 한다는 전후
상황을 나타낸다.

仕事が終わってから電話をします。
일 끝나고 나서 전화할게요.

報告書はもう少し調べてから書きましょう。
보고서는 좀 더 조사하고 나서 씁시다.

日本に来てからパティシエの勉強を始めました。
일본에 와서 파티시에 공부를 시작했어요.

30分ぐらい仮眠してから続きをやります。
30분 정도 눈 붙이고 나서 계속 할게요.

> パティシエ 케이크를 만드는
> 장인(프랑스어 patissier에서)

> 仮眠かみんする는 '짧은 잠을 자다',
> 즉 '잠깐 눈을 붙이다'라는 의
> 미.

(3) 〜てください　〜해 주세요

〜て〔で〕ください는 '〜해 주세요', '〜하세요'라는 뜻으로, 부드러운 명령이나
요구의 표현이다.

> ください는 くださる의 명
> 령형으로, '주세요'라는 뜻이다.
> 예 ホットコーヒーをくださ
> い。 뜨거운 커피를 주세요.

보통 '(제게) ~해 주세요'라는 요구의 표현으로만 이해하는 학습자들이 많은데, '~하세요'라는 정중한 명령의 의미로도 많이 쓰인다는 점에 주의하자.

今晩はゆっくり休んでください。 오늘 밤은 푹 쉬세요.
こんばん　　　　　やす

よく洗ってから使ってください。 잘 씻고 나서 사용하세요.
　　あら　　　　つか

この書類は小林さんに渡してください。 이 서류는 고바야시 씨에게 건네주세요.
　　しょるい　こばやし　　　わた

電話に出てください。 전화 받으세요.
でんわ　で

身分証明書を見せてください。 신분증명서를 보여 주세요.
みぶんしょうめいしょ　み

> 電話でんわに出でる 전화받다

(4) ～て ~해 (줘)(명령)

～て는 '~해 줘'의 의미로, ください를 생략한 형태의 명령형으로 동년배나 격의 없는 사이에 쓸 수 있다. とっとと帰れ.(빨리 돌아가!)처럼 일반적인 거친 명령형에 비해서는 부드러운 명령의 느낌이므로 여성들이 많이 쓴다.
　　　　　　　　　　　　かえ

これ買って。 이거 사 줘.
　　か

時間ないから早く持ってきて。 시간 없으니까 빨리 가져와.
じかん　　　　はや　も

私の話聞いてよ。 내 얘기 좀 들어 봐.
わたし　はなしき

ちょっと貸して。わたしがやってみる。 좀 줘 봐. 내가 해 볼게.
　　　　か

> 貸かす는 '빌려 주다'라는 의미지만, '잠깐 줘 보다'라는 느낌으로도 많이 쓴다.
> 초급자는 다음의 구별에 신경 쓰도록 한다.
> 貸かす：(남에게 또는 내게) 빌려 주다
> 借かりる：(내가) 빌리다
> 返かえす：돌려주다

(5) ～てもいい / ～てもかまわない ~해도 좋아 / ~해도 상관없어

～てもいい는 '~해도 좋다〔된다〕', ～てもいいです는 '~해도 좋습니다〔돼요〕', ～てもいいですか는 '~해도 좋아요〔돼요〕?', ～てもかまいません은 '~해도 상관없어요'라는 뜻으로 모두 허락, 허가의 의미를 나타낸다.
본래 いい는 '괜찮다', '좋다'라는 뜻인데, て형을 연결해서 '~해도(ても) 좋아요'라는 표현을 만들 수 있다. 공손한 표현은 ～です, 의문형은 ～ですか를 붙이면 된다.
한편 かまう는 본래 '상관하다', '신경 쓰다'라는 뜻이다. 그러므로 ～てもかまわない는 '~해도 상관없어', ～てもかまいません은 '~해도 상관없습니다'라는 의미가 된다.

A：ここに車を止めてもいいですか。

B：はい、止めてもいいですよ。／はい、止めてもかまいません。

A：여기에 차를 세워도 돼요? B：예, 세워도 괜찮아요. / 예, 세워도 상관없어요.

A：試験中辞書を使ってもいいですか。

B：はい、辞書を使ってもかまいません。

A：시험 중에 사전을 사용해도 돼요? B：예, 사전을 사용해도 상관없어요.

A：夜遅く電話してもいいかな。

B：もちろん、いつでもかまわないよ。

A：밤늦게 전화해도 될까? B：물론, 언제든 상관없어.

A：答案用紙に鉛筆で書いてもいいですか。

B：はい、鉛筆で書いてもいいです。

A：답안용지에 연필로 써도 돼요? B：예, 연필로 써도 돼요.

(6) ～てはいけない / ～てはだめ ~해서는 안 돼

いけない는 원래 '안 돼'라는 강한 금지의 표현이다. て형을 이 표현에 연결해서 ～てはいけない의 형태로 '~해서는 안 돼', 공손하게는 ～てはいけません의 형태로 '~해서는 안 됩니다'라는 금지의 의미를 만든다.

또한 회화체에서는 '안 된다', '못 쓴다'라는 뜻의 な형용사 'だめだ에 연결하여, ～てはだめ, 공손하게는 ～てはだめです라는 표현을 많이 쓴다.

> **축약**　회화체에서는 ～ては를 축약해서 ～ちゃだめ[いけない], ～では를 축약해서 ～じゃだめ[いけない]라고 한다.

A：お酒を飲んで乗ってもいいですか。

B：飲酒運転はしてはいけません。

A：술 마시고 타도 돼요? B：음주 운전을 해서는 안 돼요.

食あたりを起こすから生物を食べてはいけません。

식중독을 일으키니까 날것을 먹어서는 안 돼요.

廊下を走ってはいけません。

복도를 뛰어서는 안 돼요.

公園の前に駐車してはいけないらしい。

공원 앞에는 주차해서는 안 된다나 봐.

こんなとこで寝てはだめですよ。家へ帰って寝なさい。

이런 곳에서 자면 안 돼요. 집에 가서 자요.

駄目는 금지의 뜻 외에도 '소용없다(=無駄だ)', '할 수 없다', '불가능하다'라는 의미로 회화에서 자주 쓰이는데, 한자 표기보다는 가타카나 ダメ를 많이 쓴다.

食しょくあたり 식중독, 식체

ところ(~ 곳, ~ 데)는 회화체에서는 축약해서 とこ라고도 한다.

A：捨ててもいい？
　　す
B：いや、捨てちゃだめ！！

A : 버려도 돼? B : 아니, 버리면 안 돼!!

駐車場で遊んじゃだめだよ。　　주차장에서 놀면 안 돼.
ちゅうしゃじょう　あそ

(7) ～てみる　～해 보다

보조동사의 한 가지이다. 보조동사란 ～てみる처럼 て 뒤에 보조적으로 붙어
원래의 의미와 조금 다른 의미의 말을 파생시키기도 하는 표현을 말한다. 여기
서의 みる는 직접 눈으로 본다는 의미가 아니라 어떤 일을 '～해 보다', '시도해
보다'라는 의미이므로, 한자 표기를 하지 않는다. 앞에 본동사 見る가 와서 見
　　　　　　　　　　　　　　　　　　　　　　　　　　　　　　　　　　　み
て みる가 되면 '(한번) 봐 보다'라는 뜻이 된다.
み

대개의 보조동사는 한자 표기
를 하지 않는다.
예 置く (놓다) → ～ておく
　　お
(～해 놓다), 行く (가다) → ～
　　　　　　い
ていく (～해 가다), 来る (오
　　　　　　　　　　　く
다) → ～てくる (～해 오다) …

食べてみてください。味はどうですか？
た　　　　　　　　　　あじ
먹어 보세요. 맛은 어때요?

まだ見つかりませんか？もう一度よく探してみましょう。
み　　　　　　　　　　　　いちど　　　さが
아직 못 찾았어요? 한 번 더 잘 찾아보죠.

実物を一度見てみたいと思います。
じつぶつ　いちど み　　　　　　おも
실물을 한번 보고 싶어요.

本当に出るかどうか試してみて。
ほんとう　で　　　　　　ため
정말 나오나 어쩌나 시험해 봐.

試ためす 시험해 보다

(8) ～ておく　～해 놓다

역시 보조동사의 한 가지이다. '(어떤 일을) ～해 놓다', '～해 두다'라는 의미를 형
성한다. 앞에 본동사 置く(두다, 놓다)가 와서 置いておく가 되면 '놓아두다',
　　　　　　　　　　　　　　　　　　　　　　　　お
'놔두다'라는 뜻이 된다.

축약　～ておく〔～でおく〕는 회화체에서는 ～とく〔～どく〕로 축약하는
경우가 많다.

～ておく → とく　　예 買っておく → 買っとく 사 두다
　　　　　　　　　　　　か　　　　　　か
～でおく → どく　　예 頼んでおく → 頼んどく 부탁해 두다
　　　　　　　　　　　　たの　　　　　　たの

これは冷凍庫に入れておきましょう。
れいとうこ　い
이건 냉동실에 넣어 둡시다.

ここをよく読んでおいてください。
よ
여기를 잘 읽어 두세요.

私が帰ってくるまでに片付けておいてください。
제가 돌아올 때까지 치워 두세요.

片付かたづける 정리하다

ちょっとそこに置いといて〔置いておいて〕ください。
좀 거기에 놓아두세요.

みんなによろしく言っといて〔言っておいて〕。
모두에게 잘 전해 줘.

(9) 〜てしまう 〜해 버리다

しまう는 원래 '넣다', '간수하다'의 뜻이나 보조동사로 쓰일 때는 '〜해 버리다'의 뜻이 된다. 일반적으로 안 될 일을 해 버렸다는 뜻, 즉 ①유감, 후회의 의미와 ②동작 완료의 의미로 쓰인다. 완료의 의미로 쓰일 경우는 한국어 해석이 어색할 수도 있다.

축약 회화체에서 〜てしまう〔〜でしまう〕는 〜ちゃう〔〜じゃう〕로 축약이 되기도 한다.

〜てしまう → 〜ちゃう　例 寝てしまう → 寝ちゃう 자 버리다
〜でしまう → 〜じゃう　例 死んでしまう → 死んじゃう 죽어 버리다
〜てしまった → 〜ちゃった　例 言ってしまった → 言っちゃった 말해 버렸다
〜でしまった → 〜じゃった　例 休んでしまった → 休んじゃった 쉬어 버렸다

うっかりして鍵を忘れてしまいました。
깜박하고 열쇠를 두고 왔어요.

旅行先でデジカメを落としてしまいました。
여행지에서 카메라를 분실해 버렸습니다.

落おとす 떨어뜨리다, 분실하다, 잊다

あとを考えないで、高い車を買ってしまいました。
나중을 생각 안 하고, 비싼 차를 사 버렸어요.

A : どうして来なかったの？
B : 朝寝坊しちゃった、ごめん。
A : 어째서 안 왔니? B : 늦잠 자 버렸어, 미안.

朝寝坊あさねぼうをする 늦잠 자다

おいしくて、全部飲んじゃった。
맛있어서 전부 마셔 버렸어.

このDVD、もう全部見てしまいましたから、あげます。
이 DVD 전부 봤으니까 줄게요.

(10) ～ていく　～해 가다

보조동사의 한 가지이다. '～해 가다'라는 뜻으로 이동·계속·변화·소멸의 뜻으로 쓰인다.

かさを持っていってください。　우산을 가져가 주세요.

私も連れていってください。　나도 데려가 주세요.

知らない人についていってはダメだよ。　모르는 사람을 따라가면 안 돼.

結婚してからも仕事を続けていきます。　결혼하고 나서도 일을 계속해 갈 겁니다.

3年でみんな卒業していく。　3년이면 모두 졸업해 간다.

社会が変わっていく。　사회가 변해 간다.

連れていく 데리고 가다
連れてくる 데리고 오다
ついていく 따라가다
ついてくる 따라오다

(11) ～てくる　～해지다, ～해 오다

말 그대로 '～하고 오다', '～해 오다'라는 뜻이지만, 한국어와는 달리 '～해지다'라고 해석하기도 한다. 이동·계속·출현·변화의 느낌이다.

持ってくるのを忘れてしまいました。　가져오는 걸 잊어버렸어요.

ただいま帰ってきました。　지금 막 돌아왔습니다.

彼はゆっくりこちらに向ってきた。　그는 천천히 이쪽을 향해 왔다.

遠くから海が見えてきた。　멀리 바다가 보였다.

ソウルの生活に慣れてきました。　서울 생활에 익숙해졌습니다.

だいぶ暖かくなってきました。　꽤 따뜻해졌어요.

最近少しやせてきました。　최근 조금 살 빠졌어요.

向かう 향하다. 향해 가다.
마주 보다

慣れる 익숙해지다, 숙달되다

やせる 여위다, 살 빠지다
↔ふとる 살찌다

4 중고급 문법 문형

(1) ～て以来　～한 이래

'～한 이래 계속, 쭉 (～한다)', 즉 과거의 어느 시점의 일이 지금까지 계속 영향을 미친다는 의미이다.

そのことがあって以来、彼女の態度が変わった。
그 일이 있은 이래, 그녀의 태도가 바뀌었다.

日本を旅行してきて以来、日本人に対する考え方が変わってきました。
にほん りょこう いらい にほんじん たい かんが かた か
일본을 여행하고 온 이래, 일본인에 대한 생각이 바뀌어 왔습니다.

卒業して以来、一回も学校を訪ねたことがない。
そつぎょう いらい いっかい がっこう たず
졸업한 이래 한 번도 학교를 방문한 적이 없다.

(2) 〜てよかった　〜하길 잘했다, 〜하길 다행이다

よかった는 형용사로 '좋았다'라는 의미이지만 '잘됐다', '다행이다'란 뜻으로 많이 쓰인다. て형에 접속되면 '〜하길 잘했다', '〜하길 다행이다'라는 의미로 쓰인다.

会議の時間に間に合ってよかったですね。
かいぎ じかん ま あ
회의 시간에 맞출 수 있어서 잘됐네요.

会えてよかった。今帰るところだったのよ。
あ いまかえ
만날 수 있어서 다행이네. 지금 돌아가려고 했어.

パソコン壊れちゃった。資料をUSBメモリーに保存しておいてよかったよ。
こわ しりょう ほぞん
컴퓨터 고장 났어. 자료를 USB메모리에 저장해 두길 잘했지 뭐야.

私の気持ちを伝えてよかったと思います。なんか清々しました。
わたし きも つた おも せいせい
내 마음을 전하길 잘했다고 생각해요. 어쩐지 후련해졌어요.

(3) 〜てやまない　〜해 마지않다

표현 그대로 하면 '〜해서 그치지 않는다', 자연스럽게는 '〜해 마지않다'라는 의미이다. 감정을 나타내는 동사에 붙어 그 감정이 강하게 지속되고 있음을 나타낸다.

尊敬してやまない先生にこの詩を贈ります。
そんけい せんせい し おく
존경해 마지않는 선생님께 이 노래를 선사합니다.

若者たちの将来を期待してやまない。
わかもの しょうらい きたい
젊은이들의 장래를 기대해 마지않는다.

彼は一生戦争に参加しなかったことを後悔してやまなかった。
かれ いっしょうせんそう さんか こうかい
그는 평생 참전하지 않은 것을 후회해 마지않았다.

(4) ～てならない / ～てしかたない / ～てたまらない ～해서 견딜 수가 없다

직역을 하면 ～てならない는 '～해서 되지 않는다', ～てしかたない는 '～해서
방법이 없다', ～てたまらない는 '～해서 참을 수 없다'라는 뜻이 되지만, 이 세
가지가 모두 '～해서 견딜 수 없다'라는 뜻이다. い형용사, な형용사에도 자주
쓰이는데 い형용사는 ～くて, な형용사는 ～で에 접속된다.

昨日の試験の結果が気になってならない。
어제 시험 결과가 신경 쓰여 견딜 수 없다.

> 気きになる 신경 쓰이다
> ➡ 気きにする 신경 쓰다

試合に負けたのが悔しくてならない。
시합에 진 것이 분해서 견딜 수 없다.

子供の病気が心配でならない。
아이가 아파 걱정이 되어 견딜 수 없다.

この映像を見るたびに涙が出てしかたがない。
이 영상을 볼 때마다 눈물이 나와 견딜 수 없다.

> ～たびに ～할 때마다

お母さんの手料理が恋しくてしかたがない。
어머니가 손수 만든 요리가 그리워 견딜 수 없다.

> 恋こいしい 그립다

朝から頭痛がしてたまらない。
아침부터 두통이 나서 견딜 수 없다.

(5) ～てからというもの ～하고 나서 쭉

～てから(～하고 나서)의 강조적인 표현이다. '～하고 나서 쭉'의 뜻으로 어떤 일
이 있고 나서 그로 인해 발생한 어떤 상태가 지속되고 있음을 나타낸다.

学校が始まってからというもの、とても忙しくて実家に電話する
暇もなかった。
학교가 시작되고 나서 너무 바빠서 본가에 전화할 틈도 없었다.

> 実家じっか 생가, 본가, 친정

友達に彼女ができてからというものずっと連絡がない。
친구에게 애인이 생기고 나서 쭉 연락이 없다.

駅前に大型スーパーができてからというもの、店の売り上げは
下がる一方だ。
역 앞에 대형 마트가 생기고 나서, 가게의 매상은 내려가기만 한다.

> ～する一方いっぽうだ (일방
> 적으로) ～하기만 하다

Chapter
10

진행·상태의
표현

1 자동사와 타동사

(1) 자동사와 타동사의 의미

일본어의 진행(~하고 있다), 상태(~하고 있다) 표현은 ~ている, ~てある로
표현할 수 있다. 이 표현을 이해하려면 먼저 자동사와 타동사의 개념을 파악해
야 한다. 일본어도 한국어와 마찬가지로 자동사와 타동사가 존재한다.

자동사(自動詞)	목적어를 필요로 하지 않고 주어 자체만의 움직임을 나타내는 단어. 목적어가 없으므로 동사 앞에 が가 오는 경우가 많다. (예)窓が開く 창문이 열리다
타동사(他動詞)	목적어가 있어야 뜻이 성립되는 동사. 대개는 목적격조사를를 필요로 한다. (예)窓を開ける 창문을 열다

자동사	타동사
ドアが閉まる 문이 닫히다	ドアを閉める 문을 닫다
電気がつく 전기가 켜지다	電気をつける 전기를 켜다
火が消える 불이 꺼지다	火を消す 불을 끄다
お金が入る 돈이 들어가다	お金を入れる 돈을 넣다
鍵がかかる 열쇠가 잠기다	鍵をかける 열쇠를 잠그다
会議が始まる 회의가 시작되다	会議を始める 회의를 시작하다
椅子が並ぶ 의자가 늘어서다	椅子を並べる 의자를 늘어놓다
ビルが建つ 빌딩이 서다	ビルを建てる 빌딩을 세우다

(2) 자동사와 타동사의 유형

자·타동사의 정확한 규칙은 없으므로 나오는 대로 암기를 해야 한다. 또한
자·타동사의 대응이 있는 동사가 있는가 하면 대응이 없는 동사들도 있다.
자·타동사의 대응이 있는 동사들은 정확한 규칙이 존재하는 것은 아니지만,
비슷한 유형들은 존재한다. 자·타동사의 종류는 너무나 많아서 무턱대고 와
울 수만은 없다. 상급 레벨로 올라가도 자·타동사는 어렵기 마련이므로, 유형
을 전부 암기하기보다는 크게 **타동사의 유형**만 파악해도 단어 외우는데 큰 도
움이 된다.

[타동사의 유형]

1 타동사가 「-eる」의 형태를 취하는 것 (가장 많은 유형을 차지한다)

〈자동사 -u 형태가 타동사 -eru 형태로 변하는 경우〉

자동사	타동사	자동사	타동사
開く 열리다	開ける 열다	揃う 갖춰지다	揃える 갖추다
つく 붙다, 켜지다	つける 붙이다, 켜다	進む 나아가다	進める 진전시키다
立つ 서다	立てる 세우다	傷つく 상처 입다	傷つける 상처 입히다
当たる 맞다	当てる 맞추다	片付く 정리되다	片付ける 정리하다
入る 들어가다	入れる 넣다	痛む 아프다	痛める 아프게 하다
続く 계속되다	続ける 계속하다	退く 물러나다	退ける 물리치다
向く 향하다	向ける 향하게 하다	沈む 가라앉다	沈める 가라앉히다
並ぶ 늘어서다	並べる 늘어세우다	緩む 느슨하다	緩める 느슨하게 하다
育つ 자라다	育てる 키우다		

〈자동사 -aru 형태가 타동사 -eru 형태로 변하는 경우〉

자동사	타동사	자동사	타동사
閉まる 닫히다	閉める 닫다	弱まる 약해지다	弱める 약하게 하다
止まる 서다	止める 세우다	高まる 높아지다	高める 높이다
かかる 걸리다	かける 걸다	低まる 낮아지다	低める 낮추다
上がる 올라가다	上げる 오르다	深まる 깊어지다	深める 깊이 하다
下がる 내려가다	下げる 내리다	温まる 따뜻해지다	温める 데우다
当たる 맞다	当てる 맞히다	染まる 물들다	染める 물들이다
集まる 모이다	集める 모으다	重なる 겹쳐지다	重ねる 겹치다
始まる 시작되다	始める 시작하다	儲かる (돈이) 벌리다	儲ける 벌다
固まる 굳다	固める 굳히다	終わる 끝나다	終える 끝내다
強まる 강해지다	強める 강하게 하다	変わる 바뀌다	変える 바꾸다

♦ 終わる는 주로 자·타동사로 같이 쓰이고, 타동사 終える는 문장체의 표현이다.

　　예 仕事が終わる 일이 끝나다　　　仕事を終わる〔終える〕 일을 끝내다

〈그 외〉

자동사	타동사
乗る 타다	乗せる 태우다
着る 입다	着せる 입히다

2 타동사가 「〜す」로 끝나는 것(す로 끝나는 동사는 대부분 타동사이다)

〈자동사 -ru 형태이고 동일한 어간에 す만 붙는 경우〉

자동사	타동사	자동사	타동사
成る 되다	成す 이루다	回る 돌다	回す 돌리다
残る 남다	残す 남기다	戻る 되돌아가다	戻す 되돌리다
通る 통하다	通す 통과시키다	帰る 돌아가다	帰す 보내다
直る 고쳐지다	直す 고치다	起る・起きる 일어나다	起す 일으키다

〈그 외에 타동사가 〜す인 동사〉

자동사	타동사	자동사	타동사
出る 나가다	出す 내다	倒れる 쓰러지다	倒す 쓰러뜨리다
飛ぶ 날다	飛ばす 날리다	隠れる 숨다	隠す 감추다
沸く 끓다	沸かす 끓이다	外れる 빗나가다	外す 빗나가게 하다
動く 움직이다	動かす 움직이다	伸びる 늘어나다	伸ばす 늘이다
減る 줄다	減らす 줄이다	満ちる 가득하다	満たす 가득 채우다
落ちる 떨어지다	落とす 떨어뜨리다	過ぎる 지나가다	過ごす 보내다
消える 꺼지다	消す 끄다	冷える 차가워지다	冷やす 차게 하다
増える 늘다	増やす 늘리다	肥える 비옥하다	肥やす 살찌우다
燃える 타다	燃やす 태우다	生える 나다	生やす 기르다
解ける 녹다	解かす 녹이다	濡れる 젖다	濡らす 적시다
流れる 흐르다	流す 흐르게 하다	覚める 깨다, 눈이 떠지다	覚ます 눈뜨게 하다
汚れる 더러워지다	汚す 더럽히다	焦げる 눋다	焦がす 눋게 하다, 애태우다
壊れる 망가지다	壊す 망가뜨리다	漏れる 새다	漏らす 새게 하다, 누설하다
崩れる 무너지다	崩す 무너뜨리다	揺れる 흔들리다	揺らす 흔들다
離れる 떨어지다	離す 떼 놓다		

3 자·타동사가 바뀌어 보이는 형태

자동사가 -eru의 형태라서, 형태만으로 봐서는 자동사가 타동사로 보여서 혼동하기 쉬우므로 꼼꼼히 암기해야 한다. 단 -れる의 형태는 예외 없이 자동사이다.

자동사	타동사	자동사	타동사
割れる 깨지다	割る 깨다	焼ける 타다	焼く 태우다
売れる 팔리다	売る 팔다	抜ける 빠지다	抜く 빼다
切れる 끊기다	切る 끊다	欠ける 부족하다	欠く 빼다
折れる 접히다	折る 접다	裂ける 찢어지다	裂く 찢다
釣れる 낚이다	釣る 낚다		

2 초중급 문법 문형

(1) ～ている ～하고 있다(진행)

동작이나 사건 등을 나타내는 동사에 ～ている를 붙이면 '～하고 있다'라는 진행의 뜻을 나타내는 표현이 된다.

ラーメンを食べています。 라면을 먹고 있습니다.

写真を撮っています。 사진을 찍고 있습니다.

友達と話しています。 친구와 이야기하고 있습니다.

雨がしとしと降っている。 비가 부슬부슬 내리고 있다.

A：今何をしていますか。
B：料理を作っています。

A：지금 무엇을 하고 있습니까? B：요리를 하고 있습니다.

A：何して(い)る？
B：雑誌を読んで(い)るところよ。

A：뭐 해? B：잡지를 읽고 있는 중이야.

> 写真しゃしんを撮とる 사진을 찍다

> 「기본형＋ところ」는 '지금 ～하고 있는 참'이라는 뜻이다.

직업을 나타내는 명사 뒤에 ～をしている를 붙이면 현재 하고 있는 일, 직업을 나타내는 표현이 된다.

A：お仕事は何をしていますか。
B：英語の教師をしています。
　去年までは看護婦をしていましたが、今は主婦をしています。
　何もしていません。

A：어떤 일을 하고 있습니까?
B：영어 교사예요. 작년까지는 간호사였는데, 지금은 주부예요. 아무것도 안 해요.

축약 모든 ～ている의 표현은 い를 생략하고 말할 수 있다.

～ている → ～てる　　例 聞いてる 듣고 있다

～ています → ～てます　　例 聞いてます 듣고 있습니다

～ていません → ～てません　　例 聞いてません 듣고 있지 않습니다

～ていない → ～てない　　例 聞いてない 듣고 있지 않다

(2) ～ている　～해 있다 / ～했다(상태)

어떤 동작의 결과로 그 상태로 남아 있음을 뜻하는 표현이다. 상태의 변화를 나타내는 동사에 붙어 '～해 있다'라는 뜻으로 쓰인다. 결과의 존속 상태를 말하므로 경우에 따라서는 '～했다'라는 완료의 느낌을 나타내기도 한다.

[咲く]　花が咲きました。 → 花が咲いています。
　　　　꽃이 피었습니다.　　　　　꽃이 피어 있어요.

[割れる]　ガラスが割れました。 → ガラスが割れています。
　　　　유리가 깨졌어요.　　　　　유리가 깨져 있어요.

[座る]　椅子に座りました。 → 椅子に座っています。
　　　　의자에 앉았어요.　　　　　의자에 앉아 있습니다.

[死ぬ]　鳥が死にました。 → 鳥が死んでいます。
　　　　새가 죽었습니다.　　　　새가 죽어 있어요.

[覚える]　使い方を覚えました。 → 使い方を覚えています。
　　　　사용법을 외웠어요.　　　　　사용법을 기억하고 있어요.

[開く]　ミョンドンに店を開きました。 → ミョンドンに店を開いています。
　　　　명동에 가게를 열었어요.　　　　　　명동에 가게를 열고 있어요.(열었어요)

[溶ける]　アイスが溶けました。 → アイスが溶けています。
　　　　아이스크림이 녹았어요.　　　　아이스크림이 녹아 있어요.

[結婚する]　去年結婚しました。 → 結婚しています。
　　　　작년에 결혼했어요.　　　　지금 기혼자예요.
　　　　(어느 시점에 결혼했음을 나타낸다)

'가다', '오다' 등의 이동 동사를 ～ている로 말하면 역시 상태나 완료의 표현이 된다.

[行く]　友達はアメリカに行っています。
　　　　친구는 미국에 가 있어요. (갔어요)

[来る]　全員来ています。
　　　　전원 다 와 있어요. (왔어요)

[出かける]　母は今出かけています。
　　　　엄마는 지금 외출했어요.

[帰る]　妹はまだ帰っていません。
　　　　여동생은 아직 돌아오지 않았어요.

♦ 그렇다면 '~에 가고〔오고〕 있다'는 일본어로 어떻게 표현할까? 라는 의문이 생긴다. 이런 경우는 대개 向かう(향하다)라는 동사를 써서 こっちに向かっています。(이쪽으로 오고 있어요.), そっちに向かっています。(그쪽으로 가고 있어요.)라고 말한다.

한편, 관용적으로 ~ている로 상태를 나타내는 표현도 있다.

[知る] あの人、誰か知っていますか。
저 사람 누군지 알고 있어요?

[持つ] 車を持っています。
차를 가지고 있어요.

│ 持っている는 '들고 있다'라는 뜻도 있다.

[住む] 都会に住んでいます。
도시에 살고 있어요.

│ 住んでいる 앞에 오는 조사는 반드시 に로 한정한다.

[似る] 二人はよく似ています。
두 사람은 닮았어요.

(3) ~ている 의복 착용의 동사

의복 착용의 동사들은 진행, 상태의 의미로 다 쓸 수 있지만, 주로 상태의 뜻으로 쓰인다. 예를 들어 今帽子をかぶっています(지금 모자를 쓰고 있습니다)는 지금 써 보고 있다는 표현도 되지만, 주로 지금 쓴 상태를 말하는 경우가 많다.

기본적인 의복 착용의 동사로는,

着る (상의, 전체를) 입다   はく (하의를) 입다, 신다   する (착용)하다
かける (안경을) 쓰다   かぶる (모자를) 쓰다

등이 있어서 다음과 같은 식으로 쓰인다.

[スーツ 양복・ブラウス 블라우스・着物 기모노・コート 코트・シャツ 셔츠・セーター 스웨터]を着ています。

[スカート 스커트・ズボン 바지・ジーパン 청바지・くつ 구두・くつした 양말・サンダル 샌들・ブーツ 부츠]をはいています。

[時計 시계・ネクタイ 넥타이・指輪 반지・手袋 장갑]をしています。

[めがね 안경・サングラス 선글라스]をかけています。

[帽子 모자]をかぶっています。

좀 더 세부적으로 들어가면,

ネクタイをしめる (넥타이를 매다) / 指輪・時計をはめる (반지・시계를 끼다
〔차다〕) / リボンをつける (리본을 붙이다〔달다, 착용하다, 하다〕) / マフラーを
まく (머플러를 두르다) 등의 표현도 있지만, 대개는 する로 표현할 수 있다.

(4) ～ていません ～하고 있지 않습니다 / ～하지 않았습니다

～ていません은 직역하면 '～하고 있지 않습니다'인데, 한국어로는 '～ 안 했습
니다'라고 해석될 수 있음에 주의하자.

～ませんでした가 완전히 안 해 버리고 끝났다는 과거 완료를 나타내는 데 비
해 ～ていません은 아직 안 한 상태로 계속 있음을 나타낸다. 특히 まだ(아직)
뒤에 ～ませんでした는 올 수 없다. 예를 들어 '아직 안 봤어요'라는 표현을 일
본어로 옮기면 다음과 같이 된다.

まだ見ていません。(○)
まだ見ませんでした。(×)

반말의 형태는 ～ていない(～ 안 했어) / ～ていなかった(～ 안 했었어)라고 한
다.(ない형은 Chapter 12를 참조한다.)

A：期末試験はもう終わりましたか。
B：いいえ、まだ終わっていません。

A：기말시험은 벌써 끝났어요? B：아니요, 아직 끝나고 있지 않아요. (끝나지 않았어요.)

A：カーネーションは買いましたか。
B：いいえ、まだ買っていません。

A：카네이션은 샀어요? B：아니요, 아직 사지 않았어요.

A：レポートはもう出しましたか。
B：いいえ、まだ出していません。

A：보고서는 벌써 냈어요? B：아니요, 아직 안 냈어요.

A：私との約束、もう忘れている？
B：ううん、忘れてないよ。

A：나와의 약속, 벌써 잊었어? B：아니, 잊고 있지 않아. (안 잊었어.)

(5) 〜てある　〜되어 있다

〜てある는 '〜가 〜되어(져) 있다'라는 의미로, 상태를 나타내는 표현이다. 어떤 행위를 완료한 결과로써 그 상태가 유지되고 있다는 의미이다. <u>반드시 타동사에만 연결된다.</u> 앞서 (2)에서 설명한 상태 표현 「자동사+ている(〜가 되어 있다)」에 비해 행위자를 의식해서 <u>'누가 〜해 놓았다'라는 느낌으로</u>, 문맥에 따라서는 '〜해 놓았다' 내지는 '〜이 〜해 놓아져 있다'라고 해석해야 자연스러운 경우가 많다. 〜てある는 반드시 타동사에 연결되지만 상태의 뜻이므로 앞에 오는 조사는 が가 되어야만 한다.

다음과 같이 연속 상황으로 이해하면 이해하기 쉽다.

①お金を入れています。돈을 넣고 있습니다.

→ ②お金を入れました。돈을 넣었습니다.

→ ③お金が入れてあります。돈이 넣어져 있습니다.(돈이 들어 있습니다)

③의 표현은 「자동사+ている」, 즉 お金が入っています。(돈이 들어 있습니다)와 표면적으로는 같은 표현이다. 하지만 「타동사+てある」쪽이 '누가 넣어 놓았다, 그래서 지금 들어 있다'는 뉘앙스가 강하다. 제대로 구별된 표현을 하기 위해서는 자·타동사를 제대로 암기하는 게 우선이라고 할 수 있겠다.

電気をつけました。	→	電気がつけてあります。
전기를 켰어요.		전기가 켜(켜져) 있어요.
カギをかけました。	→	カギがかけてあります。
열쇠를 잠갔어요.		열쇠가 잠겨(잠겨져) 있어요.
ドアを閉めました。	→	ドアが閉めてあります。
문을 닫았어요.		문이 닫혀져 있어요.
窓を開けました。	→	窓が開けてあります。
창문을 열었어요.		창문이 열어 놓아져(열려) 있어요.
車を止めました。	→	車が止めてあります。
차를 세웠어요.		차가 세워져 있어요.
椅子を並べました。	→	椅子が並べてあります。
의자를 늘어놓았어요.		의자가 늘어놓여 있어요.

> カギをかける 열쇠를 걸다. 즉 '잠그다'의 뜻이다.

또한, 대응하는 자동사가 없는 타동사는 항상 〜てある로 상태 표현을 한다.

[貼る]　壁にポスターが貼ってあります。
벽에 포스터가 붙여져 있습니다.

[飾る]　テーブルの<ruby>上<rt>うえ</rt></ruby>に<ruby>花<rt>はな</rt></ruby>が<ruby>飾<rt>かざ</rt></ruby>ってあります。
　　　　테이블 위에 꽃이 장식되어 있습니다.

[置く]　<ruby>机<rt>つくえ</rt></ruby>の<ruby>上<rt>うえ</rt></ruby>にノートコンピューターが<ruby>置<rt>お</rt></ruby>いてあります。
　　　　책상 위에 노트북이 놓여 있습니다.

[書く]　<ruby>黒板<rt>こくばん</rt></ruby>に<ruby>日本語<rt>にほんご</rt></ruby>で「さようなら」と<ruby>書<rt>か</rt></ruby>いてありました。
　　　　칠판에 일본어로 '안녕'이라고 쓰여 있었습니다.

[作る]　<ruby>朝起<rt>あさお</rt></ruby>きてみたら、もう<ruby>ご飯<rt>はん</rt></ruby>が<ruby>作<rt>つく</rt></ruby>ってあった。
　　　　아침에 일어나 봤더니 벌써 밥이 준비되어 있었다.

[する]　<ruby>明日<rt>あした</rt></ruby>のプレゼンの<ruby>準備<rt>じゅんび</rt></ruby>はもうしてあるわよ。
　　　　내일 프레젠테이션의 준비는 벌써 해 놨어.

한편, 이 표현은 '~해 놓았다'라는 뉘앙스가 있으므로 ～ておく(~해 두다)를 과거형으로 쓸 때 같은 상황에서 쓸 수도 있다.

ビールが<ruby>冷<rt>ひ</rt></ruby>やしてあります。　맥주가 차게 해 놓아져 있습니다. (맥주를 차게 해 놨습니다)　　|　冷ひやす 차게 하다

ビールを<ruby>冷<rt>ひ</rt></ruby>やしておきました。　맥주를 차게 해 두었습니다.

| 핵심 공식

타동사의 상태 표현

～が+타동사+てある　　～가 ~되어(져) 있다

～が+타동사+てあります　　～가 ~되어(져) 있습니다

Chapter
11

동사의 た형

1 동사의 た형이란?

동사의 완료형이라 하면 우선 〜ました를 생각할 수 있는데, 이는 공손한 표현의 완료형이고, 여기서의 〜た형은 기본형, 반말형의 완료형, 과거형을 말하는 것이다. 〜た형은 '〜했다'라는 의미로, て형과 형태가 똑같은 음편 현상이 일어난다.

기본적으로 구어체에서는 た 형태 그대로 과거의 뜻을 나타내고, 다음의 예처럼 의문문일 때도 굳이 의문사 か 없이도 억양을 올려 과거형 의문문으로 만들기도 한다.

> A : ご飯食べた？
> B : うん、さっき食べた。
>
> A : 밥 먹었어? B : 응, 아까 먹었어.
>
> A : 新しくできたレストラン、行ってみた？
> B : うん、さっそく行ってみた。おしゃれなお店だったよ。 | おしゃれ 멋짐, 세련됨
>
> A : 새로 생긴 레스토랑 가 봤어? B : 응, 당장 가 봤어. 세련된 곳이던걸.

• 기본적인 과거문

> 8時に家を出て、ちょうど8時30分に会社に着いた。
> 8시에 집을 나와서, 딱 8시 반에 회사에 도착했다.
>
> インテリアをかえたら、部屋が明るくてきれいでしかも広くなった。 | 〜たら 〜했더니
> 인테리어를 바꿨더니 방이 밝고 깨끗하고 게다가 넓어졌다.   しかも 게다가
>
> 図書館へ行って本を借りてきた。
> 도서관에 가서 책을 빌려 왔다.

• 상태의 표현

현재의 상태를 나타내는 표현인데도 꼭 완료의 형태를 쓰는 말도 있다. 관용적인 표현이므로 주의해야 한다. 공손한 표현일 때는 물론 〜ました가 된다.

> あ〜疲れた。/ 疲れました。 아〜, 피곤해라. / 피곤해요.
>
> お腹空いた。/ お腹が空きました。 배고파. / 배가 고파요.

喉乾いた。 / 喉が乾きました。　목말라. / 목이 말라요.
のどかわ　　　　　　のど　かわ

風邪を引いた。 / 風邪を引きました。　감기 걸렸어. / 감기에 걸렸어요.
かぜ　ひ　　　　　　　かぜ　ひ

風邪かぜを引ひく 감기에 걸리다
➡ 조사 を를 쓰는 데 주의한다.

2 た형의 종류와 접속 방법

て형과 마찬가지로 5단 동사(1그룹 동사)는 ①い로 변하는 い 음편, ②っ로 변하는 촉음편, ③ん으로 변하는 발음편의 세 가지 음편형을 가지고 있다. 또한 で의 경우와 마찬가지로 때에 따라 だ가 되기도 한다.

(1) 〜いた・〜いだ

기본형이 く, ぐ로 끝나는 동사는 끝 발음을 い로 바꾸고 た를 붙인다.
단, ぐ로 끝나는 동사는 〜いだ가 된다.

> く → いた　　ぐ → いだ

　例 聞く 듣다 → 聞いた 들었다　　泳ぐ 수영하다 → 泳いだ 수영했다
き　　　　　　　　き　　　　　　　およ　　　　　　　　およ
　　行く 가다 → *行った 갔다(行く는 예외적으로 っ음편을 취한다)

(2) 〜った

기본형이 う, つ, る로 끝나는 동사는 끝 발음을 촉음(っ)으로 바꾸고 た를 붙인다.

> う・つ・る → った

　例 買う 사다 → 買った 샀다　　打つ 치다 → 打った 쳤다
か　　　　　　　か　　　　　　　う　　　　　　　う
　　売る 팔다 → 売った 팔았다　　入る 들어가다 → 入った 들어갔다(예외 5단)
う　　　　　　　う　　　　　　　はい　　　　　　　　　はい

(3) 〜んだ

기본형이 ぬ, ぶ, む로 끝나는 동사는 끝 발음을 ん으로 바꾸고 だ를 붙인다.
이때 ん 발음의 영향으로 た가 아니라 탁음이 붙는 だ로 바뀌는 점에 주의한다.

> ぬ・ぶ・む → んだ

　例 死ぬ 죽다 → 死んだ 죽었다　　遊ぶ 놀다 → 遊んだ 놀았다
し　　　　　　　し　　　　　　　あそ　　　　　　　あそ
　　飲む 마시다 → 飲んだ 마셨다
の　　　　　　　の

위의 동사 외의 모든 동사는 원칙적으로 ます형과 동일하다. 즉 5단 동사 중 す로 끝나는 동사와 1단 동사, 변격동사는 무조건 ます형과 같다고 생각하면 된다.

5단 동사(1그룹)　　例 消す 끄다 → 消した 껐다

1단 동사(2그룹)　　例 いる 있다 → いた 있었다　　　　寝る 자다 → 寝た 잤다

변격동사(3그룹)　　する 하다 → した 했다　　　　来る 오다 → 来た 왔다

3 초중급 문법 문형

(1) ～た+명사　～한 ～ (수식형)

た형 뒤에 명사가 오면 과거에 '～한' 또는 현재 '～인'이라는 뜻의 명사 수식형이 된다.

[会う]	昨日会った人 어제 만난 사람
[聞く]	さっき聞いた話 아까 들은 이야기
[見る]	先週見た映画 지난주 본 영화
[作る]	夕べ作ったケーキ 어제 저녁 만든 케이크
[落とす]	財布を落とした人 지갑을 분실한 사람
[忘れる]	教科書を忘れた学生 교과서를 안 가져온 학생
[引く]	風邪を引いた人 감기 든 사람
[すく]	お腹すいた人 배고픈 사람

落おとす 떨어뜨리다, 분실하다

忘わすれる 잊다, 놓고 오다

♦ 참고로 현재형에 명사형이 연결될 때에는 일반적으로 '～하는' 또는 앞으로 '～할'의 뜻이 된다.

留学に行く人 유학 가는[갈] 사람

日本語を教える学校 일본어를 가르치는 학교

先方に送る書類 상대편에 보내는[보낼] 서류

先方せんぽう 상대편

> **▌TIP　忘れる・落とす・無くす의 차이**
>
> 忘れる : 기본적으로 '잊다'라는 뜻. 어떤 일을 망각했거나, 물건일 경우는 '두고(잊고) 왔다'는 느낌이다. '잃어버렸다'라는 뜻을 포함하고 있지 않다.
>
> 落とす : 기본적으로는 '떨어뜨리다'라는 뜻. 어딘가 떨어뜨려서 '분실했다', '잃다'라는 뜻도 포함하고 있다.
>
> 無くす : 기본적으로 '잃다'의 뜻. '어떻게'가 아니라 잃어버렸다는 사실만을 말한다. 사람일 경우는 한자를 달리해서(亡くす) '잃었다(죽었다)'라는 뜻으로 쓴다.

(2) ～た後で　～한 뒤에

～た後では '～한 후에'라는 뜻으로, 앞일이 끝나고 그 뒤에 뒷일을 한다고 하는 전후 상황, 순서를 나타낸다. ～てから(～하고 나서)와 비슷한 의미로 사용된다.

お風呂に入った後でビールを飲みます。
목욕한 뒤에 맥주를 마십니다.

会社が終わった後で日本語学校へ行って勉強します。
회사가 끝난 후에 일본어 학원에 가서 공부합니다.

일본어 학원은 日本語学校라고 한다. 学院이란 말은 잘 안 쓴다.

映画を見た後でインド料理を食べに行きませんか。
영화를 본 후에 인도 요리 먹으러 안 갈래요?

結婚は就職した後で考えます。
결혼은 취직한 후에 생각하겠습니다.

시간적으로 '～한 후'라고 단순히 그 후의 상황을 말할 때는 ～た後라고도 한다.

アルバイトをやめた後、特にすることがなくて困っています。
아르바이트를 그만둔 후, 딱히 할 일이 없어서 곤란합니다.

みんなが帰ってしまった後はいつも寂しい気持ちになる。
모두가 돌아간 뒤는 언제나 쓸쓸한 기분이 된다.

気持きもち 기분, 마음, 심정

(3) ～たことがある　～한 적이 있다

～たことがある는 こと가 '일'이란 뜻이므로 '～한 일이 있다', 즉 '～한 적이 있다'라는 과거의 경험을 나타내는 표현이다.

A：ハワイへ行ったことがありますか。
B：はい、(行ったことが)あります。／いいえ、(行ったことが)ありません。

A : 하와이에 간 적이 있어요? B : 예, (간 적이) 있어요. / 아뇨, (간 적이) 없어요.

이처럼 대답의 경우는 한국어와 마찬가지로 はい、あります(예, 있습니다), いいえ、ありません(아니요, 없습니다)처럼 앞부분을 생략할 수 있다. 또한, 친근한 표현에서는 ～たことがある에서 조사 が를 생략하는 것도 가능하다.

A：日本のお相撲を見たことがありますか。
B：いいえ、見たことがありません。

A : 일본의 스모를 본 적이 있습니까? B : 아니요, 본 적이 없어요.

A：道で偶然芸能人にあったことがありますか。
B：いいえ、ありません。

芸能人 けいのうじん 연예인

A : 길에서 우연히 연예인을 만난 적이 있어요? B : 아뇨, 없어요.

外国で道に迷ったこと、ありますか。
外国で道に迷ったこと、ありますか。

외국에서 길을 헤맨 적 있어요?

道みちに迷まよう 길을 헤매다,
잃다

A：たこ焼き、食べたことある？
B：うん、あるよ。すごくおいしかった。

A : 다코야키, 먹어 본 적 있어? B : 응, 있어. 아주 맛있던데.

A：この雑誌、読んだことある？
B：いや、ない。おもしろい？

A : 이 잡지, 읽은 적 있어? B : 아니, 없어. 재밌어?

(4) 〜た方がいい 〜하는 편이 좋다

〜た方がいい는 '〜하는 편이 좋다, 〜하는 게 좋다'라는 뜻이다. 이 표현은 앞
으로 내지는 현재 '〜하는 게 좋다'라는 조언의 의미임에도 불구하고 관용적으로
완료형(た형)으로 말한다는 게 중요하다. 현재형으로 쓰는 경우도 있으나 상대
에 대한 조언, 충고의 의미가 강할 때는 완료형으로 쓰는 게 보통이다.

風邪を引いた時は、無理しないでゆっくり休んだ方がいいですよ。
감기 걸렸을 때는 무리하지 말고 푹 쉬는 편이 좋아요.

薬を飲んだ方がいいです。
약을 먹는 편이 좋아요.

薬くすりを飲のむ 약을 먹다

そんなに痛いのならお医者さんに行った方がいいよ。
그렇게 아프면 의사에게 가는 편이 좋아.

嫌なことははやく忘れた方がいいですよ。
싫은 일은 빨리 잊는 편이 좋아요.

単語をたくさん覚えた方がいいです。
단어를 많이 외우는 게 좋아요.

もうあきらめた方がいい。
이젠 포기하는 편이 나아.

あきらめる 포기하다, 단념
하다

그런데 이 표현은 앞에 부정의 표현, 즉 ない형이 올 때는 반드시 현재형으로
써야 한다.

日本語の勉強はやめない方がいいです。(○) 일본어 공부는 그만두지 않는 편이 좋아요.
日本語の勉強はやめなかった方がいいです。(×)

あまり無理しない方がいいです。
그다지 무리하지 않는 편이 좋아요.

危ないから一人では行かない方がいいよ。
위험하니까 혼자서는 가지 않는 편이 좋을걸.

> **▎TIP 薬에 대해서**
>
> 일본어에서는 복용하는 약은 가루약(粉薬), 알약(錠剤), 비타민제(서플리먼트)를 막론하고 반드시 飲む(마시다)라고 한다. 항상 물과 함께 복용하므로 '마신다'라는 표현을 쓰는 것이다. 바르는 약인 경우는 塗り薬, 파스 종류일 경우는 湿布라고 하는데, 물론 이런 약들은 飲む를 쓰지 않는다. 한편, 진통제는 痛み止め, 해열제는 解熱剤라고 한다.

(5) ~たり~たりする ~하거나 ~하거나 한다

~たり~たりする는 직역하면 '~하기도 하고, ~하기도 하고 한다'라는 의미지만, '~하거나 ~하거나 한다'라고 해석하는 게 매끄러운 경우가 많다. 과거의 의미와는 상관없는데도 완료의 형태를 취한다는 게 중요하며, 한 가지 사항 또는 두 가지 이상의 사항을 말해도 상관없지만, 마지막에 오는 동사 뒤에는 반드시 ~たりする처럼 する를 써서 문장을 끝낸다.

友達に会って、買い物をしたり、映画を見ました。(×)
친구 만나서 쇼핑하기도 하고, 영화 봤습니다.

友達に会って、買い物をしたり、映画を見たりしました。(○)
친구 만나서 쇼핑하기도 하고 영화를 보기도 하고 했습니다. (직역하면 한국어는 매끄럽지 않다)

分からない時はネットで調べたりします。　　　　　　　▎ネット 인터넷
모를 때는 인터넷으로 조사하거나 합니다.

ドライブが好きなので、晴れた日には遠くまでドライブに行ったりします。　▎遠とおく 몡 먼 곳
드라이브를 좋아해서 맑은 날에는 멀리까지 드라이브하러 가거나 합니다.　　　↔ 近ちかく 가까운 곳, 근처

電車の中で音楽を聞いたり、単語を覚えたりします。
전철 안에서 음악을 듣거나 단어를 외우거나 합니다.

休みの日には本を読んだり、料理を作ったり、掃除をしたりします。
쉬는 날에는 책을 읽거나 요리하거나 청소하거나 합니다.

반복적인 행위를 하는 모습이나 대조적인 상태를 말할 때도 많이 쓰고, 이런 경우는 관용적인 용법으로 한 덩어리로 쓰이는 때가 많다.

行ったり来たり　가기도 하고 오기도 하고 (왔다 갔다)
出たり入ったり　나가기도 하고 들어가기도 하고 (들락날락)
晴れたり曇ったり　맑았다 흐렸다
つけたり消したり　켰다 껐다

上がったり下がったり 올라갔다 내려갔다
泣いたり笑ったり 울다 웃다
あったりなかったり 있다 없다

♦ い형용사나 な형용사, 명사도 과거형에 り를 붙인 형태로 만든다.

い형용사 〜かったり〜かったり

気分がよかったり悪かったりします。
기분이 좋았다 나빴다 합니다.

そのドラマは面白かったりつまらなかったりです。
그 드라마는 재미있다 재미없다 합니다.

な형용사 / 명사 〜だったり〜だったり

時間帯によって静かだったり賑やかだったりです。
시간대에 따라 조용하기도 하고 북적거리기도 합니다.

この学校の受講生は大学生だったり、社会人だったりです。
이 학원 수강생은 대학생이거나 사회인이거나 합니다.

4 중고급 문법 문형

(1) 〜たばかりだ 〜한 지 얼마 안 되다

ばかり는 '〜뿐', '〜만'이란 뜻을 가진 조사인데, 완료형의 동사 뒤에 오면 '막 〜한'이란 뜻이 된다. 즉 어떤 동작을 완료하고 나서 시간이 별로 흐르지 않았음을 나타내는 표현이다. 그런데 〜たばかり는 어느 정도 시간이 경과해도 화자가 느끼기에 얼마 전이라고 생각하면 쓸 수 있다. 이때는 '〜한 지 얼마 안 된'이란 뜻으로 해석할 수 있겠다.

うちに生まれたばかりの子猫がいます。
집에 갓 태어난 새끼 고양이가 있어요.

コーヒーはさっき飲んだばかりなので、結構です。
커피는 바로 좀 전에 마셨으니까 괜찮아요.

こっちに来たばかりの時は何もかもわからなくて大変でした。
이쪽에 온 지 얼마 안 되었을 때는 아무것도 몰라서 힘들었어요.

あの人は結婚したばかりの新婚さんですよ。
그 사람 결혼한 지 얼마 안 된 신혼이에요.

ペンキをぬったばかりなので気をつけてください。
페인트칠한 지 얼마 안 됐으니까 조심하세요.

けっこうだ
①충분하다. 됐다
②훌륭하다. 좋다
예 けっこうなおくりもの
훌륭한 선물

塗る 칠하다. 바르다

(2) ～たところだ　막 ～한 참이다

ところは 원래 '곳'이라는 뜻의 명사인데, 완료형의 동사 뒤에 오면 '막 ～한 참'
이란 뜻이 된다. 위에서 설명한 ～たばかり는 어느 정도 시간이 경과해도 상관
이 없었으나 ～たところ는 어떤 동작, 변화가 일어난 바로 직후라는 느낌이다.

たった今帰ってきたところです。
지금 막 돌아온 참입니다.

A：授業は終わりましたか。
B：はい、今終わったところです。
A : 수업은 끝났어요?　B : 예, 지금 끝난 참입니다.

彼の家に行ってみたら、ちょっと前に出かけたところだった。
그의 집에 가 봤더니 조금 전에 외출한 참이었다.

(3) ～たところ　～했더니

'～했더니〔～한 바〕(～하더라)' 식으로, 앞에 어떤 행동을 함으로써, 뒤에 오는 사
항이 성립되거나 어떤 일이 발견된다는 의미로 쓰인다.

新しい電子辞書を使ってみたところとても使いやすかった。
새 전자사전을 사용해 봤더니 매우 사용하기 편했다.

先輩に頼んだところ、快く引き受けてくれた。
선배에게 부탁했더니 흔쾌히 맡아 주었다.

引ひき受うける 책임지고 맡
다, 담당하다

名刺の会社に電話したところ、そのような名前の人はいなかったそうだ。
명함에 나와 있는 회사에 전화해 본 바 그런 이름을 가진 사람은 없었다고 한다.

販売会社に問い合わせたところ、払い戻しはできないと言われた。
판매 회사에 문의했더니 환불은 불가능하다는 말을 들었다.

問とい合あわせる 문의하다
払はらい戻もどし 환불

(4) ～たところで　～한들

'～한들'이라는 뜻이다. 즉 앞의 일을 하더라도 뒤에 기대하는 결과를 얻지 못하
거나 뒤의 일과는 무관하다는 의미로 쓰인다.

そんなに泣いたところで、彼はもう帰ってこないよ。
그렇게 운들 그는 이제 돌아오지 않아.

今頃になって急いだところで、間に合わないと思います。
이제 와서 서두른들 시간에 맞추지 못한다고 생각해요.

間まに合あう 시간에 대다, 맞
추다

少しぐらい遅れたところで、さきに出発してしまうことはないでしょう。

조금 늦는다고 한들 먼저 출발해 버리는 일은 없겠지.

給料が上がったところで、物価の上昇にはついていけない。

월급이 올랐다고 한들 물가 상승에는 따라가지 못한다.

ついていける 따라갈 수 있다
➡ ついていく (따라가다)의
가능형

(5) ～たまま ～한 채

～たまま는 어떤 동작이나 상태가 유지된 상태에서 다른 동작이 이루어짐을 나타낸다. '～한 채(대로)'라고 해석할 수 있겠다. 단, '～하지 않은 채'라고 할 때는 동사의 ない형, 즉 현재형에 접속된다.

カギをつけたまま車のドアを閉めてしまいました。

열쇠를 꽂은 채 차 문을 닫아 버렸습니다.

忘れ物をして靴をはいたまま部屋に入った。

잊은 물건이 있어서 구두를 신은 채 방에 들어갔다.

忘わすれ物ものをする 잊은
물건이 있다, 물건을 잊다

値札をつけたままのシャツを着て、外に出かけてしまった。

가격표를 붙인 채인(가격표를 안 땐) 셔츠를 입고 바깥에 나가 버렸다.

すぐ戻るから玄関の戸を開けたままにしておいてください。

곧 돌아올 테니까 현관문을 열어둔 채로 놔두세요.

事件解決の糸口は見つからないまま、時間だけが過ぎていく。

사건 해결의 실마리는 찾지 못한 채 시간만 지나간다.

본디 まま는 '그 상태 그대로임'을 나타내는 말로, 명사 뒤에서 ～のまま의 형태로도 쓴다. 또한 このまま(이대로)・そのまま(그대로)・あのまま(그대로)의 형태도 있다. (예) このまま時間がとまってほしい。 이대로 시간이 멈췄으면.)

10年ぶりの再会だったのに、顔は昔のままだった。

10년 만의 재회였는데 얼굴은 예전 그대로였다.

(6) ～たとたん(に) ～하자마자

'～하자마자 곧', 즉 앞일이 일어나자마자 뒷일이 연이어 일어난다는 연속 상황을 나타낸다. 뒤의 사항에 생각지 못한 일이 오는 경우가 많으므로 뒤에 의지적인 동작은 올 수가 없다.

終了のチャイムが鳴ったとたんに、その子はドアを開けて出ていった。

종료 종이 울리자마자 그 아이는 문을 열고 나갔다.

チャイムが鳴なる 차임이
울리다

ドアを開けたとたん、猫が飛び込んできた。
문을 열자마자 고양이가 뛰어 들어왔다.

疲れていたのでベッドに入ったとたんに、眠ってしまった。
피곤해서 침대에 들어가자마자 잠들어 버렸다.

(7) ～たすえ(に) ～한 끝에

'오랜 기간 생각이나 과정을 거친 끝에'라는 느낌으로 쓰인다. 구어체보다는 딱
딱한 말이나 문어체적인 표현이다.

よく考えた末に決めたことです。
잘 생각한 끝에 결정한 일입니다.

いろいろ工夫した末に、まとまった結果を提出した。
여러 가지 궁리한 끝에 정리된 결과를 제출했다.

工夫する는 한자로 보면 '공부하다'의 뜻이지만, 일본어에서는 공부한다는 의미가 아니라 '연구하다', '궁리하다'의 뜻으로 쓰인다.

まとまる 정리되다, 종합되다

苦労した末の成功だから、満足している。
고생 끝에 얻은 성공이라서 만족하고 있다.

♦ 명사에 접속할 경우는 ～の末に의 형태로 쓰인다.

長期にわたる議論の末に、やっと結論が出た。
장기간에 걸친 의논 끝에 겨우 결론이 났다.

～にわたる ～에 걸친

(8) ～たあげく(に) ～한 끝에

'～한 끝에'라는 뜻으로, 앞의 일이 충분한 기간 계속되거나 그런 일을 겪은 후
결국 ～한다는 느낌으로 쓰인다.

さんざん迷ったあげく、その提案は断ることにした。
무지하게 망설인 끝에, 그 제안은 거절하기로 했다.

迷まよう ①길을 잃다, 헤매다 ②망설이다, 결단을 내리지 못하다

考えに考えたあげく、アメリカに移住することに決めた。
생각하고 생각한 끝에 미국으로 이주하기로 결정했다.

弟は大学に行かないと言って親を困らせたあげくに、家を出ていってしまった。
남동생은 대학에 가지 않겠다고 부모님을 곤란하게 한 끝에 집을 나가 버렸다.

(9) ～たきり ～한 채

～たきり는 '～한 채', '～을 끝으로'라는 뜻으로, 그것을 마지막으로 다음에 예
상되는 변화가 일어나지 않음을 나타낸다.

急用があると言って出かけたきりまだ帰ってこない。
きゅうよう　　　　　　　　い　で　　　　　　　　　　　　かえ
급한 일이 있다고 나간 채 아직 돌아오지 않는다.

寝たきりの母を看病している。
ね　　　　はは　かんびょう
병으로 누워만 지내는 어머니를 간병하고 있다.

彼女とはおととし会ったきり連絡してない。
かのじょ　　　　　　あ　　　　　れんらく
그녀와는 재작년에 만난 이후 연락 안 하고 있다.

♦ きり가 동사의 ます형에 접속하면 '～에 매달려 있음', '～인 채'의 뜻이 된다.

～っきり의 형태로도 쓴다. 어려운 표현이므로 동사를 포함한 형태로 암기하
는 편이 좋다.

彼女は子供にかかりきりで自分の時間がほとんどないみたいだ。
かのじょ　こども　　　　　　　　　じぶん　じかん
그녀는 아이에게 매달려 있어 자신의 시간이 거의 없는 것 같다.

病気になった母親をつきっきりで看病している。
びょうき　　　　　ははおや　　　　　　　かんびょう
병이 난 어머니를 붙어서 간병하고 있다.

Chapter
12

동사의 ない형

Chapter 12 동사의 ない형

1 동사의 ない형이란?

동사는 조동사 ない를 붙여 '~하지 않는다'라는 의미의 부정형을 만든다. 앞 Chapter에서 설명했듯이 い형용사나 な형용사도 부정형에는 ない를 붙였었다. 많은 학습자들이 동사의 부정형이라고 하면 ～ません을 떠올리는데, 이것은 '~하지 않습니다'라는 공손한 표현이고, 동사의 ない형은 그 자체로 '~하지 않는다', '안 ~한다'라는 뜻을 형성하며, 억양을 올려서 부정 의문문으로 표현할 수도 있다.

このことは絶対忘れない。
ぜったいわす
이 일은 절대 잊지 않을게.

ジャズダンス、一緒にやらない？
いっしょ
재즈 댄스, 같이 안 할래?

少し歩かない？
すこ ある
조금 걷지 않을래?

A : 今晩、飲みに行かない？
こんばん の い
B : 行かない。今そんな気分じゃないの。
い いま き ぶん
A : 오늘 밤 마시러 안 갈래? B : 안 가. 지금 그런 기분 아니야.

> 飲のみに行いく 마시러 가다
> ➡ ます형＋に行く ～하러 가다(목적의 용법)

2 ない형의 접속 방법

(1) 5단 동사 (1그룹 동사)

기본형 [u]단을 [a]단으로 바꾸고 ない를 붙인다.

예			
かく(書く) 쓰다	→	かかない 쓰지 않는다 / 안 쓴다	
はなす(話す) 말하다	→	はなさない 말하지 않는다 / 안 말한다	
もつ(持つ) 들다	→	もたない 들지 않는다 / 안 든다	
しぬ(死ぬ) 죽다	→	しなない 죽지 않는다 / 안 죽는다	
あそぶ(遊ぶ) 놀다	→	あそばない 놀지 않는다 / 안 논다	
よむ(読む) 읽다	→	よまない 읽지 않는다 / 안 읽는다	
おくる(送る) 보내다	→	おくらない 보내지 않는다 / 안 보낸다	
かう(買う) 사다	→	かわない(かあない ✕) 사지 않는다 / 안 산다	

★ う단은 あ단이 아니라 わ단으로 바뀌는 것에 주의한다!

♦ ある(있다)의 부정은 あらない라고 하지 않고, ない라고 한다. ない라는 말 자체가
'없다'라는 뜻의 형용사이기 때문이다.

> 예 A : お金、ある？　돈 있어?
>   かね
> B : ない。　없어.

(2) 1단 동사 (2그룹 동사)

る를 없애고 ない를 붙인다.

> 예 いる　있다　　　　　　　→　いない　있지 않다 / 없다
>
> おりる(降りる)　내리다　　→　おりない　내리지 않는다 / 안 내린다
>
> ねる(寝る)　자다　　　　　→　ねない　자지 않는다 / 안 잔다
>
> くらべる(比べる)　비교하다　→　くらべない　비교하지 않는다 / 안 비교한다

(3) 변격동사 (3그룹 동사)

> する　하다　　　　　　　→　しない　하지 않는다 / 안 한다
>
> くる(来る)　오다　　　　→　こない(来ない)　오지 않는다 / 안 온다

> ┃ **TIP** '사랑하지 않아'는 愛しない와 愛さない, 어느 쪽일까?
> 　　　　　　　あい　　　あい
> '사랑하다'는 愛す와 愛する의 두 가지 기본형을 가지고 있다.
> 　　　　　　あい　　あい
> 하지만 '사랑하지 않아'라고 할 때는 愛さない라고 한다는 것을 기억하자.
> 　　　　　　　　　　　　　　　あい

3 초중급 문법 문형

(1) ～ない+명사　～하지 않는 ～ / ～하지 않을 ～

ない형은 뒤에 명사를 수식하는 수식형도 될 수 있다. 일반적으로 '～하지 않
는', '～ 안 하는'의 의미 외에도 앞으로 '～ 안 할'이라는 미래의 의미로도 사용된
다.

> タバコを吸わない人　담배를 안 피우는 사람
> 　　　す　　　ひと
>
> あまり笑わない子供　그다지 안 웃는 아이
> 　　　わら　　こ ども
>
> 弱みを見せない人　약함을 보이지 않는 사람
> よわ　み　　　ひと

┃ 弱よわみ 약함, 약점

> パーティーに参加しない方は手をあげてください。
> 　　　　　　さん か　　　かた　て
> 파티에 참가 안 할 분은 손을 들어 주세요.

どんなことがあっても泣かない自信がある。

어떤 일이 있어도 울지 않을 자신이 있다.

(2) ～ないでください / ～ないで ~하지 말아 주세요 / ~하지 마

ない형에 で를 붙이고 ください라고 하면 '~하지 말아 주세요', '~하지 마세요'라는 뜻의 요구나 공손한 명령의 표현이 된다. 이때 ない형에 반드시 탁음이 있는 で가 접속된다는 점에 주의하자.

負けないでください。 지지 마세요.

ゴミを捨てないでください。 쓰레기를 버리지 마세요.

今日は遅くなるから、私を待たないでください。

오늘은 늦으니까 저 기다리지 마세요.

できれば授業は休まないでください。

되도록 수업은 빠지지 마세요.

ここに車を止めないでください。

여기에 차를 세우지 마세요.

今日は涼しいですから窓を閉めないでください。

오늘은 선선하니까 창문을 닫지 마세요.

| ゴミを捨てる 쓰레기를 버리다

| できれば 되도록, 가능하면

ください를 생략하고 말하면 '~하지 마'라는 뜻의 그렇게 강압적이지 않은 명령의 표현이 된다.

私との約束、忘れないでね。 나와의 약속 잊지 마.

寝ないでよ。私の話聞いて！ 자지 마! 내 얘기 좀 들어.

犬なんか連れてこないで。 개를 데리고 오지 마.

| なんか 등의 회화체 표현으로 '따위'의 의미이다.
連れてくる 데리고 오다

(3) ～ないで / ～ずに ~하지 않고

～ないで에 문장을 연결하면 '~하지 않고'라는 의미가 된다. 문장체나 딱딱한 표현에서는 ～ずに라고도 말한다. 즉 ～ない＝～ず이고, 연결형 ないで(~아니고)＝ずに로 활용 방식도 똑같지만, 단 한 가지 する는 しずに가 아니라 せずに가 됨에 유의한다.

例 相談しないで ＝ 相談せずに 의논하지 않고

勉強しないで試験を受けました。(＝勉強せずに)
べんきょう　　　　　　しけん　う
공부하지 않고 시험 쳤습니다.

日曜日は出かけないで家にいました。(＝出かけずに)
にちようび　で　　　　　　　　うち
일요일은 나가지 않고 집에 있었어요.

学校の雰囲気がよかったので、一日も休まないで出席しました。
がっこう　ふんいき　　　　　　　　　　　　いちにち　やす　　　　　　しゅっせき
(＝休まずに)
학원 분위기가 좋았기 때문에 하루도 빠짐없이 출석했습니다.

うちの息子は大学も卒業したのに仕事もしないで毎日遊んでいます。
むすこ　だいがく　そつぎょう　　　　　しごと　　　　　　まいにちあそ
(＝仕事もせずに)
우리 아들은 대학도 졸업했는데도 일도 안 하고 매일 놀고 있습니다.

雨が降ると聞いていたのに、傘を持たないで出かけた。(＝持たずに)
あめ　ふ　　き　　　　　　　　　かさ　も　　　　　　で
비가 온다고 들었는데도 우산을 안 가지고 외출했다.

♦ 주의할 점은 い형용사, な형용사, 명사의 경우는 '～하지 않고'의 의미라도 ～ないで에
접속할 수 없고 오로지 ～なくて에 접속이 된다는 것이다.

おいしくなくて / 元気じゃなくて / 学生じゃなくて(○)
げんき　　　　　　　　がくせい
おいしくないで / 元気じゃないで / 学生じゃないで(×)
맛있지 않고 / 건강하지 않고 / 학생이 아니고

(4) ～なくて　～하지 않아서

～なくて는 '～하지 않아서'라는 뜻이다. 이유의 표현일 때의 ～て는 접속조사
から나 ので에 비해 원인과 결과의 관계가 약하고, 뒤에 '곤란하다', '안심했다'
등의 감정적인 표현이 오는 경우가 많다.

朝起きられなくて会社に遅れました。
あさお　　　　　　　かいしゃ　おく
아침에 일어나질 못해서 회사에 지각했습니다.

子供が言うことを聞かなくて、どうしていいか分かりません。
こども　い　　　　　き　　　　　　　　　　　　わ
애가 말을 안 들어서 어떻게 해야 좋을지 모르겠어요.

> 言うことを聞かない
> 말을 듣지 않다

来たばかりの時は、右も左も分からなくて、苦労しました。
き　　　　　とき　みぎ　ひだり　わ　　　　　くろう
온 지 얼마 안 됐을 때는 오른쪽도 왼쪽도 몰라서 고생했습니다.

> 苦労くろうする 고생하다

朝から何も食べてなくて足がふらふらする。
あさ　なに　た　　　　　　あし
아침부터 아무것도 먹지 않아서 다리가 후들후들한다.

> ふらふら 몸 또는 몸의 일부
> 가 후들거리는 모습. 마음이나
> 정신 상태를 말하기도 한다.

親友の結婚式に出席できなくて非常に残念に思いました。
しんゆう　けっこんしき　しゅっせき　　　　　ひじょう　ざんねん　おも
친한 친구 결혼식에 참석을 못해서 대단히 유감스럽게 생각했습니다.

♦ い형용사는 ~くなくて, な형용사와 명사는 ~じゃなくて가 된다.

> 예 暑<ruby>く<rt></rt></ruby>なくて / きれいじゃなくて / 学<ruby>生<rt>がくせい</rt></ruby>じゃなくて
>
> 덥지 않아서 / 예쁘지 않아서 / 학생이 아니어서

(5) ~なくてもいい ~하지 않아도 된다

~てもいいです(~해도 좋습니다)의 부정 형태 '~하지 않아도 좋습니다'는 ~なくてもいいです가 된다. ~ない는 い형용사 활용을 하기 때문에 て형은 ~なくて가 되는 것이다.

> 明<ruby>日<rt>あした</rt></ruby>の小<ruby>テスト<rt></rt></ruby>は受<ruby>け<rt>う</rt></ruby>なくてもいいですか。 내일 있을 쪽지 시험은 안 봐도 됩니까?
>
> このりんごは洗<ruby>わ<rt>あら</rt></ruby>なくてもいいですか。 이 사과는 씻지 않아도 돼요?
>
> 忙<ruby>し<rt>いそが</rt></ruby>い時<ruby>は<rt>とき</rt></ruby>、無<ruby>理<rt>むり</rt></ruby>して来<ruby>な<rt>こ</rt></ruby>くてもいいです。 바쁠 때는 무리해서 오지 않아도 돼요.
>
> そんなに急<ruby>が<rt>いそ</rt></ruby>なくてもいいのよ。 그렇게 서두르지 않아도 돼요.

♦ い형용사 → ~くなくてもいい

> 예 おいしくなくてもいい。 맛있지 않아도 돼.

> な형용사・명사 → ~じゃなくてもいい

> 예 上<ruby>手<rt>じょうず</rt></ruby>じゃなくてもいい。 잘하지 않아도 돼.

(6) ~なければならない / ~なくてはいけない ~하지 않으면 안 된다

・~なければならない

~なければならない는 직역하면 '~하지 않으면 안 된다'이지만, 결국 '~해야 한다'라는 말이다. '~해야 한다'라는 의무 표현은 ~べきだ도 있지만, ~べきだ는 딱딱한 표현이나 문어체에서 사용된다. ~なければならない는 ~なければいけない, ~なければだめだ로 바꾸어 쓸 수도 있다. 즉 ~なければならない = ~なければいけない = ~なければだめだ이다. ~なければならない에 비해 いけない나 だめだ는 구어체의 느낌이다.

> この薬<ruby>は<rt>くすり</rt></ruby>食<ruby>前<rt>しょくぜん</rt></ruby>に飲<ruby>ま<rt>の</rt></ruby>なければなりません。
> 이 약은 식전에 먹지 않으면 안 됩니다.
>
> 空<ruby>港<rt>くうこう</rt></ruby>へ母<ruby>を<rt>はは</rt></ruby>迎<ruby>え<rt>むか</rt></ruby>に行<ruby>か<rt>い</rt></ruby>なければなりません。
> 공항에 어머니를 마중하러 가야 합니다.
>
> いい大<ruby>学<rt>だいがく</rt></ruby>に入<ruby>る<rt>はい</rt></ruby>ためには一<ruby>生<rt>いっしょう</rt></ruby>懸<ruby>命<rt>けんめい</rt></ruby>勉<ruby>強<rt>べんきょう</rt></ruby>しなければならない。
> 좋은 대학에 들어가기 위해서는 열심히 공부하지 않으면 안 된다.

<aside>
小<ruby>しょう<rt></rt></ruby>テスト 작은 시험, 쪽지 시험

テストを受<ruby>ける<rt>う</rt></ruby> 시험 치다
→ '시험(테스트)를 보다'는 見る가 아니라 반드시 受ける(받다)라고 해야 한다.
</aside>

<aside>
食<ruby>前<rt>しょくぜん</rt></ruby> 식전
↔ 食<ruby>後<rt>しょくご</rt></ruby> 식후
</aside>

上司に報告する時は、話し方に気をつけなければならない。
상사에게 보고할 때는 말하는 방법에 신경 쓰지 않으면 안 된다.

自分に合った方法でダイエットをしなければなりません。
자신에게 맞는 방법으로 다이어트를 해야 합니다.

구어체에서는 ～なければ를 축약해서 ～なきゃ라고 말하기도 한다.

はやく行かなきゃだめだよ。 빨리 가지 않으면 안 돼.

いけない！急がなきゃ。 안 되겠어! 서둘러야지.

♦ い형용사 → ～くなければならない

㉠ おいしくなければならない。 맛있어야 해.

　な형용사·명사 → ～じゃなければならない

㉠ 上手じゃなければならない。 잘해야 해.

・～なくてはいけない

～なくてはいけない도 '～하지 않으면 안 된다'라는 의미이다. 같은 의미의 말이지만, ～なければならない는 사회 상식적인 의무나 필요성에 의해 해야 한다는 느낌이 있고, ～なくてはいけない는 개인적 사정으로 생긴 필요성이나 의무라는 느낌이 있다.
마찬가지로 いけない 대신 ならない 또는 だめだ로 말할 수도 있으며, だめだ는 구어적인 표현이다. 즉 ～なくてはいけない ＝ ～なくてはならない ＝ ～なくてはだめだ이다.

今日中に書類を送らなくてはいけません。
오늘 중에 서류를 보내지 않으면 안 됩니다.

明日早いから、今日は少し早めに寝なくてはいけない。
내일 빨리 일어나야 하니까 오늘은 조금 일찌감치 자야 한다.

友達が戻ってくるまで、ここで待たなくてはいけません。
친구가 돌아올 때까지 여기서 기다려야 해요.

犬は一日一回以上はえさをあげなくてはいけないし、散歩にも連れていかなくてはいけません。

개는 하루에 한 번 이상 먹이를 줘야 하고, 산책에도 데리고 가지 않으면 안 됩니다.

구어체에서는 ～なくては를 축약해서 ～なくちゃ라고 한다.
㉠ だめだよ、今しなくちゃ。 안 돼, 지금 해야지.

気をつける 주의하다, 조심하다

～めは 형용사 어간에 붙여서 '～인 듯함', '～인 경향임'의 뜻을 나타낸다.
㉠ 少なめのご飯 적은 듯한 밥

えさをあげる〔やる〕 먹이를 주다

連れていく 데리고 가다
➡ '데리고 오다'는 連れてくる이다.

♦ い形容詞 → ～くなくてはいけない

  例 おいしくなくてはいけない。 맛있어야 돼.

 な形容詞・名詞 → ～じゃなくてはいけない

  例 上手じゃなくてはいけない。 잘하지 않으면 안 돼.

4 중고급 문법 문형

(1) ～ないことには ～하지 않고서는

～ないことには는 '앞의 일을 하지 않고서는' 또는 '하지 않으면'이란 뜻으로,
뒤에 주로 부정적인 말이 따른다.

  実際に行って見ないことにはそのスケールが分からないでしょう。
  실제로 가 보지 않고서는 그 스케일을 알 수가 없겠죠.

  使わないことには性能のよさが説明できません。
  사용하지 않고서는 성능이 얼마나 좋은지 설명할 수가 없어요.

  自分の目で確認しないことには信じることができません。
  자신의 눈으로 확인하지 않고서는 믿을 수가 없어요.

よさ 좋음, 좋은 점
➡ いい의 명사형.

(2) ～ないで済む / ～ずに済む ～하지 않아도 된다

원래 済む는 '끝나다'라는 뜻으로, ～ないで済む 또는 ～ずに済む는 말 그대
로 '～하지 않고 끝나다'라는 의미가 된다. 이 표현은 예상하고 있던 일을 안 해
도 된다는 의미로 '～하지 않아도 된다'라고 의역하는 것이 좋다.

  ネットでもできるのでわざわざ学校に行かずに済みました。
  인터넷으로도 가능해서 일부러 학교에 가지 않아도 되었습니다.

  中古のノートコンピューターをもらったので買わないで済みました。
  중고 노트북을 받았기 때문에 사지 않아도 되었습니다.

  順番がすぐに回ってきたので待たずに済んだ。
  순번이 금방 돌아왔기 때문에 기다리지 않아도 되었다.

  お茶だけの集まりだったので料理などに気を使わずに済んだ。
  차만 마시는 모임이었기 때문에 음식 등에 신경을 쓰지 않아도 되었다.

気_きを使_{つか}う 마음을 쓰다,
배려하다

(3) ～ないではいられない / ～ずにはいられない ～하지 않을 수 없다

  ～ないでは〔～ずには〕いられない는 직역하면 '～하지 않고는 있을 수 없다'
인데, 이 표현은 자신의 의지로는 어떻게 할 수 없이 '자연히 ～하게 된다', '아무

래도 '~하게 된다'라는 의미이므로 '~하지 않을 수 없다'라고 의역하는 게 좋겠다.

営業マンの口がうまかったので、買わずにはいられなかった。
영업 사원이 말을 너무 잘해서, 사지 않을 수 없었다.

口くちがうまい 말솜씨가 좋다. 남의 마음에 드는 말을 하다

接待の多い仕事なのでお酒を飲まずにはいられない。
접대가 많은 직업이라서 아무래도 술을 마시게 된다.

続きが気になるので最後まで読まずにはいられない。
그 다음이 신경이 쓰여서 마지막까지 읽지 않을 수 없다.

気きになる 신경 쓰이다. 맘에 걸리다
➡️ 참고로 気きにする 気きになる의 타동사적인 표현으로 '~을 신경 쓰다', '~을 염려하다'라는 뜻이다.

年金だけでは生活できないので70になっても働かないではいられないんです。
연금만으로는 생활할 수 없으니까 70이 되어도 일을 하지 않고는 배길 수 없습니다.

(4) ～ざるをえない ~하지 않을 수 없다

～ざるをえない는 문어적인 표현으로, ～ざる는 ～ず(=ない)가 변형된 것이다. ～ず와 마찬가지로 する의 경우는 ～せざるをえない가 된다. 그렇게 할 수밖에 선택지가 없다, 즉 '~하지 않을 수 없다'라는 뜻이다.

この台風では旅行をあきらめざるをえない。
이런 태풍으로는 여행을 그만두지 않을 수 없다.

社長命令で海外支店にうちの部署の一人を派遣せざるをえなかった。
사장님의 명령으로 해외 지점에 우리 부서의 한 명을 파견할 수밖에 없었다.

これだけ反対の声が大きくては計画を白紙に戻さざるを得ない。
이렇게 반대의 목소리가 커서는 계획을 백지로 돌릴 수밖에 없다.

白紙はくしに戻もどす 백지화시키다

これが証明できれば、会社も失敗を認めざるをえないだろう。
이것이 증명되면 회사도 실패를 인정할 수밖에 없겠지.

手抜き工事の責任は、現場責任者だけじゃなく、会社側にもあると言わざるをえない。
부실 공사의 책임은 현장 책임자뿐만 아니라 회사 측에도 있다고 말하지 않을 수 없다.

手抜てぬき工事こうじ 부실공사
➡️ 手を抜く(일을 대충하다)에서 나온 표현이다.

(5) ～ぬ ~하지 않다 / ~하지 않는

ぬ는 문어체에서 부정을 나타내는 조동사이다. ～ない와 같은 의미이고, 종지형이나 명사를 수식하는 형태로 쓰인다. 현대어에서는 ～ません이나 知らん(모른다)처럼 ん의 형태로 남아 있으며, 관용어구로 고정된 말투에서 자주 쓰인다.

浮かぬ顔　시무룩한 얼굴

見知らぬ人　낯모르는 사람

社長らしからぬ身なり　사장님답지 않은 행색

~らしからぬ ~답지 않다
＝~らしくない

知らぬ間にこんな遠くまで来てしまった。　모르는 사이에 이렇게 멀리까지 와 버렸다.

抜き差しならぬ事情　빼도 박도 못하는 사정

抜ぬき差さしならない 빼도
박도 못하다, 꼼짝달싹 못하다

知らぬが仏。　모르는 게 약이다.

仏ほとけ 부처님

夫婦の喧嘩は犬も食わぬ。　부부 싸움은 개도 안 먹는다. (부부 싸움은 칼로 물 베기)

食くう 食たべる의 남성어로
'먹다'라는 뜻이다. 하지만 관
용 표현으로는 남녀 구분 없
이 쓸 수 있다.

火のない所に煙は立たぬ。　아니 땐 굴뚝에 연기 날까.

(6) ～んばかり　(당장이라도) ~일 듯함

위에서 언급했듯이 ん은 ない의 문어적인 형태이고, 현대어에서는 관용적인 표
현으로만 남아 있다. 여기에 ばかり를 접속하면 '지금 ~하지는 않지만 금방이
라도[당장이라도] ~할 듯한'이란 의미로 쓰인다.

泣かんばかりに頼むので引き受けるしかなかった。
울 듯이 부탁을 하니까 받아들일 수밖에 없었다.

引ひき受うける 책임지고 떠
맡다

「みんな聞いてください」と言わんばかりの大声で話すのはどうかと思うよ。
"모두 들어 주세요"라고 말하는 듯이 큰 소리로 이야기하는 것은 어떨까 하고 생각해.

水道の水を出しっぱなしにして、たらいの水が溢れんばかりになっている。
수돗물을 계속 틀어 놔서 대야의 물이 곧 넘칠 듯이 되었다.

ます形＋っぱなし ~한 채로
囫 テレビをつけっぱなし
にする。 TV를 켠 채로 두다.

彼の演奏が終わった後、会場には割れんばかりの拍手が沸き起こった。
그의 연주가 끝난 후 회장에는 떠나갈 듯 박수 소리가 터져 나왔다.

割われるような拍手はくしゅ
깨질 것 같은 박수
➡ 한국어와 비유의 표현이 다
른 점에 유의한다.

沸わき起おこる (환성 등이)
일어나다, 터져 나오다

(7) ～ねばならない　~하지 않으면 안 된다

'~하지 않으면 안 된다'의 뜻으로 ～なければならない의 문어체 표현이다. 회
화에서는 연설할 때나 격식을 차린 자리에서 쓰이며, ～なければならない보다
강한 느낌이 든다.

どんな反対にぶつかってもこの案は通さねばならない。
어떤 반대에 부딪혀도 이 안은 통과시켜야 한다.

ここ数日のうちに後任の候補を立てねばなりません。
요 수일 내에 후임 후보를 세우지 않으면 안 됩니다.

雨降って地固まる　비온 뒤에 땅이 굳는다.

石の上にも3年　차가운 돌에도 3년간 앉아 있으면 따뜻해진다.(참고 견디면 반드시 성공한다)

医者の不養生　의사가 오히려 자기 건강을 소홀히 한다.

急がば回れ　급하면 돌아가라.

一寸の虫にも五分の魂　한 치의 벌레에도 닷 푼의 혼이 있다.(지렁이도 밟으면 꿈틀한다)

井の中の蛙大海を知らず　우물 안 개구리 대해를 모른다.

馬の耳に念仏　말 귀에 염불.(소의 귀에 경 읽기)

壁に耳あり、障子に目あり　벽에 귀가 있고 장지에 눈이 있다.(낮말은 새가 듣고 밤말은 쥐가 듣는다)

光陰矢のごとし　세월이 화살과 같다.

後悔先に立たず　후회가 앞에 서지 않는다.(후회막급이다)

住めば都　살면 고향이다.

善は急げ　좋은 일은 서둘러라.(쇠뿔도 단김에 빼라)

備えあれば憂いなし　대비가 있으면 후환이 없다.(유비무환)

棚から牡丹餅　선반에서 떨어진 떡.(굴러들어 온 호박. 뜻하지 않은 행운)

灯台下暗し　등잔 밑이 어둡다.

どんぐりの背比べ　도토리 키 재기.

七転び八起き　일곱 번 넘어지고 여덟 번 일어섬. 칠전팔기.

二兎追うものは一兎をも得ず　두 마리 토끼를 쫓는 자는 한 마리도 못 잡는다.

猫に小判　고양이에게 금화.(돼지에 진주)

能ある鷹は爪をも隠す　유능한 매는 발톱을 감춘다.(실력 있는 사람은 함부로 그것을 과시하지 않는다)

花より団子　꽃보다 경단.(꽃놀이보다는 거기서 먹는 경단에 더 관심 있음. 금강산도 식후경)

安物買いに銭失い　싼 물건 사서 결국 돈을 잃는다.(싼 게 비지떡)

病は気から　병은 마음에서 비롯된다.

溺れるものはわらをもつかむ　물에 빠진 자는 지푸라기라도 잡는다.

ちりも積もれば山となる　먼지도 쌓이면 산이 된다. 티끌 모아 태산

噂をすれば影がさす　남의 말을 하면 그 사람이 나타난다.(호랑이도 제 말 하면 온다)

逃がした魚は多きい　놓친 생선은 크다.

喉もと過ぎれば熱さを忘れる　목구멍만 넘어가면 뜨거움을 잊는다.(괴로울 때 받았던 은혜도 편해지면 잊어버린다)

百聞は一見に如かず　백문이 불여일견이다.

類は友を呼ぶ　동류는 친구를 부른다.(유유상종이다)

良薬口に苦し　명약은 입에 쓰다.

笑う門に福来る　웃는 집에 복이 온다.(웃으면 복이 온다)

Chapter

13

수수 표현

Chapter 13 수수 표현 (あげる / もらう / くれる)

1 수수 표현이란?

문법서를 보면 수수 표현이란 말이 자주 등장한다. 말 그대로 '授(줄 수)受(받을 수) 표현', 즉 주고받기의 표현을 말하는 것이다. 기본적인 수수 표현에는 あげる(주다) / もらう(받다) / くれる(주다)가 있다. 이 중에서 あげる(내가 남에게 주다/제3자가 제3자에게 주다)와 くれる(나에게 또는 내 쪽으로 주다)는 한국어에서는 구별하지 않는 말이므로 주의해야 한다.

A : これ、あげる。　이거 (너에게) 줄게.
B : え？ホントにくれるの？　어? 정말 (나에게) 주는 거야?

이 문장에서 あげる와 くれる는 둘 다 '주다'로 해석되지만, 성격이 전혀 다르다. くれる는 앞에 わたしに(나에게)가 생략되었다고 이해해야 한다.

이러한 수수 표현들은 주는 대상 또는 받는 대상에 따라 말이 달라지기도 하고, 표현에 따라 존경어와 겸양어로 연결되므로 주의를 기울여 학습해야 한다. 또한 보조동사로 쓰일 때는 한국어에 없는 표현이거나 어법에 따라 공손한 의뢰의 표현이 되기도 하므로 확실한 이해가 필요하다.

2 수수동사의 기본 문법

(1) Aは Bに Nを やる / あげる / さしあげる

A는 B에게 N을 주다 / 주다 / 드리다

내가 남에게 또는 제3자가 제3자에게 '주다'라는 의미의 표현이다. 여기서 に는 '에게'라는 여격의 조사이고, 내가 남에게 줄 경우 주어 わたしは는 거의 생략이 된다.

> 예 (わたしは)友達にお祝いをあげました。
> (나는) 친구에게 축하 선물을 주었습니다.

| お祝いいわい 축하, 축하 선물

일반적으로 공손하게는 あげる라고 한다. やる는 손아랫사람이나 동식물에게 '주다'라고 할 때 쓸 수 있다. 때로는 거친 느낌도 있어서 같은 상황에서 여자는 あげる, 남자들은 やる를 쓰는 경향이 있다. さしあげる는 손윗사람에게 '드리다'라는 겸양의 표현이다.

| やる는 する와 같은 의미로 '하다'라는 뜻으로도 쓰인다.

妹にぬいぐるみをやりました。
여동생에게 봉제 인형을 주었습니다.

毎日花に水をやります。
매일 꽃에 물을 줍니다.

주로 여성들이 공손하게 말할 때 花に水をあげる나 犬にご飯をあげる라고 하기도 하는데, 현대어에서는 이러한 표현도 허용이 되고 있다.

金魚にえさやった？
금붕어에게 먹이 줬어?

バレンタインデーに同僚に義理チョコをあげました。
밸런타인데이에 동료에게 초콜릿을 주었습니다.

밸런타인데이에 의리상 주는 초콜릿을 義理チョコ, 진짜 좋아하는 사람에게 주는 초콜릿을 本命チョコ라고 한다.

結婚祝いに先輩に何をあげたの？
결혼 축하 선물로 선배에게 무엇을 줬어?

~祝い는 '~ 축하 선물'을 말한다.
新築祝い 신축 축하 선물
引っ越し祝い 집들이 선물
卒業祝い 졸업 선물
入学祝い 입학 선물

彼は私があげた指輪をはめています。
그는 내가 준 반지를 끼고 있습니다.

部長に旅行のお土産をさしあげました。
부장님께 여행 선물을 드렸습니다.

한국어 '어머니에게 생신 선물로 스카프를 드렸습니다.'를 일본어로 옮길 때 다음과 같이 쓰지 않도록 조심한다.

母に誕生日プレゼントにスカーフをさしあげました。(×)
어머니에게 생신 선물로 스카프를 드렸습니다.

父(아버지), 母(어머니), 兄(형, 오빠), 姉(언니, 누나) 등의 말은 상대에 대해 내 가족을 낮추는 겸양어이다. (가족 관계의 표현은 'Chapter 4 존재의 표현'을 참고한다.) 내 가족의 일을 상대에게 말할 때는 주는 상대가 어머니라 할지라도 '드리다'라는 말로 표현하지 않고 보통의 말을 써야 한다. 즉 위의 예문은 あげました로 바꾸어 말해야 옳다.

→ 母に誕生日プレゼントにスカーフをあげました。(○)
어머니에게 생신 선물로 스카프를 드렸습니다.

(2) Bは Aに[から]Nをもらう／いただく　B는 A에게 N을 받다

내가 남에게 '받다' 또는 제3자가 제3자에게 '받다'라는 의미의 표현이다. 제3자 간의 수수일 경우에는 주어를 바꾸어 (1)항의 あげる로도 바꿔 말할 수 있다.

ソンさんは山田さんにかわいいポーチをもらいました。
송 씨는 야마다 씨에게 귀여운 파우치를 받았습니다.

＝山田さんはソンさんにかわいいポーチをあげました。
야마다 씨는 송 씨에게 귀여운 파우치를 주었습니다.

あげる 문장에서의 に(~에게)와 달리 もらう 앞의 にこ는 '~에게서'라는 의미인데, 물건의 수수인 경우에는 이동하는 기점을 나타내는 조사 から(~로부터)로 바꾸어 쓸 수 있다.
한편, 손윗사람에게 받을 경우는 いただく 라고 하는데, 역시 '받다'라고 해석해야 한다. 한국어에는 없는 구별이므로 주의한다.

A：あなたは鈴木さんに何をもらいましたか。
B：私は彼に腕時計をもらいました。
A : 당신은 스즈키 씨에게 무엇을 받았습니까? B : 나는 그에게 손목시계를 받았어요.

結婚祝いに先輩からコーヒーメーカーをもらいました。
결혼 선물로 선배에게서 커피 메이커를 받았어요.

山田さんは彼女に車をもらったらしいです。
야마다 씨는 애인에게 차를 받았다나 봐요.

A：誕生日に何かもらった？
B：ううん、何ももらってない。
A : 생일날에 뭔가 받았어? B : 아니, 아무것도 받지 않았어.

彼にもらった時計を無くしてしまいました。
애인에게 받은 시계를 잃어버렸어요.

私は社長に金一封をいただきました。
나는 사장님에게 금일봉을 받았습니다.

教授にいただいた本を電車に忘れてしまいました。
교수님께 받은 책을 전철에 놓고 내렸어요.

卒業祝いに父に万年筆をいただきました。(×)
졸업 축하 선물로 아빠에게 만년필을 받았습니다.

金一封 きんいっぷう 금일봉. 상금. 기부금 등으로 봉투에 넣어서 증정하는 돈.

(1)항의 あげる 부분에서 설명했듯이 父는 자기 쪽을 낮추는 겸양어이므로, 남에게 말할 때는 준 사람이 손윗사람이라고 할지라도 보통의 말, 즉 もらいましたこ로 바꾸어 말해야 한다.

　　→ 卒業祝に父に万年筆をもらいました。(○)
　　　졸업 축하 선물로 아빠에게 만년필을 받았습니다.

(3) Cは (わたしに) Nを くれる / くださる C는 (나에게) N을 주다 / 주시다

어떤 사람이 나에게 '주다'라는 의미이다. 한국어로는 같은 '주다'이지만 あげる 와는 구별이 되어야 한다. くれる는 기본적으로는 '나에게' 또는 '내 쪽(내 가족, 내가 소속하고 있는 쪽)'으로 준다는 표현이며 '나에게'라는 말은 생략해서 쓰는 게 자연스럽다.

> 例 山田さんは(私に)日本酒をくれました。
> 야마다 씨는 (나에게) 일본술을 주었습니다.

내가 소속하고 있는 쪽으로 준다는 표현이므로, ~に 부분에 굳이 私の~라는 말이 들어가지 않아도, くれる라고 말하는 걸 봐서 내 쪽으로 주었다는 표현임을 알 수 있다.

> 例 京子さんは兄にセーターをくれました。
> 교코 씨는 (내) 오빠에게 스웨터를 주었습니다.

또한, 의문문일 경우 상대에게 묻는 경우에도 あげる가 아니라 くれる로 질문한다. 왜냐하면 화자(말하는 사람)와 대화 상대가 한 편이 되고, 다른 사람(대개는 주어)이 상대편이 되기 때문이다.

> A：クリスマスに鈴木さんは(あなたに)何をくれましたか。
> B：(鈴木さんは私に)何もくれませんでした。
> A : 크리스마스에 스즈키 씨는 (당신에게) 무엇을 주었습니까?
> B : (스즈키 씨는 나에게) 아무것도 주지 않았습니다.

くださる는 손윗사람이 '주시다'라는 존경어이고, 활용 형태 중 ます형이 くださります가 아니라 くださいます가 됨에 주의한다.

> 佐藤さんは私に日本の絵はがきをくれました。
> 사토 씨는 나에게 일본 그림엽서를 주었습니다.

> 高橋君はお返しに日本のお菓子をくれた。
> 다카하시 군은 답례로 일본 과자를 주었다.

> これは優子さんがくれたキーホルダーです。
> 이것은 유코 씨가 준 열쇠고리입니다.

> 卒業式の時、先生は私に貴重な写真集をくださいました。
> 졸업식 때, 선생님은 저에게 귀한 사진집을 주셨습니다.

> 子供のころ、祖父はよくお小遣いをくださいました。(×)
> 어릴 때 할아버지는 자주 용돈을 주셨습니다.

お返かえし ① 답례, 답례품
② 거스름돈

(1), (2)항에서 설명했듯이 '祖父는 자기 가족을 낮추는 겸양어이므로, 남에게 가족에 대해 말할 때는 준 사람이 할아버지, 할머니라 하더라도 보통의 말로 바꾸어 말해야 한다. 위의 예문은 くれました로 바꿔야 옳다.

→ 子供のころ、祖父はよくお小遣いをくれました。(○)
어릴 때 할아버지는 자주 용돈을 주셨습니다.

祖父, 祖母는 각각 '할아버지', '할머니'를 뜻하는 겸양어. 공손한 표현은 おじいさん, おばあさん이다.

Mini Test

1 毎朝猫にえさを(a. くれます b. やります)。

2 先輩に音楽会のチケットを(a. くれました b. もらいました)。

3 吉田さんは私の妹に日本の雑誌を (a. やりました b. くれました)。

4 社長は特別ボーナスを(a. くださいました b. いただきました)。

5 中野先生が京都のガイドブックを(a. くださいました b. さしあげました)。

6 小野先生に韓国のお菓子を(a. くださいました b. さしあげました)。

정답 1 b 2 b 3 b 4 a 5 a 6 b

---

3 보조동사로 쓰이는 수수 표현

(1) ～てやる / ～てあげる ~해 주다

보조동사로 쓰인 표현으로, て형에 연결하여 '~해 주다'라는 뜻을 형성한다.

私は妹の勉強を見てやりました。
나는 여동생의 공부를 봐 주었습니다.

よくできた生徒をほめてやりました。
잘한 학생을 칭찬해 주었습니다.

山田さんはソンさんにカサを貸してあげました。
야마다 씨는 송 씨에게 우산을 빌려 주었습니다.

僕は由実さんを家まで送ってあげました。
나는 유미 씨를 집까지 바래다주었습니다.

送る는 기본적으로 '보내다'라는 뜻이지만, '데려다주다', '전송하다'의 뜻도 있다.

お世話になった人にお土産に何を買ってあげたらいいでしょうか。
신세를 진 사람에게 선물로 무엇을 사 주면 좋을까요?

お世話せわになる 신세를 지다

139

~てあげる는 말 그대로 '~해 주다'라는 표현이지만, 상대를 위해서 선심 써서 '~해 준다'라는 뉘앙스가 있으므로 손윗사람이나 친하지 않은 사람에게 직접적으로 말할 때는 쓰지 않는다.

> 例 ここは私が払います / 持ちます。(○)　여기는 제가 낼게요.
>
> ここは私が払ってあげます。(×)　여기는 제가 내 드리겠습니다.

또한 한국어의 겸양 표현이 '~해 드리다'라고 해서 대면하고 말하는 자리에서 ~てさしあげる를 쓰면 안 된다.

> 先生、かばんをお持ちします。(○)　선생님, 가방을 들어 드릴게요.
> 先生、かばんを持ってさしあげます。(×)

「お+ます形+します」'~해 드리겠습니다'에 해당하는 겸양의 표현. 'Chapter 26 경어의 표현'을 참고한다.

(2) ~てもらう / ~ていただく　~해 받다

~もらう / ~ていただく는 직역하면 '~해 받다'인데, 한국어로는 어색하지만 일본인들이 즐겨 쓰는 표현이다. ~てくれる에 비해 누가 해 줬다는 '누구'를 강조하는 게 아니라 내가 받는 입장에서 은혜를 입었다는 느낌, 감사의 느낌이 들어 있다. もらう 표현과 마찬가지로 상대를 나타내는 조사는 반드시 に(~로부터)를 쓴다. 한국어 번역할 때는 주어를 바꾸어 '~가 ~해 주다'로 해석해야 자연스럽다.

> 例 母に新しい洋服を買ってもらいました。
> 엄마에게 새 옷을 사 받았습니다. → 엄마가 새 옷을 사 주셨습니다.

> ソンさんは山田さんにかさを貸してもらいました。(=借りました)
> 송 씨는 야마다 씨에게 우산을 빌려 받았습니다. (= 빌렸습니다)

貸かす 빌려 주다

借かりる 빌리다

> 道に迷った時、親切な人に道を教えてもらった。
> 길을 잃었을 때, 친절한 사람에게 길을 가르쳐 받았다. (친절한 사람이 길을 가르쳐 주었다)

> 去年の冬は彼にスキーに連れていってもらいました。
> 작년 겨울은 그에게 스키에 데려가 받았습니다. (그가 데려가 주었습니다)

> みんなに手伝ってもらって、助かりました。
> 모두에게 도움을 받아서 살았습니다.

助たすかる 도움이 되다, 살다
➡타동사는 助ける(돕다, 살리다)이다.

> 先生に作文を直していただきました。
> 선생님에게 작문을 고쳐 받았습니다. (선생님이 작문을 고쳐 주셨습니다)

> 部長に家まで車で送っていただきました。
> 부장에게 집까지 자동차로 데려다 받았습니다. (부장님이 데려다주셨습니다)

〜もらう 앞에 대상의 이동을 나타내는 동사가 오면 조사 に를 から로 바꾸어
쓸 수 있다.

> **예** 国の母に〔から〕キムチを送ってもらいました。
> くに はは おく
> 고향의 어머니로부터 김치를 보내 받았습니다.(어머니가 보내 주셨습니다)

본동사로 쓰일 때와 마찬가지로 가족의 일을 말할 때는 겸양어 いただく 라고
하지 않는다.

> **예** 子供の頃、母に本を読んでいただきました。(×)
> こども ごろ はは ほん よ
> → もらいました(○)
>
> 어릴 때 엄마에게 책을 읽어 받았습니다.(엄마가 책을 읽어 주셨습니다)

(3) 〜てくれる / 〜てくださる 〜해 주다 / 〜해 주시다

〜てくれる / 〜てくださる는 한국어에도 똑같이 있는 표현으로 나를 위해
'〜해 준다'라는 뜻이다. '나에게' 또는 '나를'은 생략하는 편이 자연스럽다.

山田さんは(私に)かさを貸してくれました。
やまだ わたし か
야마다 씨는 (나에게) 우산을 빌려 주었습니다.

友達が京都を案内してくれた。　친구가 교토를 안내해 주었다.
ともだち きょうと あんない

誰もやり方を教えてくれないんだもの。　아무도 하는 법을 가르쳐 주지 않는걸요.
だれ かた おし

部長は私を家まで送ってくださいました。　부장님은 나를 집까지 데려다주셨습니다.
ぶちょう わたし うち おく

彼のお母さんが買い物に付き合ってくださいました。
かれ かあ か もの つ あ
남자 친구의 어머니께서 쇼핑에 어울려 주셨습니다.

いろいろ教えてくださって、ありがとうございました。
おし
여러 가지 가르쳐 주셔서 감사합니다.

본동사로 쓰일 때와 마찬가지로 가족의 일을 말할 때는 존경어 くださる 라고
하지 않는다.

> 誕生日に父はケーキを買ってきてくださいました。(×)
> たんじょうび ちち か
> → くれました(○)
>
> 생일에 아빠는 케이크를 사다 주셨습니다.

> 구어체에서 문장 끝의 もの는
> '〜인걸'에 해당하는 말로, 여
> 성들이 주로 쓰고 もん으로
> 바꾸어 말하기도 한다.

4 의뢰, 요구의 표현

(1) ～てくれませんか / ～てくださいませんか

～해 주지 않겠어요? / ～해 주시지 않겠어요?

～てくれませんか / ～てくださいませんか는 각각 '～해 주지 않겠어요?',
'～해 주시지 않겠어요?'라는 요구의 표현이다.

一緒に行ってくれませんか。
いっしょ い
함께 가 주지 않겠어요?

ここ、ちょっと分からないので訳してくれませんか。　　　　　訳ゃくする 해석하다
わ やく
여기, 좀 모르겠으니까 해석해 주지 않을래요?

すみませんが、この荷物、二階まで運んでくださいませんか。
にもつ にかい はこ
미안하지만, 이 짐을 2층까지 옮겨 주지 않겠어요?

参考にしたいので、その資料をもう一度持ってきてくださいませんか。
さんこう しりょう いちど も
참고하고 싶으니까, 그 자료를 한 번 더 가져와 주시겠어요?

・～てくれる / ～てくれない

친근한 표현으로 격의 없이 말할 때는 기본형(くれる)을 그대로 쓰거나 기본형
의 부정형(くれない)을 억양을 올려 말한다. 각각 '～해 줄래?', '～해 주지 않을
래?'라는 뜻이다.

ちょっと手伝ってくれる？ 좀 거들어 줄래?
てつだ

代わりにやってくれない？ 대신 해 주지 않을래?
か

142

余ったケーキは、そこの冷蔵庫に入れてくれない？
남은 케이크는 거기 있는 냉장고에 넣어 주지 않을래?

(2) ～てもらえませんか / ～ていただけませんか ～해 주시겠어요?

～てもらえませんか는 もらう의 가능형 もらえる를 부정 의문문 형태로 표현한 것이고, ～ていただけませんか 역시 いただく의 가능형 いただける를 부정 의문문 형태로 표현한 것으로, 직역하면 '~해 받을 수 없습니까?'이지만 자연스럽게 의역하면 '~해 주시겠어요?'라는 의미가 된다.
긍정 의문문 ～てもらえますか / ～ていただけますか(~해 받을 수 있습니까?)로 말해도 상관없지만, 부정 의문문 쪽이 좀 더 공손한 느낌이 든다.
또한, 위에서 설명한 ～てくれませんか / ～てくださいませんか와 같은 상황에서 쓸 수 있는 말이다.

ちょっと寒いので、クーラーを切ってもらえますか。
좀 추우니까 에어컨을 꺼 주겠어요?

| クーラーを切る 에어컨을 끄다

せまいので、この椅子をそっちに移動してもらえないでしょうか。
좁으니까 이 의자를 그쪽으로 이동해 줄 수 있어요?

先生にはあなたから言ってもらえませんか。
선생님에게는 당신이 말해 주시겠어요?

三日ほど待っていただけますか。
3일 정도 기다려 주실 수 있나요?

間違っているところをチェックしていただけませんか。
틀린 곳을 체크해 주실 수 없을까요?

会議の資料は5時までに届けていただけませんか。
회의 자료는 5시까지 보내 주시겠어요?

| 届ける 보내다, 가져가다, 신고하다
➡ 送る(보내다)에 비해 도달(도착)하게끔 보낸다는 의미를 포함하고 있다.

・～てもらえる / ～てもらえない

친근한 표현으로 격의 없이 말할 때, もらう의 가능형을 원형 그대로 쓰거나(もらえる) 가능형의 부정형(もらえない)을 억양을 올려 말한다. 직역하면 '~해 받을 수 있니(없을까)?'가 되지만, 자연스러운 한국어로 의역하면 '~해 줄래?', '~해 주지 않을래?'라는 표현이 된다.

キムさんの都合をちょっと聞いてみてもらえる？
김 씨의 사정을 좀 물어봐 줄래?

| 都合 형편, 사정, 시간

学校までの地図を描いてもらえない？
<ruby>学校<rt>がっこう</rt></ruby>までの<ruby>地図<rt>ちず</rt></ruby>を<ruby>描<rt>か</rt></ruby>いてもらえない？
학교까지 가는 지도를 그려 줄 수 없을까?

会議の時間を少し遅らせてもらえないかな。 회의 시간을 조금 늦춰 줄 수 없을까?
<ruby>会議<rt>かいぎ</rt></ruby>の<ruby>時間<rt>じかん</rt></ruby>を<ruby>少<rt>すこ</rt></ruby>し<ruby>遅<rt>おく</rt></ruby>らせてもらえないかな。

遅ぉくらせる 늦추다, 지연시키다

(3) ～てくれ ~해 줘

～てくれ는 '~해 줘'라는 의미로, ～てくれる에서 변형된 일종의 명령의 표현이다. 친구나 손아랫사람에게 말하는 느낌이며 여성은 별로 쓰지 않는다.

一人にしてくれ。
<ruby>一人<rt>ひとり</rt></ruby>にしてくれ。
혼자 있게 해 줘.

この子の家族に連絡してくれ。
この<ruby>子<rt>こ</rt></ruby>の<ruby>家族<rt>かぞく</rt></ruby>に<ruby>連絡<rt>れんらく</rt></ruby>してくれ。
이 아이의 가족에게 연락해 줘.

いい加減あきらめてくれ。
いい<ruby>加減<rt>かげん</rt></ruby>あきらめてくれ。
적당히 포기해 줘.

恥ずかしいからやめてくれ。
<ruby>恥<rt>は</rt></ruby>ずかしいからやめてくれ。
창피하니까 그만둬.

いい加減かげん 적당함. 부사적으로 쓰여서 '그 정도에서', '어지간한 선에서'의 뜻으로도 쓰인다.

あきらめる 포기하다, 단념하다

> **TIP** '하다'라는 의미에 있어서 する와 やる의 차이
>
> '하다'라는 뜻을 지닌 단어로 する와 やる가 있다. 두 단어는 같은 의미이기 때문에 단독으로 쓸 때는 혼용해서 사용해도 괜찮지만, 의외로 구별해서 쓰이는 경우도 많다. 우선, 같이 쓸 수 있는 경우 공손하게 말할 때는 する라고 한다. 또한 やる는 '하다'라는 뜻 이외에 '주다'라는 의미로도 쓰인다. 여기서는 구별해서 쓰는 경우를 알아보자.
>
> **≫する는 행동의 의미가 담겨 있는 한자어나 단어에 붙어 보조적인 뜻으로 많이 쓴다.**
>
> <ruby>結婚<rt>けっこん</rt></ruby>する(결혼하다), <ruby>相談<rt>そうだん</rt></ruby>する(의논하다), <ruby>案内<rt>あんない</rt></ruby>する(안내하다), <ruby>勉強<rt>べんきょう</rt></ruby>する(공부하다), コピーする(복사하다), あくびする(하품하다)는 する 앞의 단어에 이미 행동의 의미가 담겨 있고, する는 보조적으로 사용되고 있다. 이런 경우는 やる를 사용하지 않는다.
>
> **≫やる는 의지적, 의식적인 행동을 한다는 뜻이 강해서, 그 자체로 능동적, 함축적 의미를 가지고 있다.**
>
> 그래서 뭔가 이루어 냈을 때 '해냈다'는 표현은 やった!라고 흔히 말한다. 또한 またやっちゃった(또 실수했어)처럼 뭔가 해서는 안 되는 일을 저질렀을 경우에도 많이 쓰인다. 일본 만화나 드라마를 보면 やる가 '성행위를 하다'라는 속어나 '사람을 죽이다'라는 은어로 사용되는 것을 볼 수 있다. やる 자체가 여러 가지 의미를 가진 함축적인 뜻을 담고 있는 것이다.

Chapter
14

가능 표현

'~을 할 수 있다'나 '~이 가능하다' 등의 어떤 동작이나 상태를 실현하는 능력을 가지고 있다는 뜻을 나타내는 표현을 가능 표현이라고 한다.

가능 표현은 우선 기본 동사의 어미변화를 일으켜 만든 가능형과, 동사의 기본형에 형식명사 こと를 연결한 ~ことができる가 있다. 이 밖에도 고급 난이도의 표현으로는 복합동사의 형태인 ~える, '~할 수 없다'라는 의미의 부정의 가능 표현 ~かねる 등과 같은 표현이 있다.

1 가능형의 공식

대표적인 가능의 표현은 동사의 어미를 변화시켜 만드는 가능형이다. 활용의 변화가 있으므로 만드는 방법을 숙지해야 한다. 다음은 만드는 방법이다.

(1) 5단 동사 (1그룹)

끝을 [e]단으로 바꾸고 る를 붙인다.

5단 동사가 1단 동사로 변화가 되므로 가능형 동사는 る를 빼고 활용하면 된다.

買う　→　買える 살 수 있다 / 買えます 살 수 있습니다 / 買えない 살 수 없다

歩く　→　歩ける 걸을 수 있다 / 歩けます 걸을 수 있습니다 / 歩けない 걸을 수 없다

泳ぐ　→　泳げる 헤엄칠 수 있다 / 泳げます 헤엄칠 수 있습니다 / 泳げない 헤엄칠 수 없다

消す　→　消せる 지울 수 있다 / 消せます 지울 수 있습니다 /消せない 지울 수 없다

待つ　→　待てる 기다릴 수 있다 / 待てます 기다릴 수 있습니다 / 待てない 기다릴 수 없다

死ぬ　→　死ねる 죽을 수 있다 / 死ねます 죽을 수 있습니다 / 死ねない 죽을 수 없다

呼ぶ　→　呼べる 부를 수 있다 / 呼べます 부를 수 있습니다 / 呼べない 부를 수 없다

飲む　→　飲める 마실 수 있다 / 飲めます 마실 수 있습니다 / 飲めない 마실 수 없다

帰る　→　帰れる 돌아갈 수 있다 / 帰れます 돌아갈 수 있습니다 / 帰れない 돌아갈 수 없다

(2) 1단 동사 (2그룹)

る를 없애고 られる를 붙인다.

見る　　→　見られる 볼 수 있다 / 見られます 볼 수 있습니다 / 見られない 볼 수 없다

起きる　→　起きられる 일어날 수 있다 / 起きられます 일어날 수 있습니다 /

　　　　　　起きられない 일어날 수 없다

食べる → 食べられる 먹을 수 있다 / 食べられます 먹을 수 있습니다 /
食べられない 먹을 수 없다

忘れる → 忘れられる 잊을 수 있다 / 忘れられます 잊을 수 있습니다 /
忘れられない 잊을 수 없다

(3) 변격동사 (3그룹)

する → できる 할 수 있다 / できます 할 수 있습니다 / できない 할 수 없다

運動する → 運動できる 운동할 수 있다 / 運動できます 운동할 수 있습니다 /
運動できない 운동 못한다

来る → 来られる 올 수 있다 / 来られます 올 수 있습니다 / 来られない 올 수 없다

持ってくる → 持ってこられる 가져올 수 있다 / 持ってこられます 가져올 수 있습
니다 / 持ってこられない 가져올 수 없다

> **┃TIP 愛する(사랑하다)의 가능형은 愛できる일까?**
> 정답은 아니다. 일본어에서 '사랑하다'의 기본형은 愛する와 愛す 두 가지가 있다. 하지
> 만 가능형은 愛す로만 활용하기 때문에 '사랑할 수 있다'는 愛せる라고 하는 게 옳다.

가능동사 앞에서는 목적어 조사 を를 が로 바꾼다. 즉 가능동사는 대부분 목적
어 조사로 が를 취하는 것이다.

> 예 漢字を読みます。 한자를 읽습니다. → 漢字が読めます。 한자를 읽을 수 있습니다.

하지만 모든 목적어의 조사를 が로 취하는 것은 아니고, 원래 목적어 조사로 に
를 취하는 것이나 관용적인 표현은 조사를 바꾸지 않는다.

> 예 馬に乗ります。 말을 탑니다. → 馬に乗れます。 말을 탈 수 있습니다.

심화❶ 가능형을 만들 수 없는 말 (わかる・聞こえる・見える)

모든 말을 다 가능 표현으로 만들 수 있는 건 아니다. 대표적으로 わかる는 '알
다', '알 수 있다'의 뜻을 모두 가지고 있는 동사이므로 가능형으로 만들 수 없고
목적어 조사도 반드시 が를 취한다.

> 예 「マニュアルを見るとやり方が分かります。
> 매뉴얼을 보면 하는 법을 알 수 있어요.

マニュアル(manual) 안내서,
지침서

지각동사 聞こえる(들리다), 見える(보이다)도 가능형을 만들지 않는다.

> 예 窓から海が見えます。
> 창문으로 바다가 보입니다.

おじいさんは耳が悪くて、小さい音がよく聞こえないらしい。
할아버지는 귀가 나빠서 작은 소리가 잘 들리지 않는다는 것 같다.

심화② 자발의 의미로 쓰이는 표현

가능동사인데도 '할 수 있다'라는 뜻이 아닌 '(저절로) ~된다'라는 뜻의 자발(自発)의 자동사로 쓰이는 표현들이 있다. 書ける(써지다) / 泣ける(눈물 나다) / 笑える(웃기다) 같은 단어가 그런 경우이다.

このボールペン、よく書けます。 이 볼펜, 잘 써져요.

嬉しくて泣けてくるよ。 기뻐서 눈물이 나요.

この番組、すごく笑えるんだよ。 이 프로그램 굉장히 웃겨.

심화③ ラ抜き言葉 (ら를 뺀 표현)

현대어의 구어에서는 1단 동사, 변격동사 来る의 경우, ~られる에서 ら를 빼고 말하는 경우가 많다. 이것을 ラ抜き言葉라고 한다.

예 見られる → 見れる　　　食べられる → 食べれる
　　起きられる → 起きれる　　来られる → 来れる

일상 회화에서 가능 표현은 거의 ラ抜き言葉로 말한다. 그러나 모든 단어를 축약할 수 있는 것은 아니고 음절이 긴 단어, 예를 들어 忘れられる(잊을 수 있다) 같은 말은 그대로 쓰는 경우가 많다. 그래서인지 아직 문법적으로 정형화되지 않았으며 시험에도 출제되지는 않는다.

2 초중급 문법 문형

(1) ～ができる　～을 할 수 있다

できる는 '할 수 있다'라는 의미로 する의 가능형 동사이다. できる는 명사에 연결해서 가능의 뜻으로 많이 사용하므로 독립해서 설명하기로 한다.
앞서 설명했듯이 목적어를 넣는 경우 한국어로는 '~을 할 수 있다'이지만, 조사 를가 아니라 が를 써야 한다. 또한 부정형 できない는 '할 수 없다' 또는 '못한다'로 해석한다.

A : ゴルフができますか。
B : いいえ、できません。
A : 골프를 할 수 있어요?　B : 아니요, 못해요.

A : 車の運転、できる？
B : ううん、できない。

A : 차 운전할 수 있어? B : 아니 못해.

가능의 표현들은 上手に(능숙하게), よく(잘), 少し(조금), 少しも(조금도), 全然(전혀) 등의 부사를 넣어 좀 더 표현을 풍부하게 할 수 있다.

A : スキーが上手にできますか。
B : いいえ、上手にはできません。中級ぐらいです。

A : 스키를 능숙하게 탈 수 있어요? B : 아니요, 잘은 못해요. 중급 정도예요.

A : 水泳ができますか。
B : いいえ、少しもできません。金づちです。

A : 수영할 수 있어요? B : 아뇨, 조금도 못해요. 맥주병이에요.

金かなづち 쇠망치

➡ 우리는 수영 못하는 사람을 '맥주병'이라고 한다. 일본어에서는 ビール瓶(맥주병)이라고 하지 않고 가라앉는다는 의미로 '쇠망치'라고 표현한다.

できる는 다음과 같은 단어들과 결합되어 '잘한다'는 느낌으로도 쓰인다.
勉強ができる(공부를 잘한다) / スポーツができる(스포츠를 잘한다) / 試験ができる(시험을 잘 보다)

試験をよく見る라고는 하지 않는다.

スポーツができる男の子は女子学生に人気があるらしいです。

스포츠를 잘하는 남자아이는 여학생들에게 인기가 있다는 거 같아요.

お宅の娘さんは勉強ができると聞きましたが。

댁의 따님은 공부를 잘한다고 들었는데요.

A : 先週の試験、よくできた？
B : ううん、数学が駄目だった。頑張らなくちゃ。 /
うん、ばっちりできたよ。

A : 지난주 시험 잘 봤어? B : 아니, 수학이 엉망이었어. 분발해야지. / 응, 아주 잘 봤어.

ばっちり 완벽하게 또는 성공적으로 잘 이루어진 모양

(2) ～ことができる　～을 할 수 있다

「기본형+ことができる」형태는 가장 쉽게 만들 수 있는 가능 표현이다. 기본형에 ～こと(일)ができる(가능하다)를 붙여 말 그대로 '～하는 게 가능하다', '～할수 있다'는 뜻을 형성한다. 회화에서 が는 생략해서 말하기도 한다. 대개는 (1)의 가능형을 대신해서 사용할 수 있는데, 간혹 (1)의 가능형 표현보다 강조된느낌으로 말하기도 한다.

예 犬の肉を食べることはできますよ。でも、食べません。

개고기를 먹을 수는 있습니다. 그렇지만 안 먹어요.

• 활용 예

今は電話に出ることができません。
いま でんわ で
지금은 전화를 받을 수가 없습니다.

ドイツ語は、読むことはできますが、話すことはできません。
ご よ はな
독일어는 읽을 수는 있는데, 말할 수는 없어요.

Aは〜が、Bは〜です
A는 〜이지만, B는 〜입니다
➡ 양자 대비의 문장에서는 목
적어는 주로 는를 취한다.

日本語で書類を作成することができます。
にほんご しょるい さくせい
일본어로 서류를 작성할 수 있습니다.

A : 図書館ではどんなことができますか。
としょかん
B : 本を借りることができるし、インターネットを使うこともできます。
ほん か つか
A : 도서관에서는 어떤 일을 할 수 있어요? B : 책을 빌릴 수도 있고, 인터넷을 사용할 수도 있어요.

A : 韓国語を教えること、できる？
かんこくご おし
B : ううん、できない。
A : 한국어 가르치는 거, 할 수 있어? B : 아니, 못해.

(3) 가능형의 표현

동사의 어미변화를 일으켜 만든 가능 표현을 말하며, 만드는 법에 대해서는 앞
의 설명을 참조한다.

好きなものが選べますか。
す えら
좋아하는 것을 고를 수 있습니까?

選えらぶ 고르다, 선택하다

若い人でキムチが作れる人は少ないです。
わか ひと つく ひと すく
젊은 사람 중에 김치를 만들 수 있는 사람은 적습니다.

まだ彼のことが忘れられません。
かれ わす
아직 그를 잊을 수가 없어요.

100メートルを15秒で走れます。
びょう はし
100미터를 15초에 달릴 수 있습니다.

異性の友達は何人かいるけど、恋人と呼べる人はいない。
いせい ともだち なんにん こいびと よ ひと
이성 친구는 몇 명인가 있지만, 애인이라고 부를 수 있는 사람은 없어.

今度はいつ会えるかな。
こんど あ
다음번엔 언제 만날 수 있을까?

A : 明日も来れる？
あした こ
B : ううん、来れない。
こ
A : 내일도 올 수 있어? B : 아니, 못 와. (축약형)

┃ TIP 今度는 때에 따라 '금번(지난번)'도 되고 '다음번'이라는 의미도 된다.
<ruby>今度<rt>こんど</rt></ruby>

예 今度の試験は難しかった。 지난번 시험은 어려웠다.
こんど しけん むずか

また今度にしましょう。 또 다음번으로 합시다.
こんど

(4) 가능형+ようになる ~할 수 있게 되다

본래 동사원형에 ～ようになる를 붙이면 '~하게 되다'라는 변화를 나타내는
표현이 된다.

예 赤ちゃんが歩くようになりました。 아기가 걷게 되었습니다.
あか ある

～ようになる 앞에 가능형을 쓰는 경우가 많은데, 이때는 '(전에는 ~할 수 없었
는데 지금은) ~할 수 있게 되다'라는 뜻이 된다.

強いお酒が飲めるようになりました。
つよ さけ の
센 술을 마실 수 있게 되었습니다.

一年勉強してやっと日本語が'しゃべれるようになりました。
いちねんべんきょう にほんご
1년 공부해서 겨우 일본어를 말할 수 있게 되었습니다.

> しゃべる는 '지껄이다'라는
> 뜻으로 話す의 구어적인 표
> 현으로도 널리 쓰인다. 참고로
> おしゃべり는 '수다'를 의미
> 한다.

シフトが変わって、土曜日も休めるようになった。
か どようび やす
근무 체제가 바뀌어서 토요일도 쉴 수 있게 되었다.

彼に教えてもらって、一人でも駐車ができるようになりました。
かれ おし ひとり ちゅうしゃ
그가 가르쳐 줘서 혼자서도 주차를 할 수 있게 되었습니다.

3 중고급 문법 문형

가능형 동사를 사용하지 않고도, 다른 어미를 붙여 불가능을 표현하는 말도 있
다. 복합동사의 형태인 ～える, '~할 수 없다'라는 뜻의 부정의 가능 표현 ～か
ねる, ～ようがない 등과 같은 표현이 이에 해당하며, 고급 난이도의 표현이
라고 할 수 있겠다.
이외에도 '~하기 어렵다'는 뜻의 ～づらい, ～がたい, ～にくい 등의 복합형
용사가 있는데, 이 표현은 뒤의 복합형용사 편에서 설명하기로 한다.

(1) ～える / ～えない ~할 수 있다 / ~할 수 없다

得る는 '얻다'라는 뜻으로 える 또는 うる로 읽는 동사인데, 동사의 ます형에
연결해서 ～える / ～うる라고 하면 '~할 수 있다'라는 의미의 복합동사가 된

다. 어떠한 행위를 할 수 있다, 그럴 가능성이 있다는 의미를 나타내고, 구어체 보다는 문어체나 딱딱한 말로 많이 쓰는 표현이다.

기본형으로 쓰일 때는 〜うる와 〜える 어느 쪽이라도 상관없지만, 활용할 때는 〜える를 쓰는 경향이 있어서 ます형은 〜えます, ない형은 〜えない로 쓴다.

예 あり得る/あり得る 있을 수 있다
　　あり得ます 있을 수 있습니다
　　あり得ない 있을 수 없다

회화에서 あり得ない라는 말을 자주 들을 수 있는데, '있을 수 없어', '믿을 수 없어'라는 뜻이다. 같은 계열의 말로는 うそ！(거짓말), 信じられない (믿을 수 없어) 등이 있다.

• 활용 예

彼のすばらしい演奏は、一言で表しうるものではなかった。
그의 멋진 연주는 한마디로 표현할 수 있는 것이 아니었다.

> 一言ひとことで表あらわす 한마디로 표현하다

一人の力では為し得ないことだ。
혼자의 힘으로는 이룰 수 없는 일이다.

> 為なす 하다, 행하다, 이루다

家に小さい子供を一人にするなんてあり得ない。
집에 어린 아이를 혼자 두다니 있을 수 없다.

同情を禁じ得ない。
동정을 금할 수 없다.

> 禁きんじる 금하다, 금지하다

(2) 〜かねる 〜하기 어렵다, 〜할 수 없다

역시 복합동사의 형태로 쓰이는 말로, ます형에 연결해서 '〜할 수 없다', '〜하기 어렵다'는 의미를 형성한다. 불가능하다, 어렵다, 곤란하다는 느낌이 포함되어 있다.

そのような提案は引き受けかねます。
그러한 제안은 받아들이기 어렵습니다.

上の許可なしではご協力しかねます。
위의 허가 없이는 협력하기 어렵습니다.

> 〜なしでは 〜 없이는

今の状況では親に仕事を辞めるって言い出しかねます。
지금 상황으로는 부모에게 일을 그만둔다고 말을 꺼내기가 어렵습니다.

> 言いい出だす 말을 꺼내다, 말하기 시작하다

彼はこの分野の権威者だから、彼の意見には反対しかねます。
그는 이 분야의 권위자이니까, 그의 의견에는 반대하기 힘듭니다.

부정 표현 ～かねない도 많이 쓰인다. 직역하면 '～하기 어렵지 않다'라는 뜻인데, 자연스럽게 '～할 법하다', '～할 수도 있다'라고 해석할 수 있겠다.

あの人ならやりかねないことです。
그 사람이라면 할 법한 일입니다.

スピードの出たしすぎ
스피드를 너무 내는 것, 과속

スピードの出し過ぎは大事故に繋がりかねない。
과속은 대형 사고로 연결되기 쉽다.

(3) ～ようがない ～할 방법이 없다

様는 '모양'이라는 뜻이지만, 동사의 ます형에 접속해서 '～할 방법', '～할 수단'의 뜻으로도 쓰인다. ～ようがない라고 하면 '～할 방법이 없다', '～할 수 없다'라는 불가능의 의미를 나타낸다.

なんとも言いようがない。
뭐라고도 말할 도리가 없다.

ケータイを忘れて出かけたので、連絡しようがありません。
휴대 전화를 두고 나갔기 때문에 연락할 방법이 없습니다.

病状が進んでいて手の施しようがない。
병의 상태가 진전돼서 손을 쓸 방법이 없다.

進すすむ 나아가다, 진전되다, 진행되다

部品が切れていて直しようがないそうです。
부품이 떨어져서 고칠 방도가 없다고 합니다.

切れる는 '끊기다' 이외에 '떨어지다'의 뜻을 갖고 있다.
예 電池が切れる 전지가 떨어지다

とっさのことだったから手の打ちようがなかった。
순식간의 일이었기 때문에 손을 쓸 방법이 없었다.

手てを打うつ 손쓰다, 조치를 취하다

そのことにつきましてはお詫びの申し上げようもありません。
그 일에 대해서는 사과의 말씀을 드릴 수조차 없습니다.

詫びる는 '사과하다'의 뜻으로, 謝る보다 공손하고 딱딱한 문장체의 표현이다.

| TIP 한국어의 '준비'에 해당하는 用意・準備・支度의 차이점

用意 : 뭔가를 하기 전에 당장 시작할 수 있도록 준비해 두는 일, 물건.
예 試験の時、用意するものは何ですか。
시험 때 준비물은 무엇입니까?

準備 : 유사시에 대비해서 연습을 해 두거나, 필요한 것을 준비해 두는 일. 장기간의 준비여도 상관이 없다. 마음의 준비일 때도 쓸 수 있다.
예 公務員試験を準備している。
공무원 시험을 준비하고 있다.

支度 : 어떤 일을 곧 할 수 있도록 준비하는 것, 채비. 주로 外出の支度(외출 준비), 食事の支度(식사 준비)처럼 외출, 여행, 식사, 몸차림 등의 준비에 쓰인다.

Chapter
15

의지의 표현

이번 Chapter에서는 자신이 어떤 행위를 하겠다는 의지를 상대에게 전하는 표현을 설명하기로 한다. 의지의 표현은 대표적으로 의지형(또는 의향형이라고도 한다)을 이용한 형태가 있고 그 외에도 몇 가지 공식이 존재하는데, 의지형은 활용의 변화가 있는 형태이므로 숙지해야 할 필요가 있다.

1 의지형의 공식

의지형은 어형의 변화가 있어서 중요하다. 어미에 う나 よう를 붙여 의지의 뜻을 나타내는데, 동사의 종류에 따라 접속 방식이 다르다. 의지형을 만드는 방법은 다음과 같다.

(1) 5단 동사 (1그룹)

끝을 [o]단으로 바꾸고 う를 붙인다. 장음으로 발음된다.

洗う → 洗おう 씻자　　　歩く → 歩こう 걷자
出す → 出そう 내자　　　勝つ → 勝とう 이기자
死ぬ → 死のう 죽자　　　遊ぶ → 遊ぼう 놀자
休む → 休もう 쉬자　　　作る → 作ろう 만들자
'入る → 入ろう 들어가자

| 入はいる : 예외 5단 동사

(2) 1단 동사 (2그룹)

る를 없애고 よう를 붙인다.

見る → 見よう 보자　　　起きる → 起きよう 일어나자
出る → 出よう 나가자　　覚える → 覚えよう 외우자

(3) 변격동사 (3그룹)

する　　　　　→ しよう 하자
紹介する　　　→ 紹介しよう 소개하자
来る　　　　　→ 来よう 오자
持ってくる → 持ってこよう 가져오자

155

2 의미

(1) ～해야지, ～하려고 하다

예 今日は出かけないで家にいよう。
きょう　で　　　　　　うち
오늘은 외출하지 말고 집에 있어야지.

의지형에 ～と思う를 붙여 '～하려고 생각하다'의 의미로 쓰인다.
　　　　おも

예 夏休みにヨーロッパへ行こうと思います。
なつやす　　　　　　い　　　おも
여름 방학에 유럽에 가려고 생각해요.

(2) ～하자

～ましょう(～합시다)의 반말 표현으로 '～하자'라는 권유, 청유의 의미이다.

예 早く行こう。 빨리 가자.
はや　い

3 초중급 문법 문형

(1) ～(よ)う ～하자

위에서 설명했듯이 의지의 형태를 그대로 쓰면 (1)'～해야지', (2)'～하자'라는 의미가 된다. (1)의 경우는 듣는 사람을 의식하지 않고 혼잣말을 한다는 느낌이고, 대화에서는 (2)의 청유, 권유의 뜻으로 쓰인다. 즉 (2)의 표현은 ～ましょう(～합시다)의 반말 표현이 되는 것이다.

예 さあ、始めましょう。 자. 시작합시다. → 始めよう。 시작하자.
はじ　　　　　　　　　　　　　　　　　　　はじ

• 활용 예

日本語で話そう。 일본어로 이야기하자.
に ほん ご　はな

一緒に遊ぼうよ。 함께 놀자.
いっしょ　あそ

少し休もう。 조금 쉬자.
すこ　やす

嫌なことは早く忘れよう。 싫은 일은 빨리 잊어야지.
いや　　　　はや　わす

皆で練習しよう。 함께 연습하자.
みんな　れんしゅう

(2) 〜(よ)うか ～할까

의지형에 의문사 か를 붙여 말하면 한국어로 '〜할까'의 뜻이 된다. 즉 '(내가) 〜할까' 또는 '우리 〜할까' 등의 의향을 묻는 표현이다. 〜ましょうか(〜할까요?)의 반말 표현이라고 할 수 있다.

> 手伝いましょうか。 거들까요? → 手伝おうか。 거들까?
> て つだ   て つだ

• 활용 예

少し休憩を入れようか。 조금 휴식을 넣을까?
すこ きゅうけい い

外、うるさいね。窓を閉めようか。 밖이 시끄럽네. 창문을 닫을까?
そと   まど し

そろそろ出ようか。 슬슬 나갈까?
で

いい人紹介しようか。 좋은 사람 소개할까?
ひとしょうかい

私が行ってこようか。 내가 갔다 올까?
わたし い

休憩는 '휴게'라는 한자어이
きゅうけい
지만, 일본어에서 '휴식'이라는
의미로 쓰인다.

休憩きゅうけいを入いれる
휴식을 넣다, 휴식하다

(3) 〜(よ)うと思う ～하려고 생각하다
      おも

의지의 형태에 〜と思う(〜라고 생각하다)를 붙여 말하면 '〜하려고 생각하다'라
                おも
는 뜻의 화자의 의지나 예정을 나타내는 표현이 된다. 〜と思っています라고
                                        おも
하면 전부터 그렇게 생각해 오고 있다는 느낌이 든다.

A : 夏休みはどうするつもりですか。
     なつやす
B : ハワイの別荘で過ごそうと思っています。/ 運転を習おうと思います。
          べっそう す   おも   うんてん なら   おも
   / 好きな本をたくさん読もうと思っています。
      す ほん   よ   おも

A : 여름 방학은 어떻게 할 생각입니까? B : 하와이의 별장에서 보내려고 생각하고 있어요. / 운전을 배우려고
생각해요. / 좋아하는 책을 많이 읽으려고 생각해요.

卒業後、貿易会社で働こうと思います。
そつぎょうご ぼうえきがいしゃ はたら   おも
졸업 후 무역회사에서 일하려고 생각해요.

後輩にイラストの仕事を頼もうと思います。
こうはい   しごと たの   おも
후배에게 일러스트 일을 부탁하려고 생각해요.

少し太ってきたのでダイエットを始めようと思います。
すこ ふと   はじ   おも
조금 살쪄서 다이어트를 시작하려고 생각해요.

もっと家賃の安いアパートに引っ越そうと思います。
    やちん やす   ひ こ   おも
좀 더 집세가 싼 아파트로 이사하려고 생각합니다.

太ふとる 살찌다
↔痩やせる 마르다
➡상태를 나타낼 때는 주로
 〜ている의 형태로 쓰이는
 단어들이다.

家賃やちん 집세

引ひっ越こす 이사하다
=引っ越しする

(4) ~(よ)うとする〔すると / したら〕 ~하려고 하다〔~하려고 하자〕

의지의 형태에 ~とする를 붙이면 '~하려고 하다'라는 뜻으로, 어떤 동작이나 행위를 하려고 노력, 시도한다는 의미가 된다. 이때 する를 활용해서 다양한 표현을 만드는데, 가정형 と, たら의 형태로 ~(よ)うとすると / ~(よ)うとしたら라고 하면 '~하려고 했더니' 또는 '~하려고 하자 (~하더라)'라는 의미가 된다.

椅子に上がって、棚の上の物を取ろうとしました。
의자에 올라가 선반 위의 물건을 집으려고 했습니다.

力で開けようとするから壊れるのよ。
힘으로 열려고 하니까 망가지는 거야.

公共の場所で大きな声でおしゃべりをしている若者に誰も注意しようとしない。
공공의 장소에서 큰 소리로 떠들고 있는 젊은이에게 아무도 주의를 주려고 하지 않는다.

> 注意をする는 '주의하다(= 気をつける)'와 '주의를 주다'라는 두 가지 뜻을 갖고 있다.

出かけようとしたら急に雨が降り出した。
나가려고 했더니 갑자기 비가 내리기 시작했다.

電話に出ようとしたら、切れてしまった。
전화 받으려고 했더니 끊어져 버렸다.

> 電話でんわが切きれる 전화가 끊어지다, 전화가 끊기다

教室に入ろうとすると、誰かに名前を呼ばれた。
교실에 들어가려고 하자 누군가 이름을 불렀다.

> 呼よばれる 불리다
> ➡ 呼ぶ의 수동형이다.

(5) ~つもりです ~할 생각입니다

동사의 현재형에 つもり를 붙여 말하면 '~할 생각(작정)입니다'라는 마음속의 의도나 작정을 말하는 표현이 된다. 대개는 다음의 공식으로 말한다.

동사의 기본형 + つもりです ~할 생각(작정)입니다
동사의 ない형 + つもりです ~하지 않을 생각입니다

의지의 표현이므로 많은 경우 1인칭이나 2인칭(의문형으로) 주어 문장으로 쓰고, 3인칭 주어는 쓰기가 어렵다. 예를 들어 다음 문장을 보자.

[1인칭] (私は)高橋さんへのお祝いに置き時計をあげるつもりです。(○)
(나는) 다카하시 씨에게 선물로 탁상시계를 줄 생각입니다.

[2인칭] あなたはどうするつもりですか。(○)
당신은 어떻게 할 생각입니까?

[3인칭] 陽子さんは何もあげないつもりです。(?)
요코 씨는 아무것도 안 줄 생각입니다.

마지막 문장은 陽子さんは何もあげない<u>らしい</u>です。(요코 씨는 아무것도 안
준다는 것 같아요.) 등으로 바꾸는 것이 자연스럽다.

• 활용 예

結婚しても仕事は続けるつもりです。
결혼해도 일은 계속할 생각입니다.

お母さんへのお土産に何を買ってあげるつもりですか。
어머니에게 주는 선물로 무엇을 사 드릴 생각입니까?

お正月には実家に帰らないつもりです。
설날에는 본가에 가지 않을 생각입니다.

何があっても仕事は休まないつもりでいます。
무슨 일이 있어도 일은 쉬지 않을 생각입니다.

実家는 결혼한 사람인 경우에
는 친정이나 본댁을, 미혼으로
독립한 경우에는 부모님이 계
신 어릴 적에 자란 집을 말한
다.

부정의 표현일 경우는 ～つもりはない(~할 생각은 없다)라고도 할 수 있지만,
～ないつもりです에 비해 조금 강한 어조가 된다.

少し大変だけど、人にお金を借りるつもりはない。
조금 힘들지만, 남에게 돈을 빌릴 생각은 없다.

(6) ～予定です　~할 예정입니다

～つもりです와 유사한 표현으로 ～予定です가 있다. 말 그대로 '~할 예정입
니다'라는 뜻으로 미리 정해진 일이나 구체적인 일정을 나타낸다. ～つもりで
す와 달리 사람이 주어가 아닐 수도 있다.

来年卒業して、すぐに就職する予定です。
내년에 졸업해서 곧 취직할 예정입니다.

連休にはうちの部署全員で温泉に行く予定です。
연휴에 우리 부서 전원이서 온천에 갈 예정입니다.

会議は3時に行われる予定です。
회의는 3시에 진행될 예정입니다.

(7) ～ことにする / ～ことにしている   ～하기로 하다 / ～하기로 하고 있다

「동사 기본형 / ない형 + ことにする」는 '～하기로 하다'라는 뜻이다. 장래의 행동에 대한 결정, 결의 등을 나타낸다.

「동사 기본형 / ない형 + ことにしている」는 '～하기로 하고 있다'는 뜻이다. 자신의 어떤 결정에 근거해서 습관으로 하고 있음을 나타낸다.

少し太ってきたので、今日から朝ごはんを食べないことにしました。
살이 좀 쪄서 오늘부터 아침밥을 먹지 않기로 했습니다.

卒業しても就職しないで助手として大学に残ることにした。
졸업해도 취직 안 하고 조교로 대학에 남기로 했다.

> 助手じょしゅ 조교
> ➡アシスタント라고도 한다. 助教라는 말은 없다.

子供が大きくなったのでもっと広いマンションに引っ越すことにしました。
애가 자랐기 때문에 좀 더 넓은 맨션으로 이사하기로 했습니다.

スケジュールはみんなの意見を聞いて決めることにしています。
스케줄은 모두의 의견을 듣고 결정하는 것으로 하고 있습니다.

大切な用件は直接会って伝えることにしています。
중요한 용건은 직접 만나서 전하는 것으로 하고 있습니다.

・～ことになる / ～ことになっている

참고로 유사 표현으로 ～ことになる, ～ことになっている가 있다. 각각 '～하기로 되다(～하게 되다)', '～하기로 되어 있다'라는 뜻으로, 이 표현들에는 본인의 의지는 들어가 있지 않다. 다음 두 예문을 비교해 보면 ～ことになる와 ～ことにする의 차이를 확실히 알 수 있을 것이다.

今月いっぱいで会社を辞めることになりました。
이번 달로 회사를 그만두게 되었습니다. (본인의 의지가 들어가 있지 않으므로 해고되었을 수도 있다.)

今月いっぱいで会社を辞めることにしました。
이번 달로 회사를 그만두기로 했습니다. (본인의 의지로)

한편, ～ことになっている는 규칙이나 사회 습관, 예정 등을 말한다.

父の転勤で大阪の学校に転校することになりました。
아버지의 전근으로 오사카의 학교로 전학 가게 되었습니다.

> 転校てんこう 전학
> ➡転学는 거의 쓰지 않는다. 전학생은 転校生이다.

車に乗る時はシートベルトをしめることになっている。
차를 탈 때는 안전벨트를 매는 것으로 되어 있다.

> シートベルト 안전벨트
> ➡安全ベルト라고 하지 않는다.

4 중고급 문법 문형

(1) ～つもりだ ～인 생각이다

'～인(～일, ～한) 생각이다'라는 뜻이다. 인칭에 관계없이 쓸 수 있고, つもり 앞에 제약이 없어서 명사, い형용사, な형용사, 동사의 과거형 등이 올 수도 있다. ～つもりでいる(～일 생각으로 있다), ～つもりだった(～일 생각이었다) 식의 활용도 가능하다. 문맥적으로 **의도한 것과 반대의 상황이나, 생각한 것과는 반대되는 사실을 말할 때** 쓰는데, 한국어의 해석이 어려운 경우가 많다.

計画は完璧なつもりだったのに、失敗に終わった。
계획은 완벽하다고 생각했는데 실패로 끝났다.

自分では若いつもりでいたけど、若い子の体力にはついていけないと実感した。

| ついていく 따라가다, 쫓아가다

스스로는 젊다고 생각했는데, 젊은 아이의 체력에는 따라갈 수 없다는 걸 실감했다.

カバンに入れたつもりのサイフがないんです。
가방에 넣었다고 생각한 지갑이 없어요.

最近のデータを参考にして作ったつもりですけど、見逃したところがあったかも知れません。

| 見逃みのがす 못 보고 넘기다, 간과하다

나름 최근 데이터를 참고로 해서 만들었다고 생각했는데, 놓친 부분이 있었는지도 모릅니다.

あんな大きな顔をして、何様のつもりかしら。

| 大おおきな顔かおをする 젠체하다, 뻐기다

그렇게 잘난 척하다니, 자기가 무슨 님이라고 생각하는 건지 원.

あの人は自分では有能なつもりだけど、周りの評価はあまり良くない。
저 사람은 스스로는 유능하다고 생각하는지는 모르지만, 주의의 평가는 그다지 좋지 않다.

(2) ～たつもりで ～하는 셈 치고

동사의 과거형에 つもりで를 붙이면 어떤 행위를 하는데 그 전제로 어떤 사항을 상상해서 가정한다는 느낌의 말이 된다. '～했다고 생각하고', '～했다고 가정하고', '～하는 셈 치고' 등으로 해석할 수 있다.

こうなったら死んだつもりで働くしかない。
이렇게 된 바에야 죽은 셈 치고 일하는 수밖에 없다.

スーツを一着買ったつもりで、寄付金として10万円を出した。

| ～着ちゃく ～벌(옷을 세는 단위)

정장을 한 벌 샀다 셈 치고 기부금으로 10만 엔을 냈다.

161

新人の頃にもどったつもりで、頑張りたいと思っています。
신입 시절로 돌아갔다고 생각하고, 열심히 하고 싶습니다.

(3) ～(よ)うが　～하든

의지형에 が를 붙이고 말을 중단하면 '～하든'이라는 표현이 된다. 앞의 사항에 상관없이 뒤의 사항이 성립된다는 의미이다. ～(よ)うと라고 바꿔 쓸 수도 있고, ～(よ)うが～(よ)うが처럼 두 가지 사항을 나열하여 강조해서 말할 수도 있다.

彼がどこで何をしようが、私の知ったことではない。
그가 어디에서 무엇을 하든 내 알 바 아니다.

誰と付き合おうが、私の勝手でしょう。
누구랑 사귀든 내 마음이잖아요.

何を言われようが、私の決心は変わらない。
무슨 말을 듣든지 내 결심은 변하지 않는다.

あいつがやろうがやめようが、私には関係ない。
그 녀석이 하든 그만두든 나와는 상관이 없다.

> 勝手는 '제멋대로임', '자기 좋을 대로 함'이라는 의미의 な형용사이다. 勝手にしろ(멋대로 해라)라는 말을 드라마 같은 데서 많이 들을 수 있다.

(4) ～まい　～하지 않으리라

～まい는 부정의 추측 표현 '～하지 않을 것이다'와 부정적인 의지 표현 '～하지 않으리라'의 두 가지 의미로 쓰이는데, 여기서는 의지의 표현에 초점을 맞춰 설명하기로 한다. 부정의 추측 표현은 Chapter 21을 참고하길 바란다.
문어체 표현으로, 의지의 표현일 경우는 ～ないつもりだ(～하지 않을 생각이다)에 비해 강한 느낌이 든다. 접속 형태는 다음과 같다.

> **▌접속**
> 5단 동사(1그룹) : 기본형 + まい
> 1단 동사(2그룹) : 기본형 또는 ます형 + まい
> 변격동사(3그룹) : するまい 또는 しまい / 来るまい 또는 こまい

2度と彼には会うまい。
두 번 다시 그를 만나지 않으리라.

タバコは絶対に吸うまいと決心したのに、目の前にあると、つい手がいってしまう。
담배는 절대 피우지 않으리라고 결심했는데, 눈앞에 있으면 그만 손이 가 버린다.

見まいと思ってもつい見てしまう。
보지 않으리라고 생각하면서도 그만 봐 버린다.

こんな嫌なところには、もう絶対に来るまいと思いました。
이렇게 싫은 곳에는 이제 절대로 오지 않겠다고 생각했습니다.

あんなバカなことはもう二度とするまいと思いました。
그런 바보 같은 일은 두 번 다시 하지 않겠다고 생각했습니다.

二度にどと 두 번 다시

(5) 〜(よ)うが〜まいが 〜하든 〜 안 하든

같은 동사의 긍정의 의지와 부정의 의지가 동시에 사용된 표현으로 '〜하든
〜 안 하든'이란 뜻이다.
아래의 마지막 예문처럼 〜가는 〜と로 바꾸어 쓸 수도 있고, 회화체에서는
〜해도 안 해도로 바꿔 말할 수도 있다.

行こうが行くまいが僕の自由だ。君には関係ない。
가건 안 가건 나의 자유다. 너는 상관없다.

使おうが使うまいが、用意だけはしておくよ。
사용하건 사용 안 하건 준비만은 해 둘게.

試合に出ようが出まいが、君の自由だ。
시합에 나가건 안 나가건 너의 자유다.

参加しようとしまいと私の勝手でしょうが。
참가하건 안 하건 내 마음일 텐데.

Chapter
16

희망·요구의
표현

이번 Chapter에서는 어떤 행위를 실현시키고자 하는 희망, 바람, 요구를 나타내는 표현을 설명하고자 한다.

'~하고 싶다'에 해당하는 ～たい나 '원하다'에 해당하는 ほしい가 대표적인 표현인데, 초급적인 문법 사항이기는 하나 여러 가지 주의할 점이 있으므로 꼼꼼히 살펴보고자 한다.

1 ～たい ~하고 싶다

동사의 ます형에 형용사 어미 たい를 접속하면 '~하고 싶다(싶습니다)'라는 희망, 바람을 나타내는 표현이 된다. 또한 목적어로 '을/를'의 を를 취하는 경우 대상을 강조하는 의미로 が로 바꾸어 말할 수 있다.

> 예 コーヒーを飲みます → コーヒーを飲みたいです。
> → コーヒーが飲みたいです。 커피를 마시고 싶습니다.

그러나 다음과 같이 장소를 나타내는 を는 が로 바꿔 말할 수 없다.

> もう一度グラウンドを走りたい。(○) 다시 한번 그라운드를 달리고 싶다.
> もう一度グラウンドが走りたい。(×)

～たい는 い형용사 어미이므로 い형용사 활용을 그대로 따른다.

	반말형	공손체
현재	買いたい 사고 싶다	買いたいです 사고 싶어요
현재 부정	買いたくない 사고 싶지 않다	買いたくないです 사고 싶지 않아요
과거	買いたかった 사고 싶었다	買いたかったです 사고 싶었어요
과거 부정	買いたくなかった 사고 싶지 않았다	買いたくなかったです 사고 싶지 않았어요

おいしいものが食べたい。 맛있는 것을 먹고 싶다.

あつい'シャワーを浴びたいな。 뜨거운 샤워를 하고 싶어.

クラスの皆さんに会いたいです。 반 친구 모두를 만나고 싶어요.

今日は勉強しないで遊びたいです。 오늘은 공부하지 않고 놀고 싶어요.

> シャワーを浴びる 샤워를 하다
>
> 사람을 보고 싶다고 할 경우 일본어에서는 見たい라고 하지 않고 반드시 会いたい라고 말한다.

あんな大人<ruby>大人<rt>おとな</rt></ruby>にはなりたくないね。

저런 어른은 되고 싶지 않아.

명사 + になる ~가 되다

映画<ruby>映画<rt>えいが</rt></ruby>、一緒<ruby>一緒<rt>いっしょ</rt></ruby>に見<ruby>見<rt>み</rt></ruby>たかったのに、残念<ruby>残念<rt>ざんねん</rt></ruby>だね。

영화 함께 보고 싶었는데 유감이네.

途中<ruby>途中<rt>とちゅう</rt></ruby>でやめたくなかったんですが、ちょっと余裕<ruby>余裕<rt>よゆう</rt></ruby>がなくて…。

도중에 그만두고 싶지는 않았는데, 여유가 좀 없어서…….

(1) ～たいと思<ruby>思<rt>おも</rt></ruby>います ~하고 싶습니다

～たいと思います는 직역을 하면 '~하고 싶다고 생각합니다'로 한국어로는 어색하다. '~하고 싶다'라는 표현을 직접적인 표현을 피해서 부드럽고 공손하게 말할 때 쓴다.

一度<ruby>一度<rt>いちど</rt></ruby>インドへ行<ruby>行<rt>い</rt></ruby>ってみたいと思<ruby>思<rt>おも</rt></ruby>います。

한번 인도에 가 보고 싶습니다.

その方<ruby>方<rt>かた</rt></ruby>にぜひ会<ruby>会<rt>あ</rt></ruby>ってみたいと思<ruby>思<rt>おも</rt></ruby>います。

그분을 꼭 만나 보고 싶습니다.

将来<ruby>将来<rt>しょうらい</rt></ruby>はアパレル関係<ruby>関係<rt>かんけい</rt></ruby>の会社<ruby>会社<rt>かいしゃ</rt></ruby>で働<ruby>働<rt>はたら</rt></ruby>きたいと思<ruby>思<rt>おも</rt></ruby>います。

장래에는 의류 제조업 관계의 회사에서 일하고 싶습니다.

アパレル 어패럴, 의류 제조업

(2) ～たいんですが ~하고 싶은데요

～たいんですが는 '~하고 싶은데요'에 해당하는 말로, 간접적으로 부드럽게 말하는 의뢰의 표현이다.

コピーをお願<ruby>願<rt>ねが</rt></ruby>いしたいんですが。 복사를 부탁하고 싶은데요.

あの、ちょっとお聞<ruby>聞<rt>き</rt></ruby>きしたいんですが。 저, 조금 여쭙고 싶은데요.

来月<ruby>来月<rt>らいげつ</rt></ruby>のスケジュールが知<ruby>知<rt>し</rt></ruby>りたいんですが。 다음 달 스케줄을 알고 싶은데요.

お聞<ruby>聞<rt>き</rt></ruby>きする 여쭙다, 묻다, 듣다
➡「お＋ます形＋する」는 겸양 표현으로 자기 자신을 낮추는 말이다. 자세한 것은 'Chapter 26 경어의 표현'을 참고한다.

2 ～たがる ~하고 싶어 하다

～たがる는 제3자 주어의 희망이나 욕구를 나타낼 때 쓰는 표현으로, ～たい에 동사 접미어 がる가 접속된 형태이다. ～たい는 기본적으로 1인칭 주어, 의문형일 때의 2인칭 주어에 쓰는 말이다.

私は遊園地へ行きたいです。(○) 나는 놀이동산에 가고 싶어요.

あなたも行きたいですか。(○) 당신도 가고 싶어요?

浅井さんは遊園地へ行きたいです。(×) 아사이 씨는 놀이동산에 가고 싶어요.

위의 세 번째 문장은 行きたがっています(가고 싶어 합니다)로 바꿔야 한다. 또한, 일반적이고 항상적인 희망 사항일 경우는 ～たがる(~하고 싶어 하다), 지금 현재의 상황일 경우는 ～たがっている(~하고 싶어 하고 있다)라고 표현한다.

[일반적 사항]　女の人はいつも新しい洋服を買いたがります。
여자는 항상 새 옷을 사고 싶어 합니다.

[현재 상태]　良子さんは今新しいスーツを買いたがっています。
요시코 씨는 지금 새 슈트를 사고 싶어 하고 있습니다.

子供は歯医者に行きたがらない。
애들은 치과에 가고 싶어 하지 않는다.

子供は甘いものを食べたがります。
애들은 단것을 먹고 싶어 합니다.

いつも弟は新しいゲームをしたがるから困る。
항상 남동생은 새로운 게임을 하고 싶어 하니까 곤란하다.

今学生たちは先生の歌を聞きたがっています。
지금 학생들은 선생님의 노래를 듣고 싶어 합니다.

みんな、テストの結果を知りたがっています。
모두들 테스트의 결과를 알고 싶어 하고 있어요.

> 歯医者는 본래 '치과 의사'지만 '치과'의 뜻으로도 쓰인다. 오히려 회화에서는 歯科라는 말은 쓰지 않는다.

3 ～がほしい　~을 갖고 싶다

ほしい는 '원하다', '갖고 싶다'라는 희망이나 욕구를 나타내는 형용사이다. '갖고 싶다'를 한국어로 그대로 해석해서 持ちたい라고 하면 틀리고, ほしい라고 해야 자연스러운 경우가 많으므로 조심한다. 앞에 오는 목적어는 한국어에서는 '을/를'이지만, 일본어에서는 반드시 が를 취해서 ～がほしい라고 한다. 물론 부정의 말이나 강조의 표현일 경우는 ～はほしくない처럼 は를 쓸 수 있다. 기본적으로 1인칭 주어로 쓰이고, 2인칭 주어일 경우는 의문형으로 쓰인다. 3인칭일 경우는 쓸 수 없다.

[1인칭] 僕は日本人の恋人がほしいです。　나는 일본인 애인을 원해요.

[2인칭] あなたもほしいですか。　당신도 갖고 싶어요?

い형용사이므로 ほしい(원하다) / ほしくない(원하지 않는다) / ほしかった(원했다) / ほしくなかった(원하지 않았다)의 형용사 활용이 적용된다.

A : ほしいものがありますか。　원하는 게 있어요?

B : はい、たくさんのお金がほしいです。　예. 많은 돈을 갖고 싶어요.

私は自由な時間がほしいです。　저는 자유로운 시간을 원해요.

可愛い女の子がほしいです。　귀여운 여자아이를 원해요.

僕はバイクはほしくないです。　저는 오토바이는 갖고 싶지 않아요.

今は何もほしくないです。　지금은 아무것도 원하지 않아요.

私も赤いのがほしかったのに…。　나도 빨간 걸 갖고 싶었는데…….

> のに는 종조사적으로 쓰여서 불만, 원망의 심정을 나타낸다. '〜인데', '〜텐데', '〜련만' 등으로 해석할 수 있다.

4 ~をほしがる　~을 갖고 싶어 하다

제3자 주어의 희망이나 욕구를 나타낼 때 쓰는 표현은 ほしい를 쓸 수 없고, ほしい에 동사 접미어 がる가 접속된 형태인 ほしがる를 쓴다. '~을 원하다', '~을 갖고 싶어 하다'로 해석할 수 있는데, '원하다'인 경우 한국어에서는 인칭의 구별이 없으므로 주의해야 한다. 앞에 오는 목적어로 ほしい는 반드시 が를 취하지만, ほしがる는 を를 취한다.

私は新しい洋服がほしいです。　나는 새 옷이 갖고 싶습니다.

良太君は新しい洋服をほしがっています。　로타 군은 새 옷을 가지고 싶어 합니다.

~たがる와 마찬가지로 일반적으로 늘 원하는 사항일 경우는 ほしがる, 지금 현재의 상황일 경우는 ほしがっている 라고 한다.

子供はいつも新しいおもちゃをほしがります。
아이는 항상 새 장난감을 갖고 싶어 합니다.

先生は名声をほしがらない。
선생님은 명성을 원하지 않는다.

人の物を欲しがるくせは変わってないね。
남의 물건을 갖고 싶어 하는 버릇은 변하지 않았네.

> 人는 사람이라는 뜻이지만, 다른 사람, 즉 他人(타인)이란 뉘앙스도 갖고 있다. '인간'인 경우는 人間이라고 한다.

雪子さんは高性能カメラつきのケータイをほしがっています。
유키코 씨는 고성능 카메라가 달린 휴대 전화를 갖고 싶어 하고 있습니다.

寒くなったのでみんなあたたかい毛布をほしがっています。
추워졌기 때문에 모두 따뜻한 담요를 원하고 있습니다.

· 접미어 ~がる

い형용사 어간에 동사의 어미인 がる를 붙이면 제3자 주어가 '~해하다'라는 뜻
이 된다.

おもしろい 재미있다	→	おもしろがる 재미있어하다
寂しい 쓸쓸하다	→	寂しがる 외로워하다
難しい 어렵다	→	難しがる 어려워하다
恥ずかしい 부끄럽다	→	恥ずかしがる 부끄러워하다
欲しい 원하다	→	欲しがる 원하다

그래서 ～たい도 3인칭인 경우 ～たがる가 되는 것이다.

5 ~てほしい / ~ないでほしい
~해 주었으면 한다 / ~하지 않았으면 한다

ほしい가 '원하다'라는 뜻이므로 ～てほしい는 '~해 주었으면 한다', '~하기를
바란다'는 의미가 된다. 부정형 '~하지 않았으면 한다', '~하지 않기를 바란다'의
경우는 ～ないでほしい라고 하면 된다.

僕と結婚してほしい。 나와 결혼해 주었으면 해.

いつまでもきれいでいてほしい。 언제까지나 예쁜 채로 있었으면 해.

私を置いて遠くへ行かないでほしい。 나를 두고 멀리 가지 않았으면 해.

タバコを吸わないでほしい。 담배를 피우지 않았으면 해.

その気持ちが変わらないでほしい。 그 마음이 바뀌지 않았으면 해.

단, 말하는 사람이 다른 사람에 대한 희망이나 요구를 나타낼 경우는 ～に
～てほしい로 조사는 に를 쓴다. 요구 대상이 사람이 아닌 경우는 상관없다.

この本は、たくさんの人に読んでほしい。 이 책은 많은 사람들이 읽어 주었으면 해.

両親には長生きしてほしい。 부모님이 오래 살아 줬으면 해.

長生ながいきする 오래 살다,
장수하다

早く新学期が始まってほしい。 <ruby>早<rt>はや</rt></ruby>く<ruby>新学期<rt>しんがっき</rt></ruby>が<ruby>始<rt>はじ</rt></ruby>まってほしい。 빨리 신학기가 시작되었으면 해.

회화체에서 ~てほしいんだけど의 형태로 말하기도 하는데, 이는 간접적인 의뢰를 나타내는 표현으로 '~해 주었으면 하는데'라고 해석한다.

間違いのないように気をつけてほしいんですけど。
<ruby>間違<rt>まちが</rt></ruby>いのないように<ruby>気<rt>き</rt></ruby>をつけてほしいんですけど。
틀린 곳이 없도록 주의를 해 주었으면 하는데요.

アポは秘書を通して取ってほしいんだけど。
アポは<ruby>秘書<rt>ひしょ</rt></ruby>を<ruby>通<rt>とお</rt></ruby>して<ruby>取<rt>と</rt></ruby>ってほしいんだけど。
약속은 비서를 통해서 잡아 주었으면 하는데.

접속조사 が와 けれども는 같은 의미이다. 회화에서는 けれども를 쓰는 경향이 있고, 축약해서 けれど / けど로 말하는 경우가 많다.

アポ는 アポイントメント의 준말. 일반적인 약속이 아니라 비즈니스상의 약속, 면담, 의사와의 진료 약속 등에 쓰인다. '약속을 잡다'는 アポを<ruby>取<rt>と</rt></ruby>る라고 한다.

▌TIP 気持ち와 気分

<ruby>気持<rt>きも</rt></ruby>ち와 <ruby>気分<rt>きぶん</rt></ruby>은 한국어로 '기분'이라고 해석되는 단어이지만, 두 단어의 뉘앙스가 틀린 데다 '기분'만으로 해석하기에는 복합적인 뜻을 포함하고 있어서 어렵다. 두 단어는 気持ちが悪い / 気分が悪い가 '몸 상태가 안 좋다', '아프다', '메슥메슥하다'의 의미로 동일하게 쓰는 것 외에는 서로 다른 의미로 쓰이는 경우가 대부분이다.
크게 気分을 '기분'으로, 気持ち를 '느낌', '마음'으로 받아들이고, 나머지는 관용 표현으로 외우면 어떨까 한다.

<ruby>気持<rt>きも</rt></ruby>ち ①마음, 감정 ②뭔가를 보거나 듣거나 어떤 곳에 있을 때 그 사람이 느끼는 좋고 싫은 느낌, 불쾌감, 혐오.

相手の気持ち考えたことあるの。 <ruby>相手<rt>あいて</rt></ruby>の<ruby>気持<rt>きも</rt></ruby>ち<ruby>考<rt>かんが</rt></ruby>えたことあるの。 상대의 마음(감정)을 생각해 본 적이 있어?

これ、ほんの気持ちだけですが…。 これ、ほんの<ruby>気持<rt>きも</rt></ruby>ちだけですが…。 이거, 그저 마음뿐인데요…….

気持ちのいい部屋だね。 <ruby>気持<rt>きも</rt></ruby>ちのいい<ruby>部屋<rt>へや</rt></ruby>だね。 기분(느낌)이 좋은 방이네.

足をマッサージしてもらったことありますか。気持ちいいですよ。
<ruby>足<rt>あし</rt></ruby>をマッサージしてもらったことありますか。<ruby>気持<rt>きも</rt></ruby>ちいいですよ。
발 마사지 받아 본 일 있어요? 기분 좋아요(시원해요).

気持ち悪い。 <ruby>気持<rt>きも</rt></ruby>ち<ruby>悪<rt>わる</rt></ruby>い。 징그럽다. 혐오스럽다. 몸 상태가 안 좋다.

<ruby>気分<rt>きぶん</rt></ruby> 주변의 분위기나 어떤 상황에 있을 때 가지는 유쾌함, 불쾌함 등의 종합적인 마음 상태. 희로애락 등의 기분.

雪の日にプレゼントをもらうなんてなんかクリスマス気分だね。
<ruby>雪<rt>ゆき</rt></ruby>の<ruby>日<rt>ひ</rt></ruby>にプレゼントをもらうなんてなんかクリスマス<ruby>気分<rt>きぶん</rt></ruby>だね。
눈 오는 날에 선물을 받다니, 어쩐지 크리스마스 기분인걸.

成績表をもらったから、今日はデートの気分じゃない。
<ruby>成績表<rt>せいせきひょう</rt></ruby>をもらったから、<ruby>今日<rt>きょう</rt></ruby>はデートの<ruby>気分<rt>きぶん</rt></ruby>じゃない。
성적표를 받았기 때문에 오늘은 데이트할 기분이 아니야.

人にちやほやされるのってそんなに悪い気分じゃない。
<ruby>人<rt>ひと</rt></ruby>にちやほやされるのってそんなに<ruby>悪<rt>わる</rt></ruby>い<ruby>気分<rt>きぶん</rt></ruby>じゃない。
남이 떠받들어 주는 게 그렇게 나쁜 기분은 아니야.

予想より安かったからなんか得した気分です。
<ruby>予想<rt>よそう</rt></ruby>より<ruby>安<rt>やす</rt></ruby>かったからなんか<ruby>得<rt>とく</rt></ruby>した<ruby>気分<rt>きぶん</rt></ruby>です。
예상보다 쌌기 때문에 어쩐지 득을 본 기분이에요.

気分が悪い。 <ruby>気分<rt>きぶん</rt></ruby>が<ruby>悪<rt>わる</rt></ruby>い。 기분 나쁘다. 몸 상태가 안 좋다

ちやほやする 떠받들다, 오냐오냐하다

<ruby>得<rt>とく</rt></ruby>をする 득을 보다
↔ <ruby>損<rt>そん</rt></ruby>をする 손해를 보다

Chapter
17

명령·의무의
표현

Chapter 17 — 명령·의무의 표현

화자가 듣는 사람에게 직접적으로 어떤 행위를 하게 하는 표현으로 명령의 표현이 있다. 명령의 표현은 활용의 변화를 일으키는 명령형도 있고, 그 외에 여러 가지 표현 방법도 있다. 그러나 일본인들은 어법에 있어 직접적인 표현을 기피하는 경향이 있으므로, 직접적인 강한 명령 표현을 쓸 수 있는 경우는 대단히 한정적이다.

직접적인 명령의 표현은 여성보다는 남성들이 많이 쓰고, 여성들은 '~해 줘'에 해당하는 ～て나 '~하지 말아 줘' ～ないで 등의 공손한 명령 표현을 쓰는 경향이 있는데, 이 표현들은 각각 'Chapter 9 동사의 て형'과 'Chapter 12 동사의 ない형'에서 설명한 바 있으므로 생략한다. 이번 Chapter에서는 부드러운 명령과 강한 어조의 명령을 모두 포함한 직접적인 명령 표현을 설명하고자 한다.

또한 명령에 의해 어떤 의무 사항이 발생했을 경우 말할 수 있는 의무의 표현도 설명한다. 대표적인 의무의 표현은 ～なければならない(~해야 한다)라고 할 수 있는데, 이 또한 'Chapter 12 동사의 ない형'에서 설명한 바 있으므로 여기서는 조동사 べき에 대해 살펴보겠다.

1 초중급 문법 문형

(1) ～なさい ~하세요, ~하거라

ます형에서 ます를 빼고 なさい를 붙이면 '~하세요', '~하거라' 등의 부드러운 명령의 표현이 된다. 이 표현은 부모가 자식에게(일본의 부모는 자녀가 어릴수록 직접적인 명령 표현은 피한다.), 교사가 학생에게 말하는 느낌이다. 명령 표현치고는 공손하고 거친 명령 표현은 아니지만, 기본적으로 손윗사람의 입장에서 손아랫사람에 대해 쓰는 표현이므로 쓸 수 있는 경우가 한정적이다. 시험 문제 출제 시에 지시어로도 많이 쓰인다. 단, する의 경우는 しなさい와 なさい 두 가지 형태를 다 쓸 수 있다.

> ごめんなさい(미안합니다), お休みなさい(안녕히 주무세요)는 인사말로 발전된 형태로, 말하는 대상과는 비교적 무관하게 쓰인다.

勉強する → 勉強しなさい / 勉強なさい。 공부하세요.

よく洗う → よく洗いなさい。 잘 씻으세요.

ちょっと、待ちなさいよ。 좀 기다려.

先生と呼びなさい。 선생님이라고 부르세요.

元気出しなさい。 기운 내거라.
げん き だ

しっかり食べなさい。健康が大事よ。 제대로 먹어요. 건강이 중요하니까.
た けんこう だい じ

次の文をよく読んで、問いに答えなさい。 다음 문장을 잘 읽고 질문에 대답하세요.
つぎ ぶん よ と こた

問といに答こたえる 질문에
대답하다

「동사의 ます形+な」, 즉 なさい에서 さい를 생략한 형태도 있다. '~하거라',
'~해' 등의 더 격의 없는 명령형으로, 회화에서 자주 들을 수 있다.

早く来な。 빨리 와라.
はや き

さきに入りな。 먼저 들어가렴.
はい

頑張りな。 열심히 하렴.
がん ば

(2) 기본형+な ~하지 마

「기본형+な」는 어떤 행위를 하지 말도록 내리는 명령, 즉 금지 명령인 '~하지
마'이다. 강한 표현이므로 여성보다는 남성이 쓰는 편이고, 쓸 수 있는 경우가
한정적이다. (1)의 「동사의 ます形+な」와는 전혀 반대의 의미이므로 혼동되지
않도록 주의한다.

드라마나 애니메이션 등을 보
면 남성의 대사에 명령형이 많
이 등장한다. 그중 많이 나오
는 말 중에 하나가 ふざける
な(까불지 마)가 아닐까?

ここでタバコを吸うなよ。 여기서 담배를 피우지 마.
す

宿題を忘れるな。 숙제를 잊지 마.
しゅくだい わす

廊下を走るな。 복도를 뛰지 마.
ろう か はし

人の物を勝手に見るなよ。 남의 물건을 멋대로 보지 마.
ひと もの かって み

触るな。 만지지 마.
さわ

そんなに泣くなよ。 그렇게 울지 마.
な

(3) 명령형

'~해!'라는 뜻의 전형적인 명령 표현으로 활용의 변화가 있으므로 숙지해야 한
다. 주로 남성들이 거칠게 쓰는 표현이다. 만드는 공식은 다음과 같다.

교통 표지나 불특정 다수에
대한 지시 사항에서 쓰이기도
한다. 한 예로, 일본에 가 보면
길바닥이나 표지판에 止まれ
と
(멈춤)라고 쓰여 있는 글씨를
흔히 볼 수 있을 것이다.

▌활용 공식

5단 동사(1그룹) : 어미를 「e」단으로 바꾼다. 예 帰る → 帰れ
かえ かえ

1단 동사(2그룹) : 「る」를 「ろ」로 바꾼다. 예 見る → 見ろ
み み

변격동사(3그룹) : する → しろ / 来る → 来い
く こ

今から言うことをよく聞け。 지금부터 말하는 걸 잘 들어.

さあ、上がれ。 자, 들어와.

車から降りろ。 차에서 내려.

さっさと行け。 냉큼 가.

部屋を片付けろ。 방을 치워.

早くしろ。 빨리 해.

かばん持ってこい。 가방 가져와.

여성의 경우는 직접적으로 명령 표현은 잘 쓰지 않고 ～しろと言いました(～하라고 말했습니다) 등의 간접적인 표현으로 쓴다.

兄がお盆には実家に帰って顔を見せろと言いました。
오빠가 추석에는 본가에 돌아가 얼굴 좀 보이라고 했습니다.

お盆ぼん 음력 7월 15일 백중 맞이
➡ 盂蘭盆うらぼん의 준말로 조상의 영혼을 달래는 행사이다. お正月しょうがつ(설)와 함께 가장 큰 명절 중의 하나이다.

2 중고급 문법 문형

(1) ます形 + たまえ ～하게

원래 '주시다', '내리시다'라는 의미의 賜たまう에서 나온 말이다. 동사의 ます형에 たまえ를 접속하면 '～하게'라는 의미가 된다. 연배가 있는 성인 남자가 동년배 또는 손아랫사람에 대해 부드럽게 명령한다는 느낌이다.

お、来たのか。さあ、入りたまえ。 오, 왔구나. 자, 들어오게.

こっちに来たまえ。 이쪽으로 오게나.

見たまえ、この強力な力を。 보게, 이 강력한 힘을.

(2) 기본형/ない형+こと ～할 것 / ～하지 말 것

문장 끝에 사용하여 명령이나 또는 그렇게 해야 한다는 화자의 생각을 전달하는 표현이다. 한국어의 '～할 것!' 또는 '～하지 말 것!'에 해당하는 표현이라고 할 수 있겠다.

学校を休むときには必ず先生に連絡すること。
학교를 결석할 때는 반드시 선생님에게 연락을 할 것.

閲覧室の中では静かにすること。
えつらんしつ　なか　　しず
열람실 안에서는 조용히 할 것.

こちらの機器は授業以外の目的では使用しないこと。
　　　　　き　き　じゅぎょういがい　もくてき　　　しよう
이쪽 기기는 수업 이외의 목적으로는 사용하지 말 것.

花壇の花を折らないこと。
か だん　はな　お
화단의 꽃을 꺾지 말 것.

花はなを折おる 꽃을 꺾다

レポート用紙は必ずA4サイズを使用すること。
　　　　ようし　かなら　　　　　　しよう
리포트 용지는 반드시 A4를 사용할 것.

(3) べき　~해야 함

기본적으로 '~해야 한다'라는 의무를 나타내는 표현으로, 어형에 따라서는 충고, 권유, 금지, 명령의 의미도 파생한다. 문어체에서 파생된 형태라서 회화체이기보다는 딱딱한 표현이라고 할 수 있는데, 여기서는 주로 회화에서도 쓰이는 표현을 설명하겠다.

> **접속**
> **동사의 기본형+べき**
> する → すべき・するべき 두 가지 형태.

① べきだ / べきではない　~해야 한다 / ~해서는 안 된다

べきだ는 '~하는 게 당연하다', '~해야 한다', '~하는 게 옳다' 등의 의무, 당위, 충고 등을 나타내고, べきではない는 '~하는 것은 좋지 않다', '~해서는 안 된다' 등의 충고, 금지를 나타낸다.

環境問題について真剣に取り組むべきだ。
かんきょうもんだい　　　　　しんけん　と　く
환경 문제에 대해서 진지하게 대응해야 한다.

取とり組くむ 맞붙다, 씨름하다, 몰두하다

女性はいろいろな教養を身につけるべきだ。
じょせい　　　　　　きょうよう　み
여성은 여러 가지 교양을 습득해야 한다.

身みにつける ①입다, 몸에 걸치다 ②몸에 지니다 ③습득하다, 익히다

他人の生き方に口出すべきではない。
た にん　い　かた　くちだ
타인의 삶의 방식을 참견해서는 안 된다.

口くちを出だす 말참견하다
=口出くちだす

見かけで簡単に判断するべきではない。
み　　　　かんたん　はんだん
외견으로 간단히 판단해서는 안 된다.

見みかけ 외견, 겉모습
=外見がいけん

2 べきだった / べきではなかった　～했어야 했다 / ～하지 않았어야 했다

べきだった, べきではなかった는 각각 '～했어야 했다(그러나 안 했다)', '～하지 않았어야 했다(그러나 ~했다)'라는 뜻으로, 후회나 유감을 나타내는 표현이다.

君は歌手を目指(す)べきだった。
너는 가수를 목표로 했어야 했다.

学生時代にいろいろな資格を取るべきだった。
학생 시절에 여러 가지 자격을 땄어야 했다.

代わりに参加するべきではなかった。
대신 참가하지 말았어야 했다.

ネットショッピングに会社のパソコンを使うべきではなかった。
인터넷 쇼핑에 회사의 PC를 사용하지 말았어야 했다.

> 目指めざす 목표로 하다. 노리다. 겨냥하다.

3 べき＋명사　～해야 할 ～

「べき＋명사」는 뒤에 명사를 수식하는 형태로 '당연히 해야 할 ～', '의당 그래야 할 ～'이라는 뜻이다.

その対策について、検討するべきことは多い。
그 대책에 대해서 검토해야 할 사항은 많다.

これは子供が見るべき番組じゃない。
이것은 애들이 볼 만한 프로그램이 아니다.

団体生活で守るべき規則を守ってくれないと困る。
단체 생활에서 지켜야 할 규칙을 지켜 주지 않으면 곤란하다.

悪い噂に限って恐るべき速さで広まるものだ。
나쁜 소문일수록 무서운 속도로 퍼지는 법이다.

> ～に限っては 직역하면 '～에 한해서'이지만 '～이면 꼭(특히)'이라는 의미로 많이 쓰인다.
> 예 もう忙しいときに限ってあちこちから電話が来るんだから。
> 정말이지 바쁠 때면 꼭 여기저기서 전화가 온다니까.

심화 べし / べからず

べし / べからず는 각각 べきだ / べきではない의 문어체이다.

べきだ → べし

예 校則は守るべし。　교칙은 지켜야 한다.

べきではない → べからず

예 芝生に入るべからず。　잔디에 들어가서는 안 된다.

Chapter
18

종지형,
명사 수식형

1 종지형이란?

종지형은 말 그대로 문장이 끝나는 형태를 말한다. です·ます형을 포함한 형태지만, 여기서 주로 다루고자 하는 것은 반말의 형태이다.

반말형은 현지 일본어 문법 교육에서는 普通体(보통체), 기본형의 경우는 사전에 올라가 있는 형태라고 해서 辞書形(사전형)라고 하는 경향이 있는데, 두 가지 표현이 모두 모호한 점이 있다. 예를 들어 な형용사의 경우는 사전형은 어간의 형태만을 말하게 되는데, 실제로는 ~だ를 넣어 설명하기 때문이다. 따라서 여기서는 です·ます형을 공손체, 辞書形를 기본형으로, 普通体를 반말형 또는 종지형으로 설명하기로 한다.

일본어 학습에서 공손체와 반말형을 구분하는 작업은 참으로 중요한 일이다. 이 부분은 영어권 학습자나 영어를 잘 구사하는 학습자가 힘들어하는 부분이기도 하다. 반말형의 경우 반말을 구사하는데 중요할 뿐만 아니라, 여러 가지 중요한 표현이나 고급 난이도의 표현이 반말형에 접속이 된다는 점이 중요하다. 일본어 회화에 있어 반말과 공손체의 변환이 자유로워야 비로소 제대로 된 회화를 구사할 수 있다는 점을 명심하자.

• 동사

반말형	공손체
行く 가다	行きます 갑니다
行かない 가지 않는다	行きません 가지 않아요
行った 갔다	行きました 갔어요
行かなかった 가지 않았다	行きませんでした 가지 않았어요

• 동사의 '진행형*

반말형	공손체
飲んでいる 마시고 있다	飲んでいます 마시고 있습니다
飲んでいない 마시고 있지 않다	飲んでいません 마시고 있지 않아요
飲んでいた 마시고 있었다	飲んでいました 마시고 있었어요
飲んでいなかった 마시고 있지 않았다	飲んでいませんでした 마시고 있지 않았어요

'~하고 있다'라는 뜻의 동사의 진행형도 문장의 의미 형성에 중요한 역할을 한다.

• い형용사

반말형	공손체
あつい 덥다	あついです 덥습니다
あつくない 덥지 않다	あつくないです あつくありません 덥지 않습니다
あつかった 더웠다	あつかったです 더웠습니다
あつくなかった 덥지 않았다	あつくなかったです あつくありませんでした 덥지 않았습니다

• な형용사

반말형	공손체
好きだ 좋아한다	好きです 좋아해요
好きじゃない 좋아하지 않는다	好きではありません 좋아하지 않아요
好きだった 좋아했다	好きでした 좋아했어요
好きじゃなかった 좋아하지 않았다	好きではありませんでした 좋아하지 않았어요

• 명사

반말형	공손체
テストだ 시험이다	テストです 시험입니다
テストじゃない 시험이 아니다	テストではありません 시험이 아닙니다
テストだった 시험이었다	テストでした 시험이었습니다
テストじゃなかった 시험이 아니었다	テストではありませんでした 시험이 아니었습니다

2 명사 수식형

명사를 수식하는 형태를 명사 수식형, 또는 연체형이라고 한다. 위에서 설명한 모든 종지형의 반말형은 몇몇 주의할 사항을 제외하고는 그대로 명사 수식형이 될 수 있다.

• 동사

飲む人 _の _{ひと} 마시는 사람 / 마실 사람

飲まない人 마시지 않는 사람

飲んだ人 마신 사람

飲まなかった人 마시지 않은 사람

• 동사의 진행형

聞<ruby>き</ruby>いている人<ruby>ひと</ruby> 듣고 있는 사람 / 들은 사람

聞いていない人 듣고 있지 않은 사람 / 듣지 않은 사람

聞いていた人 듣고 있던 사람

聞いていなかった人 듣고 있지 않았던 사람

일본어는 한국어에 비해 진행형을 쓰는 범위가 넓으므로 진행형의 표현도 숙지해야 한다.

• い형용사

おいしい料理<ruby>りょうり</ruby> 맛있는 요리

おいしくない料理 맛있지 않은 요리

おいしかった料理 맛있었던 요리

おいしくなかった料理 맛있지 않았던 요리

• な형용사

きれいな人<ruby>ひと</ruby> 예쁜 사람

きれいじゃない人 예쁘지 않은 사람

きれいだった人 예뻤던 사람

きれいじゃなかった人 예쁘지 않았던 사람

♦ 기본형일 때는 어간 뒤에 な를 넣고 수식한다.

• 명사

弁護士<ruby>べんごし</ruby>の人<ruby>ひと</ruby> 변호사인 사람

弁護士じゃない人 변호사가 아닌 사람

弁護士だった人 변호사였던 사람

弁護士じゃなかった人 변호사가 아니었던 사람

♦ 명사와 명사를 연결할 때는 の를 붙여 준다.

동사의 경우는 주의해야 할 점이 있다.
우선 기본형이 명사 수식을 할 경우, 한국어로는 ①일반적으로 '~하는 ~' ②앞으로 '~할'의 두 가지 의미가 된다. 기본적으로 일본어는 현재형이 가까운 미래를 대신하기 때문이다. 또한 한국어로 '~하는'이 현재 진행되고 있는 경우의 뜻일 때는 ～ている의 현재 진행형으로 써야 할 경우가 많다.
다음 예문을 보자.

ここはバスを待<ruby>ま</ruby>つ場所<ruby>ばしょ</ruby>です。 여기는 버스를 기다리는 장소입니다.

明日<ruby>あした</ruby>見<ruby>み</ruby>る映画<ruby>えいが</ruby>はどんな映画ですか。 내일 볼 영화는 어떤 영화예요?

今<ruby>いま</ruby>ピアノを引<ruby>ひ</ruby>いている人<ruby>ひと</ruby>は誰<ruby>だれ</ruby>ですか。 지금 피아노 치는(치고 있는) 사람은 누구입니까?

또한 「~ている+명사」는 '~하고 있는 ~' 이외에도 '~한 ~(~한 상태인)'으로 해석될 수 있고, 「~ていない+명사」는 '~하고 있지 않은 ~' 이외에도 '~하지 않은 ~(지금까지 ~인 상태인)'으로 해석될 수 있다. 그래서 위에서

聞_きいている人_{ひと} 듣고 있는 사람 / 들은 사람

聞_きいていない人_{ひと} 듣고 있지 않은 사람 / 듣지 않은 사람

이라고 해석한 것이다. (자세한 예문은 'Chapter 10 진행·상태의 표현'을 참고한다.)

과거형이 명사를 수식할 때는 한국어와 다름이 없다.

これは10年_{ねんまえ}前に植_うえた木_きです。
이것은 10년 전에 심은 나무입니다.

昨日_{きのう}来_こなかった人_{ひと}は誰_{だれ}ですか。
어제 오지 않은 사람은 누구입니까?

探_{さが}していた書類_{しょるい}は見_みつかりましたか。
찾고 있던 서류는 발견되었습니까?

> **▌TIP** 探_{さが}す, 見_みつかる, 見_みつける는 모두 '찾다'?
> 세 단어가 한국어로는 모두 '찾다'라고 해석될 때가 있지만 엄밀히 다르다.
> 일단 探_{さが}す는 발견되기 전까지의 '찾다'이다. 찾고 있던 게 발견되었을 경우의 '아! 찾았다!'
> 는 あ、見_みつけた！라고 해야 한다. 이를 목격한 상대는 あれ？見_みつかったの？(어라?
> 찾았어?)라고 할 수도 있을 것이다. 여기서 見_みつかる는 자동사, 見_みつける는 타동사로써
> 일반적으로는 각각 '발견되다', '발견하다'로 해석한다.

3 초중급 문법 문형

(1) ~という+명사 ~라고 하는 ~

명사 수식형에 「~という+명사」의 표현이 있다. 말 그대로 '~라고 하는 ~'이라는 뜻으로, 주로 어떤 명칭 등을 설명할 때 쓰는 표현이다.

これは本_{ほん}です。名前_{なまえ}は「高慢_{こうまん}と偏見_{へんけん}」です。
이것은 책입니다. 이름은 '오만과 편견'입니다.

→ これは「高慢_{こうまん}と偏見_{へんけん}」という本_{ほん}です。
이것은 '오만과 편견'이라는 책입니다.

• 활용 예

これはすきやきという日本料理です。
이것은 스키야키라고 하는 일본 요리입니다.

この人はマドンナという世界で有名な歌手です。
이 사람은 마돈나라고 하는 세계에서 유명한 가수입니다.

彼はサムスン電子という会社に勤めています。
그는 삼성전자라고 하는 회사에 근무하고 있습니다.

青森と秋田の間にある十和田湖という湖を知っていますか。
아오모리와 아키타 사이에 있는 도와다 호라는 호수를 알고 있어요?

삼성은 일본에서는 サムスン 이라고 표기한다.

(2) 〜時 〜할 때, 〜했을 때

'〜할 때'에 해당하는 표현으로 時 앞에 현재형이 오는지 과거형이 오는지에 따라 의미가 크게 달라지므로 주의해야 한다. 時 앞에 현재형이 올 때는 '〜할 때', 과거형이 올 때는 '〜했을 때'로 해석하는데, 동사의 경우

현재형+時 → 〜하기 전에

과거형+時 → 〜하고 나서

의 의미를 내포한다는 점에 유의한다. 현재형이 수식할 때와 과거형이 수식할 때 어떻게 다른지 비교하면서 다음 예문을 읽어 보자.

1 현재형 + 時 〜할 때, 〜일 때

小さい時、日本に住んでいました。
어렸을 때 일본에 살고 있었어요.

暇な時、メールください。
한가할 때, 메일해 주세요.

実家に帰る時、母に電話をしました。
본가에 돌아갈 때(돌아가기 전), 엄마에게 전화를 했습니다.

人と別れる時、「さようなら」と言います。
사람과 헤어질 때, '사요나라'라고 말합니다.

2 과거형+時 〜했을 때

妹が小さかった時、私が勉強を見てやりました。
여동생이 어렸을 때, 내가 공부를 봐 주었습니다.

仕事が暇だった時、いろいろな免許を取っておきました。

일이 한가했을 때, 여러 가지 면허를 따 두었습니다.

免許めんきょを取とる 면허를 따다

実家に帰った時、お見合いをしました。

본가에 돌아갔을 때(돌아가서), 선을 봤습니다.

お見合いは '맞선'을 말한다.
お見合い結婚은 '중매결혼'이다.

夜、人と会った時、「こんばんは」と言います。

밤에 사람과 만났을 때, '곰방와'라고 말합니다.

다음 예문처럼 틀리기 쉬운 표현도 있으니까 주의한다.

そのことについては今度会う時、相談しましょう。(×)

そのことについては今度会った時、相談しましょう。(○)

그 일에 대해서는 다음번에 만났을 때 의논합시다.

今度는 문맥에 따라서 '이번' 또는 '다음번'의 의미가 된다.

今度の試験は難しかったです。

이번 시험은 어려웠어요.

また今度にしましょう。

다음번으로 하죠.

만나고 나서야 의논을 할 수 있으므로 会った時(만났을 때)를 써야 한다.

또한 다음의 예처럼 현재형인지, 과거형인지에 따라 의미가 완전히 달라지기도 한다.

日本に行く時、トランクを買いました。

일본에 갈 때, (여기에서) 트렁크를 샀습니다.

日本に行った時、トランクを買いました。

일본에 갔을 때, (일본에서) 트렁크를 샀습니다.

(3) ～前に ～하기 전에

동사형의 기본형에 ～前に를 접속하면 '～하기 전에'라는 뜻이 된다.

出かける前にガスや電気をチェックします。

나가기 전에 가스와 전기를 체크합니다.

使う前にマニュアルを必ず読んでください。

사용하기 전에 매뉴얼을 반드시 읽어 주세요.

熟睡のため、寝る前には軽いストレッチングをします。

숙면을 위해서 자기 전에는 가벼운 스트레칭을 합니다.

熟睡じゅくすい 숙수, 숙면
➡ 熟眠(숙면)은 문어체 말로 잘 쓰지 않는다.

警察が来る前に犯人は逃げてしまいました。

경찰이 오기 전에 범인은 달아나 버렸습니다.

前には 단독으로 '전에'라는 뜻으로 쓰인다.

前に会ったことありますよね。 전에 만난 적이 있죠?

(4) 〜かどうか　〜인지 어떤지

반말 종지형에 붙는 〜かどうか는 '〜인지 어떤지'의 뜻인데, 이는 '〜인지 〜이 아닌지'의 의미를 포함하고 있다.

> 例 A：彼は学園祭に来るでしょうか。
> 　 B：来るかどうかわかりません。（＝来るか来ないかわかりません。）
>
> A：그는 축제에 올까요? B：올지 어떨지 모르겠네요. (= 올지 안 올지 몰라요.)

학園祭がくえんさい 학교 축제
➡ 祭り는 보통 제사나 전통 축제, 기념·축하 행사를 말한다.

모든 품사의 현재형과 과거형에 다 쓸 수 있는데, な형용사의 기본형인 경우는 어간에 접속됨에 유의한다(例 好きかどうか 좋아하는지 어떤지). 또한 과거형에 접속되더라도 どうか는 항상 현재형으로 쓴다(例 見たかどうだったか (×)).

> A：伊藤さんはもう帰りましたか。
> B：帰ったかどうかわかりません。
>
> A：이토 씨는 벌써 돌아갔습니까? B：돌아갔는지 어떤지 몰라요.

> A：この店、高いですか。
> B：高いかどうかわかりません。
>
> A：이 가게 비싸요? B：비싼지 어떤지 몰라요.

> A：去年の夏は暑かったですか。
> B：暑かったかどうか忘れました。
>
> A：작년 여름 더웠어요? B：더웠는지 어땠는지 잊었어요.

> あの役者さん、有名かどうかわかりません。　저 배우, 유명한지 어떤지 몰라요.

> お祭りは賑やかだったかどうかわかりません。　축제는 떠들썩했는지 어떤지 모르겠어요.

단, 何, 誰, いつ, どこ, いくら 등의 의문사를 포함한 문장은 〜かどうか를 쓸 수 없고 〜か라고만 해야 한다.

> A：オリンピックの閉幕はいつですか。
> B：いつかわかりません。（○）
> 　 いつかどうかわかりません。（×）
>
> A：올림픽 폐막은 언제입니까? B：언제인지 몰라요.

> A：結婚式でスピーチをした人は誰ですか。
> B：誰かわかりません。
>
> A：결혼식 때 스피치한 사람 누구예요? B：누군지 몰라요.

> A：入会費はいくらでしたか。
> B：いくらだったか覚えていません。
>
> A：입회비는 얼마였어요? B：얼마였는지 기억 안 나요.

(5) ~ん〔の〕です ~인 겁니다

명사 수식형에 접속되는 대표적인 표현 중 하나가 ~んです로, 회화체에서 많이 들을 수 있는 표현이다. ん은 の(형식명사 '것')의 회화체 표현으로, 문장에서는 주로 ~のです라고 한다.

이 표현은 **자기 말에 대해 이유를 말하거나 설명을 할 때, 상대의 설명을 듣고자 하는 의문형, 납득, 감정적인 강조**의 느낌으로 쓰는 말인데, 대개의 경우 한국어로 딱히 해석할 수가 없다. 굳이 해석하자면 '~인 겁니다'가 되겠다.

ん〔の〕이 명사의 구실을 하므로 명사 수식형에 접속이 된다. 따라서 な형용사의 기본형에 접속이 될 때는 な의 형태로 접속이 되고, 특히 명사일 때도 な를 붙여 ~なんです가 되는 것에 주의한다.

• 동사

買います	→	買うんです
買いません	→	買わないんです
買いました	→	買ったんです
買いませんでした	→	買わなかったんです

• い형용사

いいです	→	いいんです
よくないです	→	よくないんです
よかったです	→	よかったんです
よくなかったです	→	よくなかったんです

• な형용사

きれいです	→	きれいなんです
きれいじゃないです	→	きれいじゃないんです
きれいでした	→	きれいだったんです
きれいじゃなかったです	→	きれいじゃなかったんです

• 명사

日本人です	→	日本人なんです
日本人じゃないです	→	日本人じゃないんです
日本人だった	→	日本人だったんです
日本人じゃなかったです	→	日本人じゃなかったんです

A：どうしたんですか。顔色が悪いですよ。
B：ちょっと体調が悪いんです。

A : 왜 그래요? 얼굴색이 안 좋아요. B : 좀 아파요.

A：どうかしたんですか。元気ないですね。

B：子供が病気なんです。

A：そうだったんですか。

A : 왜 그래요? 기운이 없네요. B : 애가 아파요. A : 그래요?

A：なんか嬉しそうですね。

B：社長に特別ボーナスをもらったんです。

A : 어쩐지 기뻐 보이네요? B : 사장님께 특별 보너스를 받았거든요.

A：どうして食べないんですか。

B：実は辛い物が苦手なんです。

A : 왜 안 먹는 거예요? B : 실은 매운 걸 잘 못 먹어요.

| 苦手にがてだ 서투르다, 어려워하다, 싫다

返事が遅くなってすみませんでした。ちょっと忙しかったんです。

답장이 늦어져서 죄송해요. 좀 바빴어요.

| 返事へんじ 대답, 답장, 회신

この学校の桜はなんて美しいんでしょう。

이 학교의 벚꽃은 어찌나 아름다운지요.

구어체 반말에서 ～んです는 です를 빼고 ん은 の 발음으로 살린다.
의문형 ～んですか의 경우에는 です까를 빼고 ん은 の로 바꿔 の 발음의 억양을
올리면 된다.

A：元気ないね。

B：朝から何も食べてないのよ。

A : 기운 없네. B : 아침부터 아무것도 먹질 않았어.

A：遅い！今何時だと思っているの？

B：ごめん、家は早く出たんだけど、道が込んでて…。

A : 늦었어! 지금 몇 시라고 생각하는 거야? B : 미안, 집에서는 빨리 나왔는데 길이 막혀서…….

▌TIP '아프다'는 일본어로 뭐라고 할까?

대개 '아프다'하면 痛い를 떠올린다. 하지만 이 말은 구체적인 통증을 나타내는 말로, 만약 일본인에게 몸이 안 좋다는 의미로 私は痛いです。라고 말하면, どこが痛いですか?（어디가 아파요?）하고 되물을 것이다.

몸이 안 좋을 경우는, 体の具合いが悪い／体の調子が悪い／体調が悪い／気分が悪い／気持が悪い 등의 표현을 쓴다. 또한 질병으로 아플 경우는 病気になる(아프다, 병이 나다)라고 한다.

일반적으로 '병'은 病라고 하지 않으며, 病는 心臓病(심장병),糖尿病(당뇨병)처럼 병명으로만 쓰인다. '병'은 病気, 큰 병일 경우는 病라고 한다.

4 중고급 문법 문형

(1) 〜ところだ 〜참이다

〜ところだ는 '〜할 참이다'에 해당하는 표현인데, 앞에 오는 동사의 시제에 따라서 의미가 조금씩 달라져서 다음과 같은 뜻을 형성한다.

현재형＋ところ	→	〜할 참
〜ている＋ところ	→	〜하고 있는 참
〜ていた＋ところ	→	〜하고 있던 참
과거형＋ところ	→	막 〜한 참

> A：試合はもう始まりましたか。
> B：いいえ、これから(a. 始まる / b. 始まった)ところです。
>
> A : 시합은 벌써 시작되었습니까? B : 아니요, 이제 시작할 참입니다.

위 예문의 정답은 a가 된다. 아직 시작되지 않은 상태이므로 현재형을 써야 하는 것이다.

> 今から出かけるところです。　지금 나갈 참입니다.

> 間違いをチェックしているところです。　틀린 곳을 체크하고 있는 참입니다.

> 今ちょうどあなたに電話しようと思っていたところです。
> 지금 마침 당신에게 전화하려고 생각하고 있던 참입니다.

　ちょうど 때마침, 꼭.
　➡ちょっと 잠깐, 조금

> 講演は、たった今終わったところです。　강연은 마침 끝난 참입니다.

　たった今いま 방금, 지금 막

> 今出張から帰ってきたところです。　지금 출장에서 돌아온 참입니다.

「현재형＋ところだった」와 같이 과거의 형태로 쓰면 '〜할 뻔했다'는 뜻이 된다.

> 今朝、もう少しで会社に遅れるところでした。
> 오늘 아침에 하마터면 회사에 지각할 뻔했어요.

> 危うく車にひかれるところだった。
> 하마터면 차에 치일 뻔했다.

　危ぁゃうく 하마터면, 자칫하면
　➡危ぁゃうい 위태롭다, 조마조마하다

(2) 〜一方だ 〜하기만 한다

一方는 원래 '한편'이라는 의미로 쓰이는 부사로, 一方で(한편으로), 〜一方(〜하는 한편)의 표현으로 쓰이기도 한다. 「동사의 기본형＋一方だ」라고 쓰면 한쪽으로 치우쳐 있다, 상황이 일방적으로 '〜하기만 한다'는 의미가 된다.

あの事件以来同僚との関係は悪くなる一方です。

그 사건 이후에 동료와의 관계는 나빠지기만 합니다.

村から若い人が都市へ出ていき、村は廃れる一方だ。

마을에서 젊은 사람이 도시로 나가서 마을은 쇠퇴해 간다.

| 廃すたれる 한물가다, 쇠퇴하다

ここ数年禁煙する男性は増えるのに対し、女性の喫煙率は上がる一方だ。

요 몇 년 금연하는 남성은 느는데 반해, 여성의 흡연율은 올라가기만 한다.

| 喫煙きつえん 끽연, 흡연
↔ 禁煙きんえん 금연

最近に入って株価は下がる一方だ。　최근 들어 주가는 내려가기만 한다.

(3) ～かたわら　～하는 한편

かたわら는 원래 '곁', '옆'을 뜻하는 말로 다음과 같이 쓰인다.

長電話をしているお母さんの傍らで、赤ちゃんはおもちゃで遊んでいた。

긴 통화를 하는 엄마의 곁에서 아기는 장난감을 가지고 놀고 있었다.

이 표현을 「명사+のかたわら」/「동사의 기본형+かたわら」의 형태로 쓰면 '～하는 한편', '～하는 동시에'라는 의미가 된다.

彼女はパソコンを習う傍ら人にも教えている。

그녀는 컴퓨터를 배우는 한편, 다른 사람에게도 가르치고 있다.

テレビにあまり出ないあの歌手は、コンサート活動のかたわら、大学で教えているそうだ。

TV에 그다지 나오지 않는 저 가수는 콘서트 활동을 하는 한편, 대학에서도 가르치고 있다고 한다.

出版社に勤めるかたわら小説も書いている。

출판사에서 일하는 한편 소설도 쓰고 있다.

(4) ～途中で〔に〕　～하는 도중에

途中で는 '도중에'라는 뜻으로 쓰이는 단어이다. 이 표현을 「명사+の途中で〔に〕」/「동사의 기본형+途中で〔に〕」의 형태로 쓰면 '～하는 도중에'라는 의미가 된다. 일반적으로 어떤 일이 일어나는 시점은 途中で, 장소를 나타내는 경우는 途中に를 쓰는데, 조사를 생략해서 쓰기도 한다.

通勤の途中、田舎のおじいさんが危篤だと連絡をもらった。

출근 도중에 시골의 할아버지가 위독하다고 연락을 받았다.

旅行先から帰る途中で偶然総務課の村田さんに会いました。

여행지에서 돌아오는 도중에 우연히 총무과의 무라타 씨를 만났습니다.

買い物に行く途中で事故にあった。
쇼핑하러 나가는 도중에 사고를 만났다.

現場に行く途中にコンビニがあったので、そこでファックスを送った。
현장에 가는 도중에 편의점이 있어서, 거기서 팩스를 보냈다.

(5) ～反面　～하는 반면

동사 / い형용사 / な형용사의 기본형에 접속해서 ～反面이라고 하면 '～하는 반면', 즉 '～하는 것과 반대로'라는 의미의 표현이 된다.

人の話はよく聞いてくれる反面、自分のことはあまりしゃべらない。
다른 사람의 이야기는 잘 들어 주는 반면, 자신의 일은 그다지 말하지 않는다.

彼は職場ではおとなしい反面、家ではとても威張っている。
그는 직장에서는 얌전한 반면, 집에서는 매우 으스댄다.

威張いばる 뽐내다, 으스대다, 뻐기다

彼女は陽気な反面涙もろいところもある。
그녀는 명랑한 반면 눈물이 많은 면도 있다.

もろい는 '무르다', '약하다'는 뜻. 涙もろい는 눈물이 많고 정에 약한 것을 말한다.

(6) ～見込みだ　～할 전망이다

見込み는 전망, 장래성, 가망, 희망의 뜻이다. 다음 예와 같이 대개는 ～見込みがある(～할 가망성이 있다), ～見込みがない(～할 가망이 없다)의 형태로 많이 쓰인다.

成功の見込みがある。　성공할 가능성이 있다.

治る見込みがない。　나을 가망이 없다.

「동사의 기본형＋見込みだ」는 '～할 전망이다', '～라고 예상한다'라는 뜻으로, 뉴스나 일기예보에서 많이 들을 수 있는 표현이다.

事故の復旧は夜遅くになる見込みです。
사고의 복구는 밤늦게 될 전망입니다.

天気は明日の朝から徐々に回復に向う見込みです。
날씨는 내일 아침부터 서서히 회복으로 향할 거라고 예상됩니다.

今月中には具体的なプランが出来上がる見込みです。
이달 중에는 구체적인 플랜이 완성될 전망입니다.

(7) 〜やいなや　〜하자마자

동사의 기본형에 접속해서 〜や否やと고 하면 '〜하자마자', '〜하기가 무섭게'
라는 뜻이 된다.

何か思い出したのか、帰ってくるやいなや引き出しの中を探しはじめた。
뭔가가 생각났는지, 돌아오자마자 서랍 안을 찾기 시작했다.

| 思い出だす 생각해 내다,
생각나다

友達の子供は私の顔を見るやいなや泣き出した。
친구의 아이는 내 얼굴을 보자마자 울기 시작했다.

そのドラマは放送が開始されるやいなや、大旋風を起した。
그 드라마는 방송이 개시되자마자, 큰 선풍을 일으켰다.

| 旋風せんぷうを起おこす 선풍
을 일으키다

(8) 〜がはやいか　〜하자마자

동사의 기본형에 접속해서 〜が早いか라고 하면 '〜하자마자', '〜하기가 바쁘
게'라는 뜻으로, 앞의 일이 성립되자마자 다음 행동이 이어진다는 의미이다.
〜や否や와 유사한 표현이다.

彼女は事故の話を聞くがはやいか飛び出した。
그녀는 사고의 이야기를 듣자마자 뛰쳐나갔다.

私の顔を見るがはやいか部長は怒鳴り出した。
내 얼굴을 보자마자 부장은 화내기 시작했다.

席に着くがはやいか、刑事さんは事情聴取を始めた。
자리에 앉자마자, 형사는 심문을 시작했다.

| 事情聴取는 어떤 일에 대해
사정을 묻는 일을 말한다. 주
로 범죄 수사에서 사용되는
말이다.

(9) 〜そばから　〜하자마자

동사의 기본형에 접속해서 〜そばから라고 하면, '〜하자마자', '〜하는 족족'의
뜻이 된다. 앞의 일을 하자마자 뒤의 일이 일어나면서 앞의 일은 의미가 없어진
다는 점이 〜やいなや / 〜がはやいか와 다르다고 할 수 있겠다.

初めてひらがなを覚えるときは、勉強するそばから忘れてしまうから、
大変だった。
처음으로 히라가나를 외울 때는 공부하는 즉시 잊어버리니까 힘들었다.

子供が掃除するそばから散らかすから、困る。
아이가 청소하자마자 어지르니까 곤란하다.

掲示板の心無い書き込みを削除するそばから書き込まれて困っている。
게시판의 무분별한 댓글을 삭제하는 족족 또 달리니 곤란하다.

| 心無こころない 철없다, 분별
없다
書かき込こみ 기입, 댓글

Chapter
19

원인·이유의
표현

Chapter 19 원인·이유의 표현

1 원인·이유의 표현의 종류

이번 Chapter에서는 한국어로 '~때문에'라고 해석될 수 있는 원인·이유의 표현을 알아본다.

일반적으로 이유나 판단의 근거를 말할 때는 ～て, ～ので, ～から 등의 접속조사를 이용한다. 하지만 접속조사 표현 이외에도 명사나 형식명사 등을 이용한 다양한 원인·이유의 표현들도 존재한다. 예를 들어 긍정적인 원인을 말하는 おかげで나 부정적인 원인으로 돌리는 せい 같은 표현, 또 긍정적인 결과를 초래할 경우에 말하는 だけあって, 부정적인 결과를 초래할 경우에 쓰는 ばかりに 등 고급 난이도의 다양한 표현들이 있다.

2 초중급 문법 문형

(1) ～て ~해서

～て는 한국어로 '~해서', '~여서'에 해당하는 말이다. から, ので보다 원인과 결과의 관계가 약하고, 뒤에 자연스런 귀결의 표현이나 감정적인 말이 오는 경우가 많다.

> **▌접속**
> 각 품사의 て형으로 동사의 て형, い형용사일 때는 ～くて, な형용사나 명사일 때는 ～で가 된다. 자세한 접속형은 각 품사의 て형을 참고한다.

声が小さくて聞こえません。 목소리가 작아서 안 들려요.
<small>こえ ちい き</small>

急に用事ができて行けませんでした。 갑자기 용무가 생겨서 갈 수 없었습니다.
<small>きゅう ようじ い</small>

ソン先生に会えなくて残念でした。 송 선생님을 만날 수 없어서 유감이었어요.
<small>せんせい あ ざんねん</small>

岡村さんはとても親切でみんなに人気があります。
<small>おかむら しんせつ にんき</small>
오카무라 씨는 매우 친절해서 모두에게 인기가 있습니다.

停電で何も見えませんでした。
<small>ていでん なに み</small>
정전으로 아무것도 보이지 않았습니다.

▌用事ようじができる 용무가
생기다

できる ①생기다 ②다 되다,
완성되다 ③할 수 있다

(2) ～から　～이니까

から는 한국어의 '～(이)니까'에 해당하는 대표적인 원인·이유를 나타내는 접속 조사이다.

ので에 비해 주관적인 인과 관계를 말하고 자기 의지, 판단, 주장이 들어가 있는 느낌이어서 뒤에 오는 표현에 비교적 제약이 없다. 즉 から 뒤에 추측, 요구, 명령, 의지의 표현 등을 쓸 수 있다.

▌접속

반드시 문장이 끝나는 종지형에 접속되는데 반말의 형태뿐만 아니라 ～です・～ます형 (공손체)에 접속될 수도 있다.

• 동사

현재	買うから　사니까
현재 부정	買わないから　사지 않으니까
과거	買ったから　샀으니까
과거 부정	買わなかったから　사지 않았으니까

• い형용사

현재	おいしいから　맛있으니까
현재 부정	おいしくないから　맛있지 않으니까
과거	おいしかったから　맛있었으니까
과거 부정	おいしくなかったから　맛있지 않았으니까

• な형용사

현재	好きだから　좋아하니까
현재 부정	好きじゃないから　좋아하지 않으니까
과거	好きだったから　좋아했으니까
과거 부정	好きじゃなかったから　좋아하지 않았으니까

• 명사

현재	雨だから　비가 오니까
현재 부정	雨じゃないから　비가 오지 않으니까
과거	雨だったから　비가 왔으니까
과거 부정	雨じゃなかったから　비가 오지 않으니까

雨だ／雪だ 등의 명사는 각각 '비이다'/'눈이다'라는 뜻이지만, 일본어에서는 '비가 온다'/'눈이 온다'의 뜻으로도 쓰인다.

から는 명사에 직접 접속하면 '~부터'라는 뜻의 조사가 된다. 학습자들이 혼동하기 쉬운 부분이므로 잘 구별하도록 한다.

예 日曜日からレッスンを休みました。 일요일부터 교습을 쉬었습니다.

日曜日だからゆっくり休みました。 일요일이니까 푹 쉬었습니다.

• 활용 예

暑いですから、クーラーをつけてください。
더우니까 에어컨을 켜 주세요.

みんなが待っていますから、早く行きましょう。
모두가 기다리니까 빨리 갑시다.

雨だったから、遊園地へ行きませんでした。
비가 왔기 때문에 놀이동산에 가지 않았어요.

漢字は読めないから、ひらがなで書いてください。
한자는 읽을 수 없으니까 히라가나로 써 주세요.

歴史に興味がありますから、日本史を専攻しようと思っています。
역사에 흥미가 있으니까, 일본사를 전공하려고 생각해요.

今日が休みだから、彼はたぶん来ないだろう。
오늘은 쉬는 날이니까 그는 아마 안 오겠지.

5時に迎えに行くから、それまでお友達と遊んでいてね。
5시에 마중 갈 테니까 그때까지 친구와 놀고 있어.

(3) ~ので ~이기 때문에

ので는 から와 마찬가지로 원인·이유를 나타내는 접속조사이지만, から에 비해 객관적으로 인정할 수 있는 인과 관계라는 느낌이 든다. 때문에 뒤에 화자의 판단에 의한 명령 등의 표현은 자연스럽지 않다.

強風で雨が入ってくるので窓を開けないで。(×)
→から(○)
강풍으로 비가 들어오니까 창문을 열지 마.

하지만 회화체에서 공손한 표현으로 쓰일 때는 뒤에 요구의 말이 오더라도 ので를 쓰는 경우도 많다. 또한 한국어로 '~이니까'보다는 '~이기 때문에', '~이므로'로 해석할 때 어울리는 경우가 많다.

▌접속

명사의 구실을 하는 の의 영향으로, な형용사나 명사의 기본형이 올 때는 な를 넣어야 된다. 즉 <u>명사 수식형</u>에 접속이 되는 것이다.

囫 きれいなので 예쁘므로 ／ 日本人なので 일본인이므로
　　　　　　　　　　　　　　　 にほんじん

急いでいるのでお先に失礼します。
いそ　　　　　　さき　しつれい
서두르고 있어서 먼저 실례합니다.

▌急いそぐ 서두르다, 급하다

薬を飲んだのでもう治りました。
くすり の　　　　　　なお
약을 먹었기 때문에 이제 나았습니다.

しっかり勉強しておいたので、試験がよくできました。
べんきょう　　　　　　　　しけん
확실히 공부해 두었기 때문에 시험을 잘 봤습니다.

弟は目が悪いので眼鏡をかけています。
おとうと め　わる　　　めがね
남동생은 눈이 나빠서 안경을 끼고 있습니다.

使い方が便利なのでよく売れているそうです。
つか かた べんり　　　　　う
사용법이 편리하므로 잘 팔리고 있다고 합니다.

▌「ます형+方」는 '~하는 방식'
을 나타낸다.
囫 作り方 만드는 법
　 つく かた
　 書き方 쓰는 법
　 か かた
売うれる 팔리다

何もすることがなかったので、テレビばかり見ていました。
なに　　　　　　　　　　　　　　　　　　　　み
아무것도 할 일이 없었기 때문에 TV만 보고 있었습니다.

(4) ～ため(に)　～때문(에)/～을 위해

이유·원인을 나타내는 표현에는 형식명사를 이용한 표현 ～ため(に)가 있다.
'때문'이라고 할 때는 ため, '~때문에'라고 부사적으로 쓰일 때는 ために라고
하는데, 이 경우에도 に는 생략할 수 있다.
본래 為라는 말이 '이익'을 뜻해서 '~을 위함(위해)', 즉 목적의 뜻으로도 많이 쓰
　　ため
인다.

▌접속

ため가 명사 구실을 하므로 명사 수식형에 접속된다. 즉 앞에 な형용사가 올 때는 ～な
ため, 명사의 기본형이 올 때는 ～のため가 된다.

バスに乗り遅れたために、会社に遅刻しました。
の おく　　　　　　かいしゃ ちこく
버스를 놓쳐서 회사에 지각했습니다.

▌乗のり遅おくれる 출발 시간
을 놓쳐서 못 타다

このお弁当屋さんは安くておいしいため、いつも人が並んでいます。
べんとうや　　 やす　　　　　　　　　　　ひと なら
이 도시락 집은 싸고 맛있기 때문에 언제나 사람이 줄 서 있습니다.

新バージョン製品は使い方が簡単な**ために**、**受けがいい**らしい。

신 버전 제품은 사용법이 간단하기 때문에 반응이 좋다고 한다.

受_うけがいい〔悪_{わる}い〕평
판·인기·반응이 좋다〔나쁘다〕

ひどい風邪の**ため**、会社を三日も休んだ。

심한 감기 때문에 회사를 3일이나 쉬었다.

事故の**ために**電車が20分も動かなかった。

사고 때문에 전철이 20분이나 움직이지 않았다.

• 이익의 **ため**

あなたの**ため**(당신을 위함) / みんなの**ため**(모두를 위함) / 家族の**ため**(가족을 위함) / 会社の**ため**(회사를 위함)와 같이 명사를 받아서 '~(의 이익)을 위함(위해)'의 뜻을 만든다.

子供たちの**ため**に手作りのクッキーを用意しました。

아이들을 위해 손수 만든 쿠키를 준비했습니다.

• 목적의 **ため**

~**ため**(に)는 '~을 위해서'라는 목적의 용법으로 쓰인다. 원인·이유의 ~**ため**(に)는 **ため**(に) 앞뒤 문장의 주어가 달라도 상관없지만, 목적의 용법인 경우는 반드시 앞뒤 주어가 같다.

いい大学に入る**ため**に熱心に勉強しなければなりません。

좋은 대학에 들어가기 위해 열심히 공부해야 합니다.

現地の雰囲気を味わう**ため**に留学を決心しました。

현지의 분위기를 맛보기 위해 유학을 결심했습니다.

3 중고급 문법 문형

(1) ～おかげで ~덕분에

~**おかげで**는 '~ 덕에', '~ 덕분에'에 해당하는 표현으로, 긍정적인 원인으로 바람직한 결과를 초래한다는 느낌이다.

▌접속
おかげ는 명사이므로 명사 수식형에 접속이 된다.

先生の厳しい指導の**おかげで**試験に合格することができました。

선생님의 엄한 지도 덕에 시험에 합격할 수 있었습니다.

山田さんのおかげで留学生活を楽に過ごすことができたと思います。
야마다 씨 덕에 유학 생활을 편하게 할 수 있었습니다.

吉田さんが来てくれたおかげで、雰囲気が盛り上がりました。
요시다 씨가 와 준 덕에 분위기가 고조되었습니다.

体が丈夫なおかげで、ハードなスケジュールも無理なくこなしています。
몸이 튼튼한 덕에 고된 스케줄도 무리 없이 소화해 내고 있습니다.

분위기 띄우는 것을 盛り上げる라고 하고, 그런 역할을 하는 사람을 盛り上げ役라고 한다. 盛り上がる는 盛り上げる의 자동사이다.

회화에서는 반어적으로 '탓'이란 느낌으로 쓰이기도 한다.

- あいつのおかげでとんだ目にあったよ。
그 녀석 덕에 뜻밖의 변을 당했다니까.

(2) ～せい ～탓

～せい는 좋지 않은 일이 일어난 원인을 말할 때나 책임 소재를 물을 때 쓰는 표현으로 '～탓'에 해당하는 표현이다.

> ▎접속
> 명사 수식형에 접속되며, 주로 다음과 같은 형태로 쓰인다.
> ～せいで ～탓으로
> ～せいにする ～탓으로 하다(돌리다)
> ～せいか ～탓인지

君のせいでひどい目にあった。
네 탓에 혼났어.

足が疲れたのは、履き慣れていない靴のせいです。
다리가 피곤한 것은 아직 익숙하지 않은 신발 탓입니다.

自分の失敗を人のせいにしないでよ。
자신의 실패를 남의 탓으로 하지 마.

年のせいか夜眠れないことが多い。
나이 탓인지 밤에 잠이 안 오는 일이 많다.

暑い日が続いているせいか、このところあまり食欲がない。
더운 날이 계속되고 있는 탓인지 요즘 그다지 식욕이 없다.

ひどい目にあう는 '심한 일을 당하다'라는 뜻인데, 여기서 目는 '눈'이 아니라 '경우'나 '상황'을 뜻하는 말로 つらい目にあう(괴로운 일을 겪다) / 痛い目にあう(따끔한 맛을 보다, 혼나다) / とんだ目にあう(뜻밖의 변을 당하다)처럼 '～한 일(꼴)을 당하다'라는 표현으로 쓰인다.

履きは き慣れる 신어서 익숙해지다

(3) ～ばかりに　～ 때문에

～ばかりに는 '～ 때문에', '～ 탓으로'란 뜻으로, 오로지 앞의 일이 원인이 되어 뒤에 좋지 않은 결과가 생겼을 경우에 쓴다. 유감이나 후회, 불만의 느낌으로 표현하는 경우가 많다.

> **▌접속**
>
> 주로 동사의 완료형에 접속되어 ～たばかりに의 형태로 쓰인다.

その話を知らなかったばかりにみんなにバカにされた。
그 이야기를 몰랐기 때문에 모두에게 바보 취급당했다.

油断したばかりに大きなミスをしてしまった。
방심했던 탓에 큰 실수를 해 버렸다.

時間の案配を考えなかったばかりに、問題を最後まで解くことが
できなかった。
시간의 안배를 생각하지 않기 때문에 문제를 마지막까지 풀 수가 없었다.

日本語ができると言ってしまったばかりに、難しい翻訳を任された。
일본어를 할 수 있다고 말해 버린 탓에 어려운 번역을 맡게 되었다.

▌バカ는 '바보'에 해당하는 말로 ばか野郎라고 하면 '바보 놈', '멍청이' 등의 욕하는 말이 되지만, バカ가 들어가는 관용 표현도 많다. 예를 들어 バカにする는 '업신여기다', バカにならない는 '무시할 수 없다'라는 말이다. 한자는 馬鹿라고 쓰지만 주로 カタカナ로 표기한다.

(4) ～だけあって　～인 만큼

～だけあって는 직역하면 '～만큼 있어서'이므로 '～인 만큼', '～에 맞게'라는 뜻의 일종의 이유를 나타내는 표현이다.

> **▌접속**
>
> 「명사 + だけあって」, 또는 い형용사 / な형용사 / 동사의 명사 수식형에 접속된다.

あの人は元モデルだけあって50代なのにスタイルがいい。
저 사람은 전직 모델인 만큼 50대인데도 스타일이 좋다.

若手の新人のアイデアだけあって発想が斬新だ。
젊은 신인의 아이디어인 만큼 발상이 참신하다.

あの映画は有名な監督が製作しただけあって評判がとてもいい。
저 영화는 유명한 감독이 제작한 만큼 평판이 아주 좋다.

▌若手わかて 젊고 한창 일할 때인 젊은이

(5) ～だけに　～인 만큼

～だけに는 '～인 만큼'의 뜻으로, 경우에 따라서 ～だけあって와 같이 쓸 수 있다. 다른 한편으로 '～이니까 더더욱'이라는 이유의 표현으로도 쓰인다.

▌접속
「명사 + だけに」, 또는 い형용사 / な형용사 / 동사의 명사 수식형에 접속된다.

仕事が大変でも、大企業だけに給料はいいらしい。
일은 힘들어도, 대기업인 만큼 월급은 좋다는 것 같다.

みんなで力を合わせて作っただけに、すばらしい作品が出来上がった。
모두가 힘을 합쳐서 만든 만큼, 멋진 작품이 완성되었다.

このプロジェクトの失敗は、責任者の交替に繋がるだけに、緻密な戦略が必要だ。
이 프로젝트의 실패는 책임자의 교체로 연결되는 만큼 치밀한 전략이 필요하다.

(6) ～ものだから　～이니까

～ものだから는 이유·원인을 나타내는 표현으로 '～이니까'로 해석하지만, から에 비해서 원인이 되는 어떤 사태의 정도가 더 심하거나 강조된 느낌이다. 변명이나 개인적인 사정을 말할 때 쓰이며, 공손하게 말할 때는 ～ものですから, 회화에서는 ～もんだから라고 하기도 한다.

▌접속
모든 품사의 명사 수식형에 접속된다.

急いでいたものだから、タクシーに乗ってしまった。
급해서 택시를 타 버렸다.

かわいい店員さんが勧めるものだから、つい買ってしまった。
귀여운 점원이 권하니까 그만 사 버렸다.

A：結婚するんですって？
B：ええ、両親が早く孫の顔がみたいと言うものですから。
A : 결혼한다면서요?　B : 예, 부모님이 빨리 손자의 얼굴을 보고 싶다고 말해서요.

子供が夜中に熱を出したものだから、一睡もできなかった。
아이가 밤중에 열이 나는 바람에 한숨도 잘 수가 없었다.

▌すすめる는 한자에 따라 뜻
이 다르다.
勧める 권하다
薦める 추천하다
進める 진행시키다, 나아가다

▌一睡(いっすい)もしない 한숨도
자지 않다

199

Chapter
20

역접의 표현

1 역접 표현의 종류

역접이란 앞의 글에서 예상되는 것과는 반대의 일이 뒤에 오는 관계의 형태를 말한다.

초급의 표현으로는 ～ても(～해도), ～のに(～인데도), ～けれども(～이지만) 등이 있다. ～けれども의 경우 문장이나 공손체에서는 ～が로 쓰이는 경향이 있다. 또한 역접이 아닌 표현으로도 널리 쓰이기도 하고, 대비의 성질도 가지고 있으므로 대비의 표현도 조금 다루기로 하겠다.

중급의 표현으로는 대표적으로 ～にもかかわらず(～에도 불구하고), ～くせに(～이면서), ～ものの(～이긴 하지만) 등이 있고, 이 이외에도 다양한 기능어가 있는데 다른 여러 표현들은 조사 부분에서 다루기로 한다.

또한 ～つつ(～이면서), ～ながら(～하면서)도 역접의 기능을 가지고 있는데, 이 표현은 'Chapter 8 동사의 ます형' 부분을 참조한다.

2 초중급 문법 문형

(1) ～ても   ～해도 / ～라도

ても〔でも〕는 역접을 나타내는 기본적인 접속조사이다. 동사, 형용사, 명사의 て〔で〕형에 も를 붙인 형태로 '～해도'라는 의미를 형성한다.

기대나 예상에 반대되는 일이 나타나는 경우에 쓰인다.

この健康食品はいくら食べても太らないそうです。
けんこうしょくひん　　　　　　た　　　　　ふと
이 건강식품은 아무리 먹어도 살찌지 않는다고 합니다.

| いくら～ても 아무리 ～해도

どんなことがあっても勉強は続けたいと思います。
　　　　　　　　　　　　べんきょう　つづ　　　　　おも
어떤 일이 있어도 공부는 계속하고 싶습니다.

遅くても10時には着くでしょう。
おそ　　　　じ　　　　つ
늦어도 10시에는 도착하겠죠.

嫌でもやらなければならないこともある。
いや
싫어도 하지 않으면 안 될 일도 있다.

| 体調たいちょうが悪わるい
몸 상태가 나쁘다
＝体からだの調子ちょうしが
　悪わるい

父は体調が悪くても会社は休まない。
ちち　たいちょう　わる　　　　かいしゃ　やす
아버지는 몸 상태가 안 좋아도 회사는 쉬지 않는다.

このお菓子は不細工でも味は悪くない。
이 과자는 못났어도 맛은 나쁘지 않다.

다음의 예처럼 대비적인 사항을 말할 때도 쓸 수 있다.

料理は駄目でも、掃除ならよくできます。
요리는 못해도 청소라면 잘할 수 있습니다.

不細工는 만듦새가 서투르고 모양이 없는 것을 말하는데, 사람에게도 못생겼다는 뜻으로 쓰기도 한다. 참고로 못생긴 여자는 ぶす라고 한다. '호박' 내지는 '폭탄'에 해당하는 표현이다.

(2) ～のに ～인데도

のに는 '～인데도', '～임에도 불구하고'에 해당하는 접속조사이다. 앞의 일에서 예상되는 사실과 반대의 결과가 나타난다는 대표적인 역접의 형태이다.

■ 접속

• 동사

현재	休むのに 쉬는데도
현재 부정	休まないのに 쉬지 않는데도
과거	休んだのに 쉬었는데도
과거 부정	休まなかったのに 쉬지 않았는데도

• い형용사

현재	安いのに 싼데도
현재 부정	安くないのに 싸지 않은데도
과거	安かったのに 쌌는데도
과거 부정	安くなかったのに 싸지 않았는데도

• な형용사

현재	きらいなのに 싫어하는데도
현재 부정	きらいじゃないのに 싫어하지 않은데도
과거	きらいだったのに 싫어했는데도
과거 부정	きらいじゃなかったのに 싫지 않았는데도

• 명사

현재	静かなのに 조용한데도
현재 부정	静かじゃないのに 조용하지 않은데도
과거	静かだったのに 조용했는데도
과거 부정	静かじゃなかったのに 조용하지 않았는데도

※ ～のです(～인 겁니다), ので(～이기 때문에), のに(～인데도)는 の의 영향으로 접속 형태가 같다. 따라서 な형용사나 명사의 기본형일 때는 모두 な를 넣어야 된다.

今朝薬を飲んだのに治りません。
오늘 아침 약을 먹었는데도 낫지 않습니다.

知っているのに「知らない」と言っています。
알고 있으면서 모른다고 말하고 있습니다.

このレストランはおいしくないのに、値段は高いです。
이 레스토랑은 맛있지 않은데도 가격은 비쌉니다.

お若いのにとてもしっかりしている方ですね。
젊으신데도 아주 똑똑한 분이시군요.

きれいなのに性格はよくないみたいです。
예쁜데도 성격은 좋지 않은 것 같습니다.

冬なのに暖かい天気が続いています。
겨울인데도 따뜻한 날씨가 계속되고 있습니다.

> しっかり는 기본적으로 견고하고 튼튼한 모양을 말한다. 圓しっかり捕まる 꼭 붙들다 기량, 성질, 생각이 견실할 경우에도 쓸 수 있어서 '똑바로, 착실히, 빈틈없이' 등으로 해석할 수 있다.

한편 접속사의 형태로 독립해서 なのに(그런데도)의 형태로 쓰이기도 한다.

夕べはたくさん寝ました。なのに、まだ眠いです。
어젯밤은 많이 잤습니다. 그런데도 아직 졸립니다.

(3) 〜けれども / 〜が 〜이지만

けれども는 '그렇지만'이라는 접속사로도 쓰이기도 하고, 앞 문장에 연결해서 접속조사의 형태로 쓰이기도 하는데, 여기에서는 접속조사의 형태만 다루기로 한다. 회화에서는 축약해서 〜けれど, 〜けど의 형태로 많이 쓰이고, 문장체나 공손하게 말할 때는 〜が의 형태로 쓰이는데, 〜けれども와 〜が는 의미상으로는 같은 뜻의 말이라고 할 수 있다.

下手ですけど、料理を作ることは好きです。
서투르지만 요리하는 것은 좋아합니다.

毎日通っているけれど、実力は伸びない。
매일 다니고 있지만 실력은 늘지 않는다.

> 通かよう 다니다, 통학하다

彼にもメールを送ったけど、まだ返事がないの。
그에게도 메일을 보냈는데 아직 답장이 없어

確かにきれいだが、僕の好みじゃない。
확실히 예쁘긴 하지만 내 타입은 아니야.

> 好このみ 취향, 기호

역접의 뜻 말고도 어떤 말을 끄집어낼 때, 의뢰할 때, 꺼내기 어려운 말을 할 때도 쓰는데, 이런 경우는 대부분 공손하게 말하므로 けれども 보다는 が를 쓰는 경향이 있다.

広田と申しますが、明子さんいらっしゃいますか。
히로타라고 하는데, 아키코 씨 계십니까?

すみませんが、窓を閉めていただけませんか。
미안하지만 창문을 닫아 주시겠어요?

明日の会議の件でお話ししたいことがあるんですが。
내일 회의 건으로 드릴 말씀이 있는데요.

> お話しする는 겸양어로 '말씀드리다'라는 의미이다.

その日はちょっと都合が悪いですが。
그날은 사정이 조금 안 되는데요.

> 都合는 '형편', '사정'이란 뜻으로, 주로 뒤에 いい/悪い가 와서 사정이 '좋다/나쁘다'의 형태로 쓰인다.

(4) Aは〜が〔けど〕、Bは〜だ A는 〜이지만, B는 〜이다

が나 けど는 역접의 의미이면서 대비하는 느낌으로도 많이 쓴다. 원래 목적격조사 を나 が를 써야 하는 경우라도, 대비의 문장으로 쓰일 때는 '은/는'에 해당하는 조사 は를 쓰는 게 일반적이다.

> 肉が好きですが、魚が好きではありません。(?)
> 肉は好きですが、魚は好きではありません。(○)
> 고기는 좋아하지만, 생선은 좋아하지 않아요.

• 활용 예

スポーツは得意ですが、勉強はできません。
스포츠는 잘하지만, 공부는 못해요.

> 勉強べんきょうができる 공부를 잘하다
> ➡ 試験しけんができる 시험을 잘 보다

給料は安いですが、仕事は面白いです。
월급은 싸지만, 일은 재미있습니다.

朝は晴れていましたが、今は雨が降っています。
아침엔 맑았는데, 지금은 비가 오고 있습니다.

高校時代に、漢字は習ったけど、日本語は習っていない。
고등학교 때 한자는 배웠지만 일본어는 안 배웠다.

犬は好きだけど、猫はなぜか怖い。
개는 좋아하지만, 고양이는 왠지 무섭다.

3 중고급 문법 문형

(1) ～たって　～해도 / ～라도

～た〔だ〕って는 '～해도', '～라도'라는 뜻으로, ～ても〔でも〕와 같은 말인데, 회화체 중 반말체로 주로 쓰는 표현이라고 할 수 있다. ～ても〔でも〕에 비해 조금 강한 느낌도 있다.

▌접속		
동사	～ても → ～たって(완료형+て)	囫 泣いても → 泣いたって　울어도
	～でも → ～だって(완료형+て)	囫 読んでも → 読んだって　읽어도
い형용사	～くても → ～くたって	囫 寂しくても → 寂しくたって　외로워도
な형용사	～でも → ～だって	囫 下手でも → 下手だって　못해도
명사	～(で)も → ～だって	囫 これ(で)も → これだって　이것도, 이거라도
		彼にも → 彼にだって　그 사람에게도

それぐらいのことは子供だって知っている。
그 정도의 일은 아이라도 알고 있다.

今ごろ参加したいと言ったって、もう遅いよ。
이제 와서 참가하고 싶다고 말해도 벌써 늦었어.

いくら頑張ったって認めてくれないんだもの。
아무리 열심히 해도 인정해 주지 않는걸.

どんなにつらくたって顔に出さない。
아무리 괴로워도 내색을 하지 않는다.

私にだってプライドってものがあります。
나에게도 프라이드라는 게 있습니다.

▌頑張がんばる 열심히 하다, 분발하다
～もの ～인걸, ～인걸요
▌顔かおに出だす 얼굴에 나타내다, 내색하다
▌～って ～라고 하는 ＝という

(2) ～にもかかわらず　～에도 불구하고

～にもかかわらず는 '～에도 불구하고'라는 뜻으로, 앞의 일을 했음에도 또는 앞의 조건임에도 예상과는 반대의 결과가 나타났다는 의미이다. ～のに에 비해 앞 일의 상황이 더 심각하거나 강하다.

▌접속
앞에 명사 / い형용사 / 동사의 모든 형태가 올 수 있어서 비교적 제약이 없다.

家族みんなが反対したにもかかわらず、彼女は芸能界に入った。
가족 모두가 반대했는데도 불구하고 그녀는 연예계에 입문했다.

必死に頑張ったにもかかわらず、決勝戦で負けてしまった。
필사적으로 분발했는데도 불구하고 결승전에서 져 버렸다.

悪条件にもかかわらず、公演は盛況のうちに終わった。
악조건임에도 불구하고 공연은 성황리에 끝났다.

度重なる失敗と後悔にもかかわらず、また同じことを繰り返してしまう。
거듭되는 실패와 후회에도 불구하고, 또 같은 일을 반복해 버린다.

必死には '필사적으로'란 뜻
이며 必死的に라고 하지 않
도록 주의하자.

盛況せいきょうのうちに
성황리에

度重たびかさなる 거듭되는

(3) ～くせに　～인데도

～くせに는 '～인데도', '～이면서도'에 해당하는 역접 표현이다. 상대를 경멸하
거나 비난하는 느낌이 포함되어 있어서 '～인 주제에'라고 해석할 수도 있지만,
한국어의 뉘앙스만큼 강하게 비하하는 느낌은 아니다.

> **접속**
> 명사 수식형을 취해서 な형용사에 접속될 때는 ～なくせに, 명사에 접속될 때는 ～のく
> せに라고 한다.

彼は体が大きいくせに、かなりの小心者です。
그는 몸집은 큰데도 상당히 소심한 사람입니다.

こっちの事情をよく知らないくせに、すぐ口出ししたがるんだから。
이쪽 사정을 잘 모르면서도, 금방 참견하고 싶어 한다니까.

彼女はスポーツなんか嫌いなくせに、男の前では好きだと言っている。
그녀는 스포츠 같은 거 싫어하면서, 남자 앞에서는 좋아한다고 한다.

男のくせに、弱音をはかないでよ。
남자인 주제에 약한 소리 하지 마.

口出しする는 '말참견을 하
다'라는 뜻으로, 口出しは 口
を出すの 명사형이다.

弱音をはくた '약한 소리를
하다'라는 관용어구.

회화에서 친한 사이일 때는 ～のくせして를 쓰기도 한다. 뜻은 같다.

寂しがりのくせして、一人でも大丈夫だと言い張っている。
외로움을 잘 타면서도, 혼자서도 괜찮다고 우겨댄다.

寂さびしがり 외로움을 잘 타
는 사람
＝寂さびしがり屋や

言いい張はる 우기다, 주장하다

(4) ～ものの ～이기는 하지만

～ものの는 과거의 사실이나 현재의 상황을 말하면서 뒤에 '그러나 ～이다(～했
다)'라는 역접을 나타내는 표현이다. 앞의 일에 과거의 문장이 올 때는 '～했기는
했지만', 앞의 일이 현재형일 경우는 '～하기는 하지만'이라고 해석한다.

┃접속

명사 수식형에 접속된다.

> 新しいスキーウエアを買ったものの、今年に入ってまだ一度もスキーに行
> っていない。
> 새 스키복을 샀지만, 올해 들어 아직 한 번도 스키 타러 안 갔다.

> いくつかの会社を当ったものの、かえってくるのは不合格の通知ばかりだ
> った。
> 회사 몇 군데를 시도해 보았지만, 돌아오는 것은 불합격 통지뿐이었다.

> ヨガがダイエットにいいと言うものの、私には合わないようだ。
> 요가가 다이어트에 좋다고 하기는 하지만 나에게는 맞지 않는 것 같다.

┃当る는 '맞다', '들어맞다'라는
뜻 외에도 '알아보다'라는 의
미로도 쓰인다.
例ほかを当ってください。
　다른 데 알아보세요.

～とはいうものの(～라고는 하지만)의 형태로 쓰기도 하는데, 이때 앞에는 반
드시 명사만 연결된다.

> 相手はアマチュアとはいうものの、なかなかの腕前らしい。
> 상대는 아마추어라고는 하지만, 상당한 솜씨가 있다는 것 같다.

(5) ～とはいえ ～이기는 하나

～とはいえ는 ～とはいうものの나 ～とはいっても와 바꿔 쓸 수 있는 말로,
'～이기는 하나'에 해당하는 역접의 표현이다. 회화보다는 문장체에 가깝다.

┃접속

앞에 명사 / 형용사 / 동사의 모든 형태가 올 수 있다.

> 酔っ払っていたとはいえ、初対面の人に呼び捨てはないだろう。
> 취했다고는 하나, 처음 만나는 사람에게 반말은 있을 수 없잖아.

> 有給休暇があるとはいえ、忙しくてほとんど使えないというのが現実だ。
> 유급 휴가가 있다고는 하나, 바빠서 거의 쓸 수 없다는 게 현실이다.

> いくら梅雨だとはいえ、毎日毎日よく降るものだなあ。
> 아무리 장마라고는 하나, 매일매일 잘도 내리는구나.

┃呼び捨てる는 ～さん 등의
존칭을 쓰지 않고, 이름만 부
르는 것을 말한다.

～はない는 직역하면 '～은
없다'이지만, '～일 수는 없다',
'～는 있을 수 없다'의 느낌으
로 쓴다.
例それはないでしょう。
　그런 건 있을 수 없지.

Chapter
21

추측·전문의
표현

Chapter 21 추측·전문의 표현

1 추측·전문 표현의 종류

이번 Chapter에서는 어떤 사건에서 일어날 수 있는 가능성에 대하여 화자의 생각을 말하거나, 다른 곳에서 얻은 정보를 말할 때 쓰이는 표현을 설명한다.

이들 추측, 추량, 판단, 전문의 표현들은 의미상으로 서로 근접해 있어서 단정해서 구별할 수 없는 경우가 많다. 따라서 화자가 본인의 생각을 말하는 경우, 추측해서 말하는 경우, 가능성이나 확신을 가지고 말하는 경우, 들은 정보를 말하는 경우를 모두 포함해서 설명하기로 한다.

기본적인 표현으로 본인의 생각을 말할 때 쓰이는 ～と思う(～라고 생각하다), 추측의 표현인 ～でしょう(～이겠죠), ～かもしれない(～일지도 모른다), ～そうだ(～일 것 같다), ～ようだ(～인 것 같다), 추측과 전문의 의미를 모두 포함하는 ～らしい(～라는 것 같다), 전문의 표현인 ～そうだ(～라고 한다) 등이 있다.

좀 더 난이도가 높은 표현으로는, 부정 추측 ～まい(～하지 않을 것이다), 확신을 나타내는 ～に違いない(～임에 틀림없다), ～はずだ(～일 터이다), ～はずがない(～일 리가 없다), 전문의 표현 ～って(～한대) 등을 들 수 있다.

이 표현들은 많은 일본어 학습자들이 어려워하는 부분이므로, 중고급자도 초중급 문형부터 꼼꼼히 파악하고 지나가도록 하자.

2 초중급 문법 문형

(1) ～と思う ～라고 생각하다

～と思う는 '～라고 생각하다'에 해당하는 표현으로 본인의 개인적, 주관적인 생각을 표현할 때 쓰인다. '～라고 생각하고 있다'라는 의미로 ～と思っている라고 하기도 하는데, 이 표현은 전부터 가지고 있던 생각이라는 뉘앙스가 있다.

> **┃접속**
> 앞에 반드시 반말 종지형이 접속된다. 종지형에 접속되므로 な형용사, 명사의 기본형이 접속될 때는 ～だと思う가 된다.
> 예 それが問題だと思います. 그것이 문제라고 생각합니다.

그런데 초급 학습자들은 다른 품사에도(특히 い형용사에) だ를 붙이는 오류를 많이 하므로 주의하도록 한다.

예 とても安いだと思います。(×)

　　→ 安いと(○)

とても簡単にはできないと思います。
그렇게 간단히는 안 될 거라고 생각합니다.

部屋の中に誰かいたと思います。
방 안에 누군가 있었다고 생각합니다.

日本語は漢字が一番難しいと思います。
일본어는 한자가 가장 어렵다고 생각합니다.

先週の試験は前のより易しかったと思います。
지난주 시험은 전 것보다 쉬웠다고 생각합니다.

一人では無理だと思います。
혼자서는 무리라고 생각합니다.

よく覚えていませんが、二人とも男の子だったと思います。
잘 기억 안 나지만, 두 사람 모두 남자아이였다고 생각합니다.

～とも ～ 다. ~ 모두.
적은 수에 붙어 제시한 것 전부를 나타내는 말이다.
예 三つとも 세 개 다
男女とも 남녀 모두

심화❶　～と思う가 화자 본인(의문형일 경우는 상대방도 포함)의 판단을 말하는데 비해, ～と思っている는 제3자나 상대의 의견이나 판단일 경우에도 쓸 수 있다.

みんなは彼が犯人だと思っている。
모든 사람은 그가 범인이라고 생각하고 있다.

私のこと、バカだと思っているでしょ？
나를 바보라고 생각하고 있죠?

심화❷　～だろうと思います(~일 거라고 생각합니다), ～たいと思います(~하고 싶습니다)처럼 추측의 의미 ～だろう를 공손하게 표현하거나, 희망 표현 ～たい 뒤에 붙여서 더 겸손하게 말하는 역할을 하기도 한다.

彼はあの場所には戻らないだろうと思います。
그는 그 장소에는 돌아가지 않을 거라고 생각합니다.

一度北海道へ行ってみたいと思います。
한번 홋카이도에 가 보고 싶다고 생각합니다.

(2) ～でしょう ～이겠죠

～でしょう는 '～이겠죠'에 해당하는 불확실한 추측을 나타내는 표현이다.
です형에서 파생된 표현이라서 접속 형태가 기본적으로 です와 같으나 동사에
도 붙일 수 있고 앞에 모든 시제가 다 올 수 있다. 추량, 추측의 표현일 때는 억
양은 올리지 않는다.

▎동사에도 붙여 쓸 수 있다.
例 雨が降るです。(X)
あめ ふ
雨が降るでしょう。(O)
あめ ふ

▎**접속**

• **동사**

현재	来るでしょう 오겠죠
현재 부정	来ないでしょう 오지 않겠죠
과거	来たでしょう 왔겠죠
과거 부정	来なかったでしょう 오지 않았겠죠

• **い형용사**

현재	暑いでしょう 덥겠죠
현재 부정	暑くないでしょう 덥지 않겠죠
과거	暑かったでしょう 더웠겠죠
과거 부정	暑くなかったでしょう 덥지 않았겠죠

• **な형용사**

현재	暇でしょう 한가하겠죠
현재 부정	暇じゃないでしょう 한가하지 않겠죠
과거	暇だったでしょう 한가했겠죠
과거 부정	暇じゃなかったでしょう 한가하지 않았겠죠

• **명사**

현재	有料でしょう 유료겠죠
현재 부정	有料じゃないでしょう 유료가 아니겠죠
과거	有料だったでしょう 유료였겠죠
과거 부정	有料じゃなかったでしょう 유료가 아니었겠죠

다음의 예문처럼 ～でしょう는 일기 예보에서 많이 들을 수 있다. 일기 예보에
서 쓰는 표현들은 거의 고정 표현으로 굳어 있다.

明日は雨後晴れでしょう。 내일은 비가 온 후 맑겠죠.
あす あめのち は

午後は曇り時々雪でしょう。 오후에는 흐리고 때때로 눈이 오겠죠.
ごご くも ときどきゆき

▎後, 明日는 각각 後(~후),
明日(내일)의 공손한 표현이다.
あした
晴はれ 맑음

▎曇くもり 흐림

時々ときどき 때때로

明日の午前中は気温が5度以下まで下がり、寒くなるでしょう。
あした　ごぜんちゅう　きおん　ど　いか　さ　さむ
내일 오전 중은 기온이 5도 이하까지 떨어지고, 추워지겠죠.

추측의 표현일 때는 たぶん(아마), きっと(분명) 등의 부사와 어울리는 경우가
많다.

明日もたぶんいい天気でしょう。　내일도 아마 좋은 날씨겠죠.
あした　　　　　てんき

メールアドレス一つぐらいは誰でも持っているでしょう。
ひと　　　　　だれ　　も
이메일 주소 하나 정도는 누구라도 가지고 있겠죠.

簡単な操作なら子供でもできるでしょう。
かんたん　そうさ　こども
간단한 조작이라면 아이라도 할 수 있겠죠.

真面目な彼が授業を休むなんて、きっと忙しかったでしょう。
まじめ　かれ　じゅぎょう　やす　　　　　　いそが
성실한 그가 수업을 쉬다니 분명 바빴겠죠.

〜でしょうは 억양을 올려서 말하면 '〜이죠?'라는 확인의 의미가 된다. 이때
う를 생략하고 〜でしょ라고 짧게 말하기도 한다.

　　例 A：あなたも行くんでしょ(↗)。　당신도 가는 거죠?
　　　　い
　　　B：ええ、もちろんです。　예. 물론입니다.

(3) 〜だろう　〜이겠지

〜だろうは '〜이겠지'에 해당하는 불확실한 추측을 나타내는 표현이다. 〜で
しょう와 같은 뜻이지만, 〜でしょう의 반말 형태라 할 수 있겠다. 문장체에
서는 남녀 모두 같이 쓸 수 있지만, 회화체에서는 남성들이 주로 쓰는 표현이
다. 같은 상황에서 여성은 〜でしょう로 말하는 경우가 많다.

▌접속
〜でしょう와 같다.

そんなの誰も信じないだろう。　그런 거 아무도 안 믿을 거야.
だれ　しん

休みの日にはどこにも行かないでのんびり休むのもいいだろう。
やす　ひ　　　　　　　い　　　　　　　　　やす
쉬는 날에는 어디에도 가지 않고 느긋이 쉬는 것도 좋겠지.

のんびり 유유히, 느긋하게,
한가롭게(한가롭고 평온한 모
양)

使い方が簡単だから、おばあちゃんでも使えるだろう。
つか　かた　かんたん　　　　　　　　　　つか
사용법이 간단하니까 할머니라도 사용할 수 있겠지.

毎晩電話したら、両親も安心するだろう。
まいばんでんわ　　　りょうしん　あんしん
매일 밤 전화한다면 부모님도 안심하겠지.

212

ずっと外で待っていたから、相当寒かっただろう。
쭉 바깥에서 기다리고 있었으니까 상당히 추웠겠지.

きっと生活が大変だっただろう。
필시 생활이 힘들었겠지.

ずっと ① 오랫동안 계속, 줄곧 ② 훨씬(차이가 나는 모양)

相当는 부사로 '상당히'에 해당하는 표현이다.

~でしょう와 마찬가지로 억양을 올려 말하면 확인의 뜻이 된다. 남성들이 주로 쓰는 표현으로, 예를 들어 같은 상황에서 '그렇지?'라고 말할 때, 여성은 そうでしょ?, 남성들은 そうだろう?라고 말한다.

どう？おもしろいだろう？ 어때? 재있지?

うそだろう？ 거짓말이지?

심화　~たろう ~했을 것이다

완료형 ~ただろう에서 だ가 빠진 형태로, 뜻은 똑같이 '~했을 것이다'가 된다.

行かなかっただろう　→　行かなかったろう 가지 않았겠지

さびしかっただろう　→　さびしかったろう 외로웠겠지

優秀だっただろう　→　優秀だったろう 우수했겠지

(4) ~かもしれない　~일지도 모른다

~かも知れない는 '~일지도 모른다'라는 뜻으로 추측을 나타내는 표현 중 하나이다. 그럴 가능성이 있다는 의미로, 그렇지 않을 가능성도 내포하고 있으므로 ~でしょう처럼 단정적인 표현은 아니다.

> **접속**
> ~でしょう와 같은 접속 형태를 취한다. 따라서 な형용사는 어간에, 명사는 그대로 접속한다.
> 예 な형용사　好きかもしれません。 좋아할지도 모릅니다.
> 　　명사　　社長かもしれません。 사장님일지도 모릅니다.

회화체에서는 しれません을 생략하고 ~かも, ~かもね, ~かもよ의 형태로 쓰이기도 한다.

午後から、雪が降るかも知れません。 오후부터 눈이 올지도 몰라요.

そのアイデア、いいかもしれませんね。 그 아이디어 좋을지도 모르겠네요.

こんな仕事でも慣れてきたら、意外とおもしろくなるかもしれませんよ。
이런 일이라도 익숙해지면 의외로 재있어질지도 몰라요.

慣れてくる 익숙해지다

何かあったかも知れません。
뭔가 있었는지도 몰라요.

部長は、家族のことより仕事が優先かもしれない。
부장님은 가족보다 일이 우선일지도 모른다.

彼女の態度が気に入らなかったかもね。
그녀의 태도가 마음에 들지 않았을지도.

彼、まだ怒っているかもよ。
그 사람 아직 화나 있을지도.

気きに入いる 마음에 들다
➡관용 표현 入る의 읽는 방법에 주의한다. 入はいる와 구별해서 외우자. 그 외에 入いる를 쓰는 관용어구로는 悦えつに入いる(만족해서 기뻐하다) 등이 있다.

(5) ～そうだ ～일 것 같다, ～인 것 같다

～そうだ는 '～일 것 같다', '～인 것 같다'는 뜻의 판단이나 추측을 나타내는 표현으로, 문법 용어로 양태(樣態)의 표현이라고도 한다. 화자가 경험하지 않은 상태에서 받은 시각적인 인상이나 느낌을 말한다.
동사에 접속될 경우는 '곧 그렇게 될 것 같다'라는 뉘앙스이고, 형용사에 접속될 때는 '～해 보인다', '～하겠다'의 뉘앙스로 쓰인다.
아래의 예문은 각각 괄호 부분이 생략되어도 같은 의미를 나타낸다.

예 (まだ落ちていませんが)本が棚から落ちそうです。
(아직 떨어지진 않았지만) 책이 선반에서 떨어질 것 같아요.

(まだ見ていませんが)この映画はおもしろそうです。
(아직 보지는 않았지만) 이 영화는 재미있을 것 같아요.

접속

동사 **ます형+そうだ** 예 雨が降りそうです。 비 올 것 같습니다.
い형용사 **い 빼고(어간)+そうだ** 예 おいしそうです。 맛있을 것 같아요.
いい(좋다) → よさそうだ 예 質がよさそうです。 질이 좋아 보여요.
ない(없다, ~가 아니다) → なさそうだ
예 元気がなさそうです。 기운이 없는 것 같아요.
な형용사 **だ 빼고(어간)+そうだ** 예 暇そうです。 한가한 것 같아요.
※ 항상 모든 품사의 현재형에 접속이 되고, 명사에는 접속할 수 없다.

空を見ると、今にも雨が降りそうです。 하늘을 보니, 지금이라도 비가 올 것 같습니다.

今日はいいことがありそうです。 오늘은 좋은 일이 있을 것 같습니다.

お腹空いて死にそうだ。 배가 고파 죽을 것 같다.

お腹なかが空すく 배가 고프다

このスカートは私には大きそうです。　이 스커트는 나에게는 클 것 같습니다.

試合に負けて、とても悔しそうでした。　시합에 져서 아주 분한 것 같았습니다.

悔くやしい 분하다, 후회스럽다

写真で見ると、彼は人がよさそうです。　사진으로 보니까 그는 사람이 좋아 보여요.

病気だった彼は、今はとても元気そうです。　아팠던 그는 지금은 아주 건강해 보여요.

婚約した二人は幸せそうです。　약혼한 두 사람은 행복해 보여요.

婚約こんやく 혼약, 약혼

심화❶ ～そうだ 자체도 な형용사 활용을 한다.

～そうな : ～일 것 같은 ～ (명사 수식형)

高そうなバッグを持っています。　비싸 보이는 백을 가지고 있습니다.

ひと雨降りそうな空の模様ですね。　한차례 비가 올 것 같은 하늘이군요.

ひと雨あめ 한차례 비

とてもまじめそうな人でした。　아주 성실해 보이는 사람이었습니다.

～そうに : ～인 듯이, ～일 것처럼 (부사적 용법. 서술형을 수식할 때)

階段で転びそうになりました。　계단에서 넘어질 듯 되었습니다.

転ころぶ 구르다, 넘어지다

みんな忙しそうに働いていました。　모두 바쁜 듯이 일하고 있었습니다.

料理が出ると、おいしそうに食べ始めました。
요리가 나오자 맛있는 듯 먹기 시작했습니다.

심화❷ ～そうだ의 부정 표현 '～일 것 같지 않습니다'

～そうだ의 부정형은 부정형 ない에 そうだ를 붙인 형태 ～なさそうだ가 되는데, 동사의 경우는 조금 다르므로 주의해야 한다.

┃접속

동사	ます형+そうにない / そうもない / そうにもない
	📖 私にはできそうもありません。 제가 할 수 있을 것 같지 않아요.
い형용사	～くなさそうだ　📖 難しくなさそうです。 어렵지 않을 것 같아요.
な형용사	～じゃなさそうだ　📖 静かじゃなさそうです。 조용하지 않을 것 같아요.

外がうるさくて、今日も眠れそうにないです。
바깥이 시끄러워서 오늘도 잘 수 있을 것 같지 않아요.

原稿は、締め切りまでに書けそうにないです。
원고는 마감일까지 쓸 수 있을 것 같지 않아요.

締しめ切きり 마감일

一人の力ではできそうにもありません。
혼자의 힘으로는 할 수 있을 것 같지 않아요.

合格したのに、あまり嬉しくなさそうです。
합격했는데도, 그다지 기쁜 것 같지 않아요.

彼には人のアドバイスなど必要じゃなさそうです。
그에게는 남의 조언 따위는 필요하지 않은 것 같아요.

など는 '~ 등'이라는 뜻이지만, '~ 따위'의 느낌으로도 쓰며, 이 경우엔 회화체에서 なんか라고도 한다.

(6) ~ようだ ~ 같다

~ようだ는 한국어의 '~ 같다', '~인 것 같다'에 해당하는 추측의 표현이다. 어떤 정보에 의하기 보다는, 화자 본인이 보고 느끼고 판단해서, ~와 같은 모양이나 모습을 하고 있다고 말하는 느낌이다. ~ようだ는 문장체나 조금 딱딱한 말투로, 친근하게는 주로 ~みたいだ라는 표현을 많이 쓴다.

명사 수식형에 접속이 되므로 な형용사에 접속될 때는 ~なようだ, 명사에 접속할 때는 ~のようだ가 된다. よう는 본디 '모양', '모습'이라는 명사에서 온 말이므로, 명사 수식 형태로 접속된다고 생각하면 쉽게 이해될 것이다.

▌접속		
동사	종지형+ようだ	圓 あるようだ 있는 것 같다
い형용사	종지형+ようだ	圓 おもしろいようだ 재밌는 것 같다
な형용사	어간+な+ようだ	圓 きらいなようだ 싫어하는 것 같다
명사	명사+の+ようだ	圓 休みのようだ 휴가인 것 같다

~ようだ는 크게 다음과 같이 ①**추측**, ②**예시**, ③**비유**의 뜻으로 쓰인다.

① 주관적인 판단에 의한 추측

　　この商品は若い人に人気があるようです。
　　이 상품은 젊은 사람에게 인기가 있는 것 같아요.

② 예시 (예를 들어 ~ 같다)

　　チェさんのような性格の人が好きです。
　　최 씨와 같은 성격을 가진 사람이 좋아요.

③ 비유

　　この美術館はまるでホテルのようです。
　　이 미술관은 마치 호텔 같아요.

ようだ는 비유의 표현일 때는 まるで(마치), あたかも(흡사), いかにも(자못) 등의 부사와 잘 어울린다.

· 활용 예

玄関に誰か来たようです。ノックの音がします。
현관에 누군가 온 것 같아요. 노크 소리가 납니다.

外は強い風が吹いているようです。
바깥은 강한 바람이 불고 있는 것 같아요.

この皿は洗ってあるようです。
이 접시는 씻어 놓은 듯해요.

日本人なのにお寿司が嫌いなようです。
일본인인데도 초밥을 싫어하는 것 같아요.

これは武さんの上着のようです。
이것은 다케시 씨의 웃옷 같아요.

音ぉとがする 소리가 나다
➡出でる(나다)를 쓰지 않는
다는 점에 유의한다. '나다'
에 する를 쓰는 표현으로는
声がする(목소리가 나다),
においがする(냄새가 나
다) 등이 있다.

～てある는 '～해져 있다',
'～해 놓아져 있다'라는 상태
의 표현이다.

심화❶ ～ような+명사(~같은~)/～ように+서술형(~처럼,~같이,~이듯이)

ようだ는 그 자체로 な형용사 활용을 해서, 뒤에 명사를 수식할 때는 ～ような, 뒤에 서술형을 수식할 때는 ～ように가 된다.

そのようなことはありません。
그러한 일은 없습니다.

山田さんはあなたが思っているような人じゃないのよ。
야마다 씨는 당신이 생각하고 있는 그런 사람이 아니야.

お人形のようにかわいい人です。
인형처럼 귀여운 사람입니다.

桜がまるで雪が降っているように散っていました。
벚꽃이 마치 눈이 내리듯이 지고 있었습니다.

彼の本が飛ぶように売れているそうです。
그의 책이 날개 돋친 듯 팔리고 있다고 합니다.

桜さくらが散ちる 벚꽃이 지다

飛ぶように売れる는 '날개
돋친 듯 팔리다'라는 관용적인
표현.

심화❷ 동사의 현재형+ように ~하도록

～ようだ는 부사형으로 써서 ～ようにする, ～ように～する라고 하면 '～하도록 하다', '～하도록 ～하다'라는 표현이 된다.

危ないところは行かないようにしてください。
위험한 곳은 가지 않도록 해 주세요.

8時の会議に間に合うように今朝はタクシーに乗りました。
8시의 회의에 시간 맞춰 갈 수 있도록 오늘 아침은 택시를 탔습니다.

風邪を引かないように体に気をつけてください。
감기 들지 않도록 건강에 신경 쓰세요.

体に気をつける는 '건강에 유의하다'라는 뜻의 관용 표현.

部外者は入らないようにしてください。
외부 사람은 들어가지 않도록 해 주세요.

健康のため、近い距離は歩くようにしています。
건강을 위해 가까운 거리는 걷도록 하고 있습니다.

試験に落ちないようにしっかり勉強しなさい。
시험에 떨어지지 않도록 확실히 공부하세요.

(7) ～みたいだ　～ 같다

～みたいだ는 ～ようだ의 회화체적인 표현으로 ～ようだ처럼 추측, 비유, 예시 '～ 같다'의 뜻으로 쓰인다. 다만 ～ようにする처럼 '～하도록'이라는 뜻으로는 쓰이지 않는다.

접속은 ～ようだ처럼 모든 시제의 말에 접속될 수 있으나 ～ようだ와는 달리 な형용사의 기본형에 접속될 때는 어간＋みたいだ, 명사에 접속될 때는 그대로 접속해서 명사＋みたいだ가 된다. 한편 ～みたいだ 자체는 な형용사 활용을 해서 뒤에 명사가 올 때는 ～みたいな～, 서술형을 수식할 때는 ～みたいに～가 된다.

▌접속		
동사	종지형＋みたいだ	例 田舎に帰るみたいだ。시골에 돌아가는 것 같다.
い형용사	종지형＋みたいだ	例 寂しいみたいだ。외로운 것 같다.
な형용사	어간＋みたいだ	例 好きみたいだ。좋아하는 것 같다.
명사	명사＋みたいだ	例 夢みたいだ。꿈같다.

本物のダイヤモンドみたいです。
진짜 다이아몬드 같아요.

本物ほんもの 진품, 진짜
↔ 偽物にせもの 가품, 가짜

ユミさんは会社を辞めたみたいなんです。
유미 씨는 회사를 그만둔 거 같아요.

彼は昇進のことでまだ怒っているみたいです。
그는 승진 건으로 아직 화가 나 있는 것 같아요.

先輩みたいに仕事ができる人になりたいです。
せんぱい　　　　　しごと　　　　　　ひと
선배처럼 일을 잘하는 사람이 되고 싶어요.

まるで夢みたいな話ですね。　마치 꿈과 같은 이야기네요.
　　　ゆめ　　　　はなし

まったく、「ホームレスみたいな」格好して、どこに行ってきたのよ。
　　　　　　　　　　　　　　　　かっこう　　　　　　　　い
정말이지 노숙자 같은 모습을 하고 어디에 갔다 온 거예요?

仕事が大変みたいです。　일이 힘든 거 같아요.
しごと　たいへん

ホームレス(homeless) 집 없는 사람, 노숙자
格好かっこう 모양, 모습

(8) ～らしい ～ 같다

～らしい는 추측의 표현인데, ～ようだ에 비해 근거가 확실하거나, 보거나 들은 꽤 확실한 정보를 근거로 해서 추측한다는 느낌이다. 따라서 뒤에서 설명할 전문의 そうだ(～라고 한다)와 같은 상황에서 쓰이기도 한다. 즉 ～らしい는 추측과 전문의 요소를 가지고 있어서 **정보에 의한 추측 표현**이라고 한마디로 이해하면 좋을 것 같다.

이 표현은 본인이 확인한 일이라도 확실한 단정을 피할 때나 책임 있는 발언을 꺼릴 때 쓰인다. 직설적인 표현을 싫어하는 일본인의 성격상 많이 사용하는 표현이라 할 수 있겠다. '～ 같다', '～라는 것 같다', '～한다는 것 같다', '～했다는 것 같다' 등으로 해석하면 된다.

접속은 앞에 모든 시제의 말이 다 올 수 있지만, な형용사의 기본형에 접속될 때는 「어간+らしい」, 명사의 경우는 명사에 직접 らしい를 붙이는 것에 주의한다.

▌접속		
동사	종지형+らしい	예 見るらしい 보는 것 같다 み
い형용사	종지형+らしい	예 寒いらしい 춥다는 것 같다 さむ
な형용사	어간+らしい	예 上手らしい 잘하는 것 같다 じょうず
명사	명사+らしい	예 金持ちらしい 부자라는 것 같다 かねも

• 활용 예

みんなもう出かけてしまったらしいです。「電話に出ません。
　　　　　で　　　　　　　　　　　　でんわ　で
모두 외출해 버린 것 같아요. 전화를 안 받아요.

電話でんわに出でる 전화를 받다

先生はまだ独身らしいです。
せんせい　　　どくしん
선생님은 아직 독신이라는 것 같아요.

噂では、「先方の社長は相当な美人らしい。
うわさ　　　　せんぽう　しゃちょう　そうとう　びじん
소문으로는 상대편 사장님은 상당한 미인이라는 것 같다.

先方せんぽう는 '상대방'의 공손한 표현이다.

田中さんは来月神戸の学校に転校するらしいです。
たなか　らいげつこうべ　がっこう　てんこう
다나카 씨는 다음 달 고베에 있는 학교로 전학한다나 봐.

| 転校てんこうする 전학하다

鈴木さんのご主人は英語が上手らしいです。会議で通訳をしたそうです。
すずき　しゅじん　えいご　じょうず　かいぎ　つうやく
스즈키 씨의 남편은 영어를 잘하는 것 같아요. 회의에서 통역했다고 해요.

交渉はうまく行かなかったらしく、彼は不機嫌な顔で帰ってきた。
こうしょう　い　かれ　ふきげん　かお　かえ
교섭은 잘 안 됐던 모양으로, 그는 기분 안 좋은 얼굴로 돌아왔다.

| 交渉こうしょう 교섭
| うまくいく 잘되어 가다
| 不機嫌ふきげん 기분이 안 좋음

심화 접미어 〜らしい

〜らしい는 접미어로 쓰여 '〜다운', '〜답다'라는 의미를 만든다. 그 속성이 그 속성답다는 뜻이므로 다른 속성에는 쓸 수 없다.

예　小学生なのに、大人らしい格好をしています。(×)
しょうがくせい　おとな　かっこう
　　小学生なのに、大人っぽい格好をしています。(○)

초등학생인데, 어른스러운 차림을 하고 있습니다.

| 〜っぽい는 '〜스럽다', '〜같다'라는 뜻을 만드는 접미어. 참고로 おとなしい는 '얌전하다'라는 의미의 형용사로, 大人らしい(어른답다) / 大人っぽい(어른스럽다) / 大人しい(얌전하다)의 의미를 잘 구별하도록 한다.

위의 예문에서 「大人らしい」는 '어른답다'라는 뜻이 되므로 안 되는 것이다.

女らしい　여자답다
おんな

男らしい人　남자다운 사람
おとこ　ひと

人間らしい生活　인간다운 생활
にんげん　せいかつ

| **★★★ 핵심정리** | **そうだ・ようだ・らしい의 의미의 차이는?** |

漢字テスト、難しそうです。
かんじ　むずか
한자 테스트 어려울 것 같아요. (아직 보진 않았지만, 그럴 거 같다 / 또는 잠깐 봤을 때 그렇게 보인다)

漢字テスト、難しいようです。
한자 테스트 어려운 것 같아요. (사람들이 시험 보고 있는 모습이나, 그동안의 결과 등을 보고 판단했을 때 그런 것 같다)

漢字テスト、難しいらしいです。
한자 테스트, 어렵다는 거 같아요. (어디선가 들었다)

---

(9) 〜そうだ 〜(라)고 한다(전문)

〜そうだ는 반말 종지형에 붙여 '〜고 한다'라는 전문의 의미를 형성한다. 즉 듣거나 보거나 한 정보를 남에게 전달하는 의미가 된다. そうだ 자체는 거의 현재형으로 쓰이고, そうだ 앞에서 모든 시제가 끝난다는 점에 유의해야 한다. 시제 부분에서 초급자들이 틀리는 경우가 많다.

囲 昨日アメリカで大きい地震がありました。 어제 미국에서 큰 지진이 있었습니다.

→ 昨日アメリカで大きい地震があるそうでした。(×)

→ 昨日アメリカで大きい地震があったそうです。(○)

어제 미국에서 큰 지진이 있었다고 합니다.

接続		
動詞	終止形＋そうだ	囲 行くそうだ 간다고 한다
い形容詞	終止形＋そうだ	囲 おいしいそうだ 맛있다고 한다
な形容詞	終止形＋そうだ	囲 好きだそうだ 좋아한다고 한다
名詞	名詞＋だ＋そうだ	囲 テストだそうだ 시험이라고 한다

이 표현은 정보원을 나타내는 표현 ～によると(～에 의하면), ～の話では(～의 이야기로는)와 같이 쓰이기도 한다.

天気予報によると、来週あたりから梅雨に入るそうです。

일기 예보에 의하면 다음 주쯤부터 장마에 들어간다고 합니다.

> 梅雨つゆ 장마

大家さんの話では、昨日近所で強盗事件があったそうです。

집주인 이야기로는 어제 근처에서 강도 사건이 있었다고 합니다.

> 大家おおやさん 집주인
>
> 近所きんじょ 근처
>
> 強盗事件ごうとうじけん 강도 사건

昨日の花火大会はとても楽しかったそうです。

어제의 불꽃놀이는 정말 즐거웠다고 합니다.

彼女は韓国料理が得意だそうです。

그녀는 한국 요리가 자신 있다고 합니다.

浅井さんは、今日はお休みだそうです。

아사이 씨는 오늘은 휴가라고 합니다.

石田さんのお父さんは昔歌手だったそうです。

이시다 씨의 아버님은 옛날에 가수였다고 합니다.

(10) ～とのことだ ～라고 한다

～とのことだ는 직역하면 '～라고 하는 것이다'이므로, 자연스럽게는 '～라고 한다'라는 뜻의 전문 표현이다. 다른 사람에게 전해 들은 말을 그대로 전달한다는 느낌이다.

接続
대개는 동사, 형용사의 반말 종지형에 접속된다.

折り返し連絡するとのことでした。
그쪽에서 다시 연락한다고 합니다.

山田課長は電車の事故で30分ぐらい遅れるとのことです。
야마다 과장님은 전차 사고로 30분 정도 늦는다고 합니다.

取引先との商談で、会議には出席できないとのことです。
거래처와의 상담으로 회의에는 출석할 수 없다고 합니다.

そちらは、毎日猛暑が続いているとのことですが、お変りありませんか。
그쪽은 혹서가 계속되고 있다고 합니다만, 별고 없으세요?

折り返しは '되접음'을 나타내는 명사이다. 전화 예절 등에서 동사 앞에 붙여서 '이쪽에서 다시 ~한다'라는 뜻으로 자주 쓰인다. 折り返し電話する·返事する·連絡する (받는 즉시 이쪽(그쪽)에서 전화한다 / 답장한다 / 연락한다) 등의 형태로 쓴다.

商談은 비즈니스나 거래에 대한 상담을 말하며, 相談과 구별해서 쓴다. 相談은 일반적인 '의논', '상담'을 뜻한다.

3 중고급 문법 문형

(1) ～はず / ～はずがない ～일 것이다 / ～일 리가 없다

・～はず

～はず는 명사 수식형을 취하는 형식명사이다. '~일 것이다', '(당연히) ~일 터이다' 등의 당연한 일이나 이에 대한 기대, 추측을 나타낸다.
명사 수식형이므로 모든 품사의 모든 시제를 받을 수 있으나 な형용사의 기본형에 접속이 될 때는 な의 형태로 접속이 되고, 명사일 때는 の를 붙여 접속됨에 주의해야 한다. (예 便利なはずです。 편리할 것입니다. / 中身はツナのはずです。 내용물은 참치일 것입니다.)

彼女は看護師じゃなくて医者のはずです。
그녀는 간호사가 아니라 의사일 텐데요.

5年前なら、山田さんはまだ助教授だったはずです。
5년 전이라면 야마다 씨는 아직 조교수였을 터입니다.

あの辺は駅から近いから、家賃が高いはずです。
그 근처는 역에서 가까우니까, 집세가 비쌀 텐데요.

その試験は高一にはまだ難しかったはずです。
그 시험은 고1에게는 아직 어려웠을 것입니다.

일본도 高一, 高二, 高三, 中一, 中二, 中三, 小一(초등학교 1학년), 小六(초등학교 6학년)라고 표현한다.

彼はアメリカに10年も住んでいましたから、英語が上手なはずです。
그는 미국에 10년이나 살았으니까, 당연히 영어를 잘할 것입니다.

駅ができる前には、この辺りも静かだったはずだ。
역이 생기기 전에는 이 근처도 조용했을 터이다.

さっき宅配便で送りましたから、遅くても明日までには届くはずです。

아까 택배로 보냈으니까 늦어도 내일까지는 도착할 것입니다.

• ~はずがない

'~일 리 없다'는 뜻이다. 그럴 가능성이 없음을 나타내는 표현이다. ~はずがない에서 が를 생략해서 말하기도 한다.

あの人がそんなひどいことを言うはずがない。

그 사람이 그런 심한 말을 할 리가 없어.

彼はスポーツ万能だから、今度の体育大会に出ないはずがないと思います。

그는 스포츠 만능이니까, 이번 체육 대회에 나가지 않을 리가 없다고 생각해요.

千円ショップでしょう？高いはずないじゃない。

천 엔 숍이잖아? 비쌀 리 없잖아?

そんなはずがない。

그럴 리가 없어.

(2) ~まい ~하지 않을 것이다

~まい는 부정 추측의 표현 '~하지 않을 것이다'와 부정적인 의지 표현 '~하지 않으리라'의 두 가지 의미로 쓰이는데, 여기서는 추측의 표현에 초점을 맞춰 설명하기로 한다. 부정 의지의 표현은 'Chapter 15 의지의 표현'을 참고하기 바란다.

▌접속		
5단 동사	기본형＋まい	예 飲むまい
1단 동사	기본형 또는 ます형＋まい	예 見るまい / 見まい
변격동사	するまい 또는 しまい / 来るまい 또는 こまい	

~まい는 '~하지 않을 것이다'라는 부정 추측의 표현으로 ~ないだろう와 같은 의미이지만, 문장체나 딱딱한 표현으로 쓰인다. 회화에서는 ~ないだろう, ~ないでしょう라고 한다.

出産の苦痛は男の人にはわかるまい。(＝わからないだろう)

출산의 고통은 남자는 모를 것이다.

彼を会長に推すことに反対する人はまずあるまい。(＝ないだろう)

그를 회장으로 미는 것에 반대하는 사람은 우선 없을 것이다.

▌推す 추천하다, 밀다

223

ヤクザを怒らせたものだから、ただじゃ済むまい。(=済まないだろう)

야쿠자를 화나게 했으니까 그냥 끝나지는 않을 거야.

彼はもう同じ過ちは犯すまい。(=犯さないだろう)

그는 이제 같은 실수를 범하지는 않을 것이다.

ただでは済すまない 단순히
는 끝나지 않는다. 곱게 끝나
지는 않는다
➡ ただ는 '무료', '공짜'라는
뜻 외에 '단지', '단순히'라는
의미가 있다.

過あやまちを犯おかす 과오를
범하다

(3) ～に違いない ～임에 틀림없다

～に違いないは '～임에 틀림없다'에 해당하는 표현으로, 어떤 근거에 의한 강한 확신을 나타내는 말이라고 할 수 있다. 문장체의 느낌이다.

> **접속**
> 명사, な형용사의 어간, い형용사, 동사의 반말 종지형에 접속된다.

一年かかって準備したものだから、希望の会社に入れるに違いない。

일 년 걸려 준비했으니까 희망하는 회사에 들어갈 수 있음에 틀림없다.

皮で作られたものだから、値段が高いに違いない。

가죽으로 만들어진 것이니까 가격이 비쌈에 틀림없다.

知っていて、知らないふりをしているに違いない。

알고 있으면서 모르는 척 하고 있음에 틀림없다.

～ふりをする ～인 척을 하다

手口から見て、常習犯の犯行に違いない。

수법으로 봐서 상습범의 범행임에 틀림없다.

手口てぐち (범죄 등의) 수법

(4) ～に決まっている 당연히 ～일 것이다

決まるは '결정되다'라는 의미로, ～に決まっているは '～로 결정되어 있다', 즉 '당연히[반드시] ～일 것이다'라는 화자의 확신에 넘친 추측의 표현이다. 회화체에서 많이 쓰이는 표현이다.

> **접속**
> 명사, な형용사의 어간, い형용사, 동사의 반말 종지형에 접속된다.

そんなの嘘に決まってるでしょう。

그런 거 당연히 거짓말이겠죠.

実力から見ても、キャリアから見ても、木村さんが勝つに決まっている。

실력으로 보나 경력으로 보나 기무라 씨가 당연히 이길 거다.

腕のいいシェフの料理だから、おいしいに決まっている。
솜씨 좋은 요리사의 요리니까 당연히 맛있을 것이다.

全然勉強していないのだから、合格は無理に決まっている。
전혀 공부하고 있지 않으니까 합격은 당연히 무리일 것이다.

(5) ～わけがない ～일 리가 없다

～わけがないと는 '～일 리가 없다'는 뜻으로, ～할 이유나 가능성이 없음을 주장하는 표현이라 할 수 있다. 회화에서는 자주 ～わけがない에서 조사 が를 생략해서 말하며, ～はずがない(～일 리가 없다)와 바꾸어 써도 무방하다.

> ▌접속
> わけ는 '이유', '까닭'의 명사에서 온 말이므로, 명사 수식형에 접속된다.

小さな市場で、こんなに高価なものが売れるわけ(が)ない。
작은 시장에서 이런 고가의 물건이 팔릴 리가 없다.

素人が作ったものが人気があるわけ(が)ないでしょう。
초보자가 만든 물건이 인기가 있을 리가 없지.

ぜんぜん練習していないのだから、本選まで行けるわけがない。
전혀 연습 안 하고 있으니까 본선까지 갈 수 있을 리가 없다.

そもそも彼が言い出したものだから、来ないわけがない。
애초에 그가 제안한 거니까 오지 않을 리가 없다.

(6) ～っこない ～일 리가 없다

동사의 ます형에 접속해서 ～っこない라고 하면, '절대 ～ 안 한다', '～일 리가 없다'라는 뜻이 된다. 앞에 가능형이 오는 경우가 많고, 친근한 사이에서의 회화체 표현이다.

> ▌접속
> 동사, 가능 동사의 ます형에 접속된다.

そんな大役、私につとまりっこない。
그런 대역, 내가 감당해 낼 리가 없어.

こんなに難しい原書の翻訳、私にできっこない。
이런 어려운 원서 번역, 내가 할 수 있을 리가 없어.

こんなたくさんの資料、一日で読めっこない。

이런 많은 자료, 하루에 읽을 수 있을 리가 없어.

あなたみたいな怠け者が、政治家になんかなれっこない。

너 같은 게으름뱅이가 정치가 따위가 될 수 있을 리 없어.

怠なまけ者もの 게으른 사람

(7) 〜恐れがある　〜할 우려가 있다

〜恐れがあるは '〜할 우려가 있다'라는 뜻으로, 가능성을 나타내는 표현이다.
어떤 바람직하지 못한 일이 일어날 위험이나 가능성이 있다는 뉘앙스이다.

┃接続

앞에 동사의 현재형이나 명사가 접속된다.

子供の睡眠不足は、成長を妨げる恐れがある。

아이의 수면 부족은 성장을 방해할 우려가 있다.

〜不足ぶそく 〜 부족

例 運動不足 운동 부족
　　力不足 역부족
　　栄養不足 영양 부족

こんなに景気が悪いと、規模の小さい会社は倒産する恐れがある。

이렇게 경기가 나쁘면, 규모가 작은 회사는 도산할 우려가 있다.

この病気は伝染の恐れはないそうだ。

이 병은 전염의 우려는 없다고 한다.

集中豪雨で、土砂崩れの恐れがあるので、山に入らないようにしてください。

집중 호우로 토사 붕괴의 우려가 있으므로 산에는 들어가지 않도록 해 주세요.

土砂どしゃ崩くずれ 토사 붕괴

(8) 〜とは限らない　꼭 〜인 것은 아니다

〜とは限らない 또는 〜とも限らない라고 해서 '반드시 〜라고는 할 수 없다'
라는 의미를 형성한다. 限る가 '한하다', '한정되다'라는 뜻이므로 '〜라고는 한
정되지 않는다', 즉 '꼭 〜인 것은 아니다', '반드시 〜라고는 할 수 없다'라는 뜻
이 되는 것이다.

┃接続

명사, い형용사, な형용사의 반말 종지형에 접속된다.

痩せている人が体が弱いとは限らない。

마른 사람이 반드시 몸이 약하다고는 할 수 없다.

授業を受けているからといって、必ず合格するとは限らない。

수업을 듣고 있다고 해서 반드시 합격한다고는 할 수 없다.

先生だからといって、何でも知っているとは限らないから。
선생님이라고 해서 뭐든지 알고 있다고는 할 수 없으니까.

貧乏しているのは君だけだとは限らない。
가난한 게 너뿐이라고는 할 수 없다.

金持ちが幸せだとは限らない。
부자가 꼭 행복하다고는 할 수 없다.

そんなことをしたら命を落とさないとも限らない。
그런 일을 하면 목숨을 잃지 않는다고도 할 수 없다. (목숨을 잃을 수도 있다.)

命いのちを落おとす 목숨을
잃다

(9) ～って / ～んだって　～한대 / ～라면서?

って는 원래 인용 표현 ～と(~라고)의 회화체 표현인데, 전문의 느낌으로도 쓸
수 있다. 言っていた가 생략된 표현이라고 할 수 있겠다.

> ▌접속
> **문장의 종지형에 접속된다.**

あの二人、来月結婚するって(言っていた)。
저 두 사람, 다음 달에 결혼한대.

お父さんが早く帰ってこいって(言っていた)。
아버지가 빨리 돌아오래.

帰ってこい에서 来いは 명
령의 표현 '와'이다.

회화에서 전문은 ～んだって로 표현하는 경우가 많다. '~이래', '~한대'라는
뜻이고, 억양을 올려 말하면 '~라면서요? (그렇게 들었어요)'의 뜻이 된다. 앞에
～です의 공손한 표현이 올 수도 있지만, 손윗사람에게 쓰는 표현이라고는 할
수 없다.

> ▌접속
> **ん은 '것'을 뜻하는 の와 같은 말이므로, 명사 수식형에 접속이 된다.**

聞いたよ。あなた、ピアノが上手なんだって？うらやましいなあ。
들었어. 너, 피아노 잘 친다면서? 부럽다~.

あのレストラン、当日の予約は受けないんだって。
그 레스토랑, 당일 예약은 받지 않는대.

吉田さんのお隣に変な人が引っ越してきたんですって。

요시다 씨 옆집에 이상한 사람이 이사 왔대요.

お宅のお嬢さん、東京大学に入ったんですって？

댁의 따님, 도쿄대학에 들어갔다면서요?

(10) ～ごとし ～같다

～ごとし는 '～ 같다'는 의미인 ～ようだ의 문어체의 표현으로, 보통은 관용어
구나 속담 등에서 고정화되어 쓰이는 말이고 회화체에서는 자주 쓰지 않는다.

> **┃접속**
>
> 대개 명사나 동사의 ます형에 접속하여 ～のごとし, ～がごとし의 형태로 쓰인다. 또
> 한, 뒤에 명사를 수식할 때는 ごとき(～ 같은), 부사적으로 쓰일 때는 ごとく(～처럼)라
> 고 한다.

단, ごとき는 다음의 마지막 예문처럼 '～ 같은 것'이란 명사의 형태로 상대를
비하하거나 경멸할 때의 표현으로 회화에서 쓰일 때도 있다.

光陰矢のごとし。

세월이 화살과 같다.

命は風前の灯火の如し。

목숨은 풍전등화와 같다.

過ぎたるは、及ばざるが如し。

지나침은 모자라는 것과 같다.

吉村ごときに譲るもんか。

요시무라 같은 놈에게 양보할쏘냐.

Chapter
22

여러 가지
조건 표현

여러 가지 조건 표현

조건 표현이란 두 가지 사항, 즉 앞 일과 뒷일의 의존 관계, 뒷일이 앞 일에 의 존해서 일어나는 관계를 나타내는 표현을 말한다. '~하면', '~한다면', '~하거 든' 등에 해당하는 표현으로 가정의 형태를 포함한다. 여기서는 대표적인 조건 의 형태인 と, ば, たら, なら와 관련 표현을 설명하고자 한다.

1 と

(1) と의 기본적인 형태

▎접속		
동사	**종지형 +と**	図 買うと 사면
い형용사	**종지형 +と**	図 難しいと 어려우면
な형용사	**종지형 +と**	図 好きだと 좋아하면
명사	**종지형 +と**	図 日曜日だと 일요일이면

と는 기본적으로 반복적, 항상적으로 성립되는 관계를 나타내어 '~하면 (항 상) ~한다'라는 의미를 형성한다. 당연하고 법칙적인 사항을 나타내므로 '(만약) ~한다면' 등의 가정의 느낌은 거의 없고 <u>뒤에 의지, 희망, 명령, 의뢰 등의 표현 은 쓸 수가 없다.</u>

> 図 東京に行くと山田さんによろしく伝えてください。(×)
> 도쿄에 가면 야마다 씨에게 안부 전해 주세요.

위의 예문은 行ったら로 바꿔 주는 게 바람직하다.

4月になると桜の花が咲きます。
4월이 되면 벚꽃이 핍니다.

私は寝る前にコーヒーを飲むと眠れなくなります。
나는 자기 전에 커피를 마시면 잠이 안 와요.

この道をまっすぐ行くとデパートが見えます。
이 길을 곧장 가면 백화점이 보여요.

角を右に曲がると花屋があります。
모퉁이를 오른쪽으로 돌면 꽃집이 있습니다.

> ▎寝る와 眠る의 차이
>
> 寝る는 피상적으로 '자다', '눕 다'의 뜻. 眠る는 '잠들다'. 眠 れる는 眠る의 가능 동사로 '잠잘 수 있다'라는 뜻이다.

3に3を足すと6になります。　3에 3을 더하면 6이 됩니다.

大阪までは新幹線だと速いです。　오사카까지는 신칸센이라면 빠릅니다.

더하다 / 빼다 / 곱하다 / 나누다는 각각 足す·引く·かける·割る이고, 덧셈/뺄셈/곱셈/나눗셈은 足し算·引き算·掛け算·割り算이다.

(2) ～といい　～하면 좋겠다

～といいですね。는 '～하면〔이면〕 좋겠군요.'라는 의미의 희망이나 기원을 나타내는 표현이다. 항상적인 조건이 아니라 가정의 의미가 들어가는 표현이라고 할 수 있겠다.

遠足の日は、晴れるといいですね。
소풍날은 맑았으면 좋겠다.

遠足えんそく 소풍

お見合いでいい人に出会えるといいですね。
맞선에서 좋은 사람을 만날 수 있다면 좋겠네요.

お見合みあい 맞선

出会であう 우연히 만나다

今日みたいに残業のない日が続くといいのに。
오늘처럼 잔업이 없는 날이 계속되면 좋으련만.

生まれてくる子供が男の子だといいなあ。
태어날 아이가 남자아이면 좋겠어.

(3) ～と、～た　～했더니 ～했다

전체 시제가 과거일 때의 と는 '～하면〔이면〕'이라고 해석해서는 안 된다. 이때는 '～했더니〔～하자〕 ～했다'는 의미로, 앞의 일이 계기가 되어 뒤의 일이 일어나거나 뒤의 일을 발견했다는 뜻이다. 또한 어떤 행위를 한 후 연이어 뒤의 일을 한다는 연속 상황의 뜻으로 쓰인다.

ビールを一杯飲むと、元気になった。
맥주를 한 잔 마셨더니 기운이 났다.

ろうそくをつけるといい雰囲気になった。
촛불을 켰더니 분위기가 좋아졌다.

彼は30分ほど経つと帰ってきました。
그는 30분 정도 지나자 돌아왔습니다.

一ヶ月ぶりに家に帰ると、留守中に配達された郵便物がたまっていた。
한 달 만에 집에 돌아가자 부재중에 배달된 우편물이 쌓여 있었다.

留守는 '부재중'이라는 뜻. 참고로 留守番電話는 자동응답전화기를 말한다.

彼女はその手紙を読むと顔をしかめた。
그녀는 그 편지를 읽자 얼굴을 찌푸렸다.

顔かおをしかめる 얼굴을 찡그리다

2 ば

(1) ば의 기본적인 형태

┃접속

동사	**e ば** (동사의 종류를 막론하고 끝을 え단으로 바꾸고 ば를 붙인다.)

예 会えば 만나면　　行けば 가면　　　　　話せば 이야기하면
　待てば 기다리면　死ねば 죽으면　　　　遊べば 놀면
　乗れば 타면　　　起きれば 일어나면　　見れば 보면
　すれば 하면　　　来れば 오면

い형용사	**い를 빼고(어간에) ければ**

(모든 품사의 부정형 「〜ない」도 「〜なければ」가 된다.)

예 おいしければ 맛있으면　　　　新しければ 새롭다면
　よければ 괜찮다면　　　　　　なければ 없다면

[동사 부정]

예 行かなければ 가지 않으면　　寝なければ 자지 않으면
　しなければ 하지 않으면　　　来なければ 오지 않으면

[い형용사 부정]

예 暑くなければ 덥지 않으면　　よくなければ 좋지 않으면

[な형용사 / 명사 부정]

예 好きじゃなければ 좋아하지 않으면
　職員じゃなければ 직원이 아니면

な형용사	**な를 빼고(어간에) なら(ば) /** **어간＋であれば** (〜であれば는 문장체 표현)

예 静かなら(ば) / 静かであれば 조용하다면

명사	**명사＋なら(ば) / 명사＋であれば**

예 優秀な学生なら(ば) / 優秀な学生であれば 우수한 학생이라면

〜ば는 '〜면', '〜하면'의 뜻으로, 앞의 일이 성립되면 반드시 뒤의 일이 성립된다는 항상적이고 논리적인 인과 관계를 나타낸다. 이러한 점은 〜と와 유사한데, 〜ば는 '〜한다면', '〜하면' 등의 가정을 하는 조건으로도 쓸 수 있다. 이때는 앞의 일의 가정에 대한 당연한 귀결을 말하거나 장래에 일어날 수 있는 조건이 두 가지 있어서 어느 쪽으로 할지 아직 정해지지 않았을 경우 '〜하면 〜한다(〜하지 않으면 〜 안 한다)'의 느낌으로 쓴다. 대개 <u>뒤의 일에 의지, 희망, 명령, 요구 등의 표현은 올 수가 없다.</u>

最終面接に合格すれば、東京にいますが、合格しなければ、田舎に帰るつもりです。

최종 면접에 합격하면 동경에 있지만, 합격 안 하면 시골에 돌아갈 생각입니다.

私はお金があまりないので、安ければ行きます。(＝高ければ行きません。)

나는 돈이 그다지 없어서 싸다면 가겠습니다. (= 비싸면 안 가요.)

もし雪が降れば行きません。(＝雪が降らなければ行きます。)

만일 눈이 오면 안 가요. (= 눈이 오지 않으면 갑니다.)

みんながやらなければ私もやりません。(＝みんながやれば私もやります。)

모두가 안 하면 나도 안 해요. (= 모두가 하면 나도 해요.)

ワインがなければビールでもいいです。

와인이 없으면 맥주라도 좋아요.

道が分かれば一人で帰れます。

길을 알면 혼자서도 돌아갈 수 있습니다.

周りが静かなら(ば)少しぐらい交通が不便でもかまわない。

주위가 조용하다면 조금은 교통이 불편해도 상관없다.

심화 ば 부분이 동작성 술어인 경우는 뒤에 의지, 요구, 명령, 금지, 희망의 표현 등이 올 수 없다. 하지만 ば 부분이 상태성 술어인 경우는 이러한 표현이 가능하다.

明日ここへ来れば電話してください。(×) 〈요구〉
　　　동작성 술어 → 来たら(○)

내일 여기에 오면 전화해 주세요.

買い物に行けば私も連れていってください。(×) 〈요구〉　　　　　　　　　　　　│ 連れていく 데리고 가다
　　　동작성 술어 → 行くなら(○)

쇼핑하러 갈 거라면 나도 데려가 주세요.

値段が高くなければ買おうと思います。〈의지〉
　　　상태성 술어

가격이 비싸지 않으면 사려고 생각해요.

機会があれば社交ダンスを習ってみたいです。〈희망〉
　　　상태성 술어

기회가 있으면 사교댄스를 배워 보고 싶어요.

(2) 〜ば、〜た ~했더니 ~했다

〜ば가 과거의 사실을 말할 때, 즉 과거 시제에서는 '~했으면 (~했을 텐데)'라는 뜻이 되어 **과거 사실의 반대의 의미**를 형성한다. 과거 사실에 대해 실제로는 하지 않았던 일이나 실제와는 반대의 상황을 가정해서 성립되는 결과를 말해 보는 것이다. 문장 끝에 のに를 동반하기도 한다. 이때의 のに는 '~텐데'의 의미이다.

もう少し練習しておけばよかった。
좀 더 연습해 두었으면 좋았을걸. (연습 안 했음)

この店で買えば安く買えたのに。
이 가게에서 샀으면 싸게 살 수 있었을 텐데. (다른 가게에서 샀음)

彼の寂しさに気づいてあげれば何かアドバイスができたかもしれない。
그의 외로움을 알아차려 줬더라면 뭔가 조언을 할 수 있었을 지도 모른다.

> 気づく 알아채다, 눈치채다

先生の説明をちゃんと聞いていれば、この問題は簡単に解けたのに。
선생님의 설명을 제대로 듣고 있었다면 이 문제는 간단히 풀 수 있었을 텐데.

> 解ける 풀 수 있다, 풀리다
> ➡ 解く 풀다

男に生まれればよかった。
남자로 태어났으면 좋았을걸.

(3) 〜ば 〜ほど ~하면 ~할수록

「〜ば＋기본형＋ほど」는 '~하면 ~할수록'의 뜻이다. ほど는 '만큼'에 해당하는 비교를 나타내는 조사이다.

会えば会うほど好きになります。
만나면 만날수록 좋아져요.

考えれば考えるほど腹が立つ。
생각하면 생각할수록 화가 난다.

> 腹が立つ 화가 나다

質がよければいいほど、値段は高くなります。
질이 좋으면 좋을수록 가격은 비싸집니다.

(4) Aも〜ば、Bも〜 A도 ~하거니와, B도 (~한다)

〜ば형을 이용해서 「Aも〜ば、Bも〜」라고 하면 'A도 ~하거니와 B도 ~한다'라는 일종의 열거의 의미가 된다. 비슷한 항목을 나열하여 강조하거나 여러 경우를 열거하는 의미로 쓰인다.

肝臓が悪いのに、お酒も飲めば、タバコも吸う。
간이 나쁜데도 술도 마시거니와 담배도 피운다.

犬が好きな人もいれば猫が好きな人もいる。
개를 좋아하는 사람도 있거니와 고양이를 좋아하는 사람도 있다.

フリーでやっているから、収入がいい時もあれば悪い時もある。
프리로 하고 있으니까 수입이 좋을 때도 있고 나쁠 때도 있다.

遊びに行きたいのは山々だけど、時間もなければ、お金の余裕もない。
놀러 가고 싶은 마음은 굴뚝같지만, 시간도 없거니와 돈도 없다.

독り暮らしだから、炊事もやれば掃除もする。
혼자 사니까 취사도 하거니와 청소도 한다.

| ~たいのは山々やまやまだ
~하고 싶은 마음은 굴뚝같다

| 独ひとり暮ぐらし 독신 생활,
혼자 사는 생활

3 たら

(1) たら의 기본적인 형태

| ▌접속
과거형 ~た형에 ら를 붙인 형태

동사	例 買ったら / 買わなかったら 산다면 / 사지 않는다면
い형용사	例 難しかったら / 難しくなかったら 어렵다면 / 어렵지 않다면
な형용사	例 好きだったら / 好きじゃ〔で〕なかったら 좋아한다면 / 좋아하지 않는다면
명사	例 日曜日だったら / 日曜日じゃ〔で〕なかったら
일요일이라면 / 일요일이 아니라면

たら는 완료형에 접속되는 만큼, 앞 조건이 이루어졌을 경우를 가정한다.
①가정 조건으로 '만일 그렇게 된다면'의 의미, ②확정 조건으로 앞 조건이 이루어졌을 때 그 경우 성립되는 사항을 말하는 의미로 둘 다 쓸 수 있다. '~하면', '~하게 되면', '~하거든' 등으로 해석할 수 있으며, 회화에서 가장 많이 사용되는 형태이다. 뒤의 문장에 의지, 요구, 명령, 금지, 희망 등의 표현이 올 수 있다.

もしお金が足りなかったらどうしますか。
만약 돈이 부족하면 어떻게 합니까?

暑かったらクーラーをつけてください。
덥다면 에어컨을 켜 주세요.

| クーラー 쿨러, 에어컨, 냉방
장치

その部屋が静かだったらそこで作業をしましょう。
그 방이 조용하다면 거기서 작업을 합시다.

駅に着いたら電話をください。
역에 도착하거든 전화를 주세요.

試験が終わったらスキーに行きましょう。
시험이 끝나면 스키 타러 갑시다.

飛行機が止まったらシートベルトを外してください。
비행기가 멈추면 안전벨트를 푸세요.

日本に行ったらおいしい寿司をお腹いっぱい食べたいです。
일본에 가면 맛있는 초밥을 배불리 먹고 싶습니다.

お名前と住所を書いたら受付に出してください。
이름과 주소를 쓰면(쓰고 나서) 접수처에 내 주세요.

200万円あったら世界旅行ができるかもしれない。
200만 엔이 있다면 세계 여행을 할 수 있을지도 모른다.

| (眼鏡めがね・時計とけい・ベルト…)を外はずす (안경, 시계, 벨트 등)을 끄르다, 풀다, 벗다

| 受付うけつけ 접수, 접수처

(2) ～たら、～た　～했더니 ～했다

전체 시제가 과거일 때의 たら는 '～한다면'이라고 해석해서는 안 된다. 이때는 '～했더니(～하자) ～했다'라는 의미로, 앞의 일이 계기가 되어 뒤의 일이 일어나거나 뒤의 일을 발견했다는 뜻으로 쓰인다.

窓を開けたら真っ青な海が見えました。
창문을 열었더니 새파란 바다가 보였습니다.

お湯で洗ったらきれいになった。
더운물로 씻었더니 깨끗해졌다.

薬を飲んだら少し楽になりました。
약을 먹었더니 조금 편해졌습니다.

家に帰ったら小包が届いていた。
집에 돌아갔더니 소포가 배달되어 있었다.

この間ある会合へ行ったら、久しぶりに高橋先生にお目にかかりました。
얼마 전 어느 모임에 갔더니 오랜만에 다카하시 선생님을 뵈었습니다.

| お湯ゆ 더운물

| 届とどく 도달되다, 닿다

| お目めにかかる 뵙다

대개의 경우 と와 바꿔 쓸 수 있지만, 연속 동작일 경우에는 たら를 쓸 수 없다.

彼女はその手紙を読んだら顔をしかめた。(×)
→ 読むと (○)

그녀는 그 편지를 읽자 얼굴을 찌푸렸다.

顔をしかめる 얼굴을 찌푸리다

(3) ～たら(どうですか) ～하는 게 어때요?

～たらどうですか는 '～하는 게 어때요?'라는 의미로 제안이나 권유를 나타내는 관용적인 표현이다. 친근한 사이에서는 ～たらどう?라고도 하고, 아예 どう나 どうですか를 생략해서 ～たら?라고 말하기도 한다.

タバコをやめたらどうですか。 담배를 끊는 게 어때요?

タバコ(담배)/お酒(술)는 '끊다'라고 해서 切る를 쓰지 않고, 반드시 '그만두다'라는 뜻의 やめる라고 해야 한다.

わからないところは先生に聞いてみたらどうですか。
모르는 곳은 선생님에게 물어보면 어때요?

仕事ばかりしないで、たまには旅行にでも行ったらどう？
일만 하지 말고, 가끔은 여행이라도 가는 게 어때?

そんなに嫌なら、行くのをやめたら？
그렇게 싫다면 가는 걸 그만두는 게 어때?

体調悪いでしょう？少し休んだら？
몸 상태 안 좋잖아요? 조금 쉬는 게 어때요?

体調が悪い 몸 상태가 안 좋다, 아프다

4 なら

▌접속		
동사	종지형+なら	例 来るなら 오는 거라면
い형용사	종지형+なら	例 寒いなら 춥다면
な형용사	어간+なら	例 暇なら 한가하다면
명사	명사+なら	例 お金なら 돈이라면

なら는 상대의 발언이나 확정되어 있는 상황에 근거하여 자신의 생각이나 의견을 말하는 경우에 쓰는 표현이다.

명사에 접속될 때는 '～라면', '～이면', 서술형에 접속될 때는 ～할지 ～하지 않을지 모르지만 '～한다면', '～하는 거라면'의 뉘앙스로 쓰인다. 동사나 い형용사에 접속될 때는 ～のなら를 쓰기도 한다.

ハサミなら真ん中の引き出しの中にあります。
가위라면 가운데 서랍 안에 있습니다.

土曜日なら暇ですが、日曜日は忙しいです。
토요일이라면 한가하지만 일요일은 바빠요.

お金持ちなら誰とでも結婚します。
부자라면 아무하고나 결혼할래요.

体重35キロ以上なら乗ることができます。
체중 35kg 이상이라면 탈 수 있습니다.

テレビを買いたいんですか。テレビを買うのなら、駅前の電気屋さんが安い
ですよ。
TV를 사고 싶어요? TV를 살 거라면 역 앞 전기상이 싸요.

重い荷物があるなら、車で行った方がいいですよ。
무거운 짐이 있다면 차로 가는 것이 좋아요.

다음의 두 문장은 의미가 전혀 다르다. 비교해 보자.

彼女が来るのなら私は帰ります。　그녀가 오는 거라면 난 돌아갈래요.

彼女が来たら私は帰ります。　그녀가 오면(오고 나서) 난 돌아갈래요.

마찬가지의 용법으로 일본 음주 운전 금지 표어에 다음과 같은 말이 있다. たら
와 なら를 잘 구별해 주는 표현이라 할 수 있겠다.

飲んだら乗るな。乗るなら飲むな。
마셨다면 타지 마라. 탈 거라면 마시지 마라.

> 「기본형＋な」는 금지 명령
> '~하지 마'라는 뜻.

Mini Test

1 北海道へ (a. 行くなら　b. 行ったら)、6月ごろがいいです。
2 北海道へ (a. 行くなら　b. 行ったら)、雪祭りが見たいです。
3 私はもう読み終わりましたから、この本を (a. 読んだら　b. 読むなら)、貸してあげます。
4 この本を (a. 読んだら　b. 読むなら)、吉田さんに返してください。
5 専門書を (a. 買うなら　b. 買ったら)、大きい本屋の方がいいです。
6 専門書を (a. 買うなら　b. 買ったら)、私にも見せてください。

정답　1 a　2 b　3 b　4 a　5 a　6 b

Chapter
23

사역의 표현

Chapter 23 사역의 표현

1 사역형의 의미와 접속 방법

사역이란 '~하게 하다', '~시키다'라는 의미이다. 동사의 어미에 せる, させる
를 붙이면 사역의 의미를 형성하게 된다. 이러한 せる, させる 형태가 사역형이
다. 사역형의 접속 형태는 ない형과 동일하다.

┃ 활용 공식

(1) 5단 동사 (1그룹) : 기본형 [u]단을 [a]단으로 바꾸고 せる를 붙인다.

例 言う　　→　言わせる 말하게 하다

　　泳ぐ　　→　泳がせる 수영하게 하다

　　押す　　→　押させる 누르게 하다

　　勝つ　　→　勝たせる 이기게 하다

　　死ぬ　　→　死なせる 죽게 하다

　　及ぶ　　→　及ばせる 미치게 하다

　　休む　　→　休ませる 쉬게 하다

　　やる　　→　やらせる 하게 하다

※ ない형과 마찬가지로 う단은 あ가 아니라 わ로 바뀐다.

(2) 1단 동사 (2그룹) : る를 없애고 させる를 붙인다.

例 起きる　→　起きさせる 일어나게 하다

　　見る　　→　見させる 보게 하다

　　かける　→　かけさせる 걸게 하다

　　覚える　→　覚えさせる 외우게 하다

(3) 불규칙 (3그룹)

　　する　　→　させる 하게 하다, 시키다

　　　　　　　　例 散歩させる 산보하게 하다

　　来る　　→　来させる 오게 하다

　　　　　　　　例 持ってこさせる 가져오게 하다

사역형은 일반적으로 어떤 사람의 명령이나 지시에 따라 다른 사람이 행동을 한
다는 의미지만, 실제로는 강제, 지시, 방임, 허가, 원인 등 한국어로 '~하게 하
다', '~시키다'로 해석되는 대부분의 경우에 쓸 수 있으므로 구별해서 외울 필요
는 없다.

[강제] お母さんは学校に行きたがらない子供を無理に登校させた。
어머니는 학교에 가고 싶어 하지 않는 아이를 무리하게 등교시켰다.

[지시] 社長は秘書に資料を10部用意させた。
사장님은 비서에게 자료를 10부 준비하게 했다.

用意よういする 준비하다

[허가] 友達は私にノートパソコンを使わせてくれた。
친구는 나에게 노트북을 사용하게 해 주었다.

[방임] 子供のころ、母は私を自由に遊ばせました。
어릴 때, 엄마는 나를 자유롭게 놀게 했습니다.

[원인] 金融不安が不景気を深化させている。
금융 불안이 불경기를 심화시키고 있다.

> **┃TIP** 사역의 의미를 가지는 표현 乗せる・着せる・寝かせる
>
> 사역형은 아니지만 사역의 표현과 유사한 의미를 가지는 단어가 있다.
> 乗せる(태우다), 着せる(입히다), 寝かせる(누이다, 자게 하다)가 그것인데, 사역형 乗らせる(타게 하다), 着させる(입게 하다), 寝させる(자게 하다)는 주어가 대상에게 그런 행동을 하게 시킨다는 의미를 가진 반면, 위의 단어들은 대상은 가만히 있고 주어가 직접 '~해 준다'는 의미를 지닌다.

2 주요 문법 문형

(1) AはBに Nを〜(さ)せる A는 B에게 N을 ~시키다

뒤에 목적어가 올 때의 형태로, **타동사의 사역문**이라고 할 수 있다. 주로 AはBに Nを〜(さ)せる(A는 B에게 N을 ~하게 하다)의 형태로 쓰이는데, 주어 A가 私は 내지는 B가 私에 일 경우는 생략해서 말하기도 한다.

예 父：新聞を持ってきなさい。 신문을 가져오거라.

→ 父は(私に)新聞を持って来させました。
아버지는 (나에게) 신문을 가져오게 했습니다.

母は子供に風邪薬を飲ませました。
엄마는 아이에게 감기약을 먹게 했습니다.

先生は生徒に新しい単語を毎日20個ずつ暗記させました。
선생님은 학생에게 새로운 단어를 매일 20개씩 외우게 했습니다.

資料しりょう集あつめ
자료 수집

先輩は後輩に資料集めを手伝わせました。
선배는 후배에게 자료 수집을 거들게 했습니다.

手伝てつだう 거들다

社長は秘書に吉田さんを待たせました。
사장님은 비서에게 요시다 씨를 기다리도록 했습니다.

とても散らかっていたので、母は部屋を片付けさせた。
너무 어질러져 있어서 엄마는 방을 치우게 했다.

散ちらかる 흩어지다, 어질러져 있다

(2) AはBを〜(さ)せる　A는 B를 〜시키다

목적어 부분이 자동사가 올 때의 형태, 즉 **자동사의 사역문**으로 AはB(사람)を 〜(さ)せる(A는 B를 〜하게 하다)의 형태로 쓰인다.

동사가 스스로 제어할 수 없는 감정(泣く・笑う・怒る・がっかりする・心配する…)일 경우에는 목적어 B는 반드시 〜を를 쓴다. 그 외의 자동사일 경우도 일반적으로 〜を를 쓰는데, 부드러운 지시의 뜻으로 말할 때는 〜に를 쓰기도 한다.

おもしろい話をして、彼はみんなを笑わせました。
재미있는 이야기를 해서 그는 모두를 웃겼습니다.

子供のころ、よく弟を泣かせた。
어릴 때 자주 남동생을 울렸다.

新入社員の頃は毎日帰りが遅くて両親を心配させました。
신입 사원 때는 매일 귀가가 늦어서 부모님을 걱정하게 했습니다.

司法試験に落ちて父をがっかりさせてしまった。
사법 시험에 떨어져서 아버지를 실망시켰다.

司法試験しほうしけんに落おちる 사법 고시에 떨어지다
➡일본은 '사법 고시'란 말을 쓰지 않는다.

先生は生徒を廊下に立たせました。
선생님은 학생을 복도에 서게 했습니다.

小学生のころから、母は私を塾に通わせました。
초등학교 때부터 엄마는 나를 학원에 다니게 했습니다.

塾는 소규모의 학원, 보습 학원 정도를 말한다. 규모가 큰 경우에는 보통 学校라고 하고, 学院이라는 말은 그다지 사용하지 않는다. 일본어학원인 경우는 주로 日本語がっこう라고 하며, 교습하는 곳은 〜教室라고 하는 게 일반적이다.

例料理教室 요리 학원

今晩の接待は山田君に行かせます。
오늘 밤의 접대는 야마다 군에게 가게 할 겁니다.

(3) 〜(さ)せてください　〜하게 해 주세요

사역형에 〜てください를 붙여 〜(さ)せてください라고 하면 '〜하게 해 주세요'라는 허가를 구하는 의미가 된다.

今度の出張は私に行かせてください。
이번 출장은 저에게 가게 해 주세요.

その件は私に調べさせてください。
<ruby>件<rt>けん</rt></ruby> <ruby>私<rt>わたし</rt></ruby> <ruby>調<rt>しら</rt></ruby>

그 건은 저에게 조사하게 해 주세요.

ここは私に払わせてください。
<ruby>私<rt>わたし</rt></ruby> <ruby>払<rt>はら</rt></ruby>

여기는 내가 부담하게 해 주세요.

その仕事はぜひ私にやらせてください。
<ruby>仕事<rt>しごと</rt></ruby> <ruby>私<rt>わたし</rt></ruby>

그 일은 꼭 제게 시켜 주세요.

企画案に目を通して、意見を聞かせてください。
<ruby>企画案<rt>きかくあん</rt></ruby> <ruby>目<rt>め</rt></ruby> <ruby>通<rt>とお</rt></ruby> <ruby>意見<rt>いけん</rt></ruby> <ruby>聞<rt>き</rt></ruby>

기획안을 보시고 의견을 들려주세요.

少し考えさせてくださいませんか。
<ruby>少<rt>すこ</rt></ruby> <ruby>考<rt>かんが</rt></ruby>

조금 생각하게 해 주시지 않겠어요?

払はらう (돈을) 지불하다, 치르다	

目めを通とおす 훑어보다, 대충 보다	

(4) 〜(さ)せないでください ~하게 하지 마세요

사역형에 〜ないでください를 연결하여 〜(さ)せないでください라고 하면 '~하게 하지 말아 주세요'라는 의미가 된다.

もう彼を怒らせないでください。
<ruby>彼<rt>かれ</rt></ruby> <ruby>怒<rt>おこ</rt></ruby>

이제 그를 화나게 하지 말아 주세요.

変な質問をして新任の先生を困らせないでください。
<ruby>変<rt>へん</rt></ruby> <ruby>質問<rt>しつもん</rt></ruby> <ruby>新任<rt>しんにん</rt></ruby> <ruby>先生<rt>せんせい</rt></ruby> <ruby>困<rt>こま</rt></ruby>

이상한 질문을 해서 신임 선생님을 곤란하게 하지 마세요.

これ以上母を悲しませないでください。
<ruby>以上母<rt>いじょうはは</rt></ruby> <ruby>悲<rt>かな</rt></ruby>

이 이상 엄마를 슬프게 하지 마세요.

また残業ですか？新婚なんだから奥さんを寂しがらせないでください。
<ruby>残業<rt>ざんぎょう</rt></ruby> <ruby>新婚<rt>しんこん</rt></ruby> <ruby>奥<rt>おく</rt></ruby> <ruby>寂<rt>さび</rt></ruby>

또 야근이에요? 신혼이니까 부인을 외롭게 하지 마세요.

悲かなしむ 슬퍼하다	

형용사 어간에 〜がる를 붙이면 '~해하다'라는 뜻이 된다.
例 寂しがる 외로워하다
　 難しがる 어려워하다
<ruby>寂<rt>さび</rt></ruby> <ruby>難<rt>むずか</rt></ruby>

(5) 〜(さ)せてもらう ~하게 해 받다

〜(さ)せてもらう, 〜(さ)せていただく를 직역하면 '~하게 해 받다'인데, 이는 한국어에서 쓰지 않는 어색한 말이다. 이 표현은 누군가 또는 상대방이 하게 해서(또는 허락해서, 양해를 얻어) '(내가) ~한다'는 의미이다. 미리 양해를 구했다거나 허락을 얻었다 내지는 은혜를 입었다는 느낌이 있어서 공손하고 정중한 느낌이 든다.

다음 예문과 같이 경우에 따라서는 〜(さ)せてくれる(~하게 해 주다)로 바꿔 쓸 수 있는 경우도 있는데, 이때는 조사에 주의해야 한다.

例 (私は)叔父に大学に行かせてもらいました。
(나는) 삼촌으로부터 대학에 가게 해 받았습니다.

＝叔父が(私を)大学に行かせてくれました。

삼촌이 (나를) 대학에 가게 해 주었습니다.

お先に帰らせてもらいます。
먼저 돌아가겠습니다.

この間、あなたの原稿を読ませてもらいました。とてもおもしろかった
です。

얼마 전 당신의 원고를 읽었습니다. 매우 재밌었어요.

卒業後、橋本先生のもとで、3年間助手として働かせていただきました。

졸업 후, 하시모토 선생님 아래에서 3년간 조수로 일했습니다.

~のもとで ~ 밑에서, ~ 아래에서

助手じょしゅ 조수, 조교

今日はこれで終わらせてもらいます。
오늘은 이것으로 끝내겠습니다.

本日は休業させていただきます。
오늘은 휴업하겠습니다.

本日는 今日의 공손한 표현.
이 문구는 가게가 휴업을 공지할 때 많이 쓰는 표현이다.

それでは受賞者を発表させていただきます。
그러면 수상자를 발표하겠습니다.

♦ ～(さ)せていただけませんか(~해도 됩니까), ～(さ)せていただきたいですが(~하고
싶은데요) 등의 표현도 있으나 이 부분은 'Chapter 26 경어의 표현'에서 설명하기로 한
다.

Chapter

24

수동의 표현

Chapter 24 수동의 표현

1 受け身(수동)의 의미와 접속 방법

일본어에서의 수동, 피동 표현은 보통 受け身라고 말한다. 말 그대로 주어는 행동을 하지 않는데 다른 사람(또는 사물)의 행동이나 동작, 작용 등을 받는다 는 의미이다.

대개 '~이(히)다', '~되다', '~지다'로 해석되며 어미에 れる, られる를 붙여 표현한다. 또한 迷惑(폐, 피해)의 受け身라고 해서 '~당하다(그래서 곤란하다)'의 뜻으로도 쓰이기도 하고, 한국어와는 달리 자동사의 경우도 수동 표현이 가능해서 한국어 해석이 매끄럽지 않은 경우가 많다.

▌활용 공식

(1) 5단 동사 (1그룹) : [a]단에 れる

예 言う	→	言われる 말해지다
書く	→	書かれる 쓰이다
消す	→	消される 지워지다
打つ	→	打たれる 맞다, (남이) 치다
死ぬ	→	死なれる (남이) 죽다
呼ぶ	→	呼ばれる 불리다
読む	→	読まれる 읽혀지다
作る	→	作られる 만들어지다

(2) 1단 동사 (2그룹) : る를 빼고 られる

| 예 見る | → | 見られる 보여지다 |
| 食べる | → | 食べられる 먹히다 |

(3) 불규칙동사 (3그룹)

する → される

예 紹介する → 紹介される 소개되다

来る → 来られる

예 連れてくる → 連れて来られる (남이) 데려오다

▌連れていく 데리고 가다

連れてくる 데리고 오다

2 주요 문법 문형

(1) ~が ~(ら)れる　~이 ~되다

일반적으로 '~되다', '~해〔어〕지다'의 의미이다. 동작이나 작용을 받았다는 의미이기는 하지만, '누구'에 의한 것인지에 중점이 놓인 표현은 아니다. 원래 타동사였던 동사가 受け身에 의해 자동사로 바뀌는 경우가 많다.

> 例 午前9時から代表会議を開きます。 오전 9시부터 대표 회의를 엽니다.
> → 午前9時から代表会議が開かれます。 오전 9시부터 대표 회의가 열립니다.

データの作業にコンピューターが使われています。
데이터 작업에 컴퓨터가 사용됩니다.

カナダでは英語とフランス語が話されます。
캐나다에서는 영어와 프랑스어가 말해집니다.

この工場ではテレビモニターが作られています。
이 공장에서는 TV 모니터가 만들어지고 있습니다.

それは朝のニュースの時間に放送されました。
그것은 아침 뉴스 시간에 방송되었습니다.

卒業式は午前9時から行われます。
졸업식은 오전 9시부터 행해집니다.

> 行うと '행하다', '실시하다'라는 뜻. 초급자는 行く(가다)와 구별하도록 한다.

(2) ~によって ~(ら)れる　~에 의해 ~되다

동사가 '작품을 만들다', '쓰다', '건축물을 짓다' 등의 뜻일 경우는 동작주는 ~によって(~에 의해)라고 하는데, 묘사문 등에서 쓰는 문장체 표현이다.

あの小説は有名な作家によって書かれました。
그 소설은 유명한 작가에 의해서 쓰였습니다.

電話はベルによって発明された。
전화는 벨에 의해서 발명되었다.

その宮殿はその時代の最後の国王によって建てられたそうだ。
그 궁전은 그 시대의 최후의 국왕에 의해 세워졌다고 한다.

ライト兄弟によって人類初の動力飛行が行われました。
라이트 형제에 의해 인류 최초의 동력 비행이 이루어졌습니다.

> 人類初じんるいはつの~ 인류 최초의 ~

247

(3) 〜に 〜(ら)れる　〜에게 〜되다(당하다)

주어가 다른 사람의 행동이나 동작, 작용 등을 받는다는 의미의 대표적인 受け
身 표현이다. 동작주에 들어가는 조사는 반드시 に를 사용하고, '받다'라는 뜻
이나 또는 '〜당하다' 등의 피해의 뜻(迷惑の受け身)으로 쓰인다.

迷惑めいわく 폐, 피해, 성가심,
괴로움

迷惑の受身란 피해나 달갑
지 않은 의미의 수동 표현을
말한다.

[いじめる　괴롭히다]

シンデレラは継母とお姉さんにいじめられました。

신데렐라는 계모와 언니에게 괴롭힘을 당했습니다.

[頼む　부탁하다]

私は同僚に翻訳を頼まれました。　나는 동료에게 번역을 부탁받았습니다.

[叱る　꾸짖다]

遅刻して部長に叱られました。　지각해서 부장님에게 꾸중 들었습니다.

[ほめる　칭찬하다]

成績が上がったので、母にほめられました。

성적이 올랐기 때문에 엄마에게 칭찬받았습니다.

[殺す　죽이다]

アメリカの大統領だったジョン・F・ケネディーは誰に殺されましたか。

미국 대통령이었던 존 F 케네디는 누구에게 살해당했습니까?

[誘う　불러내다]

彼にスキーに誘われました。　남자친구가 스키 타러 가자고 했습니다.

誘うと '꼬드기다', '유혹하다'
라는 의미이지만, '이쪽에서
〜하자고 하다', '불러내다'라
는 뜻으로 폭넓게 쓰인다. 한
국어의 해석이 부자연스러울
때가 많다.

[聞く　묻다]

大通りで外国人に道を聞かれました。　대로에서 외국인이 길을 물었습니다.

[嫌う　싫어하다]

そんなに意地を張っていると彼女に嫌われますよ。

그렇게 고집을 부리면 그녀가 싫어할 거예요.

意地いじを張はる 고집을 부
리다

[話かける　걸다]

駅のホームで変な人に話かけられました。

역의 플랫폼에서 이상한 사람이 말을 걸었습니다.

話(を)かけると '말을 걸다'
라는 의미이다. 유사 표현으로
声(を)かける라는 표현도 있
으나 声(を)かける는 '말해
보다', '권유하다'라는 의미의
誘うと 같은 의미로도 많이
쓰인다.

┃TIP　嫌う / 好く VS. 嫌いだ / 好きだ

嫌う, 好く는 각각 '싫어하다', '좋아하다'라는 뜻으로 な형용사 嫌いだ, 好きだ의 동사
에 해당하는 표현이다.
주로 〜て형이나 피동형 嫌われる((남이) 싫어하다), 好かれる((남이) 좋아하다)의 형태로
쓰이고 好きます, 嫌います의 형태로는 쓰이지 않는다.

(4) 〜に 〜を 〜(ら)れる 〜에게 〜을 〜당하다

다른 사람의 행동이나 동작, 작용 등을 받는 것이 소유물인 경우에는 〜に 〜を 〜れる〔られる〕(〜에게 〜을 〜당하다)라고 한다. 즉 피해를 입은 경우의 수동(迷惑の受け身)은 무생물이나 소유물이 주어가 될 수 없는 것이다.

例 兄は私のケーキを食べました。 오빠는 내 케이크를 먹었습니다.

→ 私のケーキは兄に食べられました。(×)
내 케이크는 오빠에게 먹혔습니다.

→ 私は兄に(私の)ケーキを食べられました。(○)
나는 오빠에게 (내) 케이크를 먹음을 당했습니다. (한국어 해석이 부자연스럽다)

電車の中でハイヒールの女の人に足を踏まれました。
전차 안에서 하이힐 신은 여자에게 발을 밟혔습니다.

兄に顔を殴られました。
형에게 얼굴을 맞았습니다.

友達は泥棒にデジカメを盗まれました。
친구는 도둑에게 디지털카메라를 도둑맞았습니다.

泥棒どろぼう 도둑
➡すり 소매치기
強盗ごうとう 강도

ネイティブの先生に発音をほめられてとても嬉しかった。
원어민 선생님에게 발음을 칭찬받아서 매우 기뻤다.

トイレに行っている間に、席を取られてしまった。
화장실에 간 사이에 자리를 뺏겨 버렸다.

席せきを取とられる 자리를
뺏기다

(5) 〜に 〜(ら)れる(자동사) 〜에게 〜당하다

일본어 受け身의 큰 특징은 자동사도 受け身의 표현으로 말할 수 있다는 것이다. 한국어에는 있을 수 없는 표현으로, 해석이 부자연스러운 경우가 대부분이어서 능동 표현으로 의역해야 한다.
주로 迷惑(폐, 피해)의 의미로 말하므로 '상대가(대상이) 〜해서 곤란하다', '싫다'의 느낌으로 쓴다. 단어 차원이 아니라 문장으로 암기해야 한다.

例 ピクニックに行った時、雨が降りました。 피크닉에 갔을 때 비가 왔습니다.
→ピクニックに行った時、雨に降られました。 피크닉 갔을 때 비를 맞았습니다.

위 문장의 경우는 단지 비가 왔다는 사실만을 말하는 반면, 아래의 受け身 표현은 비가 와서 곤란했다, 비를 맞았다는 뉘앙스를 형성하게 된다.

[父が死ぬ 아버지가 죽다]

彼女は早くに父に死なれました。

그녀는 일찍이 아버지를 여의었습니다.

[子供が泣く 아이가 울다]

結婚式場で子供に泣かれて困りました。

결혼식장에서 아이가 울어서 곤란했습니다.

[友達が来る 친구가 오다]

試験の前の日に友達に遊びに来られて勉強ができませんでした。

시험 전날에 친구가 놀러 와서 공부를 할 수 없었습니다.

[父が怒る 아버지가 화내다]

毎日帰りが遅くて父に怒られました。

매일 귀가가 늦어서 아버지에게 혼났습니다.

帰りが遅い 귀가가 늦다

[みんなが笑う 모두가 웃다]

雨でもないのにレインコートを着ていったのでクラスのみんなに笑われました。

비도 안 오는데 레인코트를 입고 가서 반 친구 모두에게 웃음거리가 되었습니다.

[男の人が座る 남자가 앉다]

背の高い人に前の席に座られて全然見えませんでした。

키가 큰 사람이 앞자리에 앉아서 전혀 보이지 않았습니다.

[隣の人が騒ぐ 옆집 사람이 떠들다]

隣の人に騒がれて勉強に集中できませんでした。

옆집 사람들이 떠들어서 공부에 집중을 할 수가 없었습니다.)

참고 れる・られる의 여러 가지 용법

일본어에서 れる・られる는 여러 가지 의미의 표현을 만들기 때문에 학습자들
이 어려워한다. 크게 다음의 네 가지 용법으로 쓰이므로 확인하고 지나가자.

① 受け身(수동)

② 존경

   문장 구성에서 존경할 대상의 해당 동사만 れる・られる로 바꾸어 주면 된
   다. ('Chapter 26 경어의 표현'을 참고한다.)

   社長は何時に帰られましたか。 사장님은 몇 시에 돌아가셨습니까?

③ 자발(自発 : 저절로 ~된다)

れる・られる는 본인의 의지와는 상관없이 '저절로 ~되다'라는 의미로 쓰이

기도 한다.

[思い出す 생각해 내다]
この写真を見ると昔のことが思い出されます。
이 사진을 보면 옛 일이 떠오릅니다.

[感じる 느끼다]
どんなことでも頼れる彼のことがたくましく感じられます。
어떤 일도 의지할 수 있는 그 사람이 믿음직하게 느껴집니다.

> 頼たよれる 의지할 수 있다
> ➡ 頼たよる(의지하다)의 가능형.
> たくましい 믿음직하다, 다부지다

[思う 생각하다]
前のテストが難しかったせいか今度のは易しく思われました。
전에 테스트가 어려웠던 탓인지 이번 것은 쉽게 생각되었습니다.

[案じる 걱정하다]
田舎にいる年老いた母のことが案じられます。
시골에 있는 나이 든 어머니가 걱정됩니다.

> 年老としおいる 나이를 먹다, 늙다

[悔やむ 후회하다]
学生時代にあまり勉強しなかったことが悔やまれます。
학생 시절에 별로 공부 안 했던 것이 후회됩니다.

자발의 표현은 思い出される(생각나다), 案じられる(걱정되다), 思われる
(생각되다), 感じられる(느껴지다) 등 그냥 단어 차원으로 암기하도록 한다.

④ 가능 (1단 동사와 동사 来る만 해당한다)

文章が長くて覚えられません。 문장이 길어서 외울 수가 없습니다.

忙しくて来られないそうです。 바빠서 올 수 없다고 합니다.

---

break time 재미있는 표현 ～屋

～屋는 薬屋(약국)처럼 '가게'를 뜻하는 말이다. 종종 ～さん을 붙여 말하기도 하는데, 이런 경우 그 직업에 종사하는 사람을
뜻하기도 한다.

예) 花屋はなやさん 꽃집, 꽃집 사람   魚屋さかなやさん 생선 가게, 생선 가게 주인   お医者いしゃさん 의사 선생님

本屋ほんやさん 서점, 서점에서 일하는 사람   八百屋やおやさん 야채 가게, 야채 가게 사람

때로는 그런 성질, 성격을 가진 사람을 ～屋를 붙여 말한다.

예) 寂さびしがり屋や 외로움을 잘 타는 사람   わからず屋や 고집쟁이, 벽창호   照てれ屋や 부끄러움을 잘 타는 사람

お天気てんき屋や 변덕스러운 사람   はずかしがり屋や 부끄럼쟁이   気取きどり屋や 잘난 척하는 사람

がんばり屋や 뭐든 열심히 하는 사람

Chapter
25

사역수동의
표현

Chapter 25 사역수동의 표현

1 사역수동의 의미와 접속 방법

使役受身(사역수동)를 이해하기 위해서는 사역형과 수동형을 먼저 꼼꼼히 이해
해야 한다.

앞서 설명했듯이

사역형은 ～せる・させる **(의미 : 시키다, ~하게 하다)**

수동형은 ～れる・られる **(의미 : ~되다, ~당하다)** 였다.

사역의 문장을 수동(受身)의 형태로 말하는 것이 사역수동으로, **동사의 어미에**
～(さ)せられる를 접속해서 표현한다. 즉 B는 Aに ～(さ)せる(B는 A에게 ~시
키다)라는 B를 주어로 한 사역문의 형태를, A의 입장에서 말하는 수동형(受身)
으로 바꾸면 Aは Bに～(さ)せられる라는 사역수동의 문장이 되는 것이다.

하지만 사역형을 '시키다', 수동형(受身)을 '당하다'라고 단순하게 생각하고 사역
수동을 그저 '시킴을 당하다'라고 암기하기에는 때에 따라서 모호한 점이 많다.
Aは Bに ～(さ)せられる라고 하면 <u>행동의 주체는 어디까지나 A이고</u>, B가 시
켜서 어쩔 수 없이 ~하게 되었다는 의미로 '(A가) ~하게 함을 당하다' 또는 '(A
가 B에 의해) 어쩔 수 없이 ~하다'라고 해석해야 하는데, 매끄러운 해석이 안 되
는 경우가 많다.

B를 주어로 한 사역 문장에 비해 사역형을 受身(수동)의 형태로 말함으로써 당
하는 사람이 곤란하다, 싫다는 迷惑(폐, 피해)의 뉘앙스가 들어가게 되는 것이
다.

> 예 先輩は私にお酒を飲ませました。
> 선배는 나에게 술을 마시게 했습니다.
>
> → 私は先輩にお酒を飲ませられました〔飲まされました〕。
> 나는 선배에게 술을 마시게 함을 당했습니다. (선배가 마시게 해서 나는 어쩔 수 없이 술을 마셨습니다)

많은 학습자들이 受身와 使役受身의 구별을 어려워한다. 이번에는 위의 使役
受身를 다음의 受身문과 비교해 보자.

사역수동과 수동의 비교

• 사역수동

私は先輩にお酒を飲ませられました〔飲まされました〕。
<small>わたし せんぱい さけ の　　　　　　　　　　　　　 の</small>
나는 선배에게 술을 마시게 함을 당했습니다. (선배가 마시게 해서 나는 어쩔 수 없이 술을 마셨습니다.)

• 수동(迷惑의 受け身)
<small>　　　　めいわく　うみ</small>

私は先輩に冷蔵庫に入れておいたワインを飲まれました。
<small>わたし せんぱい れいぞうこ い　　　　　　　　　　　　　　　 の</small>
나는 선배에게 냉장고에 넣어 둔 와인을 마심을 당했습니다. (선배가 멋대로 내 와인을 마셨습니다.)

위의 使役受身문의 행동주는 주어 '나'이고, 아래 受身문의 행동주는 '선배'이
다. 즉 使役受身문의 행동 주체는 항상 주어이고, 受身문의 행동 주체는 항상
남(상대)이어서 주어가 상대의 행동, 일, 상황에 당했다는 뜻임을 기억하자.

> **축약** 　사역형 ~せる는 회화체에서는 축약해서 ~す라고도 말한다.

　　예 買わせる　→　買わす <small>사게 하다</small>
<small>　　　か</small>
　　　　行かせる　→　行かす <small>가게 하다</small>
<small>　　　　い</small>
　　　　待たせる　→　待たす <small>기다리게 하다</small>
<small>　　　　ま</small>
　　　　済ませる　→　済ます <small>끝내다</small>
<small>　　　　す</small>

따라서 사역수동형 ~せられる는 ~される로 축약해서 말하는 경우가 많다.

　　예 飲ませる <small>마시게 하다</small>　→　飲ませられる <small>마시게 함을 당하다</small>
<small>　　　の</small>
　　　　＝飲ます　　　　　→　飲まされる

다만, ~す로 끝나는 동사를 제외한 5단 동사만 축약이 가능하다.

▌활용 공식

사역형과 접속 방식이 동일하다.

(1) 5단 동사 (1그룹) : 기본형 [u]단을 [a]단으로 바꾸고 せられる를 붙인다.
　　축약해서 される라고 할 수 있지만, ~す로 끝나는 단어는 축약이 안 된다.
　　　예 買う　→　買わせられる(=買わされる)
<small>　　　　か</small>
　　　　脱ぐ　→　脱がせられる(=脱がされる)
<small>　　　　ぬ</small>
　　　　消す　→　消させられる
<small>　　　　け</small>
　　　　持つ　→　持たせられる(=持たされる)
<small>　　　　も</small>
　　　　死ぬ　→　死なせられる(=死なされる)
<small>　　　　し</small>
　　　　呼ぶ　→　呼ばせられる(=呼ばされる)
<small>　　　　よ</small>
　　　　読む　→　読ませられる(=読まされる)
<small>　　　　よ</small>
　　　　やる　→　やらせられる(= やらされる)

(2) 1단 동사 (2그룹) : る를 없애고 させられる를 붙인다. 축약을 하지 않는다.

| 예 | いる | → | いさせられる |

　　見る　　→　見させられる

　　覚える　→　覚えさせられる

　　調べる　→　調べさせられる

(3) 불규칙 (3그룹)

する → させられる

예 移動する　→　移動させられる

来る → 来させられる

예 買ってくる　→　買ってこさせられる

2 주요 문법 문형

(1) AはBに (Nを) ~(さ)せられる

A는 B에게 (N을) ~하게 함을 당하다(어쩔 수 없이 ~하다)

타동사(때로는 자동사)의 사역수동의 형태로, 시키는 사람이 들어가는 B에는 구체적으로 명시되지 않는 경우도 많다.

お母さんは子供にバイオリンを習わせました。
엄마는 아이에게 바이올린을 배우게 했습니다.

→ 子供はお母さんにバイオリンを習わせられました。(=習わされました)

　　아이는 엄마에게 바이올린을 배우게 함을 당했습니다. (아이는 어쩔 수 없이 배웠습니다)

小学生の時、先生に毎日日記をつけさせられました。
초등학교 때, 선생님이 매일 일기를 쓰게 했습니다.

> 日記にっきをつける 일기를 쓰다

昇進したので、同僚にお酒をおごらされました。(=おごらせられました)
승진해서 동료에게 술을 한턱내야 했습니다.

> おごる 한턱내다, 쏘다
> ➡음식을 대접할 경우에는 ご ちそうする라고 하기도 한 다. おごる는 음식이 아닌 경우에도 쓸 수 있다.

先生に1日20個ずつ新しい単語を覚えさせられました。
선생님에게 하루에 20개씩 새 단어를 외우게 함을 당했습니다. (선생님이 새 단어를 외우게 했습니다)

子供の時、よく母に夕食の支度を手伝わされました。(=手伝わせられました)
어릴 때, 엄마는 자주 저녁 식사 준비를 돕게 했습니다.

> 支度したく 준비, 채비

上手じゃないのに英語の歌を歌わされて困りました。(=歌わせられて)
잘하지도 못 하는데 영어 노래를 부르게 함을 당해서 곤란했습니다. (영어 노래를 부르게 해서 곤란했습니다)

大学院では難しい本を読まされて大変です。(=読ませられて)
だいがくいん　　むずか　　ほん　　よ　　　　　たいへん

대학원에서는 어려운 책을 읽게 해서 힘듭니다.

朝7時までに学校に来させられて嫌な思いをしました。
あさ　じ　　　　　がっこう　　こ　　　　　　いや　おも

아침 7시까지 학교에 오게 함을 당해서 싫었습니다. (학교에 나오게 해서 싫었습니다)

彼女に買い物に付き合わされて困りました。(=付き合わせられて)
かのじょ　か　もの　　つ　あ　　　　　　こま

그녀의 쇼핑에 억지로 어울려서 곤란했습니다.

毎日夜遅くまで残業させられて彼女に会う時間がありません。
まいにちよるおそ　　　　ざんぎょう　　　　　かのじょ　あ　　じかん

매일 밤늦게까지 어쩔 수 없이 잔업을 해서 그녀를 만날 시간이 없습니다.

長い時間運転させられて本当に疲れました。
なが　じかんうんてん　　　　　ほんとう　つか

오랜 시간 운전을 해서 정말 피곤했습니다.

(2) AはBに 〜(さ)せられる　무의지 동사의 사역수동

悩む(고민하다), 驚く(놀라다), びっくりする(놀라다), がっかりする(실망하
なや　　　おどろ
다), 感心する(감탄하다), 感動する(감동하다) 등의 감정을 나타내는 동사나 考
かんしん　　　　かんどう　　　　　　　　　　　　　　　　　　　　　　かんが
える(생각하다), 反省する(반성하다) 등의 사고를 나타내는 동사도 사역수동으
　　　　　　　はんせい
로 표현할 수 있다. 내 의지에 의해 '~했다'는 의미가 아니라 상대가 나로 하여
금 '~하게 했다'는 느낌으로 쓴다.

先生の博識にはいつも感心させられます。
せんせい　はくしき　　　　　　かんしん

선생님의 박식함에는 항상 감탄합니다.

彼の説得力のある言葉に感動させられました。
かれ　せっとくりょく　　　ことば　　かんどう

그의 설득력 있는 말에 감동했습니다.

会社側の無責任な対応にがっかりさせられました。
かいしゃがわ　む せきにん　　たいおう

회사 측의 무책임한 대응에는 실망했습니다.

売れっ子女優さんの突然の自殺にびっくりさせられました。
う　こじょゆう　　　　とつぜん　じさつ

잘나가는 여배우의 갑작스러운 자살에 깜짝 놀랐습니다.

業界は不景気による業績不振に悩まされている。
ぎょうかい　ふけいき　　　　ぎょうせきふしん　なや

업계는 불경기에 의한 업적 부진에 고민하고 있다.

大人のまねをする子供の行動にはいろいろ考えさせられました。
おとな　　　　　　こども　こうどう　　　　　　　　　かんが

어른 흉내를 내는 아이의 행동이 여러 가지 생각을 하게 했습니다.

嫌な思いをする를 직역하면
いや　おも
'싫은 생각을 하다'인데 〜思
おも
いをする 식의 표현을 많이
하므로 관용적인 용법으로 암
기하자.
例 つらい思いをする。
おも
괴로운 생각을 하다. 괴로웠다.

付き合う는 '사귀다', '교제하
つ　あ
다'라는 交際する와 같은 의
こうさい
미의 말이지만, '어울리다', '함
께해 주다'의 뜻으로도 쓰인
다.

売れっ子 잘나가는 사람
う　こ

まね 흉내

Chapter
26

경어의 표현

Chapter 26 경어의 표현

1 경어의 종류와 お·ご의 용법

일본어의 경어는 크게

존경어(尊敬語 : 상대를 높이는 표현),
_{そんけい ご}

겸양어(謙讓語 : 나를 낮추는 표현),
_{けんじょうご}

정중어(丁寧語 : 공손한 말)로 나뉜다.
_{ていねい ご}

한국어에도 존경 표현은 발달되어 있으나 겸양 표현은 많지 않다. 반면, 일본어는 존경 표현, 겸양 표현, 그리고 정중한 표현(丁寧語)이 고르게 발달되어 있다. 모두 상대를 높인다는 의미에서 경어라고 할 수 있다.

존경어, 겸양어에 대한 설명에 들어가기 전에 경어에 많이 등장하는 접두어 お, ご의 용법에 대해 짚고 넘어가기로 한다.

(1) お·ご의 용법

お, ご는 크게 미화어, 관용어, 존경어로 쓰인다. 이 세 가지 용법이 완전히 구분된다는 의미는 아니고 お, ご가 세 가지 모두의 의미를 포함하기도 한다.

① **미화어(美化語)**

말을 예쁘게 만드는 용도로 주로 여성들이 쓰는 경향이 있다.

> 예 お花 꽃 お寿司 초밥 お魚 생선
> 　 はな 　 　 す 　 　 さかな
> 　 お金 돈 お服 옷 お店 가게
> 　 かね 　 　 ふく 　 　 みせ
> 　 お手洗い 화장실 お料理 요리 …
> 　 て あら 　 　 りょうり

② **관용어**

남녀에 상관없이 관용적으로 아예 붙여서 쓰는 말이다. (딱딱한 문장체에서는 お, ご를 생략하는 경우도 있고 일부의 남성들이 붙이지 않고 말하기도 한다.)

> 예 お茶 차 ご飯 밥 お菓子 과자
> 　 ちゃ 　 　 はん 　 　 か し
> 　 お正月 설날 お年玉 세뱃돈 …
> 　 しょうがつ 　 　 としだま

| 남성의 경우 '밥'을 飯라고 하
| 기도 한다.
| めし

③ **경어**

주로 존경어, 때에 따라서 겸양어, 정중어의 의미로 쓰인다.

예	ご両親 부모님	ご家族 가족분	ご連絡 연락
	りょうしん	かぞく	れんらく
	ご相談 의논	お問い合わせ 문의	お名前 성함
	そうだん	と あ	なまえ
	お父さん 아버님	お母さん 어머님	お子さん 자제분 …
	とう	かあ	こ

(2) お・ご의 접속 방법

그렇다면 어떤 때 お를 붙이고 어떤 때 ご를 붙일까?

・お

일본 고유의 말, 한자어에서 훈(訓)으로(뜻으로) 읽히는 말을 일본어로 和語라
고 하는데, 이 和語에는 일반적으로 お를 붙인다.

예	お刺身 생선회	お祭り 축제	お遣い 심부름
	さし み	まつ	つか
	お問い合わせ 문의 …		
	と あ		

> **예외** ごゆっくり(천천히), ごもっとも(지당하심) 등은 관용적으로 ご를 붙인다.

♦ 가타카나 어에는 원칙적으로 お를 붙이지 않으나 おトイレ(화장실), おデート(데이
트), おニュー(새 것) 등은 회화에서 자주 들을 수 있다.

・ご

일반적으로 중국 한자에서 유래된 한자음으로 읽히는 말(한자 음독 명사)에는
ご를 붙인다.

예	ご案内 안내	ご理解 이해	ご協力 협력
	あんない	り かい	きょうりょく
	ご苦労 고생 …		
	く ろう		

♦ 그러나 일상생활에서 자주 쓰이는 생활 용어는 한자음이라도 お를 붙이는 경우가 많다.

예	お約束 약속	お電話 전화	お茶 차
	やくそく	でん わ	ちゃ
	お洋服 옷	お料理 요리	お通知 통지 …
	ようふく	りょう り	つう ち

2 존경 동사의 형태

(1) お+ます形+になる ～하시다

「お+ます形+になる」의 형태로 '～하시다'의 뜻이 된다. 이때 ～になる는 '～가
되다'와 상관없는 표현임에 유의한다.

예	お書きになる 쓰시다	お読みになる 읽으시다
	か	よ
	お会いになる 만나시다	お乗りになる 타시다
	あ	の
	お勤めになる 근무하시다 …	
	つと	

♦ 단, ます形이 ひらがな 한 글자일 때 또는 같은 모음 발음이 겹칠 때(예외는 있다)는 쓸 수 없다.

예　お見になる　보시다 (×)　　　お寝になる　주무시다 (×)
　　お来になる　오시다 (×)　　　お言いになる　말씀하시다 (×)
　　お聞きになる　들으시다 (○)

暗証番号をお忘れになりましたか。
비밀번호를 잊으셨습니까?

これでよろしかったら、どうぞお使いになってください。
이거라도 괜찮으시다면 사용하세요.

林先生はもうお帰りになったはずですが。
하야시 선생님은 벌써 돌아가셨을 텐데요.

奥様は無事にお着きになったそうです。ご安心ください。
사모님은 무사히 도착하셨다고 해요. 안심하세요.

山田課長なら、一週間ほど前に会社をお辞めになりました。
야마다 과장님이라면 일주일쯤 전에 회사를 그만두셨습니다.

♦ 한자 음독 명사의 경우는「ご+한자 명사＋になる」라고 한다.

木村さんが会長にご就任になりました。
기무라 씨가 회장으로 취임하셨습니다.

> 暗証番号는 암증번호, 즉 '비밀번호'로 秘密番号라고 하지 않는다.

> '사직하다', '일을 그만두다'라고 할 때는 辞める라고 한다. 止める(그만두다, 중지하다)와는 한자를 구별한다.

(2) れる・られる　～하시다

れる・られる의 형태로도 '~하시다'라는 존경어 표현이 가능하다.
受身(수동)과 형태상으로는 같지만 受身(수동)과 달리 조사 한정 등의 제약이 없고, 존경 대상의 동작을 나타내는 동사만 れる・られる의 형태로 바꾸어 주면 된다.「お+ます形+になる」의 형태에 비해 좀 더 가벼운 느낌이 들고 존경도가 약하다. 활용 방법은 受身(수동)에서 이미 설명한 바 있으나 다시 한 번 간략히 설명한다.

┃활용 공식

(1) 5단 동사 (1그룹) : [a]단에 れる

(2) 1단 동사 (2그룹) : る를 빼고 られる

(3) 불규칙동사 (3그룹)
　　する → される　　来る → 来られる

[使う] コピー機を使われますか。
복사기를 사용하시겠어요?

[買う] そのスーツ、どこで買われましたか。すてきですね。
그 정장, 어디서 사셨어요? 멋지네요.

[思う] この件についてどう思われますか。
그 건에 대해서 어떻게 생각하세요?

[する] どうかされましたか。顔色がよくないですよ。
왜 그러세요? 얼굴색이 안 좋아요.

[なる] 今年おいくつになられましたか。
올해 몇 살이 되셨어요?

[来る] 田中さんは今すぐこちらに来られます。
다나카 씨는 지금 곧 이쪽으로 오실 겁니다.

[行く] 南商事までなら、バスで行かれた方が便利ですよ。
미나미 상사까지라면, 버스로 가시는 편이 편리해요.

(3) お+ます形+ください ~해 주세요

「お+ます形+くださる」는 '~해 주시다'라는 존경의 뜻을 형성한다. 주로 요구
의 표현 '~해 주세요'인 「お+ます形+ください」의 형태로 많이 사용하는데, 이
는 ~てください(~해 주세요)의 공손한 표현이라고 할 수 있겠다.

> 例 入ってください → お入りください 들어오세요.
> 伝えてください → お伝えください 전해 주세요.

少々お待ちください。 잠깐 기다려 주세요.

皆様によろしくお伝えください。 여러분에게 안부 잘 전해 주세요.

あら、いらっしゃい。どうぞお上がりください。
어머, 어서 오세요. 자 들어오세요.

ご乗車の方はお急ぎください。
승차하실 분은 서둘러 주세요.

今日はお忙しい中、わざわざお集まりくださいまして、まことにありがとうございます。
오늘은 바쁘신 중에 일부러 모여 주셔서 정말 감사합니다.

伝えるは 말이나 안부 등 추
상적인 것을 전할 때 쓰는 말
로, 물건일 때는 이 말을 쓸 수
없다. 그래서 お伝えくださ
い는 흔히 '안부 전해 주세요'
라는 인사말로 쓰이기도 한다.
물건을 전할 경우는 渡す(건
네주다)를 써서 お渡しくだ
さい라고 해야 한다.

少々는 ちょっと의 공손한
표현.

上がる는 '올라가다(올라오
다)'의 뜻이지만, '(방에) 들어
가다(들어오다)'의 의미로도
쓰인다. 한국과 일본에서는 방
에 들어갈 때 신발을 벗고 약
간 높은 곳으로 올라가기 때
문에 이런 표현을 쓰는 것이
다.

261

◆ 한자 음독 명사의 경우는 「ご + 한자 명사 + ください」라고 한다.

> 例 ご安心ください。 안심해 주세요.
> 　　あんしん

> 주의! 　お, ご는 기본적으로 명사형과 연결되고, 간혹 형용사 앞에 붙기도 한다. 그러나 て형 등의 동사 활용형과는 직접 연결이 불가능하다. 동사를 ます형으로 만들고 お, ご를 붙인다는 것은 명사형으로 만들어 준다는 뜻인 것이다. 따라서 お待ってください라는 식의 말은 절대 불가능하다.
> 　　　　　　　　　　　　　　　　　　　　　　　　　　　　ま

(4) お + ます形 + です / お + 형용사 + です　~하십니다 / ~이십니다

「お + ます形」 또는 「お + ます形 + です」의 형태로 '~하십니다', '~이십니다'라는 의미의 가벼운 존경의 뜻을 나타낸다.

先生がお呼びです。 선생님이 부르세요.
せんせい　よ

どこかへお出かけですか。 어딘가 외출하세요?
　　　　で

お疲れのようですね。 피곤하신 것 같네요.
　つか

今、お帰りですか。 지금 돌아가세요?
いま　かえ

よくお似合いです。 잘 어울리세요.
　　に あ

どちらにお勤めですか。 어디에 근무하세요?
　　　つと

連日猛暑が続く中、いかがお過ごしでしょうか。
れんじつもうしょ つづ なか　　　　　す
연일 혹서가 이어지는 중에 어떻게 지내십니까?

> | いかが는 どう의 정중한 표현.

い형용사와 な형용사도 「お ~ です」의 형태로 존경의 뜻으로 쓸 수 있다.

今お忙しいですか。 지금 바쁘세요?
いま いそが

英語がお上手だと聞きましたが。 영어를 잘하신다고 들었는데.
えいご　じょう ず　き

クラシック鑑賞はお好きですか。 클래식 감상은 좋아하세요?
　　　かんしょう　す

(5) お + ます形 + 願う　~하시길 바란다
　　　　　　ねが

고급 난이도의 표현으로 '~할 것을 부탁하다'라는 요구를 나타내는 딱딱한 표현이다. 가능형 ~願える, 희망형 ~願いたい의 형태로 많이 쓰인다.
　　　　　　　　　ねが　　　　　　ねが

今日はお引き取り願えませんか。
きょう　ひ と　ねが
오늘은 물러가 주시겠습니까?

> | 引き取る 물러가다
> 　ひ と

お忙しいところ申し訳ありませんが、なんとかお引き受け願えませんでしょうか。

바쁘신 중에 죄송하지만, 어떻게든 맡아 주실 수 없겠습니까?

引ひき受うける 떠맡다, 담당하다

在庫が不足しているので五日ほどお待ち願えませんか。
재고가 부족하니까 5일 정도 기다려 주시겠습니까?

ご退場願いたいのですが。 퇴장 부탁드리겠는데요.

(6) 특별 존경어

특별 존경어란 동사를 변형시키는 형태가 아닌 원래 그 자체로 존경의 의미를 나타내는 표현을 말한다. 공식이 없으므로 암기가 필요하다.

보통말	존경어
する	なさる 하시다
いる	いらっしゃる / おいでになる 계시다
行く	いらっしゃる / おいでになる 가시다
来る	いらっしゃる / おいでになる 오시다
	見える / お見えになる
言う	おっしゃる 말씀하시다
食べる・飲む	めしあがる 드시다
見る・読む	ごらんになる 보시다
知る	*ご存じだ 아시다 (*명사의 형태)
	ご存じでいらっしゃる 아시다
くれる	くださる 주시다
寝る	お休みになる 주무시다
死ぬ	亡くなる / お亡くなりになる 돌아가시다
着る	召す / お召しになる 입으시다

♦ なさる(하시다), いらっしゃる(가시다, 오시다, 계시다), おっしゃる(말씀하시다), くださる(주시다)는 ます형이 ～います가 되어 각각 なさいます, いらっしゃいます, おっしゃいます, くださいます라고 해야 한다.

♦ 召す는 '먹다', '마시다', '입다', '신다'를 의미하는 존경어이다.

　　例 お年をめしたお祖父様には無理なことじゃないですか。
　　　나이 드신 할아버님에게는 무리한 일이잖아요.

♦ 存じ라는 말은 주의해야 한다. 명사형으로 써서 ご存じ라고 하면 '아시다'라는 뜻이 되지만, 동사 형태를 그대로 써서 存じる라고 하면 겸양어 '알다', '생각하다'의 뜻이 된다.

• 활용 예

[いる] もしもし、藤河雅美さんいらっしゃいますか。

ふじかわまさみ

여보세요, 후지카와 마사미 씨 계세요?

[言う] 失礼ですが、お名前は何とおっしゃいましたか。

い　しつれい　　　　　　なまえ　なん

실례지만, 성함이 어떻게 되시나요?

[言う] おっしゃる意味がよくわかりませんが。

い　　　　　いみ

말씀하시는 의미를 잘 모르겠는데요.

[する] お飲み物は何になさいますか。

の　もの　なに

음료는 무엇으로 하시겠습니까?

[読む] 今朝の新聞をご覧になりましたか。

よ　けさ　しんぶん　らん

오늘 아침 신문을 보셨습니까?

[来る] お客様がお見えになりました。

く　きゃくさま　み

손님이 오셨어요.

[知る] 委員会のメンバーの吉村さんをご存じですか。

し　いいんかい　　　　　　よしむら　　　　　ぞん

위원회 멤버인 요시무라 씨를 아세요?

[来る] またのお越しをお待ちしております。

く　　　　こ　　　　ま

또 오시길 기다리고 있겠습니다.

越こすは '넘어가다', '이사하다'의 뜻이지만, お越し의 형태로 '오시다'라는 뜻으로 쓰인다.

3 겸양 동사의 형태

(1) お＋ます形＋する (제가) ~하다

「お+ます形+する/いたす」의 형태로 겸양의 뜻, 즉 나를 낮추는 의미의 표현이다. いたす를 쓰면 더욱 더 공손한 표현이 된다. '(제가) ~하다', '~해 드리다'로 해석할 수 있다.

> 예 お待ちします / お待ちいたします。 기다리겠습니다.
>
　　ま　　　　　　　　ま

단, 한자 음독 명사일 때는 「ご_____する/いたす」라고 한다.

> 예 ご案内します / ご案内いたします。 안내하겠습니다.
>
　あんない　　　　　あんない

• 활용 예

お茶でもお入れしましょうか。

ちゃ　　　い

차라도 준비할까요?

일본어에서는 차 종류를 타는 행위에는 반드시 入れる를 써서 お茶を入れる, 커피ー를 入れる라고 말한다.

ちょっとお聞きします。／お尋ねします。／お伺いします。

좀 묻겠습니다.

ホテルまでおカバンをお持ちいたします。

호텔까지 가방을 들어 드리지요.

またお会いしましょう。 또 만납시다.

出でかけられるのならタクシーをお呼びしましょうか。

나가시는 거라면 택시를 불러 드릴까요?

近いうちにご連絡いたします。

근간 연락드리겠습니다.

ちょっとご相談したいことがあるんですが。

좀 상담드릴 일이 있는데요.

お待たせして申し訳ありませんでした。応接室へご案内します。

기다리게 해서 죄송합니다. 응접실로 안내해 드리지요.

聞くは '듣다, 묻다', たずねるは '묻다, 방문하다'라는 뜻으로, 두 단어 모두 '묻다', '물어보다'의 뜻을 가지고 있다. うかがうは '여쭙다'라는 뜻으로 聞く, たずねる의 겸양어이다.

出でかけられる 외출하시다
➡ 出でかける의 존경어 형태.

「お+ます形+する／いたす」는 때에 따라서 '~해 드리다'라고 해석할 수도 있는데, 학습자들이 겸양 표현으로 ～てあげる라고 말하는 오류를 자주 범한다. 수수표현에서도 설명한 바 있지만, ～てあげる는 선심 써서 '~해 준다'는 느낌이고 겸양의 뜻은 없다.

荷物を持ってあげます。(?) 짐을 들어 줄게요. (겸양의 뜻이 없다)
荷物をお持ちします。(○) 짐을 들어 드리겠습니다.

(2) ～(さ)せていただく (제가) ~하다

사역형(せる・させる)을 ～ていただく로 표현한 형태이다. ～(さ)せてもらう, ～(さ)せていただく를 한국어로 직역하면 '~하게 해 받다'라는 매우 어색한 표현인데, 상대방이 하게 해서(또는 허락이나 양해를 얻어) '내가 ~한다'는 의미이다. '미리 양해를 구했다, 허락을 얻었다, 상대에게 은혜를 입었다'라는 뉘앙스가 있으므로 이 표현을 쓰면 더욱 더 공손한 느낌이 든다. (다른 예문은 사역 표현 부분을 참고하길 바란다.)

その提案は喜んで受け入れさせていただきます。

그 제안은 기쁘게 받아들이겠습니다.

ご開店を祝して一言ご挨拶させていただきます。

개점을 축하드리며 한마디 인사 말씀 올리겠습니다.

受うけ入いれる 받아들이다

こちらから改めて連絡させていただきます。　이쪽에서 다시 연락드리겠습니다.

ABCで働かせていただいておりますソンスヨンと申します。
ABC에서 일하고 있는 송수영이라고 합니다.

改あらためて ①다른 기회에, 다시 ②새삼스럽게

심화❶　～(さ)せていただけませんか　～해도 될까요?
　　　～(さ)せてもらえませんか

이 표현은 자주 ～(さ)せていただけませんか / ～(さ)せてもらえませんか의 형태로 사용된다. '～하게 해 받을 수 없을까요?', 즉 '(제가) ～해도 될까요?'의 뜻으로 ～てもいいですか의 겸손한 표현이다. 동작 주어는 의미상으로는 '제가'이지만, 사실상 '저에게 ～하게 해 준다'는 의미이므로 동사 주어를 넣을 때는 반드시 私に라고 해야 한다(아래의 마지막 예문). 하지만 일반적으로 동작 주어는 생략한다.

一週間ぐらい休ませていただけないでしょうか。
일주일 정도 쉬게 해 주실 수 있나요?

ちょっとパソコンを使わせていただけませんか。　잠깐 컴퓨터를 쓰게 해 주시겠어요?

ここに座らせていただけませんか。　여기에 앉아도 될까요?

今日、早引きさせてもらえないでしょうか。　오늘 조퇴해도 될까요?

この企画は私にやらせてもらえませんか。　이 기획은 제가 하게 해 주세요.

早引きはやびき 조퇴
＝早退そうたい

심화❷　～(さ)せていただきたいんですが　～하고 싶은데요
　　　～(さ)せてもらいたいんですが

'～하게 해 받고 싶은데요', 즉 '～하고 싶습니다만'이라는 뜻의 공손한 표현이다.

今度の出張は私に行かせていただきたいんですが。
이번 출장은 제가 가고 싶은데요.

三日ほど休みを取らせていただきたいんですが。
3일 정도 휴가를 얻고 싶은데요.

休やすみを取とる 휴가를 얻다

すみませんが、30分ばかりここに車を止めさせていただきたいんですが。
죄송하지만, 30분만 여기에 차를 세우게 해 주실 수 없나요?

ぜひ先生のご意見を聞かせてもらいたいんですが。
꼭 선생님의 의견을 듣고 싶은데요.

日にちはこちらで決めさせていただきたいんですが。
날짜는 이쪽에서 정했으면 하는데요.

日ひにち 날짜, 기일

(3) 특별 겸양어

특별 겸양어란 동사를 변형시키는 형태가 아닌 원래 그 자체로 겸양의 의미를
나타내는 표현을 말한다. 한국어로는 해석이 안 되는 부분이고, 공식이 없으므
로 암기가 필요하다.

보통말	겸양어
する	いたす 하다
いる	おる 있다
行く・来る	参る 가다 / 오다
言う	申す / 申し上げる 여쭙다, 말씀드리다
食べる・飲む	いただく 먹다
聞く・たずねる	うかがう 듣다, 묻다, 방문하다
聞く・受ける	承る 듣다, 받다
見る・読む	拝見する 보다, 읽다
もらう	いただく 받다
あげる	さしあげる 드리다
知る・思う	存じる / 存じ上げる 알다, 생각하다
借りる	拝借する 빌리다

[来る]　行ってまいります。　다녀오겠습니다.

[いる]　会社の営業部門で働いております。　회사의 영업 부문에서 일하고 있습니다.

[言う]　木村と申します。よろしくお願いします。
기무라라고 합니다. 잘 부탁합니다.

[訪ねる]　明日の3時ごろ伺います。　내일 3시쯤 방문하겠습니다.

[来る]　私も家内も北京から参りました。　저도 아내도 북경에서 왔습니다.

[受ける]　配送関連のことはあちらで承っております。
배송 관련 일은 저쪽에서 접수받고 있습니다.

[思う]　そちらの方がよろしいかと存じます。　그쪽이 좋지 않을까 생각합니다.

[見る]　それでは、**お手並み拝見、**しますか。　그렇다면 솜씨를 한번 볼까요?

お手並み拝見은 솜씨를 한
번 보자는 관용적인 표현.

[知る] 難しいこととは重重存じておりますが、そこをなんとかできな
し　　　　　むずか　　　　　　じゅうじゅうぞん
いでしょうか。

어렵다는 것은 충분히 알고 있습니다만, 그거 어떻게 안 될까요?

┃ TIP 이중 경어

일본어에서는 존경어나 겸양어를 이중으로 쓰는 경우가 많다.

예를 들어 겸양어 伺う에 또 겸양의 표현 お~する를 써서 お伺いします。라고 한다던
　　　　　　　　　うかが　　　　　　　　　　　　　　　　　　　　　　うかが
가 존경어 お~になる의 표현에다 또 れる・られる를 붙여 先生がお亡くなりになら
　　　　　　　　　　　　　　　　　　　　　　　　　　　　せんせい　　な
れました。(선생님께서 돌아가셨습니다.)라고 한다.

일본인들도 존경어와 겸양어는 어려워할 정도니까 그 깊이는 아주 깊다고 할 수 있겠다.

---

4 丁寧語(정중어)
　　ていねい　ご

(1) 丁寧語 단어
　　ていねい　ご

일본어에는 같은 의미라도 공손한 의미를 가지는 단어들이 있다. 일본인들은 격
식 차린 자리에서는 존경어나 겸양어 등의 동사뿐만 아니라 명사 등의 단어도
공손한 표현으로 사용한다. 일반적으로 일본 고유의 말 和語보다는 한자어가
　　　　　　　　　　　　　　　　　　　　　　　　　わ　ご
격식 차린 말에서는 더 많이 쓰인다. 여기서는 한자어가 아닌 그 자체가 공손한
느낌으로 쓰이는 단어를 소개한다.

장소, 사람을 가리키는 표현	→	こちら / そちら / あちら / どちら
どうですか 어떻습니까	→	いかがですか
いい 좋다	→	よろしい
~さん ~씨	→	~様 さま
さっき 아까	→	先ほど さき
あとで 나중에	→	後ほど のち
今 지금 いま	→	ただいま
家 집 いえ	→	お宅 たく
ちょっと・少し 잠시, 좀 すこ	→	少々 しょうしょう
本当に 정말로 ほんとう	→	まことに
今日 오늘 きょう	→	本日 ほんじつ
昨日 어제 きのう	→	昨日 さくじつ
おととい 그저께	→	一昨日 いっさくじつ
明日 내일 あした	→	明日 みょうにち
明後日 모레 あさって	→	明後日 みょうごにち

どちら様ですか。 누구시죠?

こちらのお品はいかがですか。 이쪽 물건은 어떠세요?

田中はただいま席を外しておりますが。 다나카는 지금 자리를 비웠는데요.

先ほど電話で申し上げましたが…。 아까 전화로 말씀드렸습니다만……

詳細は後ほどお知らせします。 상세한 것은 추후에 알려드리겠습니다.

先生はお宅にいらっしゃいますか。 선생님은 댁에 계십니까?

席を外す는 '자리를 비우다' 라는 뜻의 전화 예절에서 자 주 쓰는 표현이다.

(2) ございます 있습니다

ございます는 기본형 ござる의 ます형이다. ござる, ございます는 ある(있다), あります(있습니다)의 정중한 말이다. 하지만 です(~입니다)를 공손하게 말할 때도 ~でございます의 형태로 쓴다.

> **▌공식**
>
> あります　　　　　→　ございます 있습니다
>
> ～です〔あります〕→　～でございます ~입니다

そのようなことはございません。 그러한 일은 없습니다.

社長はお留守でございます。 사장님은 부재중이십니다.

会場はあちらでございます。 회장은 저쪽입니다.

会場かいじょう 회장, 집회 장 소, 파티 회장

◆ 형용사 경우는 위의 공식이 통하지 않는다. 몇 개의 변형 규칙이 존재하는데 복잡하고 어려우므로 나올 때마다 말로 기억하자. (자세한 공식을 알고 싶다면 'Chapter 5 い형용 사'를 참고한다.)

　　예 おめでたい 축하할 만하다　→　おめでとうございます。 축하합니다.
　　　　ありがたい 고맙다　　　　　→　ありがとうございます。 감사합니다.
　　　　よろしい 좋다　　　　　　　→　よろしゅうございます。 좋습니다.

Chapter
27

조사 I

Chapter 27 조사 Ⅰ (격조사/병렬조사)

1 조사의 의미

조사의 종류에는 격조사, 병렬조사, 접속조사, 부조사, 종조사가 있다.

격조사(格助詞)	명사의 술어에 대해 어떠한 관계로(자격으로) 연결이 되는가를 나타내는 말이다. が, を, に, と, で, まで, へ, より를 들 수 있다.
병렬조사(並列助詞)	명사와 명사 사이에 병렬의 관계를 나타내는 조사. と, や, か 등이 있다.
접속조사(接続助詞)	활용어에 붙어서 뒤의 절과의 접속 관계를 나타내는 조사. が, けれども, から, のに, ので, て〔で〕, ても〔でも〕, ながら, し, たり 등이 있다.
부조사(副助詞)	동사 의미와 관계하면서 명사와 같은 기능을 하는 조사로, 격조사와 함께 쓰이거나 격조사 대신 강조의 의미로 쓰인다. は, くらい, も, こそ, さえ, しか, だけ, ほど, ばかり 등이 있다.
종조사(終助詞)	문장의 끝에 오면서 문장을 끝맺으며, 감동·명령·의문·희망 따위의 의미를 나타내고 진술을 제약하는 조사. か, よ, ね, な, ぞ, ぜ, の, わ, さ 등이 있다.

> 조사의 종류나 명칭 등은 중요하지 않다. 여기에서는 분류를 위해 구분을 할 뿐이다. 각각의 단어나 조사 연결 표현으로 숙지하기를 바란다.

이번 Chapter에서는 기본적인 격조사와 병렬조사를 소개하고, 그와 관련된 여러 가지 기능어들을 소개하고자 한다. 조사와 관련된 표현들은 시험에도 자주 출제가 되므로 시험을 대비하는 학습자는 꼼꼼히 확인하고, 초급자들은 기본적인 용법만 이해하고 지나가도 상관없다.

접속조사 부분은 각 장에서 비교적 상세히 다루었으므로 따로 설명하지 않고, 부조사와 종조사는 다음 장에서 자세히 설명하기로 한다.

2 격조사의 기본적인 용법

위에서 설명했듯이 격조사(格助詞)란 명사의 술어에 대해 어떠한 관계로(자격으로) 연결이 되는가를 나타내는 표현을 말한다.

が(~이/가), を(~을/를), に(~에), と(~와), から(~부터), で(~에서), まで(~까지), へ(~로), より(~보다)가 이에 해당한다. 명사와 명사 사이를 연결하는 の (~의)는 연체조사의 구실을 하지만, 격조사로도 쓰이므로 이 부분에서 설명한다. 관련해서 병렬을 나타내는 조사로 と(~와), や(~랑), か(~나) 등이 있다.

(1) ~の   ~의

の는 '~의'에 해당하며 기본적으로 명사와 명사를 연결하는 구실을 하는 조사이다. 서로 이질적인 명사와 명사 사이에는 반드시 の를 넣어서 표현한다.

1 소유, 소속, 소재

彼女の時計です。 그녀의 시계입니다.
かのじょ　とけい

理学部の吉村教授を知っていますか。 이학부 (소속)의 요시무라 교수를 아세요?
り がく ぶ　よしむらきょうじゅ　し

大阪の大学   오사카(에 있는) 대학
おおさか　だいがく

2 동격

親友の吉田君です。 친구인 요시다 군입니다.
しんゆう　よし だ くん

店長の林さんに連絡してください。 점장인 하야시 씨에게 연락해 주세요.
てんちょう　はやし　　れんらく

3 뒤에 오는 말의 내용, 성질, 상태를 한정하는 말

皮のジャケット   가죽(으로 만들어진) 재킷
かわ

娘へのプレゼント   딸에게 주는 선물
むすめ

北京での生活   북경에서의(북경에서 지내는) 생활
ぺ きん　　せいかつ

村上春樹の小説   무라카미 하루키(가 지은) 소설
むらかみはる き　しょうせつ

アスファルトの道路   아스팔트(로 만들어진) 도로
どう ろ

고유명사나 널리 쓰이는 말,
고정화된 말은 の를 넣지 않
는 경우가 많다.

예 大阪外国語大学
おおさか がいこく ご だいがく
오사카외국어대학

語学学校
ご がくがっこう
어학학교, 랭귀지 스쿨

④ 준체언 '것'

명사에 붙어 '것'의 의미로 쓰이거나 형용사, 동사에 붙어 もの(물건), こと(일), ひと(사람)의 뜻을 나타낸다.

それ、私のじゃないですよ。(= 私のもの)
그거, 내 것이 아니에요.

あの赤いのを見せてください。(= もの)
저 빨간 것을 보여 주세요.

ドラマを見るのが好きです。(= こと)
드라마 보는 것을 좋아해요.

日本語は話すのと読むのとではどちらが得意ですか。(= こと)
일본어는 말하는 것과 읽는 것 중 어느 쪽을 잘합니까?

遅れて来たのは山田君です。(= 人)
늦게 온 사람은 야마다 군입니다.

窓から子供が走って来るのが見えます。
창문에서 아이가 달려오는 것이 보입니다.

♦ 見える、聞こえる 등의 지각동사 앞에서의 の는 もの나 こと로 대신할 수 없다.

⑤ 연체 수식구로 쓰여, 주격이나 대상 격을 만든다.

문장이 길어지거나 할 때, 간결한 인상을 주기 위해 연체 수식구에서 주격조사
を(~을/를), が(~이/가)를 대신해서 쓰인다.

おしゃべりの好きな人   수다를 좋아하는 사람.

子供の食べ残したものは食べないようにしています。
아이가 먹다 남긴 것은 먹지 않으려고 합니다.

会社の上司など、立場の上の人からご馳走になることがあります。
회사의 상사 등 입장이 위인 사람에게 대접받는 일이 있습니다.

高くなくて質のいいものを探しています。
비싸지 않고 질이 좋은 것을 찾고 있습니다.

ご馳走는 진수성찬을 의미하는 단어. 따라서 ご馳走になる는 '진수성찬이 되다', 즉 '대접받다', '얻어먹다'라는 뜻이 된다. 참고로 ご馳走する는 '(음식을) 대접하다', ごちそうさまでした는 '잘 먹었습니다'이다.

⑥ 병렬조사 '~느니 ~느니'

이것저것 열거함을 나타낸다.

四の五の言わずにさっさと行きなさい。
이러쿵저러쿵 말하지 말고 빨리 가거라.

今さらどうのこうの言っても仕方がない。
이제 와서 이러니저러니 말해도 어쩔 수 없다.

その案を採るの採らないので会議が長引いた。
그 안을 채택하느니 안 하느니로 회의가 길어졌다.

四の五の言う, どうのこうの言う는 '이러쿵저러쿵 말하다'라는 뜻으로, 관용 표현으로 암기한다.

長引 ながびく 지연되다, 길어지다

(2) ～が ~이/가

が는 '~이/가'에 해당하는 표현이다.

① 동작, 변화, 상태의 주체를 나타내고, 자동사 앞에는 が를 쓴다.

A : 誰が掃除をしますか。 누가 청소를 합니까?
B : 彼女が掃除をします。 그녀가 청소를 해요.

雪が降っています。
눈이 내리고 있습니다.

ハンカチが落ちています。
손수건이 떨어져 있습니다.

授業開始のチャイムが鳴りました。
수업 개시의 벨이 울렸습니다.

사람이 주체일 경우, 주격조사 는 は(~은/는)를 쓰는 게 보통이지만, が는 だれが(누가)에 대한 대답이라는 뉘앙스가 있다.

② 상태 술어의 대상을 나타내는 표현

① 가능, 지각 동사, 소유, 필요를 나타내는 동사 앞은 が를 취한다.

わかる(알다), できる(할 수 있다)와 가능형 동사 見える(보이다), 聞こえる(들리다), ある(있다), いる(있다), 要る(필요하다) 등의 동사를 들 수 있다.

フランス語がわかります。 프랑스 어를 압니다.

コンピューターのプログラミングができます。 컴퓨터 프로그래밍을 할 수 있습니다.

日本語で手紙が書けます。 일본어로 편지를 쓸 수 있습니다.

雨の音が聞こえます。 빗소리가 들립니다.

♦ 한국어에서는 '알다', '할 수 있다'의 표현은 조사로 '~을/를'을 취하므로 わかる, できる 동사, 가능형 동사는 주의를 요한다.

② 취향, 능력을 나타내는 な형용사

好きだ(좋아하다), 嫌いだ(싫어하다), 上手だ(잘하다), 下手だ(못하다), 得意だ(자신 있다), 苦手だ(서투르다) 등과 희망을 나타내는 い형용사 ほしい(원하다), 〜たい(~하고 싶다), 능력을 나타내는 うまい(잘하다) 앞은 が를 취한다. (그 외에도 が를 취하는 동사, 형용사는 많으나 여기서는 일단 한국어와 다른 부분만 소개한다.)

クラシック鑑賞が好きです。　클래식 감상을 좋아합니다.

自由な時間がほしいです。　자유로운 시간을 원합니다.

何か温かいものが食べたいです。　뭔가 따뜻한 것을 먹고 싶습니다.

(3) 〜を　~을/를

をは '~을/를'에 해당하는 조사이다.

1 동작, 작용의 대상

窓を開けてください。　창문을 열어 주세요.

毎日ビールを飲みます。　매일 맥주를 마십니다.

2 '동작의 장소, 이동의 경로

坂道を上る。　비탈길을 올라가다.

角を曲がる。　모퉁이를 돌다.

道を渡る。　길을 건너다.

空を飛ぶ。　하늘을 날다.

階段を下りる。　계단을 내려가다.

3 동작, 작용이 지속하는 기간

夏休みを海辺で過ごした。　여름방학을 바닷가에서 보냈다.

장소의 を는 대상을 나타내는 표현이 아니므로 희망의 표현 たい나 가능형 등에서 목적어 を를 が로 바꿔 말할 수 없다.
例 空が飛びたい。(X)
　 空が飛べます。(X)

275

④ 출발점, 기점

7時に家を出る。 7시에 집을 나서다.
じ いえ で

席を立つ。 자리를 뜨다.
せき た

(4) 〜に 〜에

に는 주로 '〜에', '〜에게'로 해석되는 조사이다.

① 존재, 위치, 지점

구체적인 것, 추상적인 것을 모두 포함한 위치를 나타낸다.

学校はソウルにあります。 학교는 서울에 있습니다.
がっこう

日本では友達の家に泊まりました。 일본에서는 친구 집에 묵었습니다.
に ほん ともだち いえ と

角のコンビニに小火がありました。 모퉁이의 편의점에 작은 화재가 있었습니다.
かど ぼや

それにはわけがあります。 거기에는 이유가 있습니다.

小火ぼゃ 크게 번지기 전에 끈
불, 작은 화재

② 때, 순서

주로 숫자가 들어가는 구체적인 년, 월, 시간, 때를 나타낼 때나 순서를 말할 때
に를 사용한다.

2009年に / 3月に / 1時に / 3年前に
ねん がつ じ ねんまえ
2009년에 / 3월에 / 1시에 / 3년 전에

日曜日に / 週末に / 月末に / 上旬に / 下旬に
にちようび しゅうまつ げつまつ じょうじゅん げ じゅん
일요일에 / 주말에 / 월말에 / 상순에 / 하순에

はじめに / 次に / 最後に
つぎ さい ご
처음에 / 다음에 / 마지막으로

③ 도착점, 방향 '〜에', '〜로'

駅に着きました。 역에 도착했습니다.
えき つ

そちらにお花が届きましたか。 그쪽에 꽃이 도착했습니까?
はな とど

銀行に行ってお金を下ろします。 은행에 가서 돈을 찾습니다.
ぎんこう い かね お

こっちに来て、一緒にやりませんか。 이쪽에 와서 함께 하지 않겠습니까?
き いっしょ

お金かねを下ぉろす 돈을 찾
다

4 변화의 결과 '~로', '~가'

子供は今年中学生になります。 아이는 올해 중학생이 됩니다.

外科医になりたいです。 외과 의사가 되고 싶습니다.

外科医げかい 외과 의사

5 여격, 상대, 대상 '~에게', '~에게서'

母に花をあげます。(여격)
엄마에게 꽃을 드립니다.

友達に自転車を借りました。(상대)
친구에게 자전거를 빌렸습니다.

その案に賛成です。(대상)
그 제안에 찬성입니다.

6 목적 '~하러'

お芝居を見に行きます。 연극을 보러 갑니다.

ます형+に行く〔くる〕
~하러 가다〔오다〕

スーパーへ買い物に行きます。 슈퍼에 물건 사러 갑니다.

7 자격, 역할, 위치 '~로'

卒業祝に時計をあげました。 졸업 선물로 시계를 주었습니다.

お年玉に1万円をもらいました。 세뱃돈으로 만 엔을 받았습니다.

お年玉としだま 세뱃돈

暇つぶしにマンガを読みました。 심심풀이로 만화를 읽었습니다.

暇ひまつぶし 시간 때우기,
심심풀이

8 소유자, 동작주

동작주일 경우는 사역, 수동문의 동작주로 쓰이는 경우도 있다.

私には預金通帳がいくつかあります。 나에겐 예금 통장이 몇 개인가 있습니다.

その仕事は彼女にはまだ無理です。 그 일은 그녀에게는 아직 무리입니다.

子供に自分の部屋の掃除をさせます。 아이에게 자기 방을 청소시킵니다.

遅刻して課長に怒られた。 지각해서 과장님에게 혼났다. (과장님이 화냈다)

9 관용 표현

한국어의 의미와 상관없이 반드시 に를 고정적으로 쓰는 표현이 있으므로 꼭
암기한다.

[〜に会う ~를 만나다]

彼女に会って、食事をします。 그녀를 만나서 식사를 합니다.

[〜に乗る ~을 타다]

車に乗ります。 차를 탑니다.

[〜に似ている ~을 닮다]

父に似ています。 아버지를 닮았습니다.

(5) 〜へ ~로

へ는 '~에', '~로'에 해당하는 조사이다. 방향을 나타내는 조사이므로 대개는 뒤
에 이동을 나타내는 동사, 예를 들어 行く(가다)・来る(오다)・帰る(들어가다)
・入る(들어가다)・向かう(향하다) 등의 동사가 온다. に도 도착점, 방향을 나
타내는 의미가 있으므로 に로 대체해서 쓸 수도 있다. 단, お風呂に入る(목욕
하다)처럼 관용적으로 쓰이는 표현은 へ로 대체할 수 없다.

今から学校へ(=に)行きます。
지금부터 학교에 갑니다.

今そちらへ(=に)向かっていますから、少し待っていてください。
지금 그쪽으로 가고 있으니까, 조금만 기다려 주세요.

アメリカへ(=に)帰って何をするつもりですか。
미국에 돌아가서 무엇을 할 생각입니까?

向かっている는 '향하고 있
다'의 뜻이므로, '가고 있다',
'오고 있다'의 의미가 된다. '이
쪽으로 오고 있다'의 경우는
こちらに向かっている라
고 하면 된다.

(6) 〜で ~에서

기본적으로 '~에서'에 해당하는 표현이다.

1 장소(행동의 장소) '〜에서'

日本語学校で勉強します。 일본어 학원에서 공부합니다.

ロビーで待ってください。 로비에서 기다려 주세요.

コンビニで牛乳を買います。 편의점에서 우유를 삽니다.

2 재료 '～로'

豆腐は大豆で作ります。 두부는 콩으로 만듭니다.
とうふ　だいず　つく

この花は紙で作った造花です。 이 꽃은 종이로 만든 조화입니다.
はな　かみ　つく　ぞうか

3 수단, 도구 '～로'

ここまで何で来ましたか。 여기까지 무엇으로(무엇을 타고) 왔습니까?
なに　き

そのことは電話で伝えました。 그 일은 전화로 전했습니다.
でんわ　つた

대답은 バスで〔電車で〕来
でんしゃ　き
ました。(버스로〔전철로〕왔
습니다) 등으로 할 수 있다.

4 원인, 이유 '～로', '～때문에'

台風で木が倒れました。 태풍으로 나무가 쓰러졌습니다.
たいふう　き　たお

風邪で学校を休みました。 감기로 학교를 쉬었습니다.
かぜ　がっこう　やす

雨で滑りやすくなっていますから気をつけてください。
あめ　すべ　き
비 때문에 미끄러지기 쉬우니까 주의하세요.

滑すべる 미끄러지다

気きをつける 주의하다

5 범위, 한도 '～에', '～로'

三日で出来上がりました。 3일 만에 완성되었습니다.
みっか　で きあ

十個千円で買えました。　10개 천 원에 살 수 있었습니다.

徒歩で5分で行けます。　도보로(걸어서) 5분이면 갈 수 있습니다.

6 '～(합)해서'

全部でいくらですか。　전부해서 얼마입니까?

みんなで食事をすることにしました。　모두 같이 식사를 하기로 했습니다.

♦ で는 접속조사 '～이고'의 뜻으로도 쓰인다.

大きいのは150円で、小さいのは100円です。
큰 것은 150엔이고 작은 것은 100엔입니다.

(7) ～と ～와

기본적으로 '～와/과'에 해당하는 표현이다.

1 병렬조사 '～와'

あなたと私　당신과 나

男性と女性　남성과 여성

2 동작, 작용의 대상 '～와'

家族と相談をします。　가족과 상담을 합니다.

友達と海へ遊びに行きました。　친구와 바다에 놀러 갔습니다.

> 家族に相談をします라고
> 도 할 수 있지만 に를 쓰면
> '내 쪽에서 일방적으로', と를
> 쓰면 '함께 같이'라는 뉘앙스
> 가 있다.

3 사고, 행동의 내용 '～라고'

長くないと思います。　길지 않으리라고 생각합니다.

由美子と名づけました。　유미코라고 이름 붙였습니다.

> 名なづける 이름 짓다, 명명
> 하다

4 결과의 상태 '～가', '～로'

最終面接で不合格となりました。(=に)
최종 면접에서 불합격이 되었습니다.

みんなの応援が大きな力となりました。(=に)
모두의 응원이 큰 힘이 되었습니다.

～になる는 자연적인 결과에도 쓸 수 있지만, ～となる는 자연적인 일에는 쓸 수 없고
～한 결과 그렇게 되었다는 의미로만 쓰인다.

春が過ぎて夏になりました。(○) 봄이 지나가고 여름이 되었습니다.

春が過ぎて夏となりました。(×)

5 비교의 대상 '～와'

彼とは住む世界が違う。 그와는 사는 세계가 다르다.

彼女と比べないでよ。 그녀와 비교하지 말아 줘.

| 比くらべる 비교하다

(8) ～から ～로 부터

～から는 기본적으로 '～부터'에 해당하는 표현이다.

1 동작, 작용의 기점 '～에서', '～부터'

田舎の母から連絡がありました。 시골에 있는 어머니로부터 연락이 있었습니다.

四月から新学期が始まります。 4월부터 신학기가 시작됩니다.

彼女は自宅から通っています。 그녀는 자택에서 다니고 있습니다.

2 경유하는 장소 '～로 부터'

玄関が閉まっていたので裏口から入った。
현관이 닫혀 있었기 때문에 뒷문으로 들어갔다.

窓から朝の日差しがさしてきました。
창문에서 아침 햇살이 비쳐 들어왔습니다.

| 日差ひざしが差さす 햇살이
비치다

うちのアパートの天井から雨が漏るんです。
우리 아파트 천장에서 비가 샙니다.

| 漏もる (물 등이) 새다
＝漏もれる

3 원인, 이유, 판단의 근거 '～으로', '～로부터'

私の不注意から友達に迷惑をかけてしまった。
내 부주의로 친구에게 폐를 끼쳤다.

業績不振から解雇された人もいるらしい。
업적 부진으로 해고당한 사람도 있다는 것 같다.

| 業績不振ぎょうせきふしん 업적
부진
➡일, 사업, 학술 연구상의 성
과가 부진함을 말한다.

消費者の立場から考えると、その値段はありえない。
소비자의 입장에서 생각하면 그 가격은 있을 수 없다.

④ 원료, 구성 요소 '〜(으)로'

焼酎は何から作りますか。 소주는 무엇으로 만듭니까?

ワインは葡萄から作ります。 와인은 포도로 만듭니다.

⑤ 동작주 '〜로 부터'

その件については、本人から直接聞いてください。
그 건에 대해서는 본인에게 직접 들어 주세요.

あなたから口をきいてもらえませんか。
당신이 (중간에서) 말해 주시겠어요?

口くちをきく ①말하다 ②주
선하다

(9) 〜まで 〜까지

〜までと'〜까지'에 해당하는 표현이다.

① 동작, 상황이 일어나는 시간, 장소 '〜까지'

昨日は結局朝方まで飲んでしまいました。
어제는 결국 아침 무렵까지 마셔 버렸습니다.

朝方あさがた 아침 무렵
↔ 夕方ゆうがた 저녁때

新聞を読むまでそのことを知りませんでした。
신문을 읽을 때까지 그 사실을 몰랐습니다.

② '〜에게까지도', '〜조차'(=さえ)

子供だけでなく大人までゲームをしている。
아이뿐만 아니라 어른까지 게임을 하고 있다.

仕事がなくなって家まで失った。
일을 잃고 집마저 잃었다.

③ 〜までもない '〜할 것까지는 없다', '〜할 필요는 없다'

この程度の金額なら母に話すまでもない。
이 정도의 금액이라면 엄마에게 말할 것까지는 없다.

わざわざ行くまでもない。
일부러 갈 것까진 없다.

希望の大学に入学したいなら必死に勉強しなければならないことは言うまでもない。

희망하는 대학에 입학하고 싶다면 필사적으로 공부해야 하는 것은 말할 필요도 없다.

> **▌TIP まで와 までに의 차이점**
>
> まで / までに는 한국어로 해석하면 '~까지'이지만 쓰임새는 다르다. 한마디로 표현하면 다음과 같다.
>
> まで → '그때까지 계속'이라는 '계속'의 용법.
> までに → '그 안에'라는 느낌인 '한정'의 용법.
>
> まで는 상태나 동작이 그 기간까지 계속됨을 말하므로, 뒤의 문장에 계속적인 동작이나 상태를 나타내는 표현이 온다.
> までに는 그 시간 안에 동작이 일어남을 말하므로, 뒤에 완료를 나타내는 표현이나 변화가 일어난 동사, 일회성 동작을 나타내는 동사가 온다.
>
> 私が帰ってくるまで、ここで待っていてください。
> 제가 돌아올 때까지 여기서 (계속) 기다리고 있어 주세요.
>
> 私が帰ってくるまでに、部屋をかたづけておいてください。
> 제가 돌아올 때까지 (그 안에), 방을 치워 주세요.

Mini Test

1 6時 (a.まで b.までに) 待ってください。

2 6時 (a.まで b.までに) 事務室に持ってきてください。

3 レポートは来週の金曜日 (a.まで b.までに) 出してください。

4 暗くなる (a.まで b.までに) 外で仕事をしています。

5 A. 郵便局は何時 (a.まで b.までに) 開いていますか。— 5時です。
  B. じゃあ、5時 (a.まで b.までに) 行かなければなりませんね。

정답 1 a 2 b 3 b 4 a 5 A.a B.b

---

(10) ～より ~보다

～より는 기본적으로 '~보다'에 해당하는 표현이다.

1 비교, 기준의 대상

ドラマよりアニメの方が好きです。 드라마보다 애니메이션 쪽이 좋습니다.

思ったより難しいですね。 생각한 것보다 어렵네요.

2 (부정어를 수반하여) '~하는 수밖에 없다'

黙っているより仕方がない。　잠자코 있을 수밖엔 어쩔 수가 없다.

あきらめるよりほかにない。　포기하는 수밖에 없다.

3 から의 문어체적인 표현 '~로부터'

これより会議を始めます。　이제부터 회의를 시작하겠습니다.

北京の支店長よりファックスが届きました。
북경의 지점장으로부터 팩스가 도착했습니다.

黙だまる 입 다물다, 잠자코
있다, 말없이 있다

(11) ~や　~랑

や는 '~와', '~랑'에 해당하는 병렬를 나타내는 조사이다. 주로 열거의 의미로 쓰이고, ~など(~ 등) 등의 조사와 잘 어울린다.

日本の雑誌やマンガを読みます。　일본 잡지나 만화를 읽습니다.

机や椅子やパソコンなどがあります。　책상이랑 의자랑 PC 등이 있습니다.

> **▎TIP と & や**
>
> オレンジジュースとコーラがあります。오렌지 주스와 콜라가 있습니다.
> オレンジジュースやコーラなどがあります。오렌지 주스랑 콜라 등이 있습니다.
> と는 제시되어 있는 한정된 사항만의 열거이고, や는 제시된 것 외에도 여러 가지 있을 수 있다는 뉘앙스이다.
> や를 '~랑'이라고 해석하면 초급자들은 가끔 다음과 같은 실수를 하기도 한다.
> 友達やゲームをしました。(✕) 친구랑 게임을 했습니다.
> → 友達とゲームをしました。(○)
> や는 열거 조사로 '~랑'의 의미이므로 대상을 나타내는 격조사 と와는 구별되어야 한다.

(12) ~か　~나

병렬조사 か는 '~나'에 해당하며 선택의 의미를 나타낸다. 한편으로는 불확실함을 나타내는 조사(부조사)로도 자주 쓰인다.

1 병렬조사 '~나', '~인지'

出席か欠席かはっきりしてください。　출석인지 결석인지 분명히 해 주세요.

赤か青で印してください。　빨강이나 파랑으로 표시해 주세요.

印しるす 표시하다

2 부조사

① '~ㄴ가' 불특정함을 나타낸다.

何か 무언가	どこか 어딘가	いつか 언젠가
だれか 누군가	どこからか 어디에선가	何日か前 며칠인가 전

② '~ㄴ지' 불확실한 추정을 나타낸다.

気のせいか、人の物の方が良さそうに見える。
마음 탓인지 남의 물건이 좋아 보인다.

何かあったのか、彼は暗い顔をしていた。
뭔가 있었는지, 그는 어두운 얼굴을 하고 있었다.

> 人ひとの物もの 남의 물건
> ➡ 人는 '남', '타인'의 뜻으로도 쓰인다.

3 조사 관련 표현

지금까지 격조사를 중심으로 설명했는데 이들 조사가 들어가는 기능어(문장에서 여러 가지 기능을 하는 구실의 말)들이 많이 존재한다. 일종의 관용 표현이며 시험에도 많이 출제가 되므로 시험을 준비하는 학생들은 꼼꼼히 체크하고 지나가도록 하고, 초급자는 이 부분을 일단 넘어가도 상관없다. 주로 に, を, と 관련 어구를 다루며, 유사 표현 순으로 나열했다.

(1) ～に関して ～에 관해서

～に関して는 '～에 관해서'라는 의미이다. ～について와 유사 표현이긴 하지만, 더 문장체 같고 격식 차린 표현에서 쓴다.

詳細に関しては追ってご連絡いたします。
상세한 사항에 관해서는 추후 연락드리겠습니다.

その問題に関しては一言も触れていませんでした。
그 문제에 관해서는 한마디도 언급하지 않았습니다.

> 追って는 부사로 '추후', '나중에'를 의미한다.

> 触ふれる ① 닿다, 접하다
> ② 언급하다

◆ 뒤에 명사가 올 때는 ～に関する의 형태로 사용한다.

環境問題に関する論文
환경 문제에 관한 논문

(2) ～に対して ～에 대해서

～に対して는 '대해서', '마주 대해서', '응해서', '대비해서' 등 동작이 향하는 상대나 대상을 나타낸다.

財務大臣は記者団に対して、金利の引き下げについて説明した。
ざいむだいじん　きしゃだん　たい　　　きんり　　ひ　さ　　　　　せつめい
재무장관은 기자단에 대해, 금리 인하에 관해 설명했다.

新入社員の吉田さんは上司に対して友達のような言葉で話す。
しんにゅうしゃいん　よしだ　　　　じょうし　たい　　　ともだち　　　　　ことば　はな
신입 사원 요시다 씨는 상사에 대해 친구 같은 말투로 이야기한다.

企業や社会には、育児に対してもっと積極的に配慮していただきたい。
きぎょう　しゃかい　　　いくじ　たい　　　　　　　せっきょくてき　はいりょ
기업이나 회사는 육아에 대해 좀 더 적극적으로 배려해 주었으면 한다.

引ひき下さげ 인하, 끌어내림
↔ **引ひき上あげ** 인상

(3) ～について / ～につき　～에 대해

～については '～에 대해', '～에 관해' 등 예로 든 어떤 대상에 대해 구체적인 설명을 할 때 쓴다. 문장체에서는 ～につき, 격식 차린 말에서는 ～につきまして라고 한다.

このことについてのあなたの意見を聞かせてください。
いけん　き
이 일에 대한 당신의 의견을 들려주세요.

交流の場を設けることについてどう思われますか。
こうりゅう　ば　もう　　　　　　　　　　おも
교류의 장을 만드는 일에 대해 어떻게 생각하십니까?

設もうける 마련하다, 준비하다, 설치하다

失敗一回につき、100円の罰金をちょうだいします。
しっぱいいっかい　　　　　えん　ばっきん
실수 한 번에 대해, 백 엔의 벌금을 받겠습니다.

ちょうだいする는 '받다'라는 뜻으로, いただく의 여성적인 표현이다.

その件につきましては、後ほど折り返しご連絡いたします。
けん　　　　　　　　　　のち　　おり　かえ　　れんらく
그 건에 관해서는 추후에 이쪽에서 다시 연락드리겠습니다.

折おり返かえす ① 되접다 ②이쪽〔그쪽〕에서 다시 연락하다

(4) ～につけ(て)　～에 관련해서

～につけては '～에 관련해서' 또는 '～의 경우도'라는 의미로 쓰이며, 문장체에서는 주로 ～につけ라고 한다.

1 ～에 관련하여, ～할 때마다

自信を持たせるために、何かにつけて誉める機会を作っている。
じしん　も　　　　　　　　　なに　　　　　　ほ　　　きかい　つく
자신을 갖게 하기 위해, 무슨 일이 있을 때마다(아무 데나 갖다 붙여) 칭찬할 기회를 만들고 있다.

何事につけても、最善を尽くすことだ。
なにごと　　　　　　　さいぜん　つ
무슨 일이건 최선을 다해야 한다.

最善さいぜんを尽つくす 최선을 다하다

この写真を見るにつけ、あのころの懐かしさがこみあげてくる。
しゃしん　み　　　　　　　　　　　　なつ
이 사진을 볼 때마다, 그때의 그리움이 복받쳐 온다.

こみあげる 솟아오르다, (감정이) 치밀다, 복받치다

286

❷ ～인 경우도 / ～이든 ～이든(주로 ～につけ、～につけ의 형태로 쓰인다.)

いいにつけ、悪いにつけ、親の言うことは聞くものだ。
좋든 나쁘든 부모가 하는 말은 듣는 법이다.

採られるにつけ、採られないにつけ、意見を出してくれないと意味がない。
채택이 되든 안 되든 의견을 내 주지 않으면 의미가 없다.

(5) ～によると ～에 의하면

～によると는 '～에 의하면'에 해당하는 표현으로 ～そうだ, ～らしい, ～とのことだ 등의 전문의 말이 뒤에 많이 나온다.

天気予報によると明日は雪が降るそうです。
일기 예보에 의하면 내일은 눈이 온다고 합니다.

噂によるともうすぐ人事異動があるらしいです。
소문에 의하면 곧 인사이동이 있다는 것 같습니다.

(6) ～によって / ～により ～에 의해

～によって는 문장체나 격식 차린 말에서는 ～により라고 하는 경우도 있다.
～による(～에 의하다), 「～による＋명사」(～에 의한 ～)의 형태로 쓰이기도 한다.

❶ '～에 의해', 즉 앞의 일에 의존하여 앞의 일이 원인이나 이유가 된다는 뉘앙스로 쓰인다.

不況によって失業者が増えました。
불황에 의해 실업자가 늘어났습니다.

インターネットの普及によって世界中の情報が簡単に手に入るようになりました。
인터넷의 보급에 의해 세계 모든 정보가 간단히 손에 들어오게 되었습니다.

人は見かけによらない。 사람은 외견에 의하지 않는다.

❷ '～에 따라', 즉 앞의 일에 따라 달라진다는 뉘앙스로 쓰인다.

休みの日は勤務のシフトによって変わります。
쉬는 날은 근무의 변경 체제에 의해 바뀝니다.

教え方は先生によって違います。
가르치는 방식은 선생님에 따라 다릅니다.

手てに入はいる 손에 들어오다, 입수되다
➡ 手てに入いれる
  손에 넣다, 입수하다
  入手にゅうしゅする
  입수하다

見みかけ 겉모습, 외견
＝外見がいけん

シフト 근무 체제 등의 변경, 변환

(7) ～において ～에 있어서

～においては '～에 있어서'라는 의미로, 어떠한 장소·장면·상황·사항에 상관없이 쓸 수 있는 표현이다. 장소일 경우는 '～에서'로 해석할 수 있다.

それは我が家においては重要な問題だった。
그것은 우리 집에 있어서는 중요한 문제였다.

新任の部長は営業において手腕を発揮した。
신임 부장은 영업에 있어서 수완을 발휘했다.

市民文化会館においてクラシック音楽会が開催されるそうだ。
시민문화회관에서 클래식 음악회가 개최된다고 한다.

> 我が～ 우리 ～
> 예 我が社 우리 회사
> 我が国 우리나라

(8) ～にて ～에서

～にては で의 문장체이거나 격식 차린 표현으로, で와 마찬가지로 '～에서(장소)', '～로'의 뜻으로 모두 쓸 수 있다.

卒業式は大講堂にて行われます。
졸업식은 대강당에서 행해집니다.

これにて本日の日程を終わらせていただきます。
이것으로 오늘의 일정을 끝내겠습니다.

下記送付先に着払いにてお送りいただきますようお願い申し上げます。
아래에 명기된 송부처로 착불로 보내 주시기를 바랍니다.

> 着払い 착불. 수취인
> 이 운임을 지불하는 일.

(9) ～にとって ～에게 있어서

～にとっては '～에게 있어서'라는 뜻으로, 앞에 주로 사람(또는 조직 등)을 받아서 '그 입장으로 보면'이라는 뉘앙스로 말하는 경우에 쓴다.

あなたにとって一番大切なものはなんですか。
당신에게 있어서 가장 중요한 것은 무엇입니까?

パソコンを上手に使いこなすことは、これから社会に出ようとする新卒にとっては必須条件の一つである。
PC를 잘 다루는 일은 앞으로 사회에 나가려는 졸업자에게 있어서는 필수 조건의 하나이다.

> 使いこなす 능숙하게 다루다
> 新卒 그해 졸업자

(10) ～に沿って ～에 따라서

～に沿っては '연이어 계속되는 길, 해안 등을 그대로 따라서'라는 뜻으로, 어떤 사항 등에서 그 순서를 그대로 따른다는 의미로도 쓰인다.

塀に沿ってきれいな花が植えてあります。
へい そ はな う
벽을 따라서 예쁜 꽃들이 심어져 있습니다.

海岸に沿って車を走らせていった。
かいがん そ くるま はし
해안을 따라 차를 달려갔다.

とりあえず、前任者の企画に沿って、プロジェクトを進めている。
ぜんにんしゃ きかく そ すす
우선은 전임자의 기획에 따라 프로젝트를 진행하고 있다.

♦ 강이나 길일 경우는 ～沿い 형태의 명사로 쓰이기도 한다.
そ

예 海岸沿い 해안을 따른 / 道路沿い 도로를 따른 / 川沿い 강가를 따른
かいがん そ どうろ そ かわ そ

(11) ～に従って / ～に従い ～에 따라 / ～함에 따라
したが したが

～に従っては '～에 따라서', 즉 '지시 등을 받아 그에 복종해서'라는 뉘앙스로
したが
쓰이는 말이다. 앞의 동사를 받아 '～함에 따라서'라는 의미로 쓰이기도 한다. 문
장이나 격식 차린 표현에서는 ～に従い를 쓰기도 한다.
したが

年齢を重ねるにしたがって、心が広くなると言われる。
ねんれい かさ こころ ひろ い
나이를 먹음에 따라 마음이 넓어진다고 말해진다(흔히 말한다).

| 年齢ねんれいを重かさねる
| 나이를 먹다

頂上に近づくにしたがって道が険しくなった。
ちょうじょう ちか みち けわ
정상에 다가감에 따라 길이 험악해졌다.

| 険けわしい 험하다

원래는 ～に従う(～에 따르다)의 형태에서 온 말이다.
したが

会社では上司の命令に従わなければならない。
かいしゃ じょうし めいれい したが
회사에서는 상사의 명령에 따르지 않으면 안 된다.

私の指示に従えない者は辞めてもらいます。
わたし しじ したが もの や
내 지시에 따를 수 없는 자는 그만두세요.

(12) ～に伴って / ～に伴い ～에 따라서, ～와 함께
ともな ともな

～に伴っては '～에 따라서'라는 뜻으로, 뒤에 변화를 나타내는 말이 와서 앞의
ともな
변화와 같이하여 변화한다는 뉘앙스로 쓰인다.

国の急速な成長に伴って、国民の生活も豊かになってきた。
くに きゅうそく せいちょう ともな こくみん せいかつ ゆた
나라의 급속한 성장에 따라 국민의 생활도 윤택해졌다.

不景気に伴って、物価が上がる現象をスタグフレーションと言う。
ふけいき ともな ぶっか あ げんしょう い
불경기와 함께 물가가 오르는 현상을 스태그플레이션이라고 한다.

(13) ～につれて ～함에 따라서

～につれて는 '～에 따라서'라는 의미로, ～に伴って와 유사한 표현이다. '동반하여', '함께'라는 뉘앙스는 없고 '～함에 따라 자연스럽게'라는 느낌이다.

年<ruby>とし</ruby>を取<ruby>と</ruby>るにつれて忘<ruby>わす</ruby>れっぽくなってきた。
나이를 먹음에 따라서 잘 잊어버리게 되었다.

キャリアを積<ruby>つ</ruby>むにつれて、評価<ruby>ひょうか</ruby>は高<ruby>たか</ruby>くなる。
경력을 쌓음에 따라서 평가는 높아진다.

> 年<ruby>とし</ruby>を取<ruby>と</ruby>る 나이를 먹다
>
> 忘<ruby>わす</ruby>れっぽい 잘 잊다, 건망증이 있다

(14) ～に応じて ～에 따라서, ～에 맞춰

～に応<ruby>おう</ruby>じて는 '～에 따라서'에 해당하는 표현으로, '변화나 다양성에 맞추거나 대응<ruby>おう</ruby>해서'라는 뉘앙스로 쓰인다.

個人<ruby>こじん</ruby>の能力<ruby>のうりょく</ruby>に応<ruby>おう</ruby>じて報酬<ruby>ほうしゅう</ruby>を与<ruby>あた</ruby>える。
개인의 능력에 따라 보수를 준다.

自分<ruby>じぶん</ruby>の体力<ruby>たいりょく</ruby>に応<ruby>おう</ruby>じて、運動<ruby>うんどう</ruby>を選<ruby>えら</ruby>んだ方<ruby>ほう</ruby>がいいです。
자신의 체력에 따라서, 운동을 선택하는 편이 좋습니다.

(15) ～に応え(て) ～에 따라서, ～에 힘입어

～に応<ruby>こた</ruby>えて는 '～에 따라서', '～에 힘입어'라는 뜻으로, '기대나 요망 등에 보답하여<ruby>こた</ruby>'라는 뉘앙스로 쓰인다.

顧客<ruby>こきゃく</ruby>の要望<ruby>ようぼう</ruby>に応<ruby>こた</ruby>えて、閉店時間<ruby>へいてんじかん</ruby>を9時<ruby>じ</ruby>に変更<ruby>へんこう</ruby>することにしました。
고객의 요망에 따라서 폐점 시간을 9시로 변경하기로 했습니다.

皆<ruby>みな</ruby>さんの声援<ruby>せいえん</ruby>に応<ruby>こた</ruby>えて、最後<ruby>さいご</ruby>まで最善<ruby>さいぜん</ruby>を尽<ruby>つ</ruby>くしたいと思<ruby>おも</ruby>います。
여러분의 성원에 보답해서 끝까지 최선을 다하고 싶습니다.

> 最善<ruby>さいぜん</ruby>を尽<ruby>つ</ruby>くす
> 최선을 다하다

(16) ～にかけて ～에 걸쳐서

① '(～부터) ～에 걸쳐서'라는 시간, 기간을 나타내는 의미

② '(목숨, 명예, 신용 등)을 걸고'의 의미

③ 주로 ～にかけては의 형태로 '～에 관해서는', '(다른 건 모르지만) ～에 있어서는'의 의미로 쓰인다.

今晩<ruby>こんばん</ruby>から明日<ruby>あす</ruby>にかけて激<ruby>はげ</ruby>しい雨<ruby>あめ</ruby>になるそうです。
오늘 밤부터 내일에 걸쳐서 세찬 비가 온다고 합니다.

学校の名誉にかけて、絶対に勝って見せます。
がっこう めいよ　　　　　　ぜったい　か　　　み
학교의 명예를 걸고 절대 이겨 보이겠습니다.

勝かつ 이기다

↔ 負まける 지다

体力にかけては、誰にも負けない自信がある。
たいりょく　　　　　だれ　　ま　　　　じしん
체력에 관해서는 누구에게도 지지 않을 자신이 있다.

(17) 〜にわたって　〜에 걸쳐서

〜にわたって는 기간, 장소, 횟수의 범위를 나타내는 말에 붙어서 '〜에 걸쳐서'
라는 뜻으로 쓰인다.

遺産相続をめぐって3年にわたって裁判が行われた。
い さんそうぞく　　　　　ねん　　　　　　さいばん　おこな
유산 상속을 둘러싸고 3년에 걸쳐 재판이 이루어졌다.

すべての分野にわたっていい実績を出している。
ぶん や　　　　　　　　じっせき　だ
모든 분야에 걸쳐 좋은 실적을 내고 있다.

彼の博識は多岐にわたっている。
かれ はくしき たき
그의 박식함은 여러 방면에 걸쳐 있다.

多岐にわたる는 '여러 방면
에 걸쳐 있다'라는 의미의 관
용어구.

(18) 〜にあたって　〜을 맞이하여

〜にあたって는 '〜의 때를 맞이하여', '〜에 즈음하여'라는 뜻이다. 격식 차린
말로, 〜に際して와 유사한 표현이다.
　　　さい

起業するにあたって、まずは資金が必要だ。
き ぎょう　　　　　　　　　　しきん　ひつよう
창업함에 있어서 우선은 자금이 필요하다.

起業きぎょう 사업을 새로 일
으킴, 창업

知らない国を旅行するにあたって、その国の言葉、名所などを調べておいた。
し　　　くに りょこう　　　　　　　　　　くに ことば　めいしょ　　　しら
모르는 나라로 가는 여행을 즈음하여 그 나라의 언어, 명소 등을 조사해 두었다.

新製品の開発にあたって新しいプロジェクトチームを作ることにしました。
しんせいひん かいはつ　　　　あたら　　　　　　　　　　　　つく
신제품 개발에 즈음하여 새로운 프로젝트 팀을 만들기로 했습니다.

(19) 〜に際して　〜에 즈음하여
　　　さい

際는 기본적으로 時(때)의 뜻으로, 時보다 문장체이고 격식 차린 의미로 받아들
さい　　　　　　　とき　　　　　　とき
이면 된다. この際(이때를 빌어), 卒業の際(졸업 때)처럼 〜の際의 형태로도 쓰
　　　　　さい　　　　　　　　そつぎょう　さい　　　　　　　さい
인다. 〜に際して는 '〜을 즈음하여', '〜할 때'의 뜻이다.
　　　さい

出発に際して注意事項をもう一度確認させていただきます。
しゅっぱつ さい　　　ちゅう い じ こう　　　　いち ど かくにん
출발을 즈음하여 주의 사항을 한 번 더 확인하겠습니다.

開業式を始めるに際して、スポンサーの方々に感謝の気持を申し上げたいと思います。

개업식을 시작함에 있어 스폰서 분들께 감사의 마음을 올리고 싶습니다.

方々 かたがた 여러분
➡ 人々의 높임말이다.
ひとびと

(20) 〜に限る　〜에 한하다, 〜이 제일이다

〜に限る는 '〜에 한하다'라는 뜻인데, '〜하는 것이 제일이다'라는 뉘앙스로도 쓰인다.

冬のスポーツはスキーに限る。
겨울 스포츠는 스키가 제일이다.

この地域できれいな紅葉が見られるのは11月に限る。
이 지역에서 아름다운 단풍을 볼 수 있는 것은 11월에 한한다.

紅葉する는 '단풍 들다'라는
표현이며, 단풍나무의 '단풍'은
もみじ라고 한다.

♦ 〜とは限らない(꼭 〜라고는 할 수 없다)는 'Chapter 21 추측·전문의 표현'을 참조한다.

(21) 〜に限って　〜에 한해서는, 〜일 때는 꼭

〜に限って는 '〜에 한해서는'이라는 뜻이지만, '〜일 때는 꼭', '(다른 것은 모르지만) 〜만은'의 뉘앙스로도 쓰인다.

忙しいときに限って来客が多い。
바쁠 때는 꼭 손님이 많다.

うちの子に限って万引きなんてするはずがありません。
(다른 애들은 몰라도) 우리 아이만은 훔치는 일 따위 할 리가 없어요.

万引き まんびき 상점에서 손님
을 가장하고 물건을 훔치는 일

(22) 〜にしろ / 〜にせよ　〜이건, 〜이든

〜でも에 상응하는 표현으로 '〜이건', '〜이든' 등으로 해석할 수 있다. 〜にしろ보다 〜にせよ 쪽이 더 문장체이고 격식을 차린 표현이다. いつにしろ〔せよ〕(언제든), いずれにしろ〔せよ〕(언제든), 誰にしろ〔せよ〕(누구든), 何にしろ〔せよ〕(무엇이든) 등의 형태로 쓰인다.

一瞬間にしろ、あの事件のことを忘れたことはない。
한순간이라도 그 사건을 잊은 일이 없다.

会社側がどのような解明をするにせよ、高まった不信感は簡単には収まらないと思う。
회사 측이 어떠한 해명을 하든 높아진 불신감이 간단히 잠잠해지지는 않으리라고 생각한다.

収まる 가라앉다. 진정되
다. 수습되다

(23) ～にすぎない　～에 지나지 않는다

～にすぎない는 단지 '～에 지나지 않는다'라는 의미이다.

私は単なる一社員に過ぎないから、そんな権限はありません。
わたし　　たん　　いちしゃいん　す　　　　　　　　　　けんげん
저는 단순한 일개 사원에 지나지 않으니까, 그런 권한은 없습니다.

この問題は一部分に過ぎない。解決しなければならないたくさんの問題が
もんだい　いちぶぶん　す　　　　　かいけつ　　　　　　　　　　　　　　　もんだい
山積している。
さんせき
이 문제는 일부분에 지나지 않는다. 해결하지 않으면 안 될 많은 문제가 산적해 있다.

> 単なる～는 '단순한 ～'의 뜻으로, 'ただの'와 같은 의미이다.

(24) ～にはあたらない　～일 것까지도 없다

～にはあたらない는 '～할 것까지도 없다', '～할 정도는 아니다'라는 의미로 쓰인다. 단어의 원래 의미로는 유추할 수 없는 표현이므로 주의한다.

もともと実力があったのだから有名になったからといって驚くにはあたら
　　　　じつりょく　　　　　　　　　ゆうめい　　　　　　　　　　　　　　おどろ
ない。
원래 실력이 있었으니까 유명해졌다고 해서 놀랄 것까지는 없다.

本人も反省しているんだから、そんなに責めるにはあたらない。
ほんにん　はんせい　　　　　　　　　　　　　せ
본인도 반성하고 있으니까, 그렇게 비난할 것까지는 없다.

> 責せめる 비난하다, 책망하다

(25) ～を通じて　～을 통해

～を通じて는 '～을 통해'라는 뜻으로, '～을 매개로 해서', '～에 걸쳐서'라는 뉘앙스로 쓰인다. 通じる는 '통하다', '정통하다', '통용되다'라는 뜻이다.

秘書を通じてアポを取る。
ひしょ　つう　　　　　　と
비서를 통해 약속을 잡는다.

マスコミを通じて国民に謝る。
　　　　つう　こくみん　あやま
매스컴을 통해 국민에게 사죄하다.

> アポを取る는 '약속을 잡다', '예약을 하다'라는 관용어구이다. アポ는 アポイントメント(appointment)의 준말이다.

(26) ～をはじめ(として)　～을 비롯해서

～をはじめ(として)는 '～을 비롯해서'라는 뜻으로 뒤에 명사를 받을 때는「～をはじめとする＋명사」의 형태로 쓰기도 한다.

乗務員をはじめ、搭乗者全員が死亡した。
じょうむ いん　　　　とうじょうしゃぜんいん　しぼう
승무원을 비롯해, 탑승자 전원이 사망했다.

父をはじめとする家族はみんな彼女の芸能界入りに猛反対した。
ちち　　　　　　　　　かぞく　　　　　　かのじょ　げいのうかい い　もうはんたい
아버지를 비롯한 가족 모두 그녀의 연예계 진출을 맹반대했다.

> 芸能界けいのうかい 연예계

(27) 〜を問わず　〜을 불문하고

〜を問わずは '〜을 묻지 않고', 즉 '〜을 불문하고'에 해당하는 말이다. 問う(묻다)의 부정형에서 비롯된 표현이다.

能力のある人なら学歴を問わず採用します。
のうりょく　ひと　がくれき　と　さいよう
능력 있는 사람이라면 학력을 불문하고 채용하겠습니다.

男女を問わず、コスメティック分野に興味を持っている人が増えている。
だんじょ　と　ぶんや　きょうみ　も　ひと　ふ
남녀를 불문하고 화장품 분야에 흥미를 갖고 있는 사람이 늘고 있다.

(28) 〜をものともせずに　〜는 아랑곳하지 않고

〜をものともせずには 〜をものともしないで와 같은 표현으로 '〜을 문제시하지 않고', 즉 '〜은 아랑곳하지 않고'라는 의미이다.

悪い噂をものともせずに、彼は自分の信念を貫き通した。
わる　うわさ　かれ　じぶん　しんねん　つらぬ　とお
나쁜 소문은 아랑곳하지 않고 그는 자신의 신념을 관철했다.

周囲の批判をものともせずに決めた。
しゅうい　ひはん　き
주위의 비판을 아랑곳하지 않고 결정했다.

貫つらぬき通とおす 관철하다,
끝까지 밀고 나가다

(29) 〜をめぐって / 〜をめぐり　〜을 둘러싸고

〜をめぐっては '〜을 둘러싸고'라는 뜻이며, 〜をめぐりは 문장체 표현이다.

運河の建設をめぐって与党と野党の意見が対立している。
うんが　けんせつ　よとう　やとう　いけん　たいりつ
운하 건설을 둘러싸고 여당과 야당의 의견이 대립하고 있다.

親の遺産をめぐって兄弟の争いが起こった。
おや　いさん　きょうだい　あらそ　お
부모의 유산을 둘러싸고 형제간의 싸움이 일어났다.

(30) 〜をきっかけに　〜을 계기로

〜をきっかけには '〜을 계기로'라는 뜻이며, きっかけは '계기', '실마리'를 뜻한다.

何をきっかけに慈善事業を始められたんですか。
なに　じぜんじぎょう　はじ
무엇을 계기로 자선 사업을 시작하셨습니까?

これをきっかけに、いろいろな分野での交流が続ければと思います。
ぶんや　こうりゅう　つづ　おも
이것을 계기로 여러 분야에서 교류가 계속될 수 있었으면 합니다.

(31) 〜を契機に / 〜を契機として　〜을 계기로 / 〜을 계기로 해서

契機(けいき)는 말 그대로 '계기'라는 뜻이며, 〜を契機(けいき)に 또는 〜を契機(けいき)として는 '〜을 계기로'라는 뜻을 형성한다. '〜이 전환점이 되어서'라는 뉘앙스의 말로, 〜をきっかけに와 같은 의미지만 딱딱한 문장체이다.

> 彼女(かのじょ)は留学(りゅうがく)を契機(けいき)に自分(じぶん)の専攻(せんこう)を変(か)えることにした。
> 그녀는 유학을 계기로 자신의 전공을 바꾸기로 했다.

> 国際結婚(こくさいけっこん)を契機(けいき)として比較文化(ひかくぶんか)の分野(ぶんや)に興味(きょうみ)を持(も)つようになった。
> 국제결혼을 계기로 해서 비교 문화 분야에 흥미를 가지게 되었다.

(32) 〜というと　〜라고 하면

〜というと는 말 그대로 '〜로 말하면', '〜로 말하자면'의 뜻으로, 어떤 말에서 연상되는 것을 말하거나 설명, 정의를 할 때 쓰인다.

> いつか見(み)た映画(えいが)の影響(えいきょう)か、札幌(さっぽろ)というとすぐきれいな雪景(せっけい)が心(こころ)に浮(う)かぶ。
> 언젠가 본 영화의 영향인지, 삿포로라고 하면 곧 아름다운 설경이 마음에 떠오른다.

> サムスンというと韓国屈指(かんこくくっし)の大企業(だいきぎょう)じゃないですか。
> 삼성이라고 하면 한국 굴지의 대기업 아닙니까?

心(こころ)に浮(う)かぶ 마음에 떠오르다, 연상되다

(33) 〜といった　〜라고 하는

주로「명사＋といった＋명사」의 형태로 '〜라고 하는 〜'의 뜻으로 쓰인다. 복수의 열거를 할 때 쓰는 경우가 많다.

> 特(とく)にこれといった趣味(しゅみ)はありません。
> 특히 이렇다 할 취미는 없어요.

> いちろう、松井(まつい)といった野球選手(やきゅうせんしゅ)がメジャーリーグで活躍(かつやく)している。
> 이치로, 마쓰이라고 하는 야구 선수가 메이저 리그에서 활약하고 있다.

(34) 〜というより　〜라고 하기보다

〜というより는 '〜라고 하기보다는'의 의미로, '〜라기보다는 차라리'의 뉘앙스로 많이 쓰인다. むしろ(오히려, 차라리)와 잘 어울리는 표현이다.

> 林先生(はやしせんせい)は教授(きょうじゅ)というより、むしろ学者(がくしゃ)だ。
> 하야시 선생님은 교수라고 하기보다 차라리 학자이다.

> そんな態度(たいど)は、無神経(むしんけい)というより、無関心(むかんしん)といった方(ほう)がいいかもしれない。
> 그런 태도는 무신경하다기보다 무관심이라고 말하는 편이 좋을지도 모른다.

Chapter

28

조사 II

1 부조사의 의미와 종류

앞서 설명했듯이 격조사는 술어와 명사구 사이의 의미 관계(格)를 나타내는 역할을 한다. 부조사(副助詞)는 동사 의미와 관계하면서 명사와 같은 기능을 하는 조사로, 격조사와 함께 쓰이거나 격조사 대신 강조의 의미로 쓰인다.
は(~은), も(~도), しか(~ 밖에), くらい(~ 정도), ばかり(~뿐), だけ(~만), ほど(~만큼), こそ(~야말로), さえ(~조차), すら(~조차), など(~ 등), なんか(~ 따위) 등을 들 수 있다.

(1) ~は   ~은/는

~は는 '~은/는'에 해당하는 조사이다.

① 기본적으로 문장의 주제를 나타내는 기능을 하고, 뒤에는 그 주제에 대한 서술이 따른다.

   吉田さんは銀行員です。 요시다 씨는 은행원입니다.
   よし だ　　　ぎんこういん

   このケータイは値段が高いです。 이 휴대 전화는 가격이 비쌉니다.
   　　　　　　　ね だん　たか

② 대비를 나타낸다.

   コーヒーはよく飲みますが、紅茶はあまり飲みません。
   　　　　　　　の　　　　　　　こうちゃ　　　　　　の
   커피는 자주 마시지만, 홍차는 그다지 마시지 않습니다.

   富士山に登ったことはありません。
   ふ じ さん　のぼ
   후지 산에 오른 적은 없습니다.

★ 관용 표현

1 ~はおろか   ~은커녕

~はおろか는 '~은커녕', '~은 고사하고'에 해당하는 표현으로 '앞의 사항은 말할 것도 없이'라는 느낌으로 쓴다.

   海外旅行はおろかチェジュドにも行ったことがない。
   かいがいりょこう　　　　　　　　　　　　 い
   해외여행은 고사하고 제주도에도 간 적이 없다.

   もう手遅れで、治療はおろか手術さえできない状態になっていた。
   　　 て おく　　　ちりょう　　　　しゅじゅつ　　　　　　 じょうたい
   이미 시기를 놓쳐서 치료는커녕 수술조차 받을 수 없는 상태가 되어 있었다.

| 手遅ておくれ (병의 치료나 사건 처리에서) 때늦음. 시기를 놓침

2 ～はともかく / ～はともかくとして　～은 두 번째 문제이고

원래 ともかく는 '어찌 되었든 간에', '좌우지간'의 뜻이다. ～はともかく는 '～은 어찌 되었든 간에', '～은 둘째치고'라는 뜻으로, 앞 일은 의논 대상에서 제외하고 그보다 더 중요한 게 있다는 느낌으로 쓰인다. ～はともかくとして라고도 한다.

子供ならともかく成人した大人がみっともない。
아이라면 모르지만, 성인인 어른이 꼴불견이다.

外見はともかくとして、性格はとてもやさしい。
외견은 둘째 문제이고, 성격은 아주 자상하다.

3 ～はさておき　～은 제쳐 두고, ～은 차치하고

어떤 일은 '일단 그대로 두고', '잠시 제쳐두고'의 뜻으로, 회화체에서는 ～はさておいて라고도 한다.

父が危篤で、論文のことはさておき、田舎に帰らなければならない羽目になった。　　｜ 羽目になる ～할 처지가 되다
아버지가 위독해서 논문은 잠시 제쳐두고 시골에 돌아가지 않으면 안 될 처지가 되었다.

みんなの評価はさておき、自分としては完璧な計画だったと思う。
모두의 평가는 제쳐두고 스스로는 완벽한 계획이었다고 생각한다.

(2) ～も

～も는 기본적으로 '～도'에 해당하는 표현이지만 세부적으로는 여러 가지 의미를 가지고 있다.

① '～도'의 뜻. AもBも 등의 열거의 뜻으로도 쓰인다.

東海岸の方に行けば、海も山も楽しめる。
동해안 쪽에 가면 바다도 산도 즐길 수 있다.

行きも帰りも電車でした。　　｜ 行き 갈 때
가는 것도 오는 것도 전차였습니다.　　↔ 帰り 올 때

② 강조의 표현으로 '～이나'의 뜻으로 쓰인다.

外国語を三つも勉強している。　외국어를 세 개나 공부하고 있다.

バナナをいっぺんに十個も食べた。　바나나를 한 번에 열 개나 먹었다.

③ '〜도', '〜조차'

怖くて声も出ませんでした。　무서워서 목소리조차 나오지 않았습니다.

あの人の名前を聞くのも嫌です。　그 사람의 이름을 듣는 것조차 싫습니다.

③의 용법은 〜さえ(〜조차)로 바꿔 쓸 수 있다.

④ どれも, だれも, どちらも 등의 형태로 전면적인 긍정이나 전면적인 부정을 나타낸다.

どれもおいしくない。　(이 중) 어느 것도 맛있지 않다.

誰もがあこがれる職業　누구나 동경하는 직업

憧あこがれる 동경하다

⑤ ます形과 연결하고 뒤에 しない를 써서 '〜하지도 않는다'는 강조의 의미로 쓰인다.

忘れもしない。　잊지도 않는다. (절대 잊을 수 없다.)

泣きもしない。　울지도 않는다.

(3) 〜しか　〜밖에

〜しか는 '〜밖에'에 해당하는 표현으로, 뒤에는 반드시 부정을 수반한다.

こんなことしかできない。　이런 일밖에 할 수 없다.

中国語は挨拶ぐらいしかしゃべれない。　중국어는 인사 정도밖에 말 못한다.

しゃべる는 '지껄이다', '말하다'의 의미로 話す, 言う의 속어적인 느낌이다. 명사형의 おしゃべり는 '수다' 또는 '입이 가벼운 사람'을 뜻한다.

・〜しかない

「동사의 기본형＋しかない」의 형태로 '〜하는 수밖에 없다'는 뜻의 말이 된다.

子供が産まれたら、今の仕事は辞めるしかない。
아이가 태어나면 지금 하는 일은 그만두는 수밖에 없다.

当分ショッピングや外食は少し控えるしかないね。
당분간은 쇼핑이나 외식을 조금 줄이는 수밖에 없겠네.

控ひかえる ①삼가다, 줄이다 ②(어떤 일 등을) 앞두다 ③적다, 메모하다

(4) 〜くらい / 〜ぐらい　〜 정도

〜くらい는 '〜 정도'에 해당하는 말로, 대개 뒤에 명사가 직접 접속될 때는 〜ぐらい라고도 한다.

① 대략의 정도나 수량 또는 비교의 기준을 나타낸다.

費用はどのくらいかかりますか。　비용은 얼마 정도 듭니까?

かかる는 '걸리다'라는 뜻 외에도, お金・時間(돈, 시간) 등이 '들다'라는 의미로 쓰인다.

100円玉ぐらいの大きさ。 백 엔 동전만 한 크기.

お正月しょうがつ 정월, 설날

お正月を一人で過ごすくらい寂しいことはないと思う。
설날을 혼자서 보내는 것만큼 쓸쓸한 일은 없다고 생각한다.

② 정도가 낮은 한도를 나타낸다.

漢字を間違えたぐらいでそんなに怒ることはないじゃない。
한자를 틀린 것 정도로 그렇게 화낼 것은 없잖아.

ご飯ぐらいは作れます。
밥 정도는 만들 수 있습니다.

(5) ～ばかり ～만, ～뿐

～ばかり는 '～뿐', '～만'에 해당하는 조사이다.

① 시간이나 수량을 나타내는 말에 붙여 '가량', '정도', '쯤'을 나타낸다.

一万円ばかり貸してもらえませんか。 만 엔 정도 빌려 주시겠어요?

コップに水が半分ばかり入っている。 컵에 물이 반 정도 들어 있다.

② 주로 그런 일만 한다는 뜻으로, 복수의 느낌이 있다. '～만'

閉とじこもる 틀어박히다, 칩
거하다

家に閉じこもってゲームばかりしている。 집에 틀어박혀서 게임만 하고 있다.

何もかもわからないことばかりです。 모든 게 모르는 일투성이입니다.

★ 관용 표현

1 ～たばかり ～한 지 얼마 안 된

'막 ～한', '～한 지 얼마 안 된'이라는 뜻으로, 지금 막 끝냈다는 뜻도 있고 시간
이 좀 경과했어도 최근의 일처럼 느껴질 경우에도 쓸 수 있다.

買ったばかりの財布を落としてしまいました。
산 지 얼마 안 된 지갑을 분실해 버렸습니다.

去年建てたばかりのビルです。 작년에 막 지은 빌딩입니다.

2 ～てばかりいる / ～てばかりだ ～하기만 하고 있다

'～하고만 있다'의 뜻으로 ～ばかり는 ～ている 형 사이에도 넣어 쓸 수 있으
며, いる를 생략하고 ～てばかりだ의 형태로 쓰기도 한다.

失恋で毎日お酒を飲んでばかりです。 실연 때문에 매일 술만 마시고 있어요.

試験が迫っているので遊んでばかりいられません。
<ruby>試験<rt>しけん</rt></ruby>が<ruby>迫<rt>せま</rt></ruby>っているので<ruby>遊<rt>あそ</rt></ruby>んでばかりいられません。

시험이 다가오고 있어서 놀고만 있을 수는 없어요.

| 迫_{せま}る 다가오다, 닥치다

❸ ～たばかりに　～ 때문에, ～ 탓으로

～たばかりに는 안 좋은 결과의 원인을 말하는 표현으로 '～ 때문에', '～ 탓으로'라고 해석한다.('Chapter 19 이유의 표현'을 참고한다.)

上司の批判をちょっと言ったばかりに左遷になった。
<ruby>上司<rt>じょうし</rt></ruby>の<ruby>批判<rt>ひはん</rt></ruby>をちょっと<ruby>言<rt>い</rt></ruby>ったばかりに<ruby>左遷<rt>させん</rt></ruby>になった。

상사의 비판을 조금 말한 게 이유가 되어 좌천이 되었다.

| 左遷_{させん} 좌천
　↔ 栄転_{えいてん} 영전

❹ ～とばかりに　마치 ～라는 듯

～とばかりに의 형태로 써서 '그런 생각으로', '그런 기세로', '마치 ～라는 듯'이라는 뜻을 나타낸다.

名前を呼ばれると、これからが本番だとばかりに真剣な顔で舞台に上がってきた。

이름이 불리자 이제부터가 진짜라는 듯이 진지한 얼굴로 무대에 올라왔다.

| 本番_{ほんばん} 본방
　➡ 연습 없이 본격적으로 하는 연기, 방송. 연습이 아닌 진짜라는 의미로 많이 쓰인다.

今だとばかりに敵地に攻め込んだ。
<ruby>今<rt>いま</rt></ruby>だとばかりに<ruby>敵地<rt>てきち</rt></ruby>に<ruby>攻<rt>せ</rt></ruby>め<ruby>込<rt>こ</rt></ruby>んだ。

지금이라는 듯이 적지로 공격해 들어갔다.

| 攻_せめ<ruby>込<rt>こ</rt></ruby>む 공격해 들어가다, 쳐들어가다

さもわかっているとばかりに彼は大きくうなずいた。
さもわかっているとばかりに<ruby>彼<rt>かれ</rt></ruby>は<ruby>大<rt>おお</rt></ruby>きくうなずいた。

자못 이해가 간다는 듯 그는 고개를 크게 끄덕였다.

| さも 정말이지, 자못
うなずく 수긍하다, 고개를 끄덕이다

❺ ～んばかり　당장 ～할 듯이

'(지금 ～하진 않지만) 당장 ～할 듯'이란 의미를 나타낸다. 앞에는 반드시 동사의 ない형이 접속된다.('Chapter 12 동사의 ない형'을 참조한다.)

今にも泣かんばかりに顔をゆがめた。
<ruby>今<rt>いま</rt></ruby>にも<ruby>泣<rt>な</rt></ruby>かんばかりに<ruby>顔<rt>かお</rt></ruby>をゆがめた。

지금이라도 울 듯이 얼굴을 일그러뜨렸다.

| ゆがめる 일그러뜨리다

頭が畳につかんばかりにお辞儀をした。
<ruby>頭<rt>あたま</rt></ruby>が<ruby>畳<rt>たたみ</rt></ruby>につかんばかりにお<ruby>辞儀<rt>じぎ</rt></ruby>をした。

머리가 바닥에 닿을 듯이 절을 했다.

| お辞儀_{じぎ} 머리 숙여 인사함, 절함

(6) ～だけ　～만, ～뿐

① '～만', '～뿐'의 뜻으로 한정, 한도를 나타낸다. 주로 단일 사항을 말한다.

このことは君にだけ話すから誰にも言わないでね。
このことは<ruby>君<rt>きみ</rt></ruby>にだけ<ruby>話<rt>はな</rt></ruby>すから<ruby>誰<rt>だれ</rt></ruby>にも<ruby>言<rt>い</rt></ruby>わないでね。

이 일은 너에게만 말할 테니까 누구에게도 말하지 말아 줘.

② '~만큼', '~인만큼'의 뜻으로 정도를 나타낸다. '~만큼'의 의미로는 これだけ(이만큼), それだけ(그만큼), あれだけ(그만큼), どれだけ(얼마만큼)의 형태로도 많이 쓴다.

どれだけ待てば連絡が来るんだろう。
얼마만큼 기다리면 연락이 올까?

頑張れば頑張るだけの報酬はついてくる。
열심히 하면 하는 만큼 보수는 따라온다.

ついてくる는 '따라오다', '딸려 오다'의 의미. 참고로 ついていく는 '따라가다'가 된다.

★ 관용 표현

1 ~だけでなく　~뿐만 아니라

~だけでなく는 '~뿐만 아니라', '~만이 아니라'의 뜻을 나타낸다.

歌が上手なだけでなく、曲も作ることができる。
노래를 잘할 뿐만 아니라 곡도 만들 수 있다.

最近は英語だけでなく、外国語を二つ以上話せる人が増えている。
최근에는 영어뿐만 아니라 외국어를 두 개 이상 말할 수 있는 사람이 늘고 있다.

2 ~だけあって　~인 만큼

~だけあって는 ~だけのことはあって와 같은 표현으로 '~인 만큼'의 뜻이다. '앞 사항의 가치나 능력에 걸맞게'라는 뉘앙스를 가진다.

あの先生は長年教えただけあって、説明が分かりやすい。
저 선생님은 오랜 세월 가르친 만큼 설명을 알기가 쉽다.

お金をかけただけあって、お店のインテリアはすばらしいものがあった。
돈을 들인 만큼 가게의 인테리어는 멋졌다.

3 ~だけに　~인 만큼

~だけに는 '~인 만큼'의 뜻으로, ~だけあって와 같은 뜻 '~에 걸맞게'라는 느낌과 '~이니까 더더욱'이란 느낌을 모두 가지고 있는 표현이다.

元政治部の記者だけに、政界に詳しい。
전직 정치부 기자인 만큼 정계에 밝다.

女の子だけに留学に行かせるのは不安です。
여자아이이니까 더더욱 유학 보내는 게 불안해요.

元もと 전, 전직, 원래
예 元校長 전직 교장
もとこうちょう

④ ～だけ ～て　～만큼 ～해서

동사를 중복해서 써서 ～だけ ～て 형으로 쓰면 '～만큼 ～해서'라는 뜻으로, 일단은 어떤 사항에 집중에서 '～할 만큼 ～한다'라는 의미로 쓰인다.

聞くだけ聞いてみたらどうですか。
일단 다 들어 보는 게 어때요?

やるだけやってみて、ダメだったらあきらめればいい。
할 만큼 해 보고 안 되면 포기하면 된다.

> **┃TIP　だけ & ばかり**
>
> '～뿐', '～만'의 의미에 있어서 だけ와 ばかり는 큰 차이가 있다. 우선 だけ는 한정된 그것만을 말하는 반면, ばかり는 '주로 그런 것(일)만'의 뜻으로, 복수적인 의미를 포함하고 있다.
>
> ご飯とキムチだけの食事。
> 밥과 김치만의 식사. (다른 반찬은 없음)
>
> 最近ご飯は食べないで、お菓子ばかり食べている。
> 요즘 밥은 먹지 않고, (주로) 과자만 먹고 있다.

(7) ～ほど

정도나 비교의 기준을 나타내는 표현으로 '～만큼'을 뜻한다. 뒤에 부정을 수반하는 경우가 많다.

今年の冬は去年ほど寒くないです。　이번 겨울은 작년만큼 춥지 않아요.

それほど難しくないかもしれません。　그렇게 어렵지 않을지도 몰라요.

• ～にもほどがある　～하는 데도 정도가 있다

～ほど는 명사로는 '정도'라는 뜻이 있다. ～にもほどがある 라고 하면 '～하는 데도 정도가 있다', 즉 정도가 너무 심함을 나타낸다.

我慢にもほどがある。　참는 데도 정도가 있다.

人を無視するにもほどがある。　사람을 무시하는 데도 정도가 있다.

(8) 〜こそ　〜야말로

〜こそ는 강조의 표현으로 주로 문장체에서 쓰인다.

① '〜야말로', '〜만이' 등의 뜻으로, 어떤 사항을 강조해서 '다름 아닌 그것이다' 라는 뜻을 나타낸다.

こちらこそよろしくお願いします。
저야말로 잘 부탁드립니다.

これこそみんなが求めていた答えだ。
이것이야말로 모두가 원하고 있던 답이다.

求めとめる 구하다, 바라다, 요구하다

② 주로 〜ばこそ, 〜からこそ의 형태로 '〜이니까 더더욱'이라는 의미를 나타 낸다.

相手が彼だからこそ負けられないものだ。
상대가 그 사람이니까 더더욱 질 수 없는 것이다.

家族の健康を思っているからこそ毎朝ご飯を作っているのです。
가족의 건강을 생각하고 있으니까 더더욱 매일 아침밥을 하고 있는 것입니다.

彼の気持ちをわかっていればこそ、お金のことが頼めなかったものだ。
그의 마음을 알고 있으니까 더더욱 돈 문제를 부탁할 수 없었다.

気持ち는 상대의 마음, 감정, 심정이라는 뜻으로도 쓰인다.

(9) 〜さえ　〜조차

① '〜조차', '〜마저'에 해당하는 표현이다. 주격조사에 연결될 때는 〜でさえ의 형태가 되는 경우가 많다.

そんなことは子供でさえ知っている。
그런 것은 아이라도 알고 있다.

アメリカ人に話かけられたが、私は簡単な言葉さえ話せなかった。
미국인이 말을 걸어 왔지만, 나는 간단한 말조차 할 수 없었다.

② 〜さえ 〜ば처럼 가정형과 같이 쓰일 때는 '〜만'의 뜻이 된다.

暇さえあればゲームをしている。　시간만 있으면 게임을 한다.

お金さえあれば何だってできるのに。　돈만 있으면 뭐든 할 수 있는데.

汚れてさえなければ大丈夫です。　더러움만 없으면 괜찮습니다.

「명사+だって」는 〜でも의 회화체 표현으로 '〜라도'의 뜻이다.

(10) ～すら　～조차

～すらは '～조차'의 의미로, さえ와 같은 뜻으로 쓰인다. 딱딱하고 문장체 느낌이 든다.

その人の名前すら忘れてしまったけど、ハンサムだったことは覚えている。
그 사람의 이름조차 잊어버렸지만, 잘생겼었다는 것은 기억하고 있다.

規則が厳しくて、ケータイを持っていることすら禁じられている。
규칙이 엄격해서 휴대 전화를 지니고 있는 것조차 금지되어 있다.

| 禁きんじる 금하다, 금지하다

(11) ～など　～등

～などは '～ 등'의 뜻이다.

① 열거의 의미로 '～등', '～ 같은 것'을 뜻한다.

暇なときは、ドラマや映画などを見ます。
한가할 때는 드라마나 영화 등을 봅니다.

特技など何もない私が受かるはずがない。
특기 같은 것은 아무것도 없는 내가 합격할 리가 없다.

| 受けるは '받다'라는 뜻이지만, 受かるは 合格する(합격하다)라는 뜻이 있다.

② 경멸, 과시 등의 느낌으로 '～ 따위'의 뜻으로 쓰인다.

言い訳など聞きたくない。
변명 따위 듣고 싶지 않아.

| 言いい訳わけ 변명

そんなことで責めたりなどしない。
그런 일로 비난하거나 하지 않는다.

| 責せめる 비난하다, 책망하다

(12) ～なんか

～なんかは '～ 등', '～ 따위'의 의미로 など의 회화체 느낌의 말이다.

これなんかどう?
이런 건 어때?

生活用品なんかはネットで簡単に注文することができます。
생활용품 따위는 인터넷으로 간단히 주문할 수 있습니다.

あんな嫌らしいところなんか、二度と行きたくない。
그런 불쾌한 곳 따위 두 번 다시 가고 싶지 않아.

| 嫌いらしいは '불쾌감이 들다', '추잡하다', '야하다' 등의 뜻이다.

2 종조사의 의미와 종류

종조사(終助詞)란 문장의 끝에 오면서 문장을 끝맺으며, 감동·명령·의문·희망 등의 의미를 나타내고 진술을 제약하는 조사이다. 듣는 사람이나 사건에 대한 화자의 태도를 나타낸다. か、よ、ね、かしら、な、ぞ、ぜ、の、わ、さ、なあ、もの、とも、っけ 등이 있다.

(1) 〜か 〜까

① 종조사 か는 '〜까', '〜가' 등 기본적으로 의문이나 질문을 나타내는 말이다. 의지 등의 형태에 붙여 의향을 나타내기도 하고, 때에 따라서는 비난의 뜻으로도 쓰인다.

> そろそろ帰ろうか。 슬슬 돌아갈까?

> こんなことも分からないのか。 이런 것도 모르는 거야?

② '〜군', '〜인가' 등 상대의 말을 되새기면서 본인 스스로 하는 확인이나 다짐의 뜻을 나타내기도 한다.

> そうか、あいつ田舎に帰ったのか…それじゃ私たちでやるしかないね。
> 그렇군, 그 녀석 시골에 돌아갔구나… 그렇다면 우리들끼리 하는 수밖에 없지.

あいつ 그 녀석, 그 자식, 그놈
➡️ 때로는 물건을 가리키기도 한다.

(2) 〜ね 〜이군요, 〜이네요

〜ね는 기본적으로 상대가 알고 있다고 생각하는 사항을 말할 때 쓴다.

① 상대와 의견이 일치할 거라고 생각하고 동의를 구하는 표현을 나타낸다. 가벼운 감탄, 감동의 느낌으로 쓰이기도 한다.

> A : 寒くなりましたね。
> B : そうですね。
> A : 추워졌네요. B : 그러네요.

> すばらしい演奏ですね。 멋진 연주네요.

② 확인의 뜻으로 쓰인다. 즉 화자가 본인의 지식에 확신이 없어서 자신보다 많이 아는 상대에게 확인하는 느낌이다. 이때는 억양을 올려 말하기도 한다.

> バニラ三つですね。全部で600円になります。
> 바닐라 세 개요? 전부 해서 600엔 되겠습니다.

> 配送料は着払いですね？ 배송료는 착불이죠?

着払ちゃくばらい 착불
➡️ 선불은 先払いさきばらい라고 한다.

③ 회화에서 설명할 때나 문장 중간에 말을 끊어서 할 때 쓴다. '~말이야'의 느낌이다.

それでね、彼を呼んでね、結局ね、家まで送ってもらったんですよ。
그래서 말이에요, 그이를 불러서 말이에요, 결국 그가 집에 데려다 줬어요.

(3) ～よ / ～よね ~예요 / ~죠?

① ～よ는 기본적으로 상대가 모르는 것을 알릴 때 주의를 끌기 위해 하는 말이며, 반드시 붙여야 하는 표현은 아니다. 특별히 해석을 할 수 없을 때도 많고 한국어 종조사 '～요'와는 완전히 다른 느낌이므로 주의를 요한다.

あのう、ハンカチ、落ちましたよ。 저기, 손수건이 떨어졌어요.

次はあなたの出番ですよ。 다음은 당신 차례예요.

心配ない、とってもいい人なのよ。 걱정 없어, 아주 좋은 사람이야.

> 出番은 무대, 근무 등에서 나갈 차례를 뜻한다. 어떤 역할을 맡아 활약할 차례를 뜻하기도 한다.

② 의문·권유·부탁·명령·금지의 표현에 붙여 힘주어(강조해서) 말한다는 느낌을 준다.

ね、一緒に行こうよ。 저기, 함께 가요.

部屋の中ではタバコ吸わないでよ。 방 안에서는 담배 피우지 말아요.

ぐずぐずするなよ。 꾸물대지 마.

> ぐずぐず 꾸물꾸물, 우물쭈물(결단이나 행동이 느린 모양)

③ ～よね는 동의를 구하거나 확인의 뜻으로 ね와 같은 의미지만 좀 더 힘주어 말할 때 쓰인다.

試験は10時からだったよね。 시험은 10시부터였죠?

村田さんにも連絡したんだよね。 무라타 씨에게도 연락한 거지?

(4) ～な / ～なあ ~이군, ~이구나

① ～な는 종조사 ね의 남성 표현이라고 할 수 있다.

そうだな…、やめた方がいいかもな…。 글쎄……, 그만두는 편이 좋을지도…….

実はな、彼女なんだよ。 실은 말이야, 애인이야.

> ～かも는 ～かもしれない(~일지도 모른다)의 줄임 표현이다.

② 주로 ～なあ의 형태로 써서 감동·영탄, 때로는 불쾌감을 나타낸다.

　　いいなあ、うらやましいなあ～。　좋겠다. 부럽다～～.

　　あの人、また来るの？嫌だなあ。　그 사람, 또 와? 싫다…….

③ ～ないかな, ～といいな의 형태로 소망을 나타낸다. ～なあ로도 쓰기도
한다.

　　早くクリスマスが来ないかな。　빨리 크리스마스가 오지 않으려나.

　　きれいな人だといいな。　예쁜 사람이면 좋겠는데.

♦ 금지나 명령의 용법에 대해서는 'Chapter 17 명령·의무의 표현'을 참고한다.

(5) ～かな / ～かしら　～일까

～かな는 남성 표현, ～かしら는 여성 표현이다. 주로 의문의 뜻으로 쓰이며
때로는 희망의 뜻으로도 쓴다.

　　ごめん、今時間ないんだ。明日でもいいかな。
　　미안, 지금 시간이 없어. 내일이라도 괜찮을까?

　　誰が代わりにやってくれる人いないかな。　　　　　　　　代わり 대신, 대리, 대체
　　누구든 대신해 줄 사람 없을까?

　　これでよかったのかしら。　이것으로 됐나요?

　　早く冬休みが来ないかしらね。　빨리 겨울 방학이 오지 않으려나.

不気味だ 어쩐지 기분
나쁘다, 어쩐지 무섭다

(6) ~ぞ

① 스스로 판단하거나 결의한 일을 다짐할 때 주로 혼잣말로 쓰인다.

　　ほら、来たぞ。　오호라, 왔구나.

　　そう簡単には勝てないぞ。　그렇게 간단하게는 못 이길걸.

② 회화체에서 대등한 상대나 손아랫사람에게 자신의 생각을 주장할 때 쓴다.
　주로 남성들이 쓰는 표현이다.

　　先にやるぞ。　먼저 한다.

　　せいぜい頑張るんだぞ。　힘껏 열심히 해야 한다.

> せいぜい(精々) ①힘껏, 열심히 ②기껏해야, 고작

(7) ~ぜ

~ぜ는 남성적인 거친 표현으로, 친한 사람이나 손아랫사람에게 다짐을 하거나
주의를 당부할 때 쓴다.

　　妹のこと、頼んだぜ。　여동생을 부탁한다.

　　今度一杯やろうぜ。　다음번에 한잔하자!

(8) ~わ

① 감탄하거나 놀라서 기가 막힌 기분을 나타낸다.

　　よく言うわ、来なかったくせに。
　　잘도 말하네, 오지 않았으면서.

> ~くせに ~인 주제에, ~이면서

　　子供は泣くわ、料理は焦げるわ、もう大変だったよ。
　　아이는 울지, 요리는 타지, 정말이지 힘들었어.

② 여성어로, 자신의 판단 등을 상대에게 납득시키거나 스스로 확인하는 느낌으
　로 쓴다.

　　そんなこと、私にはわからないわ。
　　그런 것, 전 모르겠어요.

　　お礼に何かご馳走するわ。
　　답례로 뭔가 대접할게요.

> ご馳走する (음식을) 대접하다, 한턱내다.
> ➡ ごちそうは 원래 '진수성찬'이란 뜻이다.

(9) 〜さ

〜さ는 기본적으로 회화체의 표현으로, 친구들끼리 말할 때 쓰는 표현이다. 원래는 남성적인 표현이지만, 여성들도 많이 쓴다. 강조의 느낌으로 '〜야', '〜인데' 등으로 해석할 수 있다.

① 강한 주장

僕だってやるさ。 나도 할 거라니까.
ぼく

② 대수롭지 않게 생각하는 느낌

まあ、大したことないさ。 뭐, 그리 큰일 아니지.
たい

③ 자신이 경험하지 않은 일을 설명하는 느낌

吉田の親も呼ばれたんだってさ。 요시다의 부모도 호출되었대.
よしだ おや よ

④ 강한 의문

どこへ行ったのさ。 어디에 간 거야.
い

⑤ 문장을 끊어서 말할 때

それがさ、時間なくてさ、買えなかったんだよ。
じかん か
그게 말이야, 시간이 없어서 말이야, 못 샀어.

| 大たいした 대단한, 굉장한

(10) 〜の 〜인 거야

① 〜の는 〜んです의 회화체 반말 표현으로 쓰인다. 〜んです와 마찬가지로 자기 말에 대해 이유를 대거나 설명을 할 때, 납득, 감정적인 강조의 느낌으로 쓴다. 또한 의문형으로 말할 때는 상대의 설명을 듣고자 한다는 느낌이다. ('Chapter 18 종지형, 명사 수식형' 참조)
〜んです는 〜の로 표현하고, 의문형 〜んですか의 경우는 억양을 올려서 〜の？로 표현하는데, 남성의 경우는 〜のか라고도 한다.

あの映画、みんな見たと言うから、一人で見たの。
えいが み い ひとり み
그 영화 모두 봤다고 하니까 혼자서 봤어.

ホントにやる気なの？ 정말 할 생각이야?
き

お腹が痛いのか。 배가 아프니?
なか いた

② 여성 용어로 공손하게 말할 때는 공손체에 붙여 말하기도 한다.

どうかなさいましたの？ 어떻게 되었어요?

| やる気き 할 생각, 의욕
➡「기본형＋気」는 '〜할 생각'이란 뜻이다.
例 結婚する気ですか。
けっこん き
결혼할 생각입니까?

| なさる 하시다
➡する(하다)의 존경어.

あの方、わざわざ遠くから来てくださいましたのよ。
그분, 일부러 멀리서 와 주신 거예요.

③ 강한 어투로 그렇게 할 것을 촉구하는 느낌으로, 일종의 명령 표현이다.

そうと決めたら早く実行するの。 그렇게 결정했다면 빨리 실행해야지.

そんなにじろじろ見ないの。 그렇게 뚫어지게 보지 마.

じろじろ 빤히, 뚫어지게 (쳐다보는 모양)

(11) 〜もの 〜인걸요 / 〜인걸

〜ものは 여성 표현으로, 상대편의 비난에 대해 애교스럽게 받아들이는 느낌의 말이다. '〜인걸', '〜인걸요'의 뜻이고, 회화에서는 자주 〜もん으로 쓰이기도 한다.

誰も教えてくれないんだもの。 아무도 가르쳐 주지 않는걸.

だって、あの人、苦手なんだもん。 왜냐하면, 그 사람 싫은걸.

だっては 회화체에서 이유를 말할 때 쓰는 표현으로 '왜냐면', '그렇지만' 등으로 해석할 수 있다.

(12) 〜とも 〜이고말고

〜ともは 의문이나 반대의 여지가 없음을 나타낸다. '〜이고말고'에 해당하는 표현이다.

いいとも。何でも僕に言って。 좋고말고, 뭐든 나에게 말해.

もちろん、行きますとも。 물론, 가고말고.

(13) 〜っけ 〜했더라

〜っけは 기본적으로 친한 사이에 쓸 수 있는 말이다.

① 잊었던 일을 어떤 계기로 회상해내어 그리워하거나 미련의 느낌을 나타낸다.
'〜했었지'

子供の頃、よく一緒に遊んだっけ。 어릴 때 자주 함께 놀았었지.

そうそう、そんなこともあったっけね。 그래그래, 그런 일도 있었지.

② 잊은 일이나 분명하지 않은 일을 상대에게 확인할 때 쓴다.
'〜더라?', '〜였지?'

あのレストラン、名前何でしたっけ。 그 레스토랑, 이름이 뭐였었죠?

誕生日、いつだったっけ。 생일이 언제였지?

Chapter

29

부사

Chapter 29 부사

1 부사의 의미와 종류

부사는 동사, 형용사, 다른 부사를 수식하는 말이다. 어떤 동작, 상태의 모습이나 정도를 나타내거나 화자의 기분을 표현하는 역할을 하지만, 활용은 하지 않는다. 일본어 문법에서는 다음의 세 가지로 나눈다.

유도부사(진술부사) : 동작, 상태의 모습을 나타내는 표현
정도부사 : 양이나 정도를 나타내는 표현
양태부사 : 화자의 기분을 나타내는 표현 (의성어·의태어 등도 여기에 속한다.)

하지만 학습자들에게는 어떤 종류의 부사인가는 중요하지 않으므로 여기서는 유사한 의미의 부사를 묶어서 설명하기로 하겠다. 한국어로는 같은 의미로 해석이 되지만, 쓰임새나 사용법이 전혀 다른 부사들이 많기 때문에 주의를 요한다.

2 형태, 의미가 유사한 부사

(1) たくさん / いっぱい 많이

・たくさん

① '많이'의 뜻으로 수량이 많이 있음을 나타낸다. 뒤에 명사를 수반할 때는 たくさんの〜의 형태를 쓰기도 한다.

ここにたまごがたくさんあります。
여기에 달걀이 많이 있습니다.

解決しなければならないたくさんの問題がまだ残っています。
해결해야 할 많은 문제가 아직 남아 있습니다.

② '충분함'(な형용사), '(달갑지 않을 만큼 많아서) 더 필요 없음'의 뜻이다.

お説教はもうたくさんです。 설교는 이제 됐어요.

・いっぱい

① 한 잔(용기 하나에 가득 차는 분량)

もう一杯いかがですか。 한 잔 더 어떠세요?

② 가득

今月いっぱいで契約が終わります。　이번 달로 계약이 끝납니다.

③ 많이(=たくさん)

やることがいっぱいあって、頭が痛いです。　할 일이 많아서 머리가 아픕니다.

(2) 全部 / すべて / みんな　전부 / 모두

ぜんぶ, すべて, みんな는 기본적으로 같은 의미를 가진 표현이지만 약간의
뉘앙스 차이는 있다.

・全部

구성 요소에 시점을 두고 전체를 말하는 표현이다. '전부'

これ、全部買うつもりですか。　이거, 전부 살 생각입니까?

荷物はこれで全部ですか。　짐은 이걸로 전부입니까?

・すべて

전체를 하나의 시점으로 두는 표현이다. '전부', '모두'

証拠はすべて揃いました。　증거는 모두 갖추었습니다.

あの子は私のすべてです。　저 아이는 나의 모든 것입니다.

> 揃そろう[재] 갖추어지다, 구비
> 되다
> 揃そろえる[타] 갖추다, 구비하
> 다

・みんな / みな

みんな는 みな의 회화체 표현이다. '모두'의 뜻으로, 기본적으로 사람들 모두를
나타내는데, 사물의 총체를 말하기도 한다.

みんな集まりましたか。　모두 모였습니까?

こんなになったのは、みんな私のせいです。　이렇게 된 것은 모두 제 탓입니다.

(3) もう / もっと / ずっと　벌써 / 더 / 훨씬

・もう

① 이미, 벌써

彼女ならもう帰ってしまいました。　그녀라면 벌써 돌아가 버렸습니다.

そう言われても、もう遅いです。　그런 말을 들어도 이제 늦습니다.

> 言いわれる 말을 듣다, 말해
> 지다

② 더(もう + 수량을 나타내는 말)

もう少し(조금 더)・もう一回(한 번 더)・もう一つ(한 개 더)・もう一杯(한
잔 더)・もう一人(한 명 더)식으로 뒤에 수량을 나타내는 말이 올 때만 '더'의
의미로 쓰인다. 이때 해석은 '～ 더'로 수량의 말을 먼저 해석하는 점에 유의
한다.

もう一度試してみてください。　한 번 더 시도해 보세요.

もう一杯どうですか。　한잔 더 어떠세요?

③ 이제, 곧

もう戻らなければ。　이제 돌아가야 해요.

もうすぐ終わります。　이제 곧 끝나요.

・もっと

'더', '더욱', '한층'의 뜻이다.

もっと力を入れて押してください。　좀 더 힘을 넣어 눌러 주세요.

もっとスピードを出してください。　더 속도를 내 주세요.

・ずっと

① '훨씬'의 뜻으로 시간적, 공간적으로 차이가 많이 나는 모양을 나타낸다.

彼の方がずっと成績がいい。
그 사람 쪽이 훨씬 성적이 좋다.

あの子に本当のことを教えるのはずっと先です。
그 아이에게 진실을 가르쳐 주는 것은 훨씬 뒤가 될 거예요.

> 先는 '앞'을 나타내는 말이지
> 만, 시간적으로는 앞날, 미래,
> 뒤를 말한다.

② '쭉'의 뜻으로 오래 계속되는 모양을 나타낸다.

お母さんが帰ってくるまでずっと玄関の前で待っていたそうです。
엄마가 돌아올 때까지 현관 앞에서 쭉 기다리고 있었다고 합니다.

自立するまでずっと見守ってあげる。
자립할 때까지 쭉 지켜보고 있어 줄 것이다.

> 見守みまもる 지켜보다. 주시
> 하다

(4) また / まだ　또 / 아직

まだ와 また는 의미상으로는 상관이 없지만, 형태가 유사해서 초급자들이 혼
동하는 표현이다.

・まだ

① 아직, 아직도, 여태

資料はまだチェックしていません。　자료는 아직 체크 안 했어요.
しりょう

まだ起きていますか。　아직 안 자요?
　　お

② 차라리, 오히려

読みは会話よりはまだましだ。　읽기는 회화보다는 차라리 낫다.
よ　　かいわ

甘いものよりは辛いものの方がまだいい。　단것보다는 매운 것이 차라리 좋다.
あま　　　　　から　　　　　ほう

> 起きるは '일어나다' 외에도, '깨어 있다', '아직 안 자다'라는 뜻으로도 쓰인다.

> ましだ 더 낫다, 더 좋다

・また

'또', '또한'의 뜻으로 열거, 부가를 나타낸다.

教材は受講登録の時、購入できます。またインターネット販売もしており
きょうざい じゅこうとうろく とき こうにゅう　　　　　　　　　　　　　　　　はんばい
ます。
교재는 수강 등록 때 구입할 수 있습니다. 또 인터넷 판매도 하고 있습니다.

彼女は気立てもいいし、また仕事もできる。
かのじょ　きだ　　　　　　　　　　　しごと
그녀는 마음씨도 착하고 또 일도 잘한다.

> 気立てがいい (타고난) 마음씨나 심지가 곱다

(5) とても / たいへん / 非常に / すごく　매우 / 대단히 / 굉장히
　　　　　　　　　　　　ひじょう

・とても

'매우', '대단히'의 뜻으로 본인의 주관적인 판단의 정도가 심함을 나타낸다. 회
화에서는 とっても라고 말하기도 한다.

とてもおもしろい映画だそうです。　매우 재미있는 영화라고 해요.
　　　　　　　　えいが

これを見ているととっても幸せな気持ちになるのよ。
　　み　　　　　　　　　　しあわ　きも
이것을 보고 있으면 아주 행복한 기분이 되어요.

・たいへん

'매우', '대단히'의 뜻으로 유감, 감동, 놀라움, 정중한 느낌을 동반하는 표현이다.

その節はたいへん失礼いたしました。
　　せつ　　　　　　しつれい
그때는 대단히 실례했습니다.

いろいろ不手際があった点、大変申し訳ございませんでした。
　　　　ふてぎわ　　　　　てん　たいへんもう　わけ
여러 가지 실수가 있었던 점, 정말 죄송했습니다.

> その節 '그때'를 나타내는 공손한 말.

> 不手際 서투름, 솜씨가 나쁨, 실수

• 非常に
ひじょう

'매우', '대단히' 등의 뜻으로 딱딱한 말투나 공식적인 발언에 많이 사용한다.

夫の昇進を非常に嬉しく思っています。
おっと しょうしん ひじょう うれ おも
남편의 승진을 대단히 기쁘게 생각하고 있습니다.

• すごく

'굉장히'의 느낌으로, 격의 없는 표현이므로 격식 차린 자리에서는 쓰지 않는다.
일상 회화에서 가장 많이 들을 수 있는 표현이기도 하다.

飲み会はすごく楽しかったです。 술자리는 매우 즐거웠어요.
の かい たの

│ 飲のみ会かい 술자리, 술 모임

きついスケジュールでしたが、いろいろ体験できてすごくよかったです。
たいけん
빡빡한 스케줄이었지만, 여러 가지 체험할 수 있어서 정말 좋습니다.

(6) 少し / ちょっと 조금
すこ

• 少し
すこ

'조금', '약간'의 뜻이다. 수, 양, 시간, 거리, 정도 등이 적은 모양을 나타낸다.

おこづかいは少ししかもらっていません。
すこ
용돈은 조금밖에 받고 있지 않아요. (용돈은 조금만 받고 있어요)

もう少しの辛抱ですよ。 좀 더 참아야 해요.
すこ しんぼう

│ 辛抱しんぼう 참고 견딤, 인내함

• ちょっと

'잠시', '잠깐', '조금', '약간' 등 すこし와 기본적으로 같은 뜻이나 좀 더 격이 없
는 느낌이 든다. すこし와 달리 주저함을 나타내거나 사람을 부를 때도 쓸 수
있다. 공식적인 자리나 딱딱한 표현에서는 少々라고도 한다.
しょうしょう

ちょっとこっちに来てくれない？ 좀 이쪽에 와 주지 않겠니?
き

子供にはちょっと難しいかもしれない。 아이에게는 조금 어려울지도 모른다.
こ ども むずか

明日ですか。明日はちょっと…。 내일 말입니까? 내일은 좀…….
あした

(7) かなり / なかなか / 相当 / だいぶ / ずいぶん / けっこう 상당히
そうとう

정도부사 かなり, なかなか, 相当, だいぶ, ずいぶん, けっこう는 '상당히'
そうとう
로 해석할 수 있는데, 각기 뉘앙스의 차이는 있다.

・かなり

'상당히', '꽤' 등 정도가 평균을 상회하고 있음을 나타낸다.

上級コースはかなり難しいみたいです。　상급 코스는 상당히 어려운 모양이에요.
じょうきゅう　　　　むずか

スピードがかなり速い。　속도가 상당히 빠르다.
　　　　　　　　はや

・なかなか

① '상당히', '제법', '꽤' 등 정도가 평균을 상회함을 나타내면서 긍정적인 느낌으로 쓰인다.

相手もなかなかやりますね。　상대도 제법 하네요.
あいて

色もいいですが、デザインもなかなかですね。　색상도 좋지만, 디자인도 상당하네요.
いろ

② '좀처럼'(뒤에 부정을 수반할 경우)

なかなかバスが来ないね。　좀처럼 버스가 안 오네.
　　　　　　　　　こ

彼女がなかなか結婚できないのは理想が高いからだ。
かのじょ　　　　けっこん　　　　りそう　たか
그녀가 좀처럼 결혼을 할 수 없는 것은 이상이 높기 때문이다.

> 理想りそうが高たかい 이상이 높다, 눈이 높다
> ➡ 目が高いらとは하지 않는다.
> め　たか

・相当
そうとう

'상당히'란 뜻의 부사이다. 카나리나 나카나카보다 정도가 훨씬 위인 느낌이다. 원래 '상당'이란 한자어인 만큼 '~에 상당하는'의 뜻으로도 쓰인다. 두 번째 예문처럼 な형용사로도 쓰인다.

彼は相当頭に来たようだった。　그는 상당히 화가 난 것 같았다.
かれ　そうとう　あたま　　き

親が相当な資産家らしい。- 부모가 상당한 자산가인 것 같아.
おや　そうとう　しさんか

> 頭あたまに来くる 화나다, 열받다

・だいぶ

'상당히', '어지간히'의 뜻으로 어떤 상태로 변화되는 느낌이 있다.

ここの生活にはだいぶ慣れてきました。
せいかつ　　　　　な
여기 생활에는 상당히 익숙해졌습니다.

薬を飲んだらだいぶ楽になりました。
くすり　の　　　　らく
약을 먹었더니 상당히 편해졌습니다.

・ずいぶん

'상당히', '몹시'의 뜻으로 놀라움을 동반한다는 느낌으로 쓰이며, '심한' 등의 부정적인 감정이 들어가는 경우로도 쓰인다.

あの車、ずいぶんスピードを出していますね。　저 차, 상당히 스피드를 내고 있군요.

子供を捨てるなんてずいぶんな話だ。　아이를 버리다니 심한 이야기다.

「종지형+なんて」는 '~하다니'의 의미이다.

・けっこう

'꽤'에 해당하는 표현으로, 생각한 것이나 예상한 것보다 정도가 상회한다는 느낌으로 회화에서 많이 쓴다.

画素の低いカメラですが、けっこう写りますよ。
화소가 낮은 카메라이지만 꽤 잘 찍혀요.

写うつる (사진이) 찍히다, 박히다

簡単なテストだと聞きましたが、けっこう難しかったです。
간단한 테스트라고 들었는데, 꽤 어려웠어요.

♦ けっこうだ는 ① '훌륭하다', '좋다', ② '상관없다', '됐다', ③ '됐다', '필요 없다'의 의미로도 쓰인다.

けっこうな建物ですね。　훌륭한 건물이네요.
いつ返してくれてもけっこうです。　아무 때나 돌려줘도 돼요.
お酒はけっこうです。ジュースをください。　술은 됐어요. 주스를 주세요.

(8) すぐ / さっそく　곧 / 당장

・すぐ

'곧', '금방', '바로' 등 시간적 여유 없이 곧 다른 일이 일어나는 모습이나 공간적으로 가까움을 나타낸다. 시간적으로 쓰일 때는 すぐに라고도 할 수 있다.

今すぐ来てください。　지금 곧 와 주세요.

ミカさんの子供だとすぐにわかりました。　미카 씨의 아이라는 걸 바로 알았습니다.

薬局はすぐそこです。　약국은 바로 저기입니다.

・さっそく

'곧', '즉시', '당장' 등 すぐ에 비해 '어떤 여건이 갖춰졌을 때 바로' 한다는 뜻이다.

就職そうそうさっそくだが、お金を返してもらえないかな。
취직하자마자 곧이긴 한데, 돈을 돌려줄 수 없을까?

そうそう ~하자마자, ~하자 곧

今日からバーゲンだと聞いて、さっそく行ってみました。
오늘부터 세일이라고 들어서 즉시 가 보았습니다.

(9) たいてい / だいたい　대개, 대체로

・たいてい

① 대개, 대부분, 보통

日曜日にはたいてい10時まで寝ています。
にちようび　　　　　　　　　　じ　　　ね
일요일은 대개 10시까지 자고 있습니다.

参加者のたいていは賛成した。
さんかしゃ　　　　　　　さんせい
참가자의 대부분은 찬성했다.

② '여간', '보통', '정도껏' 등 보통 사람이 상식적으로 생각할 수 있는 한도를 나
타낸다.

いたずらもたいていにしろ。　장난도 정도껏 해라.

並たいていの苦労ではない。　이만저만한 고생이 아니야.
なみ　　　　　くろう

> 並는 '보통'을 의미한다.
> なみ

・だいたい

① 大体의 한자 의미 그대로 '대체로'와 '대부분'의 뜻을 가지고 있다.
だいたい

使い方はだいたいわかります。　사용법은 대충 알아요.
つか　かた

大体において意見が一致した。　대개 의견이 일치했다.
だいたい　　　　いけん　いっち

② 도대체(いったい), 애초에(そもそも)

だいたい君のやり方は間違っている。　애초에 너의 방식은 잘못되어 있어.
きみ　　かた　まちが

だいたいそんなこと言った覚えはない。　도대체 그런 말을 한 기억이 없다.
い　　おぼ

(10) わざわざ / わざと / せっかく　일부러 / 고의로 / 모처럼

・わざわざ

① '일부러', '특별히' 등 단지 그 일만을 위해 행동을 한다는 의미이다.

お忙しいのにわざわざ来てくださいましてありがとうございます。
いそが　　　　　　　　き
바쁘신 데도 일부러 와 주셔서 감사합니다.

② '일부러' 등 의도적으로 마이너스적인 행동을 함을 나타낸다.

わざわざ相手がきらいな格好をして行った。
あいて　　　　　かっこう　　い
일부러 상대가 싫어하는 모습을 하고 갔다.

> 格好는 모양, 모습을 말한다.
> かっこう
> カッコいい(멋있다)는 여기
> 서 비롯된 말이다.

・わざと

'일부러', '고의로' 등의 뜻으로 대개의 경우 나쁜 의도를 가진 모양을 말한다.

知っててわざと教えてくれなかったの？
알고 있으면서도 일부러 가르쳐 주지 않은 거야?

子供に自信を持たせるためにわざと負けてあげた。
아이에게 자신을 갖게 하기 위해 일부러 져 줬다.

・せっかく

'모처럼'의 의미로, '일부러 ~해 주었는데 안타깝다'는 느낌을 나타낸다.

せっかくいらしたのに留守してすみませんでした。
모처럼 오셨는데 부재중이어서 죄송했습니다.

せっかく誘ってくださったのに、すみません。
모처럼 권유해 주셨는데, 죄송합니다.

> いらす 가시다. 오시다. 계시다(=いらっしゃる)
>
> 留守るす 부재중
> ➡ 留守番은 부재중 집을 지키는 일이나 그런 사람을 가리키는 말이다.

(11) やっと / ようやく   겨우 / 간신히

・やっと

'겨우', '간신히'의 뜻으로, 절박감이나 고생해서 목적을 실현했다는 안도의 느낌을 포함하고 있다.

迷いに迷って、やっと目的地にたどりついた。
헤매고 헤매서, 겨우 목적지에 도달했다.

どこも売り切れだったので、予約注文をしてやっと手に入れることができた。
어디나 품절이었기 때문에 예약 주문을 해서 겨우 손에 넣었다.

> たどりつく 겨우 도달하다

> 売り切れ 품절

・ようやく

'겨우', '간신히'의 뜻으로, 안도의 느낌은 없고 늦기는 했지만 바라고 있던 일이 실현됨을 나타낸다.

四月になってようやく暖かくなってきた。
4월이 되어 겨우 따뜻해졌다.

いろいろ苦労はあったけど、ようやくのことで完成することができました。
여러 가지 고생은 있었지만, 간신히 완성할 수 있었습니다.

(12) やがて / まもなく   이윽고 / 머지않아

・やがて

① '이윽고', '머지않아' 등 시간이 경과됨을 나타낸다.

有名なレストランで修業をして、やがて自分の店をオープンした。
유명한 레스토랑에서 배워서, 이윽고 자신의 가게를 오픈했다.

この会社に勤めてからやがて10年になります。
이 회사에 근무한 지 머지않아 10년이 됩니다.

② '결국은' 등 최종적으로 그런 사태에 이른다는 의미를 나타낸다.

スピードの出しすぎはやがて大事故につながる。
과속은 결국 대사고로 연결된다.

・まもなく

'머지않아', '얼마 안 있어'의 의미로, やがて보다 시간 폭이 짧아서 그다지 시간
이 경과되지 않은 모습을 나타낸다.

まもなく3番線に電車がまいります。
곧 3번 선에 전차가 들어옵니다.

生まれてまもなく事故で親を亡くした。
태어나고 얼마 안 있어 사고로 부모를 잃었다.

> 修業する는 '학문, 기술을 배우고 닦다'라는 뜻이지만, 누구 밑에서 배움을 닦는다는 의미로 자주 쓰인다.

> スピードの出しすぎ
> 속도를 지나치게 내는 것, 즉 '과속'을 뜻한다.

(13) かえって / むしろ / いっそ   오히려 / 차라리 / 도리어

・かえって

'오히려'의 뜻으로, 생각하고 있던 것과 반대의 결과가 된다는 의미이다.

早く行こうと思って、タクシーに乗ったのに、渋滞でかえって遅くなって
しまった。
빨리 가려고 생각하고 택시를 탔는데, 정체 때문에 오히려 늦어져 버렸다.

外食を減そうと思って自炊をすると、かえって高くつくことがある。
외식을 줄이려고 생각해서 집에서 만들면 오히려 비싸게 먹힐 때가 있다.

助けるために行ったのですが、かえって迷惑をかけてしまいました。
도와주기 위해 갔던 건데, 오히려 폐를 끼쳐 버렸습니다.

> 自炊する는 한자 그대로 읽으면 '자취하다'이지만, 일본어로는 '스스로 요리를 하다'라는 의미이다.
> 高くつく 비싸게 먹히다

・むしろ

'오히려', '차라리' 등의 뜻으로, 두 가지를 비교해서 어느 쪽이냐 하면 차라리 뒤
쪽이 낫거나 비중이 높음을 나타낸다.

あの人は記者というよりむしろ評論家といった方がいい。
저 사람은 기자라고 하기보다 차라리 평론가라고 하는 편이 좋다.

仲直りしたのに、二人の関係はよくなるどころかむしろ悪くなってきて
いる。
화해를 했는데도, 두 사람의 관계는 좋아지기는커녕 오히려 나빠지고 있다.

落ち込んでいる時は、慰めてもらうよりむしろ一人にしてもらいたい。
우울할 때는, 위로받기보다는 차라리 혼자 있게 해 주길 바란다.

| 落ち込む 우울해하다, 낙
담하다

・いっそ

'차라리', '도리어'의 뜻이다. むしろ에 비해 아예 극단적인 선택을 하는 모습을
나타낸다. いっそのこと의 형태로도 쓰인다.

治る見込みがないならいっそのこと死んでしまいたい。
나을 가망이 없다면 차라리 죽어 버리고 싶다.

| 見込み 전망, 예정, 가망

ペットは世話をする自信がないならいっそ飼わない方がいいと思う。
애완동물을 돌볼 자신이 없다면, 차라리 기르지 않는 편이 좋다고 생각한다.

| 世話をする 돌보다

(14) はっきり / しっかり 확실히

・はっきり

① '분명히', '확실히', '똑똑히' 등 사물의 윤곽, 구분, 말의 내용, 의미가 잘 구별
되는 모습을 나타낸다.

目が悪くてはっきり見えません。
눈이 나빠서 확실히 보이지 않아요.

昔のことだから、はっきり覚えていません。
옛날 일이라서 확실히 기억하고 있지 않아요.

② (애매한 점이 없이) '확실히', '틀림없이'

友達でもお金のことははっきりさせておいた方がいい。
친구라도 돈에 대한 것은 분명히 해 두는 편이 좋다.

・しっかり

① '단단히', '꼭', '꽉' 등 견고하고 튼튼한 모양을 나타낸다.

しっかりつかまってね。 꼭 붙잡아.

骨組がしっかりしている。 골조가 튼튼하다.
ほねぐみ

② '확실히', '견실하게', '똑똑히' 등 기량, 성질, 생각 등이 견실한 모양이나 의식
이 확실한 모양을 나타낸다.

若いですが、とてもしっかりしている人です。 젊지만 아주 똑똑한 사람입니다.
わか   ひと

大学へ行ってしっかり勉強するのよ。 대학에 가서 확실히 공부해야 해.
だいがく い   べんきょう

しっかりしてください！ 정신 차리세요!

(15) ちゃんと / きちんと 똑바로

・ちゃんと

① '착실하게', '분명하게', '틀림없이' 등 확실하고 다름이 없는 모습을 나타낸다.

代金はちゃんと用意してきました。
だいきん   ようい
대금은 확실히 준비해 두었습니다.

書類はちゃんと届きましたから、ご安心ください。
しょるい   とど   あんしん
서류는 틀림없이 도착했으니까 안심하세요.

② '확실히', '어엿하게' 등 세상에 인정받을 수 있는 확실한 상태를 나타낸다.

無職じゃなくてちゃんと仕事をしている人なんですよ。
む しょく   しごと   ひと
무직이 아니라 어엿한 직업을 갖고 있는 사람입니다.

ちゃんとした店を持っている社長さんです。
みせ も   しゃちょう
제대로 된 가게를 가지고 있는 사장님입니다.

・きちんと

きちっとらいとも言う。

① '깔끔히', '말쑥하게' 등 질서 정연하고 흐트러짐이 없는 모습을 나타낸다.

きちんとした日常生活 규칙적인 일상생활
にちじょうせいかつ

後片付けはきちんとしてください。 뒷정리를 깔끔하게 해 주세요.
あとかたづ

② '정확히', '확실히' 등 태도가 확실하고 애매한 점이 없는 모습을 나타낸다.

嫌だったらきちんと断った方がいい。
싫다면 확실히 거절하는 편이 좋다.

> 断ことわる 거절하다, 양해를 구하다

家賃は毎月きちんと払っています。
집세는 매월 확실히 내고 있습니다.

> 家賃やちんを払はらう 집세를 내다

(16) つい / うっかり / 思わず　그만 / 깜박 / 나도 모르게

・つい

① '조금', '바로' 등의 뜻으로, 시간이 많이 경과되지 않은 모습을 나타낸다.

ついさっき会ったばかりです。　조금 아까 만났어요.

② '그만'의 뜻으로, 의도한 바는 아닌데 하다 보니까 또는 상황상 그렇게 되어 버렸다는 의미를 나타낸다.

嫌なことがあったのでつい飲みすぎてしまいました。
싫은 일이 있어서 그만 과음해 버렸어요.

あまり寝てないので授業中についうとうとしてしまった。
잠을 별로 안 자서 수업 중에 그만 꾸벅꾸벅 졸아 버렸다.

> うとうとする 꾸벅꾸벅하다, 졸다

・うっかり

'깜박', '그만' 등의 뜻으로, 부주의로 인해 (실수를) 해 버렸다는 느낌이다.

電車の中に傘をうっかり忘れてしまいました。
전철 안에 우산을 깜박 잊고 왔어요.

口止めされていたのにうっかりしゃべってしまいました。
말하지 말라고 했는데 깜박 말해 버렸어요.

> 口止くちどめ 입막음, 남에게 말을 못하게 함

・思わず

'뜻하지 않게', '무의식중에', '엉겁결에' 등의 뜻으로, 의식하지 못하는 사이의 반사적인 행동을 나타낸다.

満員電車の中で足を踏まれて思わず「痛い！」と叫んだ。
만원 전차 안에서 누군가에게 발을 밟혀서 그만 "아야!"하고 외쳤다.

犬が飛び出してきて、思わずブレーキを踏んだ。
강아지가 뛰쳐나와서 나도 모르게 브레이크를 밟았다.

(17) ただ / たった 단지 / 단

・ただ

① 그저, 단지, 오로지

遠くからただ幸せを祈るだけです。 멀리서 그저 행복을 빌 뿐입니다.

彼とはただの友達ですよ。 그와는 그저 친구입니다.

② 보통, 예사

ただの風邪じゃないみたい。 단순한 감기가 아닌 것 같아.

バレたら、ただではすまないぞ。 탄로 나면 예사로 끝나진 않을걸.

ただ는 '공짜', '무료'의 뜻도 가지고 있다.
圆 デザートのコーヒーは ただですよ。 디저트인 커피 는 무료입니다.

・たった

'단', '단지'의 뜻으로 수량이 극히 적은 모습을 나타낸다. ただ로 대체할 수 있는 경우도 있지만, ただ보다 강조의 느낌이 든다.

たった一つの恋 단 하나의 사랑

たった一日の体験で何がわかると言うんですか。
단 하루의 체험으로 뭘 알 수 있다고 하는 겁니까?

(18) ついに / とうとう / いよいよ 드디어

・ついに

① '마침내', '드디어' 등의 뜻으로, 오랜 시간이나 우여곡절 끝에 고대하던 상황
이 되었다는 의미를 나타낸다.

長い間議論が続いたが、ついに合意に達した。
오랫동안 의논이 계속되었지만, 드디어 합의에 달했다.

合意ごういに達たっする 합의 에 도달하다

② '결국', '끝내' 등의 뜻으로, 어떠한 상태가 끝까지 계속됨을 의미한다.

6時まで待っていたが、彼はついに現れなかった。
6시까지 기다리고 있었지만, 그는 끝내 나타나지 않았다.

・とうとう

'드디어', '마침내', '결국'의 뜻이다. 최종적인 결과로써 어떤 상태가 실현되는 모
습을 나타낸다.

無理なダイエットでとうとう病気になった。
무리한 다이어트로 결국은 병이 났다.

病気びょうきになる 병이 나 다, 아프다

ずっと工事中で不便だったが、とうとう地下鉄が開通になった。
쭉 공사 중이어서 불편했는데, 마침내 지하철이 개통되었다.

・いよいよ

① 더욱 더, 한층

頂上に登るにつれて雨はいよいよ激しくなってきた。
정상에 오름에 따라서 비는 더욱 더 세차졌다.

│ ～につれて ～함에 따라서

② '마침내', '드디어' 등 기대나 우려를 하고 있던 일이 드디어 시작된다는 의미
로 쓰인다.

明日はいよいよ本番だ。　내일은 드디어 본방이다.

待ちに待った結果がいよいよ発表された。　기다리고 기다리던 결과가 드디어 발표되었다.

(19) 急に / いきなり / 突然　갑자기

・急に
'갑자기', '급히' 등의 뜻으로, 사태가 크게 변화하는 모습을 나타낸다.

急に用事ができて行けなくなってしまいました。
갑자기 용무가 생겨서 갈 수 없게 되었습니다.

家に帰りたいと言って、急に泣き出しました。
집에 돌아가고 싶다고 하면서 갑자기 울기 시작했습니다.

│ 急には 명사 急(급함), な형
│ 용사 急だ(급하다)의 형태에
│ 서 비롯된 말이다.

・いきなり
'갑자기', '느닷없이' 등의 뜻으로, 전 단계를 거치지 않고 직접 다음 단계로 행동
을 옮기는 모습을 나타낸다.

電話もよこさないでいきなり家に訪ねてくるのはどうかと思う。
전화도 하지 않고 갑자기 집에 찾아오는 것은 어떨까(좀 아니지 않나) 생각한다.

リハーサルもしないでいきなり本番というのは新人には無理です。
리허설도 안 하고 갑자기 본방은 신인에게는 무리입니다.

│ 電話でんわをよこす 전화를
│ 하다
│ ➡ よこす '보내오다'라는
│ 의미이다.

・突然
'돌연', '갑자기' 등의 뜻으로, 예상치 못한 일이 일어나는 모습을 나타낸다.

妻はある日突然離婚を要求した。　아내는 어느 날 갑자기 이혼을 요구했다.

突然のことで驚いたでしょう。　갑작스러운 일로 놀랐죠?

│ 「ある+명사」 어느 ～
│ ➡ ある는 연체사로 뒤의 명
│ 사를 수식하는 말이다.

(20) だんだん / どんどん / ますます　점점 / 자꾸자꾸 / 더욱 더

・だんだん

'점점', '점차', '차츰' 등의 뜻으로, 천천히 진행되는 모양을 나타낸다.

夜が明けて、だんだん明るくなってきた。
날이 새서 점점 밝아졌다.

最初は難しかったんですが、だんだん面白くなってきました。
처음엔 어려웠지만, 점점 재밌어졌습니다.

・どんどん

① 순조롭게 진행이 되는 모양을 나타낸다. '척척', '착착'

話がどんどん進んだ。　이야기가 착착 진행되었다.

② 연이어서 계속되는 모양을 나타낸다. '자꾸자꾸', '잇달아', '속속'

問題点がどんどん出てきた。　문제점이 자꾸자꾸 나왔다.

常連がどんどん増えて、今は町で一番繁盛している店になった。
단골이 점점 늘어서 지금은 동네에서 제일 번창하는 가게가 되었다.

> 常連은 단골을 말하며, お得意さん이라고도 한다. 한편 손님의 입장에서 잘 가는 단골 가게는 行きつけ라고 한다.

・ますます

'더욱 더', '점점 더' 등 정도가 전보다 더 심해지는 모습을 나타낸다. 동사 増す (늘다)에서 비롯된 말이라고 볼 수 있다. 한자로는 주로 益々라고 한다.

あれから彼女はますます痩せていった。
그로부터 그녀는 점점 수척해져 갔다.

それを聞いて、ますますやるのがいやになった。
그 사실은 듣고 점점 하기가 싫어졌다.

(21) わりあい / わりと / わりに　비교적

・わりあい

'비교적'의 뜻으로, '다른 것과 비교해서'라는 느낌이다.

> 割合는 명사일 때 '비율'을 의미한다.

クラスの中ではわりあい豊かな方だ。
반에서는 비교적 잘사는 편이다.

妻の手料理はわりあい味が薄い。
아내의 손수 만든 요리는 비교적 싱겁다.

> 豊ゆたかだ
> 유복하다, 부유하다
> 풍부하다, 풍성하다

・わりと

'비교적', '상당히'의 뜻이다. 특별히 어떤 대상과 비교한다기보다는 말하는 사람의 주관에 근거한다는 느낌으로, 주로 좋거나 바람직한 상태인 경우에 쓰이는 회화체적인 말이다.

わりと簡単だったから、よくできた。　비교적 쉬웠기 때문에 잘할 수 있었다.

わりといいとこのお嬢さんって感じだった。　비교적 좋은 집의 아가씨라는 느낌이었다.　| とこは ところ의 축약 형태.

・わりに

① '~에 비해', '~하는 데 비해' 등 비교 대상이 있는 경우이다.

~のわりに,「동사+わりに」의 형태로 쓰인다. ('Chapter 7 비교의 표현' 참고)

年の割りに大人っぽい子だった。　나이에 비해 어른스러운 아이였다.

② '비교적', '예상외로' 등 예상이나 보통과 다른 상태나 결과를 나타낸다. わりと에 비해 객관적인 느낌이 든다.

道路がわりに空いていたので、早く来られました。　| 空すいている 비어 있다, 한
도로가 비교적 한산해서 빨리 올 수 있었습니다.　산하다

作業はわりにはやく終わった。　작업은 비교적 빨리 끝났다.

(22) ゆっくり / のんびり / ゆったり 느긋이

・ゆっくり

① '천천히' 등의 뜻으로, 시간을 들여 침착하게 하는 모습을 나타낸다.

もっとゆっくり話してください。　좀 더 천천히 말해 주세요.

ゆっくり歩いてみてください。　천천히 걸어 보세요.

② '느긋이', '넉넉히' 등의 뜻으로, 여유가 있는 모습을 나타낸다.

週末はゆっくり休みたいです。　주말은 느긋이 쉬고 싶어요.　| 여기에서 ゆっくり는 '푹'이
라고 해석할 수 있는데, '푹'에
해당하는 일본어는 ぐっすり
도 있다. 하지만 ぐっすり는
푹 잠든 모양을 말한다.

・のんびり

한가롭고 평온한 모양을 나타낸다. '유유히', '한가롭게'　예 ぐっすり寝たので治り
ました。푹 잤기 때문에 나았

たまには家でのんびりしたい。　가끔은 집에서 느긋이 있고 싶다.　어요.

老後は田舎でのんびりと暮したい。　노후에는 시골에서 한가롭게 살고 싶다.

・ゆったり

① 충분히 여유가 있고 편한 모습을 나타낸다.

うちの中ではゆったりしたジャージーが一番です。
집 안에서는 편안한 저지가 가장 좋습니다.

ジャージー(jersey) 저지
➡ 보통 트레이닝 웨어 등을
통칭해서 말하기도 한다.

② 편히 쉬는 모양을 나타낸다. '느긋이'

温泉に行って、ゆったりと寛ぎたいです。
온천에 가서 느긋이 쉬고 싶습니다.

寛くつろぐ 심신을 편안하게
하다, 느긋이 있다

(23) あまり / 大して / 別に / 特に 그다지 / 그렇게 / 별로 / 특별히

・あまり

① 그다지 (뒤에 부정을 수반할 때)

午前中はあまり忙しくないです。 오전 중은 그다지 바쁘지 않습니다.

② '너무', '지나치게' 등의 뜻으로, 정도가 심함을 나타낸다. あまりに, あまり
にも의 형태로 많이 쓴다.

あまり働きすぎると体によくないですよ。 너무 일을 많이 하면 건강에 안 좋습니다.

あまりにも長くてつい寝てしまいました。 너무나 길어서 그만 자 버렸습니다.

・大して

'그다지'의 뜻으로 뒤에 반드시 부정의 말이 따른다. 약간의 경시하는 느낌이 들
어 있다.

刺身は大して好きじゃない。
생선회는 그다지 좋아하지 않는다.

周りの評判など大して気にしていない。
주위의 평판 따위는 그렇게 신경 쓰지 않는다.

気きにする 신경 쓰다

・別に

'별로'라는 뜻이다. '따로', '별도로'라는 느낌도 있고, '그다지'의 의미일 때는 '특
별히 ~인 것은 아니다'라는 뉘앙스이다.

別に大変だったりしません。 별로 힘들거나 하지 않아요.

別に用はありません。 특별히 용무는 없습니다.

別는 명사, な형용사로는 '다
른', '별도의'의 뜻으로 쓰인다.
別の問題 다른 문제
別な方法 다른 방법

• 特に

'특히' 또는 '특별히'의 뜻으로, 다른 것과 비교해서 뛰어나거나 구별되는 모습을 나타낸다.

特に若い女性に人気がある。 특히 젊은 여성에게 인기가 있다.

特に好きな作家はいません。 특별히 좋아하는 작가는 없습니다.

(24) 全然 / ちっとも / けっして / ぜったい 전혀 / 조금도 / 결코 / 절대

• 全然

'전혀'의 뜻으로, 뒤에 반드시 부정의 표현을 수반한다.

言っていることが全然わからない。 말하는 의미를 전혀 모르겠다.

双子なのに全然似ていない。 쌍둥이인데도 전혀 닮지 않았다.

• ちっとも

'조금도'의 뜻으로, 뒤에 반드시 부정 표현을 수반하고 부정의 느낌을 더욱 강조하는 뉘앙스로 쓰인다. 화자의 불만 섞인 느낌을 약간 내포하고 있다.

天体観測なんて、ちっとも興味ない。 천체 관측 따위, 조금도 흥미 없다.

一人だったから、ちっとも楽しくなかった。 혼자였기 때문에 조금도 즐겁지 않았다.

• 決して

'결코'의 뜻으로, 뒤에 부정이나 금지의 표현을 수반해서 부정이나 금지를 강조하는 의미를 나타낸다.

彼の言動は決して許さない。 그의 언행은 결코 용서하지 않겠다.

決して無理してはいけませんよ。 결코 무리해서는 안 됩니다.

• 絶対

① '절대', '절대로'의 뜻으로, 긍정을 수반하는 경우는 '반드시', '꼭'의 의미이다.

何があっても絶対行く。 무슨 일이 있어도 절대로 가겠다.

約束したんだから、絶対に来てよ。 약속했으니까 절대로 와야 해.

> 全然은 속어에서는 긍정 표현으로도 쓰인다.
> 예 全然おもしろいじゃん。
> 완전 재밌잖아.

② 뒤에 부정을 수반해서 '절대로 ~하지 않겠다'라는 의지를 나타낸다.

絶対に迷惑はかけません。 절대 폐를 끼치지 않을게요.
　ぜったい　　めいわく

迷惑めいわくをかける 폐를
끼치다

(25) よく / たびたび / しばしば 자주

・よく

① いい, 良い의 부사형으로 '잘'의 뜻으로 쓰인다.
　　　よ

よく考えて決めたことです。 잘 생각하고 결정한 일입니다.
　　　かんが　　き

② '자주', '종종' 등 빈도를 나타내는 부사로 쓰인다.

よく映画を見に行きます。 자주 영화를 보러 갑니다.
　　えいが　み　い

彼女とよくドライブに行ったりしますか。
かのじょ　　　　　　　　い
그녀와 자주 드라이브 가기도 합니까?

> **▎TIP '술 잘 하세요?'는 일본어로 어떻게 말할까?**
>
> お酒をよく飲みますか。는 '술은 잘 마십니까?'가 아니라 '술은 자주 마십니까?'의 의미
> 　さけ　　の
> 이다. '술 잘 하세요?'는 일본어로 お酒が強いですか。라고 한다.
> 　　　　　　　　　　　　　　　　　　さけ　つよ
> 술 잘 마시는 사람은 酒飲み, 酒豪(주당), 속어로 ざる라고 하고, 酔っぱらい는 술 취한
> 　　　　　　　　さけ の　しゅごう　　　　　　　　　　　　　よ
> 사람을 말한다.

・たびたび

'빈번히', '여러 번', '자주' 등 몇 번이나 반복하는 모습을 나타낸다. 빈도보다는
수차례의 행위에 중점이 있다.

たびたびで申し訳ありませんが、山下さんをお願いします。
　　　もう わけ　　　　　　　やました　　　ねが
번번이 죄송하지만, 야마시타 씨 부탁합니다.

遅刻が多いのでたびたび注意をした。
ちこく　おお　　　　　　　　　ちゅうい
지각이 많아서 몇 번이나 주의를 주었다.

注意をする는 '주의하다'의
뜻 이외에도 '주의를 주다'라
는 뜻으로 널리 쓰인다.

・しばしば

'자주', '여러 차례' 등 빈도가 잦음을 나타내는 표현이다. 문장체의 말이다.

家を出ようと思ったこともしばしばです。
いえ で　　　おも
집을 나가려고 생각했던 적도 자주 있습니다.

入院している間、しばしばお見舞いに来ました。
にゅういん　　　あいだ　　　　　　　み ま　き
입원하고 있던 동안 자주 문병하러 왔습니다.

お見舞みまい 문병

(26) たまに / めったに / ほとんど 가끔 / 거의 / 대부분

・たまに

'가끔' 등 빈도가 아주 낮은 모습을 나타낸다. たまの～의 형태로도 쓰인다.

> たまにしかやってこないチャンスです。
> 가끔밖에 찾아오지 않는 기회입니다. (어쩌다 한번 찾아오는 기회입니다.)

> たまの休みには家でのんびりしていたいです。
> 가끔씩 휴일에는 집에서 느긋이 쉬고 싶습니다.

・めったに

'거의'의 뜻으로, 뒤에 부정을 수반해서 빈도를 나타낸다.

> 夜出かけることはめったにない。 밤에 나가는 일은 거의 없다.

> あんな派手な格好の人は、この辺りではめったに見られない。
> 그렇게 화려한 모습을 한 사람은 이 근처에서는 그다지 볼 수 없다.

│派手はでだ 화려하다
↔ 地味じみだ 수수하다

・ほとんど

'거의'의 뜻으로, 대부분인 모양을 나타낸다. 긍정과 부정의 의미로 모두 쓸 수 있다.

> 土曜日に家にいることはほとんどありません。
> 토요일에 집에 있는 일은 거의 없습니다.

> ほとんど出来上がりました。 거의 완성되었습니다.

> ほとんどの学生がアルバイトをしている。 대부분의 학생이 아르바이트를 하고 있다.

(27) どうぞ / どうか / くれぐれも 부디

・どうぞ

① '부디'의 뜻으로 부탁이나 희망을 나타내는 표현이다.

> どうぞよろしくお願いします。 부디 잘 부탁합니다.

② 상대편에게 뭔가 권유하거나 허락할 때 쓰는 표현이다.

> どうぞ召し上がってください。 부디 드세요.

> お先にどうぞ。 먼저 하세요.

│召めし上あがる 드시다
➡ 食たべる, 飲のむ의 높임말.

・どうか

남에게 정중하게 부탁하는 마음을 나타낸다. 무리라는 건 알지만 부탁드린다는 뉘앙스를 포함한다. '부디', '아무쪼록'

度々の無礼をどうかお許しください。 <small>번번이 범하는 무례를 부디 용서해 주세요.</small>

どうかよろしくお願いします。 <small>아무쪼록 잘 부탁합니다.</small>

・くれぐれも

거듭거듭 되풀이하여 다짐하는 모양으로 상대에 대한 깊은 배려를 나타낸다. '부디', '아무쪼록', '제발'

くれぐれもよろしくお伝えください。 <small>아무쪼록 안부 잘 전해 주세요.</small>

くれぐれも失礼のないように。 <small>아무쪼록 실례가 없도록.</small>

(28) どうも / どうやら 아무래도

・どうも

① '정말'의 뜻으로 감사하거나 미안할 때의 함축적인 의미로 쓰인다.

どうもありがとうございます。 <small>정말 감사합니다.</small>

どうも失礼しました。 <small>정말 실례했습니다.</small>

② '아무래도', '어쩐지' 등의 판단을 나타내는 의미이다.(=なんだか・どうやら)

どうも風邪をひいたみたいです。 <small>아무래도 감기 든 것 같아요.</small>

どうも様子が変でした。 <small>아무래도 모습이 이상했습니다.</small>

③ '아무리 해도', '어떻게 해 봐도' 등 뒤에 부정의 표현이 온다. (=どうしても)

どうもサンプルのようにはきれいに作れない。
<small>아무리 해도 샘플처럼은 예쁘게 만들 수 없다.</small>

> 様子ようす ①사물의 상태나 상황, 형편 ②사람의 모습, 낌새, 눈치

・どうやら

① '그럭저럭', '가까스로' 등 최저의 상태를 나타낸다.

どうやら間に合ったらしいです。 <small>그럭저럭 시간에 댄 것 같습니다.</small>

> 間まに合あう 시간에 맞추다 [대다]

② '아무래도', '어쩐지' 등 상당히 확실하다고 추정하는 모습을 나타낸다.

どうやら道を間違えたみたいです。 <small>아무래도 길을 잘못 든 것 같습니다.</small>

どうやら外に方法はないらしい。　아무래도 달리 방법이 없는 것 같다.

(29) 必ず / 必ずしも / ぜひ / きっと　반드시 / 꼭 / 분명

• 必ず

'반드시', '꼭'의 뜻이다. 예외 없이 또는 확실한 모습이나 확신에 찬 의지를 나타낸다.

> 生きているものは、いつか必ず死にます。
> 살아 있는 것은 언젠가 반드시 죽습니다.

> この会社で仕事をする時は必ずこの規則を守らなければなりません。
> 이 회사에서 일할 때는 반드시 이 규칙을 지키지 않으면 안 됩니다.

> 来年は必ず合格して見せます。
> 내년엔 반드시 합격해 보이겠습니다.

• 必ずしも

'반드시 ~인 것은 아니다'의 뜻으로, 뒤에 부정을 동반해서 예외가 있다는 것을 인정함을 나타낸다.

> 金持ちが必ずしも幸せだとは言えない。
> 부자가 반드시 행복하다고는 말할 수 없다.

> 高学歴の人が必ずしも上手に教えられるわけではない。
> 고학력의 사람이 반드시 잘 가르칠 수 있는 것은 아니다.

• ぜひ

'꼭'의 뜻으로, 뒤에 희망이나 요구의 표현을 동반한다.

> 日本に来ることがあったらぜひ連絡してください。
> 일본에 올 일이 있다면 꼭 연락해 주세요.

> ぜひお会いしたいです。　꼭 만나 뵙고 싶어요.

• きっと

'꼭', '분명'의 뜻으로, 확신을 가지고 말하는 모습을 나타낸다. 추측의 뜻을 내포하고 있다.

> あんなこともあったことだし、きっと彼は来ないんですよ。
> 그런 일도 있었으니까, 분명 그는 안 올 거예요.

是非는 명사일 때는 '시비', 즉 옳고 그름을 나타내는 표현이다.

こんなにりっぱな花をもらうなんて、きっと母も喜びます。
이렇게 멋진 꽃을 받다니, 분명 어머니도 기뻐하실 거예요.

(30) なぜ / どうして / どうやって / なんで 왜 / 어째서 / 어떻게 / 왜

・なぜ

'왜'의 뜻으로, 객관적·이성적인 원인, 이유에 대한 의문의 표현이며 좀 딱딱한
느낌이 든다.

なぜ会議に出席しないのですか。
왜 회의에 출석 안 하는 것입니까?

ここだけ解答がないのはなぜでしょうか。
이것만 해답이 없는 것은 왜죠?

・どうして

① '어째서', '왜' 등의 뜻으로, 이유를 묻는 표현이다 주관적·감정적인 이유나
   상대의 마음을 묻는다는 뉘앙스이다.

パーティーどうして来なかったんですか。
파티에는 어째서 오지 않은 거예요?

どうして教えてくれないのだろう。
어째서 가르쳐 주지 않는 걸까?

② '어떻게', '어떤 방법으로' 등의 뜻이다. 말 그대로 どう(어떻게)와 して(해서)
   가 합쳐진 표현이다.

どうしていいかわからない。 어떻게 해야 좋을지 모르겠다.

どうしてドアを開けたんですか。 어떻게 문을 연 것입니까?

・どうやって

'어떻게', '어떻게 해서' 등 수단이나 방법 등을 묻는 느낌이다. どうして처럼 이
유를 묻는 표현으로는 쓰이지 않는다.

どうやって行けばいいんですか。 어떻게 가면 좋습니까?

どうやって手に入れたの？ 어떻게 손에 넣은 거니?

手てに入いれる 손에 넣다,
입수하다

336

・なんで

'왜' 등 이유를 나타내는 표현으로 どうして보다 격의 없는 표현이고, 불만의
느낌이 내포되어 있다.

> A : これは見ちゃダメ！
> B : なんで？
>
> A : 이건 보면 안 돼! B : 어째서?

> 私にはなんで教えてくれないのかわからない。
> 나한테는 왜 가르쳐 주지 않는 것인지 모르겠어.

> なんでは なにでの 회화체
> 적인 표현으로 수단을 묻는
> 말이기도 하다.
> 예ここまでなんで〔なにで〕
> 来たの？ 여기까지 뭐 타고
> 왔어?

(31) どうしても / とても / とうてい 도저히

・どうしても

① '도저히', '아무리 해도'의 뜻으로 뒤에 부정을 수반해서 쓰인다.

> ふたがどうしても開かない。
> 뚜껑이 아무리 해도 열리지 않는다.

> その名前がどうしても出てこない。
> 그 이름이 아무리 해도 (입에서) 나오질 않는다. (생각이 안 난다)

② '아무래도', '어떤 일이 있어도', '어떻게 해서라도' 등의 뜻으로, 강행하는 모
습이나 결의의 의미를 나타낸다.

> どうしてもやらなくてはいけないことがある。
> 어떤 일이 있어도 하지 않으면 안 될 일이 있다.

> 父がどうしても帰ってこいと言うものですから、田舎に帰ろうと思います。
> 아버지가 어떤 일이 있어도 돌아오라고 말씀하셔서 시골에 돌아가려고 생각합니다.

・とても

'도저히'의 뜻으로 어떻게 해도 실현이 힘들다는 의미로 쓰인다.

> そんな大役、私にはとても無理です。
> 그런 대역, 저에겐 도저히 무리입니다.

> 親にはとても言えない。
> 부모에게는 도저히 말 못하겠다.

・とうてい

'도저히'의 뜻으로, 실현 불가능함을 나타낸다.

今からじゃとうてい間に合わない。 지금부터라면 도저히 시간에 대질 못한다.

プロチームにはとうてい勝てません。 프로팀에게는 도저히 못 이겨요.

(32) たぶん / おそらく / さぞ / 確か 아마 / 필시 / 틀림없이

・たぶん

가능성이 높음을 추측하는 모습을 나타낸다.

まじめな人だからたぶん来るだろう。 성실한 사람이니까 아마 오겠지.

明日はたぶん雨が降るでしょう。 내일은 아마 비가 오겠죠.

・おそらく

가능성이 높음을 추측하는 모습을 나타낸다. たぶん보다는 딱딱한 느낌이고, 그다지 바람직하지 못한 상황에 대해 쓰는 경우가 많다.

君が嫌がっても、おそらく彼は来るだろう。
네가 싫어해도 아마 그는 올 거야.

おそらく社長はそのことに気づいているだろう。
아마도 사장님은 그 사실은 눈치채셨을걸.

| 気づく 알아채다

・さぞ

'필시', '틀림없이' 등의 뜻으로, 정도가 심함을 추측하는 모습을 나타낸다. 딱딱한 문장체의 느낌이다.

暗いところでずっと一人だったから、さぞ怖かっただろう。
어두운 곳에서 쭉 혼자였으니까, 틀림없이 무서웠겠지.

10年ぐらい会っていないから、子供さんもさぞ大きくなったことでしょう。
10년 정도 만나지 않았으니까, 자제분도 틀림없이 많이 자랐겠죠.

・確か

'분명히', '틀림없이', '확실히' 등의 뜻으로, 단언은 할 수 없지만 틀림없다고 판단하는 모습을 나타낸다.

彼女は確か大学をやめたはずです。
그녀는 분명 대학을 그만두었을 텐데요.

| はずだ 당연히 ~했을 것이다

確か一番下の引き出しの中に入れておいたと思いますが。
분명히 맨 아래쪽 서랍 안에 넣어 두었다고 생각합니다만.

| 確かだは '확실하다', '분명하다'라는 뜻의 な형용사이다.

(33) もし / もしも / たとえ 만약 / 혹시 / 가령

・もし

'만일', '혹시' 등의 뜻으로, 가정을 나타내는 표현이다.

> もしお暇なら、いっしょに映画に行きませんか。
> 만일 한가하다면 함께 영화를 보러 가지 않겠습니까?

> もし雨が降れば中止しましょう。
> 만일 비가 오면 중지합시다.

・もしも

'만일', '혹시' 등 もし의 힘준 표현으로, 가능성이 희박한 사태를 가정하는 모습을 나타낸다. 때로는 죽음 등의 극단적인 상황을 암시하기도 한다.

> もしも家が買えるなら、都心のマンションがいい。
> 혹시 집을 살 수 있다면 도심의 맨션이 좋아.

> 君にもしものことがあったらと思うと、怖くなる。
> 너에게 무슨 일이 있다고 생각하면 무서워진다.

・たとえ

'설령', '가령 (~해도)' 등 극단의 사태를 가정하고 그 가정에 영향 받지 않는 모습을 나타낸다.

> たとえ雨が降っても行きましょう。 설령 비가 오더라도 갑시다.

> たとえみんながダメだと言っても、君さえいいと言ってくれればそれでいい。
> 설령 모두가 안 된다고 해도 너만 좋다고 말해 준다면 그걸로 좋아.

> たとえば(예를 들면)와 구별해서 알아두자.

(34) やはり / さすが / なるほど 역시 / 과연

・やはり

'역시'의 뜻으로 예상대로의 결과를 말하거나 변함없이 계속되는 모습을 나타낸다. 회화체에서는 やっぱり, やっぱし, やっぱ라고도 한다.

> 初挑戦だったからやはり難しかったらしいです。
> 첫 도전이어서 역시 어려웠다는 것 같아요.

> 最近の流行りはピンクだけど、やっぱり私は黒が好きだ。
> 요즘은 핑크가 유행이지만, 역시 난 검정이 좋아.

> 流行り는 '유행'을 말하며, 流行라고도 한다.

やっぱりプロの腕は違うね。 역시 프로의 솜씨는 다르군.

腕는 '팔'을 뜻하지만, '솜씨', '역량'을 의미하기도 한다.

・さすが

'역시', '과연'의 뜻으로, 기대한 대로의 결과나 가치의 재인식을 나타낸다. 주로 칭찬의 표현으로 쓰인다.

優勝をとるなんて、さすがですね。
우승을 따다니, 역시 (다르)네.

さすが外国生活が長いだけあって、英語が流暢だね。
역시 외국 생활을 길게 한 만큼 영어가 유창하네.

~だけあって ~인 만큼

・なるほど

'과연', '역시'의 뜻으로, 상대의 말을 납득했음을 나타낸다. 상대의 말에 동의를 할 때도 쓴다.

なるほど！君の言うとおりです。 과연, 당신이 말한 대로예요.

なるほど、噂には聞いていましたが、会ってみると本当に才色兼備のすてきな方ですね。
과연 소문으로는 듣고 있었지만, 만나 보니까 정말 재색을 겸비한 멋진 분이시군요.

才色兼備는 '재색을 겸비한'의 뜻으로 여성을 형용할 때 쓰인다.

(35) どうせ / 所詮 어차피

・どうせ

'어차피'의 뜻으로, 어떻게 하든 정해진 결과가 된다는 자조의 의미로 쓰인다. どうせ~なら(어차피 ~라면)의 형태로 같은 행위나 결과를 인정하는 모습을 나타내기도 한다.

私なんかどうせ落ちるに決まっています。 나 같은 거 어차피 당연히 떨어질 겁니다.

~に決まっている 당연히 ~하다

どうせ手術をしても完治は無理でしょう？ 어차피 수술을 해도 완치는 무리잖아요?

どうせやるならとことんやりなさい。 어차피 할 거라면 끝장을 봐라.

とことん 철저히, 끝까지

・所詮

'어차피', '결국'의 뜻으로, 어떤 좋은 조건에서도 결국은 나쁜 결과에서 벗어날 수 없다는 체념의 느낌을 포함한다. 긍정적인 결과가 될 때는 쓸 수 없다.

庶民には所詮叶わない夢なんです。
서민에게는 어차피 이룰 수 없는 꿈이에요.

夢ゆめが叶かなう 꿈이 이루어지다

いくらいい案を出しても所詮契約社員なんです。

아무리 좋은 안을 내도 어차피 계약 사원인걸요.

(36) ひょっとすると / もしかすると 어쩌면

・ひょっとすると

'어쩌면'의 뜻으로 가능성이 낮음을 전제로 하는 모양을 나타낸다. ひょっとしたらと고도 하며, ひょっとしては '혹시'의 느낌으로 쓰인다.

お台場でひょっとすると芸能人に会えるかもしれない。

오다이바에서 어쩌면 연예인을 만날 수 있을지도 모른다.

| お台場だいば 오다이바(지명)

ひょっとするとまだいるかもしれないと思って走ってきました。

어쩌면 아직 있을지도 모른다고 생각하여 달려왔습니다.

・もしかすると

'어쩌면'의 뜻으로 ひょっとすると와 같은 의미지만, もしかすると 쪽이 존재의 가능성이 있고 객관적이며 우연성을 내포하고 있다. もしかしたらと고도 하며, もしかしては '혹시'의 뜻으로 쓰인다.

あの事件のことは、もしかすると斉藤さんが覚えているかも知れません。

그 사건은 어쩌면 사이토 씨가 기억하고 있을지도 모릅니다.

もしかすると助かるかもしれない。

어쩌면 구조될지도 몰라.

もしかしてあのきれいな人が先生の奥さんですか。

혹시 저 예쁜 분이 선생님의 사모님이세요?

(37) ちょうど / まるで / あたかも 꼭 / 마치 / 흡사

・ちょうど

'꼭', '정확히' 등의 뜻으로, 어떤 기준에 부합되는 모습을 나타낸다. '마침' 등 예상이나 기대에 합치되는 경우에도 말할 수 있다.

あれからちょうど一年になる。

그로부터 꼭 일 년이 된다.

ちょうどよかった。今電話しようと思ってたところです。

마침 잘됐다. 지금 전화하려고 생각하고 있던 참입니다.

・まるで

① '마치'의 뜻으로 비유의 표현에서 많이 쓰인다.

まるで人形のようにきれいな方です。
마치 인형처럼 예쁜 분입니다.

街がまるでマッチ箱みたいに小さく見える。
거리가 마치 성냥갑처럼 작게 보인다.

マッチ箱ばこ 성냥갑

② '전혀'의 뜻으로, 뒤에 부정의 말을 동반하여 부정을 강조하는 역할을 한다.

結婚する気などまるでないみたい。　결혼할 마음 따위 전혀 없는 것 같다.

学校は10年前とまるで変わっていなかった。　학교는 10년 전과 전혀 변하지 않았다.

・あたかも

'마치', '흡사'의 뜻으로, まるで와 유사하나 좀 더 딱딱한 문장체의 느낌이 든다.

1月なのに、あたかも春のような陽気です。
1월인데도 마치 봄 같은 날씨입니다.

陽気ようき
명랑하다(な형용사)
날씨, 기후, 양기(명사)

彼は代役のくせに、あたかも主役であるかのように振舞っていた。
그는 대역인 주제에 마치 주역인 양 행동하고 있었다.

振舞ふるまう 행동하다

(38) もちろん / 当然 / あたりまえ　물론 / 당연히

・もちろん

'물론'의 뜻으로, 명백한 의견이나 판단을 나타내는 모습을 말한다.

もちろん時給は高い方がいいです。
물론 시급은 비싼 편이 좋습니다.

時給じきゅう 시급, 시간급

教育はもちろん仕事の斡旋までしてくれるそうだ。
교육은 물론 일의 알선까지 해 준다고 한다.

・当然

'당연함'의 뜻으로, 논리적으로 귀결되는 판단을 나타낸다.

朝帰りしたんだから、父があんなに怒るのも当然だよ。
외박하고 들어왔으니까 아버지가 저렇게 화내는 것도 당연해.

朝帰あさがえり 아침에 집에
들어오는 일, 외박

A：じゃ、手続きもしてくれるんですか。
B：当然です。
A : 그렇다면 수속도 해 주는 것입니까? B : 당연합니다.

手続てつづき 수속, 절차

・あたりまえ

'당연함'의 뜻으로 통상의 귀결이나 보통·정상적인 상태를 나타낸다.

年を取って、子供が親の面倒を見るのは当たり前のことだ。
나이 들어서 아이가 부모를 돌보는 것은 당연한 일이다.

私は市民として当たり前のことをしただけです。
저는 시민으로서 당연한 일을 했을 뿐입니다.

面倒めんどうを見みる 돌보다, 보살피다

(39) たかが / 精々 겨우 / 고작
せいぜい

・たかが

'기껏', '겨우', '고작' 등 정도가 높지 않음을 경멸하는 모습을 나타낸다.

たかが成績が落ちたぐらいでそんなに落ち込むことないじゃない。
겨우 성적이 떨어진 정도로 그렇게 우울해할 것 없잖아.

たかが一泊の旅行にどうしてそんな大きなカバンが要るのよ。
겨우 1박의 여행에 어째서 그렇게 큰 가방이 필요한 거야?

「フリーターの収入なんて、たかが知れている。 프리터의 수입 따위 뻔하지 뭐.

フリーター 프리터

➡ フリーアルバイターの 준말로, 아르바이트로 생활 을 영위해 가는 사람을 가리 킨다.

たかが知れていると '뻔하 다'라는 말로 암기하자.

・精々
せいぜい

최대한으로 언급하는 모습을 말한다. 때에 따라 ①'기껏해야', '고작', ②'힘껏', '가능한 한'의 뜻으로 쓰인다.

歩いても精々10ぷんぐらいの距離だ。
걸어도 기껏해야 10분 정도의 거리다.

時間なくて、寝る前に30分ぐらい練習するのが精々です。
시간이 없어서 자기 전에 30분 정도 연습하는 것이 고작입니다.

今のうち精々遊んでおきなさい。
지금 열심히 놀아 두세요.

(40) できるだけ / できる限り / なるべく 가능한 한
かぎ

・できるだけ

'가능한 한', '할 수 있는 한' 등 가능한 범위에서 노력하는 모습을 나타낸다.

被災地の人たちにできるだけのことをしてあげたい。
피해 지역 사람들에게 할 수 있는 한의 일을 해 주고 싶다.

できるだけ早く帰ってきてください。　가능한 한 빨리 돌아오세요.

・できる限り

'가능한 한'의 의미로, 할 수 있는 것을 최대한 한다는 느낌이다. 반면, できる
だけ는 못하는 범위도 있을 수 있지만 '할 수 있는 만큼'의 느낌이다.

できる限りのことはしましたから、あとは運に任せましょう。

할 수 있는 만큼의 일은 했으니까, 나머지는 운에 맡깁시다.

| 運うんに任まかせる 운에 맡기다

・なるべく

'되도록', '가급적'의 뜻으로 できるだけ와 비슷하지만, 대상의 상태나 정도를
비교해서 보다 바람직한 쪽을 선택하기를 희망하는 느낌을 포함한다.

なるべく12時前には寝るようにしましょう。

가급적 12시 전에는 자도록 합시다.

なるべくなら仕事は楽な方を選びたい。

되도록 일은 편한 쪽을 택하고 싶다.

| 楽らくだ 편하다

(41) まず / とりあえず / 一応　우선 / 일단

・まず

① '우선', '먼저'의 뜻으로 다른 것보다 우선적으로 하는 모습을 나타낸다.

まず初めに自己紹介をしてください。　우선 처음에 자기소개를 해 주세요.

まず一番上に名前を書いてください。　우선 가장 위에 이름을 써 주세요.

② '일단은'의 뜻으로, 가능성이 아주 많거나 거의 없을 때 쓰인다.

今日中に届けるなんてまず無理です。　오늘 중으로 보내다니 일단 무리입니다.

・とりあえず

'일단', '우선' 등의 뜻으로, 본격적인 대응은 뒤로하고 할 수 있는 일을 먼저 하
는 모습을 나타낸다.

とりあえず持ち合わせは一万円ぐらいです。

우선 가진 돈은 만 엔 정도입니다.

| 持もち合ぁわせ 마침 가진 돈

何人ぐらい集まるかわからないので、資料はとりあえず30部をコピーして
おきました。

몇 명 정도 모일지 몰라서 자료는 일단 30명분 복사해 두었습니다.

・一応
いちおう

'일단', '우선은'의 뜻으로, 불완전하기는 하지만 어쨌든 대충이나 대략적으로 요
구에 부응하는 모습을 나타낸다.

一応頼んではみますが、承諾の保証はできません。
いちおうたの　　　　　　　　　しょうだく　　ほしょう

일단 부탁은 해 보겠지만, 승낙을 보장할 수는 없습니다.

承諾しょうだく 승낙

もう遅いかもしれないけど、一応入ってみましょう。
　　おそ　　　　　　　　　　いちおうはい

벌써 늦었을지는 모르지만, 일단 들어가 봅시다.

(42) 〜ついでに / 〜がてら(접미어) / 〜かたがた(접미어)

〜하는 김에 / 〜할 겸 / 〜을 아울러

・〜ついでに

ついでに는 어떤 일을 할 때 그 기회를 이용해서 다른 행동도 함께 함을 뜻한
다. 어디까지나 앞의 행동이 주가 된다. 단독으로 쓰일 때는 '하는 김에'의 뜻이
며, 명사나 동사를 받을 때는 '〜하는 김에'의 뜻으로 쓰인다.

買い物に行ったついでに友達のお店に寄った。
か　もの　い　　　　　　　　ともだち　みせ　よ

장 보러 간 김에 친구 가게에 들렀다.

ついでにあなたのタオルも洗っておきましたよ。
　　　　　　　　　　　　　あら

하는 김에 당신의 수건도 빨아 두었습니다.

話のついでにもう一つ、来月の定例会の日程も決めておきましょう。
はなし　　　　　　ひと　　らいげつ　ていれいかい　にってい　き

이야기하는 김에 한 가지 더, 다음 달 정례회의 일정도 정해 둡시다.

・〜がてら

がてら는 접미어로 '〜할 겸해서'의 뜻이다. 뒤의 행동을 함으로써 결과적으로
앞의 행동을 할 수 있다는 뜻이다.

散歩がてら、近くの公園へ写真を撮りにいきました。
さんぽ　　　　ちか　　こうえん　しゃしん　と

산보 겸 근처의 공원에 사진을 찍으러 갔습니다.

遊びがてら、一度立ち寄ってください。
あそ　　　　　いちど　た　よ

立たち寄よる 들르다

놀 겸 한번 들러 주세요.

・〜かたがた

かたがた는 접미어로 '〜하는 겸', '〜을 아울러'의 뜻이다. がてら와 유사하나
공손한 표현으로 많이 쓰인다.

まずは^おお詫びかたがたお礼申し上げます。

우선은 사과를 아울러 감사의 말씀 드립니다.

お詫わび 사죄, 사죄의 말.

➡ 詫びる (사과하다)의 명사형이다.

見たかったオペラのチケットをもらったので、お礼かたがた食事に誘った。

보고 싶었던 오페라의 티켓을 받아서, 사례할 겸 식사하자고 했다.

病気だと聞いたので、お見舞いかたがた家を訪ねた。

아프다고 들었기 때문에 문병을 겸해 집을 방문했다.

▎TIP 기본적인 의성어 · 의태어

걷는 모양

てくてく	터벅터벅(탈것에 타지 않고 그저 걷는 모습)
とぼとぼ	터벅터벅(쓸쓸한 듯, 피곤한 듯 힘없이 걷는 모양)
のしのし	어슬렁어슬렁(육중한 몸)
ぶらぶら	①어슬렁어슬렁 ②빈둥빈둥
うろうろ	얼쩡얼쩡, 왔다 갔다
よちよち	아장아장(아기가 걷는 모습)

마시는 모습

がぶがぶ	벌컥벌컥(많이 들이켜는 모양)
ぐびぐび	꿀꺽꿀꺽(술을 맛있는 듯 소리 내어)
ごくごく	벌컥벌컥(액체를 맛있는 듯 소리 내어)
ちびちび	찔끔찔끔(조금씩 마시는 모양)

먹는 모습

がつがつ	우걱우걱(게걸스럽게 먹는 모양)
ぱくぱく	덥석덥석(마구 먹어대는 모양)
もぐもぐ	우물우물(입안에 음식물을 많이 담아 씹는 모양)
もりもり	건강하게 많이 먹는 모습

말하는 모습

おずおず	머뭇머뭇(겁에 질리거나 주저하면서)
がみがみ	잔소리를 늘어놓는 모양
すらすら	술술(힘 안 들이고 쉽게 말하는 모양)
ぬけぬけ	뻔뻔스레, 태연하게
はきはき	시원시원
ひそひそ	소곤소곤(속삭이는 모양)
ぶつぶつ	투덜투덜
べらべら	종알종알
ずけずけ	듣기 거북한 말을 사정없이 하는 모양
もごもご	우물쭈물

보는 모습

きょろきょろ	두리번두리번	じろじろ	빤히(= じっと)
ちらちら	흘끔흘끔(= ちらっと・ちらりと)		

자는 모습

うとうと	꾸벅꾸벅	ぐうぐう	쿨쿨
すやすや	새근새근(아기가 자는 모습)		

웃는 모습

にこにこ	방긋방긋(=にこりと)	にやにや	느물느물(=にやりと)
くすくす	쿡쿡(몰래 웃는 모양)	げらげら	깔깔

우는 모습

えんえん	엉엉(아이)	おいおい	엉엉, 꺼억꺼억(어른)
しくしく	흑흑(여성)	めそめそ	훌쩍훌쩍(남녀 모두)

피곤한 모습

くたくた	피곤한 모습	ふらふら	휘청휘청
へとへと	지쳐서 힘이 없는 모양		

사물의 표면이나 모양 상태

すべすべ	매끈매끈(매끄러운 모양)	つるつる	반들반들, 매끈매끈
ぬるぬる	미끈미끈(점막, 기름 등으로)	びしょびしょ	흠뻑(물이 떨어질 정도로 젖음)
ぼろぼろ	너덜너덜	よれよれ	구깃구깃(오래 입어서)
かさかさ	까칠까칠(바싹 마른 모양)	ざらざら	꺼끌꺼끌(감촉이 거칠고 매끄럽지 않음)

동작의 모습

のろのろ	느릿느릿
ばりばり	활동적으로 열심히 하는 모양
はきはき	시원시원, 또랑또랑(말, 태도 등이 활발하고 분명한 모양)
きびきび	팔팔하게, 시원시원(동작이 신속하고 활기 있는 모양)
てきぱき	척척(능숙하게 처리를 잘하는 모양)

긴장, 불안, 기대, 싫음 등의 감정 표현

おどおど	벌벌(공포, 불안, 긴장)	おろおろ	당황하는 모양(놀람, 걱정, 슬픔)
はらはら	조마조마(걱정, 조바심)	びくびく	흠칫흠칫(겁이 나서)
そわそわ	안절부절(침착하지 못하고 불안한 모양)	どきどき	두근두근(기대, 불안)
わくわく	두근두근(기대)	くよくよ	끙끙(사소한 일로 걱정하고 고민함)
ぴりぴり	신경이 날카로운 모양		

날씨, 자연 현상

からりと	화창하게(건조하고 맑게 갠 모양)	じめじめ	축축(습기 많은 모양)
ぽかぽか	따뜻한 모양	ざあざあ	주룩주룩(비가 내리는 모양)
しとしと	부슬부슬(비가 조용히 내리는 모양)	しんしん	눈 내리는 모양

Chapter

30

복합동사,
복합형용사

복합동사란 「동사＋동사」, 「형용사＋동사」, 「명사＋동사」 등으로 조합된 동사를 말하고, 복합형용사는 「동사＋형용사」, 「형용사＋형용사」, 「명사＋형용사」 등으로 조합된 형용사를 말한다.

'Chapter 8 동사의 ます형'에서 설명했듯이, 일본어에서 복합동사나 복합형용사를 만들 때는 동사일 경우에는 반드시 ます형에 접속한다. い형용사, な형용사에 접속되기도 하는데 이런 경우는 어간에 접속한다.

[동사＋동사]	追う 쫓다＋越す 넘다	→	追い越す 추월하다
[형용사＋동사]	遅い 늦다＋過ぎる 지나가다	→	遅すぎる 너무 늦다
[명사＋동사]	片 한편＋寄る 다가서다	→	片寄る 기울다
[동사＋형용사]	分かる 알다＋つらい 괴롭다	→	分かりづらい 알기 힘들다
[형용사＋형용사]	重い 무겁다＋苦しい 괴롭다	→	重苦しい 답답하다
[명사＋형용사]	汗 땀＋くさい 냄새나다	→	汗くさい 땀 냄새 나다

물론 복합어의 범위는 광범위해서 명사끼리 접속하는 경우, 접두어에 동사 또는 형용사가 접속되는 경우, 동사 또는 형용사에 접미어가 붙는 경우 등 다양하다. 복합명사의 경우는 접두어, 접미어와 밀접한 관련이 있으므로 Chapter 31에서 자세히 다루고, 복합동사·복합형용사에서도 문법적인 이해가 필요하지 않은 부분은 생략하기로 한다.

복합동사, 복합형용사가 학습에 있어서 중요한 부분을 차지하는 이유는 두 단어가 합쳐져서 단어 본래의 의미와는 다른 의미의 단어를 파생하는 경우가 있기 때문이다. 이런 경우는 단어 차원으로 무조건 암기하고, 특히 시험 대비를 하는 학습자들은 꼼꼼히 파악하고 지나가도록 한다.

1 여러 가지 복합동사

(1) ～合う 서로 ～하다

合う는 원래 '맞다'라는 뜻인데, 복합동사로 쓰일 때는 '서로 ～하다'의 의미가 된다. 때에 따라서는 단어 조합으로는 뜻을 유추할 수 없는 말이 되므로 단어 차원으로 암기하도록 한다.

話し合う 서로 이야기하다, 의논하다　　　語り合う 서로 이야기하다

愛し合う 서로 사랑하다　　　助け合う 서로 돕다

言い合う ① 서로 이야기하다 ② 언쟁하다, 다투다　　　協力し合う 서로 협력하다

分かり合う 서로 이해하다　　　知り合う 서로 알다, 아는 사이가 되다

付き合う 교제하다, 사귀다, 어울리다　　　釣り合う 서로 어울리다, 조화를 이루다

触れ合う 접촉하다, 만나다　　　似合う 어울리다　　　| 触ふれる 닿다, 접촉하다

例 二人は昨日企画のことで言い合ったみたいで、今日は朝から口を利いていない。

| 口くちを利きく (서로) 말을 하다

두 사람은 어제 기획 때문에 다툰 모양으로 오늘은 아침부터 말을 안 한다.

(2) ～合わせる 맞춰 ～하다

合わせる는 '맞추다', '대조하다'의 뜻인데, 복합동사로 쓰일 때는 '서로 맞춰 ～하다', '마침 ～하다' 등 때에 따라 조금 다른 느낌의 말이 되므로 단어 차원으로 외워야 한다.

有り合わせる 마침 가까이 있다　　　居合わせる 마침 그 자리에 있다

組み合わせる 짜 맞추다, 편성하다　　　打ち合わせる 미리 상의하다, 의논하다

照らし合わせる 서로 대조하다　　　問い合わせる 문의하다

見合わせる ①서로 마주 보다 ②비교하다 ③보류하다

待ち合わせる 미리 장소와 시간을 정해 두고 만나기로 하다

持ち合わせる 마침 가지고 있다

| 組くみ合あわせ 조합

打うち合あわせ 사전 협의, 미팅

待まち合あわせ 만날 약속

持もち合あわせ 마침 가진 돈

例 お互いに忙しい時期なので新婚旅行は見合わせることにしました。

서로 바쁜 시기이기 때문에 신혼여행은 보류하기로 했습니다.

(3) ～終わる 다 ～하다

終わる는 '끝나다'의 의미인데, 복합동사로 쓰일 때는 '다 ～하다'의 의미가 된다.

書き終わる 다 쓰다　　　読み終わる 다 읽다

聞き終わる 다 듣다　　　し終わる 다 하다

例 それ、読み終わったら、佐々木さんに渡してくれませんか。

그것 다 읽었으면 사사키 씨에게 건네주지 않겠어요?

(4) ～返す　되 ～하다

返す는 '돌려주다'의 뜻인데, 복합동사로 쓰면 '되(돌려) ～하다'라는 뜻이 된다.

送り返す 되돌려 보내다　　　　　聞き返す 되묻다
読み返す 되풀이해 읽어 보다　　　繰り返す 반복하다
し返す 복수하다　　　　　　　　　言い返す ①되풀이하여 말하다　②말대꾸하다, 항변하다
見返す ①다시 보다　②(모욕을 준 사람에게) 훌륭하게 되어 과시하다

예 きれいになって、いつかきっと見返してやる。
　　예뻐져서 언젠가 꼭 과시해 보일 거야.

(5) ～換える・替える　바꿔 ～하다

かえる는 換える・替える 등으로 한자 표기를 한다. '바꾸다'라는 의미인데,
복합어로 쓰면 '바꿔 ～하다', '갈아 ～하다'라는 의미가 된다.

言い換える 바꿔 말하다　　　　　入れ替える 바꿔 넣다, 갈아 넣다
買い換える 새로 바꿔 사다, 갈다　着替える 갈아입다
切り替える 바꾸다, 전환하다　　　取り替える 갈다, 교환하다
すり替える 슬쩍 바꿔치기하다

예 蛍光灯を取り替えたら部屋が明るくなりました。
　　형광등을 갈았더니, 방이 밝아졌습니다.

> | する 소매치기하다
> ➡ 명사형은 すり로 '소매치기'를 뜻한다.

(6) ～かける　～하다 말다

かける는 '걸다'의 뜻이지만, 복합동사로 쓰면 ①'～하기 시작하다', '중도까지
～하다', '～하다 말다', ②'～(할) 뻔하다'의 뜻이 된다.

① ～하기 시작하다, 중도까지 ～하다, ～하다 말다

走りかける 달리기 시작하다　　　働きかける 일하기 시작하다
言いかける 말하려다 말다　　　　読みかける 중도까지 읽다, 읽다 말다
飲みかける 마시다 말다　　　　　やりかける 하기 시작하다, 시작하다 말다

② '～ 뻔하다'의 뜻으로, 거의 실현될 듯하다가 실현이 안 됐음을 의미한다.

死にかける 죽을 뻔하다　　　　　忘れかける 거의 잊어 가다
口を滑らしかける 말할 뻔하다

예 A : この新聞、読んでもいいですか。
　　B : すみません、まだ読みかけなんです。
　　A : 이 신문 읽어도 됩니까? B : 미안해요, 아직 읽는 중이에요.

> | 口くちを滑すべらす 해서는
> 안 될 말을 하다, 입을 놀리다

(7) ～かねる / ～かねない ～하기 어렵다 / ～하기 쉽다, ～할 법하다

かねる는 원래 '겸하다'라는 뜻이지만, 복합동사로 쓰일 때는 '～하기 어렵다', '～할 수 없다'는 의미가 된다.

やりかねる / しかねる 하기 어렵다   待ちかねる 기다릴 수 없다

堪えかねる 참기 어렵다   申しかねる 말씀드리기 어렵다   堪たえる 참다, 견디다

> 例 見るに見かねて助けてしまいました。
> 보고 있을 수가 없어서 도와 버렸습니다.
>
> 顧客の個人情報は教えかねます。
> 고객의 개인 정보는 가르쳐 드릴 수 없습니다.

부정 표현으로 ～かねない라고 하면, '～할 수도 있다', '～할 법하다'의 의미가 된다.

やりかねない 하기 쉽다, 할 법하다   言いかねない 말할 법하다

> 例 スピードの出しすぎが大事故に繋がりかねない。   スピードの出だしすぎ
> 과속은 큰 사고로 이어지기 쉽다.   과속

(8) ～きる / きれない 완전히 ～하다 / 다 ～할 수 없다

切る는 원래 '자르다', '끊다'의 뜻이지만, 복합동사 ～きる는 여러 가지 의미를 만든다.

① 끝까지 ～하다, 완전히 ～하다   貸し切り(완전히 빌림, 전세
                                                                        냄), 締め切り(마감) 등의 명
読みきる 끝까지 읽다   慣れきる 완전히 익숙하다   사형으로 쓰이기도 한다.
冷えきる 아주 차갑다   分かりきる 뻔히 알다

② '몹시 ～하다'라는 뜻으로 한계에 이르렀음을 나타낸다.

弱りきる 몹시 약해지다   疲れきる 몹시 피곤하다
困りきる 몹시 곤란하다

～きれない는 ～きる의 가능형 きれる를 부정형으로 표현한 것으로, '다(완전히) ～할 수 없다'는 의미로 쓰인다.

数えきれない 다 셀 수가 없다   言いきれない 다 말할 수 없다
使いきれない 끝까지 사용할 수가 없다   割りきれない 석연치 않다

> 例 ペットの面倒を見きれなくて捨ててしまう人がいるらしい。   面倒めんどうを見みる 돌보다
> 애완동물을 끝까지 돌보지 못해서 버려 버리는 사람이 있다는 것 같다.

(9) ～越す 넘겨 ～하다

越す는 '넘다', '앞서다'의 뜻으로, 복합동사로는 '～해 넘어가다', '넘겨 ～하다'라는 느낌으로 쓰인다. 일괄해서 어떤 의미라고 한 마디로 표현하기 어려우므로 단어로 외우는 것이 좋겠다.

追い越す	추월하다	繰り越す	이월하다
持ち越す	미루다, 넘기다	通り越す	지나쳐 가다, (상황을) 넘기다
乗り越す	하차 역을 지나치다	見越す	넘겨다보다, 예측하다

　例 反対意見を見越して、いつもより十分な準備をして会議に臨んだ。　| 臨のぞむ 임하다
　　반대 의견을 예측하고 평소보다 충분한 준비를 하고 회의에 임했다.

(10) ～こなす 능숙하게 ～하다

こなす는 '소화시키다'의 의미이지만, 복합동사로 쓰면 '～을 잘하다', '능숙하게 ～하다'의 뜻이 된다.

使いこなす	잘 다루다	着こなす	맵시 있게 입다
弾きこなす	능숙하게 연주해 내다	読みこなす	읽어서 완전히 이해하다

　例 私も佐藤さんみたいにコンピューターを使いこなせればと思います。
　　저도 사토 씨처럼 컴퓨터를 잘 다룰 수 있으면 좋겠다고 생각합니다.

(11) ～込む ～해 넣다

込む는 '붐비다'의 뜻이지만, 복합동사로는 여러 가지 의미를 만든다.

① '～해 넣다', '～해 들어가다' 등 그런 상태로 들어간다는 뜻이다.

詰め込む	채워 넣다	書き込む	써 넣다, 기입하다
飛び込む	뛰어들다	押し込む	밀어 넣다
持ち込む	갖고 들어오다, 반입하다	割り込む	끼어들다

　例 みんな並んでいるのだから、割り込んではダメでしょう。
　　모두 줄 서 있으니까 새치기하면 안 되잖아요.

② '푹 ～하다', '완전히 ～하다' 등 완전히 그런 상태가 되었음을 의미한다.

教え込む	완전히 알도록 가르치다	煮込む	푹 끓이다
考え込む	깊이 생각하다	思い込む	꼭 그렇다고 믿다
落ち込む	깊이 빠지다, 우울해하다	黙り込む	침묵에 빠지다

　例 彼は試験に落ちて落ち込んでいるようです。
　　그는 시험에 떨어져서 우울해하고 있는 듯해요.

(12) ～すぎる　너무 ～하다

過ぎる는 '지나가다'의 뜻이지만, 복합동사로는 '지나치게 ～하다', '너무 ～하다'의 의미를 만든다.

見すぎる 너무 많이 보다　　　　食べすぎる 과식하다

飲みすぎる 과음하다　　　　　　働きすぎる 무리하게 일하다

言いすぎる 과언하다, 지나친 말을 하다

　例 この部屋は冷房が利きすぎて、寒いくらいです。
　　　이 방은 냉방이 너무 잘돼서 추울 정도입니다.

> ～すぎ의 명사형으로 많이 쓰인다.
> 例 飲みすぎ 과음
> 　　喋りすぎ 도를 지나친 수다
> 　　頼りすぎ 지나친 의지
>
> 冷房れいぼうが利きく 냉방이 잘되다

(13) ～損なう　～ 못하다

損なう는 '파손하다', '상하게 하다'라는 뜻으로, 損ねる라고도 한다. 복합동사로 ～損なう라고 하면 '～ 못하다'라는 뜻으로, '～하는 일에 실패하다'의 의미가 된다.

書き損なう 쓰지 못하다　　　　　聞き損なう 묻는 걸 못하다

乗り損なう 타지 못하다　　　　　見損なう 잘못 보다. 잘못 평가하다

　例 その程度の人でしたね。見損ないました。
　　　그 정도밖에 안 되는 사람이었군요. 잘못 봤어요.

(14) ～そびれる　～하려다 못하다

～そびれる는 접미어로만 쓰이는 표현으로 '～할 기회를 놓치다', '～하려다 못하다'라는 의미를 나타낸다.

言いそびれる 기회를 놓쳐 말을 못하다　　書きそびれる 쓰려다 못 쓰다

聞きそびれる 놓쳐서 못 듣다　　　　　寝そびれる 잠을 못 자다

　例 一日中バタバタしていて、この間のお礼を言いそびれました。
　　　하루 종일 이리 뛰고 저리 뛰고 해서 전번에 대한 감사 인사를 못했습니다.

> お礼れいを言いう 감사의 말을 하다

(15) ～出す　～하기 시작하다

出す는 '내다'의 뜻이지만, 복합동사로 쓰면, ①'～해 내다', ②'～하기 시작하다'의 뜻이 된다. '～하기 시작하다'의 뜻일 경우는 의지적인 동사에는 쓸 수 없다는 점이 ～はじめる(～하기 시작하다)와 다르다.

① ～해 내다

作り出す 만들어 내다　　　　　追い出す 쫓아내다

思い出す 생각해 내다　　　　　抜け出す 빠져나가다

例 夜'こっそりと抜け出して、友達とお酒を飲んだ。
　　よる　　　　　　ぬ　だ　　　ともだち　さけ　の
　　밤에 살짝 빠져나와서 친구와 술을 마셨다.

　　　　　　　　　　　　　　　　　　　　　| こっそり 남몰래, 살짝

② ～하기 시작하다

　　泣き出す 울기 시작하다　　　　　　降り出す 내리기 시작하다
　　な　だ　　　　　　　　　　　　　　ふ　だ
　　走り出す 달리기 시작하다　　　　　言い出す 말을 시작하다, 말을 꺼내다
　　はし　だ　　　　　　　　　　　　い　だ

例 朝から'どんよりと曇っていて、昼から雨が降り出した。
　　あさ　　　　　　　くも　　　　　ひる　　あめ　ふ　だ
　　아침부터 잔뜩 흐려 있다가, 낮부터 비가 내리기 시작했다.

　　　　　　　　　　　　　　　　　　　　　| どんより 날씨가 잔뜩 흐린
　　　　　　　　　　　　　　　　　　　　　 모양

(16) ～尽す　모조리 ～하다
　　　　　つく

尽す는 '다하다'의 뜻으로, 복합동사로 쓸 때는 '모조리 ～하다', '깡그리 ～하다'
つく
라는 뜻을 나타낸다.

売り尽す 모조리 다 팔다　　　　　'埋め尽す 완전히 메워 버리다
う　つく　　　　　　　　　　　　う　つく
焼き尽す 깡그리 태워 버리다　　　知り尽す 완전히 알다
や　つく　　　　　　　　　　　　し　つく

　　　　　　　　　　　　　　　　　　　　　| 埋ぅめる 메우다

例 あのレストランの料理は知り尽していますから、何でも聞いてください。
　　　　　　　　　りょうり　し　つく　　　　　なん　き
　　그 레스토랑의 요리는 다 꿰고 있으니까, 뭐든 물어보세요.

(17) ～続ける　계속 ～하다
　　　　　つづ

続ける는 '계속하다'라는 의미로, 복합동사의 경우도 '계속해서 ～하다'의 뜻을
つづ
나타낸다.

歌い続ける 계속 노래하다　　　　飲み続ける 계속 마시다
うた　つづ　　　　　　　　　　　の　つづ
思い続ける 계속 생각하다　　　　書き続ける 계속해서 쓰다
おも　つづ　　　　　　　　　　　か　つづ

例 皆様の声援がある限り、歌い続けたいと思います。
　　みなさま　せいえん　　　かぎ　　うた　つづ　　　　おも
　　여러분의 성원이 있는 한, 계속 노래하고 싶습니다.

(18) ～慣れる　～해서 익숙하다
　　　　　な

慣れる는 '익숙하다'의 의미로, 복합동사 ～慣れる의 형태로 쓰면 '～해서 익숙
な　　　　　　　　　　　　　　　　　　　な
하다(길들다)'라는 뜻을 나타낸다.

聞き慣れる 들어서 익숙하다, 귀에 익다　　見慣れる 늘 보아 오다
き　な　　　　　　　　　　　　　　　　み　な
住み慣れる 오래 살아서 익숙하다　　　　使い慣れる 오래 다루어 길들다
す　な　　　　　　　　　　　　　　　　つか　な
履き慣れる 오래 신어서 길들여지다
は　な

例 どこからともなく聞き慣れたメロディーが聞こえてきた。
　　　　　　　　　　き　な　　　　　　　　　き
　　어디선지 모르지만 귀에 익은 멜로디가 들려왔다.

(19) 〜直_{なお}す　다시 〜하다

直_{なお}す는 '고치다'의 의미로, 복합동사로는 '다시 (고쳐) 〜하다'의 뜻을 나타낸다.

考え直_{かんが　なお}す　다시 생각하다　　　　やり直_{なお}す　다시 하다

作り直_{つく　なお}す　다시 만들다　　　　　出直_{で　なお}す　다시 나오다

塗り直_{ぬ　なお}す　다시 칠하다　　　　　飲み直_{の　なお}す　다시 마시다　　　　｜塗_ぬる 칠하다

> 예 まだ早_{はや}いですから、いったん家_{うち}に帰_{かえ}ってから出直_{で なお}します。
> 아직 이르니까. 일단 집에 돌아가서 다시 나오겠습니다.

(20) 〜抜_ぬく　끝까지 〜하다

抜_ぬく는 '뽑다', '빼다'의 의미이지만, 복합동사로는 '끝까지 〜하다'의 뜻을 나타 낸다. 적극적인 행동을 끝까지 해낸다는 뉘앙스이다.

生き抜_{い　ぬ}く　끝까지 살아남다　　　　勝ち抜_{か　ぬ}く　끝까지 이겨내다

走り抜_{はし　ぬ}く　끝까지 달리다　　　　　守り抜_{まも　ぬ}く　끝까지 지켜내다　　　｜守_{まも}る 지키다, 수호하다

한편 '완전히 뽑아내다'의 느낌으로도 쓰인다.

引き抜_{ひ　ぬ}く　뽑아내다, 스카우트하다　　　切り抜_{き　ぬ}く　오려내다, 도려내다

見抜_{み　ぬ}く　꿰뚫어 보다, 간파하다

> 예 マラソンは初_{はじ}めてだったが、何_{なん}とかゴールまで走り抜_{はし ぬ}いた。
> 마라톤은 처음이었지만, 그럭저럭 골까지 끝까지 뛰었다.

(21) 〜逃_{のが}す　〜하는 것을 놓치다

逃_{のが}す는 '놓치다'라는 뜻으로, 복합동사 〜逃_{のが}す의 형태로 쓰면 '〜하는 것을 놓치 다', '그냥 지나치다'의 뜻을 나타낸다.

聞き逃_{き　のが}す　못 듣다, 듣고 놓치다, 그냥 못 들은 체하다

見逃_{み のが}す　못 보고 놓치다, 못 본 척하다

> 예 今回_{こんかい}だけは見逃_{み のが}してやりましょう。
> 이번만은 눈감아 줍시다.

(22) 〜残_{のこ}す　〜하는 것을 남기다

残_{のこ}す는 '남기다'의 뜻으로, 〜残_{のこ}す는 '〜하는 것을 남기다'라는 뜻을 나타낸다.

言い残_{い　のこ}す　할 말을 남기다　　　　やり残_{のこ}す　할 일을 남기다

思い残_{おも　のこ}す　미련을 남기다　　　　食べ残_{た　のこ}す　먹다 남기다

取り残_{と　のこ}す　남겨 두다, 뒤처지다

例 友達はみんな結婚して、なんか一人取り残された気分です。
ともだち　　　　けっこん　　　　　　　ひとり と　 のこ　　　　きぶん
친구들은 모두 결혼해서, 어쩐지 혼자 남겨진 듯한 기분입니다.

(23) ～始める ～하기 시작하다
はじ

始める는 '시작하다'라는 뜻으로, 복합동사의 형태로 쓰면 '～하기 시작하다'라
はじ
는 뜻을 나타낸다.

書き始める 쓰기 시작하다　　　　　歌い始める 노래하기 시작하다
か　はじ　　　　　　　　　　　　　　　うた　はじ
食べ始める 먹기 시작하다
た　はじ

例 子供たちはさもおいしそうにケーキを食べ始めた。　　　｜ さも 자못, 정말이지
こども　　　　　　　　　　　　　　　　　た　はじ
아이들은 정말이지 맛있는 듯 케이크를 먹기 시작했다.

(24) ～まくる 마구 ～하다

まくる는 '걷어 올리다', '걷어붙이다'의 뜻이지만, 복합동사로 쓰일 때는 '마구
～하다', '계속 ～해 대다'의 뜻을 나타낸다.

逃げまくる 계속 도망치다　　　　　書きまくる 계속 써 대다　　　　｜ 逃にげる 도망치다, 달아나다
に　　　　　　　　　　　　　　　　　か
試験に落ちまくる 시험에 계속 떨어지다
しけん　お
雑誌に出まくる 잡지에 마구 나돌다
ざっし　で

例 あちこち履歴書を出して見ましたが、落ちまくって、結局留学を決心
りれきしょ　だ　　み　　　　　　お　　　　　　けっきょくりゅうがく　けっしん
しました。
여기저기 이력서를 내 보았지만 계속 떨어져서, 결국 유학을 결심했습니다.

(25) ～やむ ～하는 것을 그치다

止む는 '그치다'의 뜻으로, 복합동사로 쓰일 때는 무의지적인 동사에 접속해서
や
'～하는 것을 그치다'라는 뜻을 나타낸다.

泣きやむ 울다 그치다　　　　　　　雨が降りやむ 비가 내리다 그치다
な　　　　　　　　　　　　　　　　あめ　ふ
風邪が吹きやむ 바람 부는 게 그치다
かぜ　ふ

例 昨日からの大雪がまだ降りやまない。
きのう　　　おおゆき　　　　ふ
어제부터 내린 대설이 아직 그치질 않는다.

(26) ～忘れる ～하는 것을 잊다
わす

忘れる는 '잊다'의 의미로, 복합동사로 쓰일 때는 '～하는 것을 잊다'라는 뜻을
わす
나타낸다.

言い忘れる　말하는 것을 잊다	置き忘れる　두고 잊고 오다
聞き忘れる　듣는 걸 잊다	見忘れる　본 걸 잊다. 몰라보다

예　大事な書類を電車の中に置き忘れてしまいました。
　　중요한 서류를 전차 안에 두고 와 버렸습니다.

2 여러 가지 복합형용사

(1) ～やすい　～하기 쉽다

安い는 '싸다'라는 의미로, 단독으로 쓸 경우는 관용 표현을 제외하고 '쉽다'의 뜻으로는 쓰이지 않는다. 그러나 ～やすい라는 복합형용사로 쓰이는 경우는 '～하기 쉽다', '～하기 편하다'라는 뜻이 된다. 한편, '쉽다'는 보통 易しい 또는 簡単だ라고 한다.

> 安い가 '쉽다'로 쓰이는 예로 お安いご用だ. (간단하다)라는 관용 표현이 있다.

見やすい　보기 쉽다	分かりやすい　알기 쉽다
聞きやすい　듣기 편하다	履きやすい　신기 편하다

예　この報告書はよくまとまっていて読みやすい。
　　이 보고서는 잘 정리되어 있어서 읽기 쉽다.

> まとまる　하나로 정리되다.
> 결말이 나다

(2) ～にくい　～하기 어렵다

にくい는 접미어로 쓰여서 '～하기 어렵다'는 뜻을 나타내는데, 의미상으로 다음과 같이 세부적으로 나눌 수 있다.

> 형용사 憎い는 '얄밉다'. '밉다'의 뜻이다.

① ～하기 어렵다 / ～하는 것이 어렵다

歩きにくい　걷기 힘들다	書きにくい　쓰기 어렵다
使いにくい　사용하기 힘들다	読みにくい　읽기 어렵다

② ～하기 힘들다(괴롭다)

言いにくい　말하기 힘들다	聞きにくい　묻기(듣기) 힘들다

③ 좀처럼 ～ 안 한다

焦げにくい　좀처럼 안 눈다	汚れにくい　더러움이 안 탄다
疲れにくい　피곤해지지 않는다	

> 焦げる　눈다. 타다

예　この靴は安いし、軽いし、しかも疲れにくいです。
　　이 신발은 싸고, 가볍고, 게다가 피로해지지 않습니다.

(3) ～がたい ～하기 힘들다, ～할 수 없다

'がたい는 접미어로 쓰여서 어떤 일을 하는 것이 너무 어려워서 거의 할 수 없는 상태를 나타낸다. │ 형용사 固い·堅い는 '단단하다', '견고하다'의 의미이다.

許しがたい 용서하기 힘들다　　　　忘れがたい 잊기 힘들다
　ゆる　　　　　　　　　　　　　　　　わす
堪えがたい 참기 힘들다　　　　　　動かしがたい事実 움직일 수 없는 사실
　た　　　　　　　　　　　　　　　うご　　　　じじつ

　　　例 彼の意見には賛成しがたい。
　　　　かれ　いけん　　　さんせい
　　　　그의 의견은 찬성하기 힘들다.

(4) ～づらい ～하기 괴롭다

辛い는 '괴롭다'의 뜻이고, 접미어 ～づらい는 '～하기 괴롭다', '～하기 거북하다'라는 의미이다. 주로 육체적, 정신적 고통을 나타낸다.
つら

読みづらい 읽기 힘들다　　　　　見づらい 보기 괴롭다
　よ　　　　　　　　　　　　　　み
言いづらい 말하기 거북하다　　　　聞きづらい 듣기 거북하다
　い　　　　　　　　　　　　　　き

　　　例 もう年なのか、小さすぎる文字は読みづらい。
　　　　　とし　　　　ちい　　　　もじ　　よ
　　　　벌써 나이 먹었는지, 너무 작은 글씨는 읽기 괴롭다.

Chapter
31

접두어,
접미어

Chapter **31** 접두어, 접미어

접두어·접미어란 단어 또는 어간에 붙어 문법적인 의미를 나타내는 형식의 단어를 말한다. 어떤 단어에서 파생된 경우도 있지만, 대개의 경우 독립적으로는 사용할 수 없고, 사용할 수 있다고 하더라도 의미가 달라지는 경우가 대부분이다. 여기서는 문법적인 형식에 의하지 않고 접두어, 접미어로 나누어 의미상으로 분류를 하기로 하겠다.

1 여러 가지 접두어

접두어는 비교적 다양한 표현들이 있으나 한자어의 경우는 한국어와 그 쓰임새가 비슷하다. 예를 들면 大〜(대〜), 不〜(불〜, 부〜), 無〜(무〜) 등과 같은 표현이 있는데, 이런 표현들은 한국어와 같은 느낌으로 쓰이므로 구체적으로 다루지는 않겠다. 존경어의 접두어 お, ご도 존경어에서 다룬 바 있다.
여기서는 좀 더 일본어답고 회화에서 많이 쓰는 표현, 시험에 자주 출제되는 표현을 중심으로 소개한다.

(1) 真〜 / 大(だい・おお)〜 / 猛〜 강조의 표현

1 真〜 한〜

색채를 나타내는 형용사나 명사 등에 붙어 '새〜', '한〜', '바로 〜' 등의 강조의 뜻을 나타낸다. 뒤에 오는 발음에 따라 まっ이나 まん이 되기도 한다.

• 「真」가 되는 경우

真上 바로 위   真下 바로 아래
真夏 한여름   真冬 한겨울
真昼 한낮   真新しい 아주 새롭다

• 「真っ」이 되는 경우

い형용사의 어간에 붙는 표현은 な형용사로 쓰인다.

真っ白 새하얀   真っ黒 새까만
真っ赤 새빨간   真っ青 새파란
真っ暗 칠흑 같이 어두운   真っ裸 완전 알몸
真っ最中 한창인 때   真っ直ぐ 곧바로

・「真ん」이 되는 경우

真ん中 한가운데
真ん丸 아주 동그란

2 大(だい・おお)~ 대~

명사나 일부 동사의 ます형, な형용사에 붙어서 '대~', '아주 ~' 등 정도가 크다는 의미로 쓰인다. 일반적으로 和語(일본 고유의 말) 앞에서는 おお, 한자어 앞에서는 だい라고 하는데 예외가 많다.

> ┃和語는 한자어, 외래어에 대비되는 일본 고유의 말이나 발음을 말한다.

・「おお」가 되는 경우

大雪 대설
大雨 큰비
大騒ぎ 큰 소란
大当たり 대박
大間違い 큰 착각, 큰 실수

> **예외** [おお＋한자어]

大掃除 대청소
大文字 대문자
大火事 대화재

・「だい」가 되는 경우

大賛成 대찬성
大満足 대만족
大歓迎 대환영
大事故 대사고

> **예외** [だい＋和語]

大好きだ 아주 좋아하다
大嫌いだ 아주 싫어하다

3 猛~ 맹~

猛~는 '맹~'의 뜻으로, 명사에 붙어서 기세가 격렬함을 나타낸다.

猛練習 맹연습
猛反対 맹반대
猛勉強 맹공부
猛運動 맹운동
猛攻撃 맹공격
猛スピード 맹스피드

(2) ぶち~ / 突き~ 기세를 강조하는 표현

1 ぶち~

동사 앞에 붙어서 동작의 거칢을 나타낸다. 회화체에서는 ぶっ이나 ぶん으로 발음되는 경우도 있다.

ぶち当る 힘 있게 부딪히다
ぶち殺す(＝ぶっ殺す) 죽여 버리다
ぶちのめす 때려눕히다
ぶん殴る 후려갈기다

ぶち壊す(＝ぶっこわす) 때려 부수다. 망치다

ぶちまける 속에 있는 것을 모조리 털어 내다. 속마음을 털어놓다

> 例 あいつを思い切りぶん殴ってやった。
> おも　き　　　なぐ
> 그 녀석을 힘껏 때려 줬다.

思おもい切きり 마음껏 실컷

2 突き～
　つ

突き～는 동사에 붙어 그 동작의 기세를 강조하는 표현이다. 突く(찌르다)에서
つ
유래된 말로, 뒤에 오는 발음에 따라 つっ이나 つん이 되는 경우도 있다.

突き落とす 밀어 떨어뜨리다
つ　お

突き通す 꿰뚫다. 관통하다
つ　とお

突き放す 뿌리치다. 떼어 놓다
つ　はな

突っ込む 깊이 파고들다. 개입하다
つ　こ

つんのめる 푹 고꾸라지다

突き進む 돌진하다. 힘차게 나아가다
つ　すす

突き止める 밝혀내다. 알아내다
つ　と

突っかかる 덤벼들다. 대들다
つ

突っつく 쿡쿡 찌르다
つ

突き動かす 강한 자극으로 마음을 움직이게 하다
つ　うご

> 例 その事件にはあまり突っ込まない方がいいかもしれない。
> じけん　　　　　　つ　こ　　　ほう
> 그 사건에는 그다지 깊이 파고들지 않는 편이 좋을지도 모른다.

(3) 物～　어쩐지 ～하다
　もの

物～는 い형용사, な형용사 앞에 붙여서 '어쩐지 ～하다'라는 뜻을 나타낸다. 어
もの
딘가 모르게 그런 모습이라는 뉘앙스이다. 경우에 따라서는 ものすごい(굉장하
다)처럼 '아주', '매우' 등 정도가 심함을 나타내기도 한다.

物悲しい 어쩐지 슬프다
ものがな

物足りない 어쩐지 부족하다
もの た

物欲しげだ 뭔가를 원하는 듯하다
もの ほ

物寂しい 어쩐지 쓸쓸하다
ものさび

物静かだ 어쩐지 조용하다
ものしず

> 例 その人は物欲しげにショーウインドーの中を見つめていた。
> ひと　もの ほ　　　　　　　　　　　　　なか　み
> 그 사람은 갖고 싶은 듯이 쇼윈도 안을 응시하고 있었다.

(4) まる～　꼬박 ～

丸는 원래 둥근 것을 의미하는데, 전체를 뜻하기도 한다. 수사나 명사 앞에 붙
まる
여 まる～의 형태로 '꼬박', '전체 다', '몽땅', '통째' 등의 의미로 쓰인다.

まる一日 꼬박 하루
いちにち

まる見え 훤히 보임
み

まるもうけ 고스란히 이익을 남김

まる3時間 꼬박 3시간
じ かん

まる暗記 통째로 암기
あん き

例 シンプルに見えるけど、完成までまる一ヶ月かかりました。
심플하게 보이지만 완성까지 꼬박 한 달 걸렸습니다.

2 여러 가지 접미어

(1) ~中(ちゅう・じゅう) ~중

접미어 ~中는 ちゅう나 じゅう로 읽어서, '~하는 중', '~ 안(중)에', '~ 내내' 등의 의미를 나타낸다. 뜻에 따라서 ちゅう나 じゅう를 구별해서 쓰는데 대략적인 구별은 다음과 같다.

> 中은 기본적으로 음독으로는 ちゅう/ じゅう, 훈독으로는 なか로 읽힌다.

1️⃣ ~ 중 (진행 중) → ちゅう

授業中 수업 중
じゅぎょうちゅう

試験中 시험 중
しけんちゅう

面接中 면접 중
めんせつちゅう

研修中 연수 중
けんしゅうちゅう

話中 이야기 중, 통화 중
はなしちゅう

例 何度も電話しましたが、お話中でした。
なんど でんわ はなしちゅう
몇 번이나 전화했지만, 통화 중이었습니다.

2️⃣ ~ 중(에), ~ 안(에) → 음독+ちゅう(に) / 훈독+じゅう(に)

午前中 오전 중(에)
ごぜんちゅう

今週中 이번 주 중(에)
こんしゅうちゅう

今月中 이번 달 중(에)
こんげつちゅう

今年中 금년 안(에)
ことしじゅう

今日中 오늘 중(에)
きょうじゅう

3️⃣ ~ 내내, ~ 전역에 → じゅう

一日中 하루 종일
いちにちじゅう

一晩中 하룻밤 내내
ひとばんじゅう

一年中 일 년 내내
いちねんじゅう

日本中 일본 전역에
にほんじゅう

世界中 세계 속에
せかいじゅう

(2) ~たち / ~方 / ~ら / ~ども 복수를 나타내는 표현
　　　　　　　　がた

1️⃣ ~たち ~들

~たち는 生徒たち(학생들), 学生たち(학생들), 私たち(우리들), 子供たち(아이들), お年寄りたち(노인들)처럼 기본적으로 사람의 복수형을 나타낸다. 경우에 따라 吉田さんたち처럼 사람 이름 뒤에 붙여서, '吉田 씨를 포함한 그 외의 よしだ 사람들'의 느낌으로 쓰이기도 한다.
せいと　　　がくせい　　　わたし　　　こども
としよ

例 木村さんたちからはまだ連絡がありません。
きむら れんらく
기무라 씨들로부터는 아직 연락이 없어요.

또한, 실제 회화에서는 인간 생활과 밀접한 것들은 동물이나 사물이라도 ～た
ち를 붙이기도 한다.

예 動物_{どうぶつ}たち 동물들   花_{はな}たち 꽃들
   家_{いえ}たち 집들   生_いき物_{もの}たち 생물들

♦ 일본인들은 복수를 잘 쓰지 않는 경향이 있다. 예를 들어 友_{とも}だち는 때에 따라
단수를 나타내기도, 복수를 나타내기도 한다. '친구들'이라고 해서 友_{とも}だちたち
라고는 하지 않는다. 복수를 강조하는 경우는 友_{とも}だちみんな(친구들 모두), 友
だち～人_{にん}で(친구 ～명이서)라고 한다.

2 ～方_{がた} ～분들

～方_{がた}는 사람에 붙여서 복수를 나타내는데, 존경어의 표현이다.
先生方_{せんせいがた}(선생님분들), あなた方_{がた}(여러분들), お客様方_{きゃくさまがた}(손님분들), ご婦人方_{ふじんがた}(부인
분들) 등의 형태로 쓰이며, 方々_{かたがた}는 人_{ひと}たち의 존경어로 '분들'을 뜻한다.

예 ご来店_{らいてん}のお客様方_{きゃくさまがた}にご案内_{あんないもう}し上_あげます。
내점하신 손님 여러분들께 안내 말씀 드립니다.

3 ～ら ～들

～ら는 사람에 관한 명사 뒤에 붙어 복수를 나타내는데, 기본적으로 손윗사람
의 복수로는 쓰지 않으며, 때로는 겸손이나 멸시의 의미로도 쓰인다. 僕_{ぼく}ら(우리
들), 俺_{おれ}ら(우리들), 彼_{かれ}ら(그들), お前_{まえ}ら(너희들), あいつら(그 녀석들), うちら
(우리들) 등의 형태로 쓴다.

예 僕_{ぼく}らの未来_{みらい}には何_{なに}が待_まっているんだろう。
우리들의 미래에는 무엇이 기다리고 있는 걸까?

4 ～ども ～들

～ども는 사람을 나타내는 명사에 붙어 복수를 나타내는데, 경시하는 느낌이
있다. 若者_{わかもの}ども(젊은이들), 女_{おんな}ども(여자들), 社員_{しゃいん}ども(사원들) 등 비교적 자유
롭게 붙일 수 있다. 단, 私_{わたくし}ども(저희들)처럼 1인칭에 붙어 겸손의 뜻을 나타내기
도 한다.

예 この度_{たび}私_{わたくし}どものお店_{みせ}では開店_{かいてん}3周年_{しゅうねん}記念_{きねん}として特別_{とくべつ}セールを行_{おこな}いたいと
思_{おも}います。
금번에 저희들 상점에서는 개점 3주년을 기념해서 특별 세일을 행하려고 생각합니다.

(3) ～方 / ～よう 방법을 나타내는 표현

1 ～方 ～하는 법

～方는 동사의 ます형에 붙어 방법, 방식이나 동작의 모습을 나타내는 명사를 만든다.

使い方 사용법   教え方 가르치는 방식
作り方 만드는 법   見方 보는 방식
書き方 쓰는 법   やり方 하는 방식
言い方 말하는 방식   呼び方 부르는 방식
考え方 사고방식

> 例 これ、美味しいですね。作り方を教えてください。
> 이거 맛있네요. 만드는 법을 가르쳐 주세요.

2 ～よう ～(할) 방법

～よう는 동사의 ます형에 붙어 방법, 방도나 동작의 모습을 나타내는 명사를 만든다. 단, 순서나 구체적인 방법을 말할 때는 ～方라고 한다.

言いよう 말할 방법   心の持ちよう 마음가짐
答えよう 대답할 방법   返しよう 돌려줄 방법
手の施しようがない 손쓸 방법이 없다

施ほどこす 베풀다, (수단·방법을) 쓰다.

> 例 その人の名前しかわからないので、返したくても返しようがないです。
> 그 사람의 이름밖에 모르기 때문에 돌려주고 싶어도 돌려줄 방도가 없어요.

(4) ～的 / ～風 성질이나 분위기를 나타내는 표현

1 ～的 ～적

'～적'이라는 뜻으로 명사(대개는 한자 명사)에 붙여 な형용사를 만든다.

根本的 근본적   一般的 일반적
実用的 실용적   人間的 인간적
核心的 핵심적   実質的 실질적

다만, 한국어에서는 '～적'을 붙일 수 없는 단어가 일본어에서는 꼭 붙는다거나 한국어에서는 '～적'을 붙이는데 일본어에서는 붙이지 않는 경우가 있으므로 주의한다.

> 例 필사적으로   →   必死に(○)   必死的に(✕)
>   철저하게   →   徹底的に(○)   徹底に(✕)

때로 회화에서는 私, 自分처럼 보통 붙일 수 없는 단어에 붙여 남발하기도 한다.

> 예 自分的には違和感ないですね。 제 느낌으로는 위화감 없는데요.

2 ～風 ～풍

'～풍', '～식' 등 '～의 분위기나 특징을 갖춘'의 뜻을 나타낸다.

昔風 옛날풍
南国風 남국풍
関西風 관서식

今風 요즘식
お嬢様風 양가의 아가씨풍
イタリア風 이탈리아식

> 예 味付けが関西風でおいしいです。 양념이 관서식이라서 맛있어요.

お嬢様 じょうさま 아가씨
➡ 상대방 딸에 대한 높임말. 때로 유복한 집에서 자란 여자, 고생을 모르고 자란 아가씨를 뜻하기도 한다.

(5) ～用 / ～向き / ～向け ～용

1 ～用

'～용'으로, 단순히 사용자를 나타내는 표현이다.

女性用 여성용
家庭用 가정용

幼児用 유아용
工業用 공업용

2 ～向き

'～용'의 뜻으로도 해석할 수 있지만, '그 대상에 맞는', '적격', '알맞음'의 의미를 나타낸다.

老人向き 노인에게 맞는
パーティー向き 파티용

子供向き 아이에게 맞는

3 ～向け

向け는 '～용'이라는 뜻이지만, '～이 사용하기에 맞게끔 의도된', '～에게 맞춘'이라는 뉘앙스의 표현이다. '～을 향하다'라는 의미의 向ける에서 나온 표현이라고 이해하면 된다.

万人向け 모두에게 잘 맞는
大衆向け 대중을 겨냥한

子供向け 아이용
東洋人向け 동양인에게 맞춘

(6) ～まみれ / ～だらけ / ～ずくめ ～투성이

1 ～まみれ

'～투성이', '～범벅'의 뜻으로, 주로 액상이나 분말 같은 것이 온통 뒤덮여 있는 모습을 나타낸다.

血まみれ　피범벅
ち
汗まみれ　땀범벅
あせ

泥まみれ　진흙투성이
どろ
ほこりまみれ　먼지투성이

② ～だらけ

'～투성이'의 의미로, 전체적으로 동질의 것이 다량으로 존재하는 느낌의 표현이다. 예를 들어 血まみれ라고 하면 '피범벅', 즉 온통 덮여 있는 느낌이지만, 血だらけ라고 하면 피가 많이 묻어 있는 느낌으로, 血まみれ 쪽이 더 정도가 심한 느낌이 든다.
ち　　　　　　　　　　　　　　　　　　　　　　　　　　　　ち

穴だらけ　구멍투성이
あな
失敗だらけ　실수투성이
しっぱい
いいことだらけ　좋은 일투성이

傷だらけ　상처투성이
きず
借金だらけ　빚더미
しゃっきん

傷는 '상처'의 뜻으로, 한국어 속어인 '기스'의 어원이기도 하다. '상처 입다'는 傷つく라고 한다.
きず

③ ～ずくめ

'～ 일색', '온통 ～인'의 뜻으로, 존재하는 것 모두를 나타낸다. 색상을 말할 때는 黒ずくめ 정도 이외에는 쓰이지 않는다.
くろ

예　黒ずくめの服　검은색 일색의 옷
　　くろ　　　ふく

辛いことずくめの一年　쓰라린 일 일색인 1년 (온통 쓰라린 일뿐이었던 1년)
つら　　　　　　いちねん

幸せずくめの生活、いつまで続くのかしら。
しあわ　　　　　せいかつ　　　　　　つづ
행복 가득한 생활, 언제까지 계속될까.

(7) ～め / ～がち / ～気味　경향을 나타내는 표현
　　　　　　　　　ぎ み

① ～め

① い형용사의 어간에 붙어 '～인 듯함'의 뜻을 나타낸다. 그와 같은 성질이나 경향이 있음을 나타내는 말이다.

長め　긴 듯함
なが
少なめ　적은 듯함
すく

短め　짧은 듯함
みじか
細め　가는 듯함
ほそ

多め　많은 듯함
おお

예　ダイエットのために、ご飯を少なめに食べている。
　　　　　　　　　　　　はん　すく　　た
다이어트를 위해서 밥을 적은 듯이 먹고 있다.

ミルクを多めに入れてください。
　　　　おお　い
우유를 많은 듯이 넣어 주세요.

② 동사의 ます형에 붙어 '곳'을 의미하는데, 다른 곳과 구별 짓는 곳이나 상황이 전환되는 결정적인 시점을 나타낸다.

分かれ目 분기점, 갈림길　　　　結び目 매듭
　わ　　め　　　　　　　　　　　　むす　め

焦げ目 눌은 자국　　　　　　　親の死に目 부모의 임종
こ　　め　　　　　　　　　　　　おや　し　　め

お金の切れ目 돈 떨어졌을 때　　季節の変わり目 계절이 뒤바뀔 때
かね　　き　　め　　　　　　　　きせつ　　か　　め

例 魚を焦げ目をつけて焼く。　생선을 노릇노릇하게 굽다.　　　　焦こげる 눌다, 타다
　さかな　こ　　め　　　　や

③ '~째'를 의미하며, 수사 등에 붙어 순번을 나타낸다.

二年目 2년째　　　　　　　　三人目 3명째
に ねん め　　　　　　　　　　さんにん め

四個目 네 개째　　　　　　　四軒目 4번째 집
よん こ め　　　　　　　　　よんけん め

例 兄弟のうち、何番目ですか。　　　　　　　　　형제 중 몇 째입니까?
　きょうだい　　　なんばん め

2 ～がち　～하는 경향이 있는

동사의 ます형이나 명사에 붙어, '자주 ~하는', '~하는 경향이 있는'의 뜻을 만
든다.

休みがち 자주 쉬는　　　　　　遅れがち 자주 늦는
やす　　　　　　　　　　　　　おく

病気がち 잘 아픈　　　　　　　誤解されがち 자주 오해받는
びょうき　　　　　　　　　　　ごかい

留守がち 자주 부재중인　　　　ありがちなこと 자주 있는 일
る す

例 子供が病気がちなので、いつも心配です。
　こども　びょうき　　　　　　　　しんぱい
　아이가 자주 아파서 항상 걱정입니다.

3 ～気味　～ 기미, ~ 기운
　　ぎみ

동사의 ます형이나 명사에 붙어 어떤 상태, 경향이 있음을 나타내는 말이다. 때
에 따라 '~ 기운', '~ 기미', '~ 기색' 등으로 해석할 수 있다.

風邪気味 감기 기운　　　　　　低迷気味 저조 기미
かぜ　ぎみ　　　　　　　　　　ていめい ぎみ

上がり気味 오르는 기미　　　　焦り気味 초조한 기색
あ　　　ぎみ　　　　　　　　　あせ　ぎみ

興奮気味 흥분한 기색　　　　　支持率が下がり気味だ 지지율이 내려갈 기미이다
こうふん ぎみ　　　　　　　　し じりつ　さ　　ぎみ

例 景気が低迷気味で、売り上げが伸びない状態にある。
　けいき　ていめい ぎみ　　う　あ　　の　　　じょうたい
　경기가 침체 기운이라, 매상이 늘어나지 않는 상태에 있다.

---

(8) ～っぽい / ～らしい / ～めく / ～ぶる　성질, 상태, 양태를 나타내는 표현

1 ～っぽい　～ 같다

～っぽい는 '~ 같다'라는 형용사를 만드는 접미어인데, 앞에 오는 단어에 따라
뉘앙스가 조금씩 달라진다.

① 색을 나타내는 형용사에 붙여 '~스름하다'라는 뜻으로, '그 색에 가까움'을
　나타낸다.

명사 気味는 느낌, 기운을 나
　　　ぎみ
타내는 말로, 気味悪い 라고
　　　　　　きみ わる
하면 '어쩐지 기분 나쁘다'의
뜻이 된다.

低迷는 한자어로 '저미'라고
ていめい
읽는데, '나쁜 상태에서 헤어
나지 못하고 맴돌다'라는 비유
로 쓰인다.

예 白っぽい 흰색을 띠다　　黒っぽい 거무스름하다
　　　赤っぽい 붉은색을 띠다

② 성격을 나타내는 동사에 붙여 '~를 잘하는'의 의미를 나타낸다.

예 忘れっぽい 잘 잊어버리는　　怒りっぽい 화를 잘 내는
　　　飽きっぽい 싫증을 잘 내는

③ 명사에 붙여 '~ 같다(~のようだ)'라는 의미를 나타낸다.

예 子供っぽい 애들 같은　　大人っぽい 어른스러운
　　　ヤクザっぽい 야쿠자 같은

④ 명사, 형용사, 동사 등에 붙여 그런 성질이 많음을 나타낸다.

예 水っぽい 수분이 많은, 싱거운　　湿っぽい 축축한, 습기가 많은
　　　熱っぽい 열이 있는　　　　　安っぽい 싼 티 나는
　　　色っぽい 요염한

2 ～らしい　～답다

～らしい는 '~답다'라는 뜻의 형용사를 만드는 접미어로, 명사에 붙여 그 속성
이 그 속성다움을 나타내는 말로 다른 속성의 말에는 쓸 수 없다.

男らしい 남자답다　　　　　　女らしい 여자답다
人間らしい生活 인간다운 생활　　子供らしい発想 아이다운 발상

예 忙しくて食事らしい食事ができない。
　　　바빠서 식사다운 식사를 할 수 없다.

　　　春らしいあたたかい日が続いています。
　　　봄다운 따뜻한 날이 이어지고 있습니다.

한편, '~스럽다', '~ 같다'라는 의미로도 쓰인다.

愛らしい 사랑스럽다
わざとらしい 일부러 그런 것 같다, 짐짓 꾸민 듯하다

3 ～めく　～ 같다

～めく는 명사나 형용사의 어간 등에 붙여 '~다워지다', '~처럼 되다', '~의 경
향을 띠다'의 동사를 만드는 접미어이다.　　　　　　　　　　　| 皮肉ひにく 빈정거림, 비꼼

春めく 봄다워지다　　　　　皮肉めいた言い方 비꼬는 듯한 말투
謎めいた態度 수수께끼 같은 태도　作り物めいた笑い 만든 듯한 웃음 (억지웃음)

例 どことなく謎めいた男性が会場に入ってきた。
어딘가 모르게 수수께끼 같은 남자가 회장으로 들어왔다.

謎なぞ 수수께끼

4 ～ぶる　～인 체하다

～ぶる는 명사, 형용사 어간에 붙여 '～인 체하다'라는 의미로, 그러한 소양을 갖고 있는 듯이 남 앞에서 행동한다는 느낌이다.

まじめぶる	성실한 체하다	利口ぶる	영리한 척하다
学者ぶる	학자인 척하다	もったいぶる	젠체하다, 대단한 척하다
偉ぶる	훌륭한 체하다	高尚ぶる	고상한 척하다

利口りこうだ 영리하다, 똑똑하다

(9) ～臭い / ～たらしい / ～がましい　양태를 나타내는 형용사 접미어

1 ～臭い　～ 같다

臭い는 '역한 냄새가 나다'라는 뜻으로, 접미어 ～臭い의 형태로 쓰면, 좀 더 다양한 느낌의 표현이 된다.

① ～의 냄새가 나다

焦げ臭い	타는 냄새가 나다	魚臭い	생선 비린내가 나다
汗臭い	땀 냄새가 나다	かび臭い	곰팡이 냄새가 나다

② ～처럼 느껴지다, ～ 같다(긍정적인 느낌의 표현은 아니다)

善人くさい	선한 사람 같다	いんちきくさい	사기 같다
役人くさい	공무원 같다		

いんちき 사기, 가짜
➡ 유사어로는 '가짜'를 뜻하는 にせもの와, '사기(꾼)'을 뜻하는 いかさま, 詐欺師さぎし, ペテン師し 등이 있다.

③ 싫을 정도로 ～하다(정도가 심함을 나타낸다)

面倒くさい	귀찮다	照れくさい	겸연쩍다, 부끄럽다
青臭い	풋내 나다, 유치하다		

青い는 '파랗다' 이외에도 '미숙하다'의 뜻을 갖고 있다.

2 ～たらしい　정말이지 ～인 것 같은

명사, 형용사 어간에 붙여 '자못〔정말이지〕 ～인 것 같은', '～한 느낌이 드는'의 뜻을 나타낸다. 어려운 표현이므로 단어 자체로 외우도록 하자.

憎たらしい	얄밉다	いやみたらしい	정말이지 일부러 불쾌하라고 하는 듯하다
長たらしい	장황하다	恨みたらしい	원한이 있는 듯하다
貧乏たらしい	정말 가난한 것 같다		

いやみ 상대에게 불쾌감을 주는 언동

3 **〜がましい** 〜인 것 같다

'〜인 것 같다', '〜인 듯하다' 등 '〜에 가까운 상태임'을 나타내는 표현이다. 어려운 표현이므로 단어 자체로 외우도록 하자.

未練がましい 연연해하다   押しつけがましい 억지로 떠맡기는 듯하다
みれん

恩着せがましい 공치사하는 듯하다   差し出がましい 주제넘다
おんき   さ　で

あてつけがましい 남을 비꼬려는 태도이다

> 押ぉし付ける 밀어붙이다, 떠맡기다
>
> 恩ぉんを着きせる 은혜를 베풀었다고 생색내다
>
> あてつけ 비꼬아 말하는 일

    例 こんな所に置くとは、なんてあてつけがましいんだ。
           とこ　お
         이런 곳에 놓다니 얼마나 비꼬는 태도인지.

(10) 〜っぱなし / 〜通し　계속을 나타내는 명사 접미어
               どお

1 **〜っぱなし** 〜인 채로 놓아둠

放す는 '풀어 주다', '놓아주다'의 의미인데, 〜っぱなし는 이 단어에서 비롯된
はな

명사 접미어이다. 대개 다음의 두 가지 표현으로 분류된다.

① 〜인 채로 놓아둠

    ドアを開けっ放しにする 문을 열어둔 채로 두다
       あ　ぱな

    テレビをつけっぱなしにする TV를 켜 놓은 채 두다

    水道の水を出しっぱなしにする 수돗물을 틀어 둔 채로 두다
    すいどう　みず　だ

    脱ぎっぱなし 벗어 놓은 채임
    ぬ

    借りっぱなし 계속 빌린 채로 있음
    か

② 계속 〜이기만 함

    立ちっぱなし 계속 서 있음
    た

    負けっぱなし 계속 지고 있음
    ま

    文句の言われっぱなし 불평의 말을 계속 듣기만 함
    もんく　い

> 文句もんくを言いう 불평의 말을 하다

    例 夜は疲れていてテレビをつけっぱなしにして寝てしまうこともあります。
      よる　つか   ね
       밤에 피곤해서 TV를 켜 놓은 채 자 버리는 일도 있습니다.

2 **〜通し** 계속해서 〜하다
   どお

通す는 '끝까지 하다'라는 뜻을 가진 말로, 〜通し는 여기서 비롯된 명사 접미
とお   どお

어이다. 어떤 동작이나 행동을 '계속해서 〜하다'라는 의미를 나타낸다.

夜通し 밤새도록   負け通し 계속 지기만 함
よどお   ま　どお

働き通し 계속 일만 함   叱られ通し 계속 혼나기만 함
はたら　どお   しか　どお

    例 久しぶりに旧友に会って、夜通しで積もる話をした。
      ひさ   きゅうゆう　あ   よどお　つ　はなし
       오랜만에 옛 친구를 만나서, 밤새도록 쌓인 이야기를 했다.

(11) ～ごと(に) 간격, 포함을 나타내는 접미어

1 ～ごと(に) ～마다

～ごとに는 '～마다'의 뜻으로, 명사나 동사 기본형에 붙어 간격이나, 그때마다 예외 없음의 뜻을 나타낸다. 명사에 접속될 때는 に를 빼고 ごと라고도 한다.

日ごとに 날마다　　　　　　　　曜日ごとに 요일마다
分野ごとに 분야마다　　　　　　家ごと 집집마다
季節が変わるごとに 계절이 바뀔 때마다
年を追うごとに 해가 감에 따라

例 免許は10年ごとに更新することになっている。
　　면허는 10년마다 갱신하기로 되어 있다.

2 ～ごと ～째

ごと는 '～째'라는 뜻으로 '통째', 즉 포함을 나타내는 의미로 쓰이기도 한다.

皮ごと 껍질째　　　　　　　　車椅子ごと 휠체어째
まるごと 몽땅 다

例 りんごは皮ごと食べるのが栄養にいいらしい。
　　사과는 껍질째 먹는 것이 영양에 좋다고 한다.

Chapter
32

접속사

1 접속사의 의미와 종류

접속사란 명사끼리 연결하거나 절을 연결하거나 또는 한 문장을 끝내고 나서 내용을 새로운 문장으로 연결할 때 쓰이는 활용이 없는 형태의 말을 뜻한다.

예 [명사의 연결] コーヒー、<u>それとも</u>紅茶、どちらにしますか。
커피 아니면 홍차, 어떤 걸로 하시겠습니까?

[문장의 연결] 自宅の方に電話した。<u>しかし</u>、彼はまだ帰っていなかった。
자택으로 전화를 했다. 그러나 그는 아직 돌아와 있지 않았다.

[절의 연결] いったん会社に戻って、<u>それから</u>家へ帰ります。
일단 회사로 복귀하고 그러고 나서 집에 돌아가겠습니다.

의미에 따라 다음과 같이 분류할 수 있다.

① だから, したがって, それで, そこで 등의 원인, 이유에 따른 귀결을 나타내는 표현
② それでは, すると, それなら 등의 전개를 나타내는 표현
③ なぜなら, というのは, だって 등의 이유를 말하는 표현
④ けれども, が, しかし, ところが, でも, それなのに 등의 역접의 표현
⑤ および, ならびに, また, かつ 등의 병렬의 표현
⑥ そして, それから, それに, しかも, さらに 등의 첨가의 표현
⑦ あるいは, または, もしくは, それとも 등의 선택의 표현
⑧ さて, ところで 등의 전환의 표현
⑨ すなわち, つまり, 要するに 등의 바꿔 말하는 표현
⑩ ただ, ただし, もっとも, なお, ちなみに 등의 보충의 표현

2 여러 가지 접속사

(1) だから / したがって / ゆえに / それで / そこで

그러니까 / 따라서 / 그런고로 / 그래서 / 그래서

1 だから / ですから   그러니까

'그러니까'의 의미로 앞 사항의 당연한 결과로 뒤의 사항이 일어난다고 하는 화

자의 판단을 나타내는 말이다. 접속 표현 ～から(～이니까)에서 독립된 접속사라고 할 수 있겠다. ～から와 마찬가지로 뒤에 판단, 요구, 명령, 의지 등의 여러 가지 표현이 올 수 있다. 공손하게 말할 때는 ですから라고 말한다.

道が込んでいるらしい。だから、電車で行こう。
みち こ でんしゃ い
길이 혼잡한 것 같아. 그러니까 전철로 가자.

中村さんは公務員です。ですから、景気が悪いときも、失業の心配があり
なかむら こうむいん けいき わる しつぎょう しんぱい
ません。
나카무라 씨는 공무원입니다. 그러니까 경기가 나쁠 때도 실업할 걱정이 없습니다.

2 したがって 따라서
'따라서'의 뜻으로, だから와 유사한 표현이나 딱딱한 문장체이다. 이유보다 결과를 강조하는 느낌이다.

不況の時は失業率が高い。したがって、職探しも大変になる。
ふきょう とき しつぎょうりつ たか しょくさが たいへん
불황일 때는 실업률이 높다. 따라서 직업 구하기도 힘들게 된다.

| 職探しょくさがし 일자리 찾기

母親の喫煙は子供の教育によくない。したがって、控えるべきだ。
ははおや きつえん こども きょういく ひか
어머니의 흡연은 아이 교육에 좋지 않다. 따라서 삼가야 한다.

| 控ひかえる ①삼가다 ②(시험
등을) 앞두다

3 ゆえに / それゆえに 고로 / 그런고로
원인과 결과를 나타내는 표현으로 '고로'를 뜻하는 문어적인 표현이다. それゆえに(그런고로)라고도 한다. 수학, 철학, 논문 등에서 많이 쓰인다.

講師が休みだ。ゆえに本日は休講。
こうし やす ほんじつ きゅうこう
강사가 안 왔다. 고로 오늘은 휴강.

障害者であるゆえに採用されないというのは不公平だ。
しょうがいしゃ さいよう ふこうへい
장애인이기 때문에 채용이 안 된다는 것은 불공평하다.

| 障害者しょうがいしゃ 장애인
➡ 일본어에서는 장애인을 한
자로 '장해자'라고 하는 경
우가 많다.

4 それで / で 그래서
'그래서'라는 이유를 나타내는 의미로 だから와는 다르게 뒤에 요구, 명령, 의지 등의 적극적인 표현이 올 수 없다. 회화에서는 생략해서 で라고도 한다.

朝から体調が悪い。それで学校を休んだ。
あさ たいちょう わる がっこう やす
아침부터 몸 상태가 안 좋다. 그래서 학교를 쉬었다.

パソコンが壊れてしまった。それで、家での作業ができなかった。
こわ うち さぎょう
컴퓨터가 고장 나 버렸다. 그래서 집에서 작업할 수 없었다.

⑤ そこで　それで

'그래서'라는 이유를 나타내는 말로, 뒤에 앞 사항에 대한 의지적인 행동의 표현이 나온다. 또한, そこで라는 말 그대로 '거기에서', '그 시점에서' 등 '어떤 상태일 때 ~을 한다'라는 의미로, 이유를 나타내지 않는 경우도 있다.

電話で日本語が通じなかった。そこでファックスを送った。(＝それで)
전화로 일본어가 통하지 않았다. 그래서 팩스를 보냈다.

このページを全部打ち終わったら、そこで一休みしてください。
이 페이지를 다 치면, 그쯤에서 잠깐 휴식해 주세요.

ワードを打つ 워드를 치다

一休ひとやすみする 잠깐 휴식하다

(2) それでは / すると / それなら　그렇다면 / 그러자 / 그런 거라면

① それでは / では / それじゃ / じゃ　그렇다면

それでは는 '그렇다면'의 뜻으로, では라고도 한다. 친근한 말투로는 축약해서 それじゃ, じゃ라고 하기도 하고, 길게 끌어서 それじゃあ, じゃあ라고 말하기도 한다. ①뭔가를 시작할 때, 끝낼 때, 헤어질 때 첫머리에 말하는 형태, ②'그렇다면(그런 거라면)' 등의 화자의 의지, 판단, 제안의 느낌으로 쓰인다.

それでは定例の会議を始めさせていただきます。
그렇다면 정례의 회의를 시작하겠습니다.

A：来週はみんな用事があるんだって。
B：それじゃ、再来週にしよう。
A : 다음 주는 모두 일이 있대. B : 그렇다면 다다음주에 하자.

② すると　그러자

'그러자'의 뜻으로, 조건의 표현 〜と에서 분리된 접속사라 할 수 있겠다. 〜と와 마찬가지로, 앞 사항이 계기가 되어 뒤의 일이 일어나거나 뒤의 일을 발견했다는 의미를 나타낸다.

ボタンを押した。すると、ふたが開いた。
단추를 눌렀다. 그러자 뚜껑이 열렸다.

公園の中を歩いていた。すると、どこからか懐かしいメロディーが聞こえてきた。
공원 안을 걷고 있었다. 그러자 어디선가 그리운 멜로디가 들려왔다.

③ それなら　그렇다면

'그렇다면', '그런 거라면' 등의 앞 내용에 대한 의견이나 판단을 나타내는 표현이다.

A：工事中で道が込んでいるそうです。

B：それなら、歩いていきましょう。

A : 공사 중으로 길이 막힌다고 합니다.　B : 그렇다면 걸어가죠.

A：2個セットなら安くなりますよ。

B：それなら、セットのをください。

A : 두 개 세트면 쌉니다.　B : 그렇다면 세트로 주세요.

(3) なぜなら / というのは / だって　왜냐하면

① なぜなら / なぜかといえば / なぜかというと　왜냐하면

'왜냐하면', '그 이유는'이라는 뜻으로, 앞 문장에 대한 이유를 말한다. なぜなら
는 조금 딱딱한 표현이고, 회화에서는 なぜかというと나 なぜかといえば가
많이 쓰인다.

海外旅行は見合わせた方がいい。なぜなら、ドルが高くなっているからだ。

해외여행은 보류하는 편이 좋겠다. 왜냐하면 달러가 비싸졌기 때문이다.

| 見合みあわせる ① 대조하다,
견주다 ② 보류하다

今のうち買っておいた方がいい。なぜかというと、来月から値上がりする
と聞いたからだ。

지금 사 두는 편이 좋겠다. 왜냐하면 내달부터 가격이 오른다고 들었기 때문이다.

| 値上ねあがりする 가격을 인
상하다

② というのは　왜냐하면

'왜냐하면'을 뜻하며, 앞서 말한 사항에 대한 이유를 뒤에 덧붙여 말할 때 쓰인
다. 직역하면 '라고 하는 것은'의 뜻인 만큼 엄밀한 이유를 말하는 게 아니라 앞
사항의 배경이 되는 상황을 설명한다는 느낌으로 쓰인다.

土曜日にみんなでコンサートに行きませんか。というのは無料チケットが
10枚も手に入ったんです。

토요일에 모두 같이 콘서트에 가지 않겠니까? 왜냐하면 무료 티켓이 열 장이나 입수됐거든요.

| 手てに入はいる 손에 들어오
다, 입수되다

車出勤はしていない。というのは私はまだ入ったばかりの新人なのだ。

차로 출근은 하고 있지 않다. 왜냐하면 나는 아직 들어간 지 얼마 안 된 신참이기 때문이다.

| 新人しんじん 신인, 신참, 신입
➡新人しんいり라고도 한다.

③ だって　왜냐면 / 그렇지만

친근한 회화체에서 쓰는 말로, 문장체에서는 쓰이지 않는다. ①앞 사항에 대한
이유, ②상대의 말에 대한 반대의 의견이나 변명을 말할 때 쓰인다.

お昼はいい。だってまだお腹空いていないんだもの。

점심은 됐어요. 왜냐면 아직 배가 고프지 않은걸요.

A : どこに行ってきたの？もう6時よ。

B : だってまだ時間あるじゃない。ちょっとそこで買い物してたのよ。

A : 어디에 갔다 온 거야? 벌써 6시인데. B : 그렇지만 아직 시간이 있잖아. 잠깐 저기서 쇼핑하고 있었는데.

(4) けれども / が / しかし / ところが / でも / それでも / それなのに / それにしても / それにしては

그렇지만 / 그런데 / 그런데도 / 그렇다고는 해도 / 그런 것치고는 등

1 けれども / けれど / けど　그런데

けれども는 이미 'Chapter 20 역접의 표현'에서 설명한 바 있다. 역접이나 대비의 뜻으로 쓰이고 회화체에서는 けれど나 けど의 축약의 형태로 많이 쓰인다.

今はもう3月です。けれどもまだ真冬のように寒いですね。
지금은 벌써 3월입니다. 그런데도 아직 한겨울처럼 춥네요.

ネットの同好会だから知っている人はあまりいなかった。けれど、雰囲気はすぐ盛り上がった。
인터넷 동호회니까 알고 있는 사람은 그다지 없었다. 그렇지만 곧 분위기가 무르익었다.

> 盛もり上ぁがる（분위기가）
> 고조되다, 무르익다

2 だけど / ですけど　그런데

회화에서 많이 쓰는 표현으로, けれども와 같은 의미로 쓰인다.

高校生の頃は優等生だった。だけど大学に入ってからは勉強しなかった。
고등학교 때는 우등생이었다. 그렇지만 대학에 들어가고 나서는 공부를 안 했다.

警備のおじさんは怖い顔をしている。だけど、とても優しい人だ。
경비 아저씨는 무서운 얼굴을 하고 있다. 그러나 아주 자상한 사람이다.

3 が / だが / ですが　그런데

けれども와 같은 뜻이지만, 딱딱한 문장체 느낌의 말이다.

日本の夏は気温は韓国と同じくらいだ。が、湿度が高い。
일본의 여름은 기온이 한국과 비슷하다. 그러나 습도가 높다.

補習があると言ったはずだ。だが、だれも来ていない。
보충 학습이 있다고 말했을 터이다. 그런데 아무도 와 있지 않다.

4 しかし　그러나

'그러나'의 뜻으로, 앞 사항과 반대의 내용을 말할 때의 역접 표현이다. 딱딱한 표현으로 회화에서는 토론이나 강연에서 쓰인다.

彼は能力はある。しかし、部下に慕われていないようだ。
그는 능력은 있다. 그러나 부하들이 따르고 있는 것 같지는 않다.

> 慕したう 그리워하다. 따르다.
> 우러르다
> ➡ 慕われる는 피동의 형태

熱心に勉強した。しかし、受験に落ちた。
ねっしん　べんきょう　　　　　　　　じゅけん　お
열심히 공부했다. 그러나 수험에 떨어졌다.

⑤ ところが　그런데

'그런데'의 뜻으로, '예상하고 있던 것과는 반대로'의 뉘앙스를 갖고 있다. 뒤의
문장에 요구, 명령, 의지, 판단의 말이 올 수 없다.

不合格だとあきらめていた。ところが合格通知が来た。
ふ ごうかく　　　　　　　　　　　　ごうかくつう ち　き
불합격이라고 포기하고 있었다. 그런데 합격 통지가 왔다.

20人ぐらい集まると思っていた。ところが、7、8人しか来ていなかった。
にん　　　　　あつ　　　おも　　　　　　　　　　　にん　　き
20명 정도 모일 거라고 생각하고 있었다. 그런데 7, 8명밖에 와 있지 않았다.

⑥ でも / それでも　그렇지만 / 그래도

・それでも, でも를 같이 쓸 수 있는 경우

앞 문장 내용을 인정하면서도 그에 반대되는 결과나 의견을 말할 경우에 쓸 수
있다. でも는 여성이 쓰는 경우가 많다.

苦いので砂糖を入れたが、それでもまだ苦い。
にが　　　さ とう　い　　　　　　　　　　　にが
써서 설탕을 넣었는데, 그래도 아직 쓰다.

景気は回復に向かっているそうだ。でも庶民の生活はまだ苦しいらしい。
けいき　かいふく　む　　　　　　　　　　　しょみん　せいかつ　　　くる
경기는 회복하고 있다고 한다. 그렇지만 서민의 생활은 아직 괴롭다는 것 같다.

> 回復かいふくに向むかってい
> る 회복으로 향하고 있다, 회
> 복하고 있다

・でも만 쓸 수 있는 경우

앞 내용은 인정하지만 뒤에 감상이나 의문을 말할 경우 또는 상대의 말에 대해
반론이나 변명을 할 경우는 でも만 쓸 수 있다.

彼女のお芝居はすばらしかった。でもいつ練習したんだろう。
かのじょ　しば い　　　　　　　　　　　　　　れんしゅう
그녀의 연기는 멋졌다. 그렇지만 언제 연습한 걸까?

> お芝居しばい 연기, 연극

A：この店、カップルばかりだね。
　　　みせ
B：そうね、でも、一人よりいいじゃない。注文しようよ。
　　　　　　　　　ひとり　　　　　　　　　ちゅうもん
A : 이 가게 커플뿐이네. B : 그러네, 그렇지만 혼자보다는 낫잖아. 주문하자.

⑦ それなのに / なのに　그런데도

それなのには '그런데도'의 뜻으로, 앞 사항에서 당연히 예상되는 결과와 반대
의 사실이나 판단을 말하는 표현이다. 회화체에서는 なのに라고 한다.

真面目に働いている。それなのにお金はぜんぜん貯まらない。
ま じめ　はたら　　　　　　　　　　　　かね　　　　　　た
성실하게 일하고 있다. 그런데도 돈은 전혀 모이지 않는다.

彼女は高価な物ばかり身につけている。なのに、いつもお金がないと
言っている。

> 그녀는 고가의 물건만 몸에 걸치고 있다. 그런데도 항상 돈이 없다고 말하고 있다.

身みにつける ①입다, 몸에 걸치다 ②몸에 지니다 ③습득하다, 익히다

⑧ それにしても　그렇다고는 하나

'그렇다고는 하나', '그렇다고는 해도'의 뜻으로, '앞의 사항은 일단 인정하지만 그래도 ~'라는 느낌이다.

海外生活が長いとは聞いていたけど、それにしても石田さんの英語はすごいものがありますね。

> 해외 생활이 길다고는 듣고 있었지만, 그렇다고는 해도 이시다 씨의 영어는 굉장해요.

A：必死で勉強したんだって。
B：それにしても東大に入ったなんて、大したもんだよ。

> A : 필사적으로 공부했대.　B : 그렇다고는 해도 동경대에 들어가다니, 대단해.

⑨ それにしては　그런 것 치고는

'그에 비해서는', '그런 것 치고는'의 뜻으로, 앞의 사항에서 당연히 예상되는 일과 실제는 상당히 다르다는 화자의 판단을 나타내는 표현이다.

あの人はいつもお金がないと言っているけど、それにしてはよく買い物していますね。

> 저 사람은 항상 돈이 없다고 말하고 있지만, 그런 것 치고는 자주 쇼핑하네요.

彼は日本に3年いたそうだ。それにしては日本語が下手だ。

> 그는 일본에 3년 있었다고 한다. 그런 것 치고는 일본어를 못한다.

(5) および / ならびに / かつ　~ 및 / 또한 등

① および　~ 및

'~ 및', '~와(과)'란 뜻의 병렬을 나타내는 접속사로, 문어적이고 딱딱한 표현이다.

館内では飲食および携帯の使用を禁止する。

> 관내에서는 음식 및 휴대 전화의 사용을 금지한다.

面接の日程および場所については、追って連絡します。

> 면접 일정 및 장소에 관해서는 추후 연락하겠습니다.

追ぉって 圏 추후에, 뒤에, 나중에

② ならびに ～및

'～ 및', '~와(과)'의 뜻으로, および보다 더 문어적이고 딱딱한 표현이다.

申込書に住所、氏名、ならびに電話番号を記入してください。
신청서에 주소, 이름 및 전화번호를 기입해 주세요.

このカードの使用は、会員並びにその家族に限られる。
이 카드의 사용은 회원 및 그 가족에 한한다.

③ かつ 또한

'또', '또한'의 뜻으로, 어떤 사항에 대해 두 가지 면을 말할 때 쓰인다. 따라서 서로 모순되는 사항을 열거할 때는 쓸 수 없다. 딱딱한 표현으로 문장이나 연설에서 쓰인다. 더 힘준 표현으로 なおかつ(게다가), かつまた(게다가 또)의 형태도 있다.

新聞は迅速かつ正確な情報の報道が望まれる。
신문은 신속하면서도 정확한 정보의 보도가 요구된다.

| 望のぞむ 바라다. 원하다

彼は才能があり、かつ努力家でもある。
그는 재능이 있고, 또한 노력가이기도 하다.

(6) そして / それから / それに / しかも / そのうえ / さらに / おまけに
그리고 / 그리고 나서 / 게다가 / 더욱이 등

① そして 그리고

'그리고'의 뜻으로, 한 가지 사항에 또 한 가지 사항을 첨가하거나 앞의 일에 연이어 또는 그 결과 나타나는 일을 설명한다.

平日は会社で働き、そして休日はボランティアで施設を回っている。
평일은 회사에서 일하고 그리고 휴일은 봉사 활동으로 시설을 돌고 있다.

| ボランティア 자원 봉사자

施設しせつ 고아원, 양로원 등의 사회 복지 시설

必死で勉強した。そして、ついに念願の大学に入った。
필사적으로 공부했다. 그리고 드디어 염원하던 대학에 들어갔다.

② それから 그리고, 그리고 나서

① '그리고'의 첨가의 뜻, ② '그리고 나서'의 뜻으로, 앞의 일이 일어나고 난 그 다음, 그 후를 의미한다.

ステーキとサラダを頼みましょう。それからスープもあった方がいいですね。
스테이크와 샐러드를 주문합시다. 그리고 수프도 있는 편이 좋겠네요.

友だちと映画を見て、それから焼き肉を食べて家へ帰りました。
친구와 영화를 보고, 그러고 나서 갈비를 먹고 집에 돌아갔습니다.

③ それに　게다가

'게다가'의 뜻으로 첨가를 나타낸다.

仕事も忙しいし、それにお金もないから、長い旅行は無理ですよ。
일도 바쁘고, 게다가 돈도 없으니까, 긴 여행은 무리입니다.

玄米は体にいい。それにカロリーも少ないのでダイエットにもいいそうだ。
현미는 몸에 좋다. 게다가 칼로리도 적기 때문에 다이어트에도 좋다고 한다.

④ しかも　게다가

'게다가'의 뜻으로 어떤 사항에 대해 같은 경향의 조건을 덧붙이는 표현이다. 그
러에에 비해서 뒤의 사항을 강조하는 느낌이 있다.

この部屋は駅から近くて、しかも家賃も安いですよ。
이 방은 역에서 가깝고, 게다가 집세도 쌉니다.

| 家賃ゃちん 집세

まだ高校生なのに海外旅行に行ってきたそうだ。しかも一人でだ。
아직 고등학생인데 해외여행에 갔다 왔다고 한다. 게다가 혼자서 말이다.

⑤ そのうえ　게다가

'게다가', '그 위에'의 뜻으로, 앞 사항만으로도 충분한데, 거기에 같은 계열의 요소
가 첨가됨을 나타낸다. 객관적인 설명의 문장에서 쓰이는 조금 딱딱한 표현이다.

彼は頭もいいし、ハンサムだ。そのうえ、スポーツも万能だ。
그는 머리도 좋고, 핸섬하다. 게다가 스포츠도 만능이다.

彼女はお料理の準備や、部屋の飾りつけを手伝ってくれた。そのうえ、最
後まで残って後片づけまでしてくれた。
그녀는 요리 준비랑 방의 장식을 도와주었다. 게다가 마지막까지 남아서 뒷정리까지 해 주었다.

| 後片ぁとかたづけ (설거지 등
의) 뒷정리

⑥ さらに　게다가, 한층

'게다가', '한층'의 뜻으로, 앞 사항에 또 한 가지 사항을 첨가한다는 의미이다.
정도나 범위가 더 커지거나 강해진다는 느낌이 있다.

校内でのアンケートは終わりました。さらに来週からは地域住民の意見を
聞くつもりです。
교내의 앙케트 조사는 끝났습니다. 거기에다가 다음 주부터는 지역 주민의 의견을 물을 예정입니다.

文法コースがもうすぐ終わるので、さらに会話コースに進みたいと思って
いる。
문법 코스는 곧 끝나기 때문에, 새로이 회화 코스에 진급하고 싶다고 생각하고 있다.

７ おまけに　게다가

'게다가', '뿐만 아니라'의 뜻으로, 앞의 사항에 뒤의 사항을 첨가하는 의미로 그
러우에와 거의 같은 뜻이다. 명사 おまけ는 '덤'의 뜻이므로, 원래의 의미를 생
각하면 쉽게 이해될 것이다.

夕食をおごってもらって、おまけにお土産までいただいた。
저녁 식사를 대접받고, 게다가 선물까지 받았다.

彼女はやさしいし、仕事もできる。おまけに美人だからみんなに
好かれる。
그녀는 상냥하고 일도 잘한다. 게다가 미인이라서 모두가 좋아한다.

> おごる, ごちそうする는 각
> 각 '한턱내다', '(음식을) 대접
> 하다'라는 뜻이다. おごって
> もらう, ごちそうになる라
> 고 하면 '대접받다'라는 의미
> 가 된다.

> 好かれる는 好く(좋아하다)
> 의 수동의 형태이다. '좋아함
> 을 당하다', 즉 '(남들이) 좋아
> 하다', '인기 있다'의 뜻이다.

(7) あるいは / または / もしくは / それとも
혹은 / 또는 / 그렇지 않으면 등

１ あるいは　혹은, 또는

'혹은', '또는' 등의 선택의 의미로, 의문문을 연결하는 형태와 명사나 명사구를
연결하는 형태로 쓰인다.

休みには海外旅行に行くか、あるいは国内の温泉で過ごすか、いろいろ
考えている。
휴가 때 해외여행을 갈지, 혹은 국내 온천에서 보낼지, 여러 가지 생각하고 있다.

社会人になってから、仕事関係で必要になった本を読むことはあるが、
趣味で、あるいは好きで本を読むことはなくなった。
사회인이 되고 나서, 일 관계로 필요하게 된 책을 읽는 일은 있지만, 취미로, 또는 좋아해서 책을 읽는 일은 없
어졌다.

２ または　혹은, 또는

'혹은', '또는'의 뜻으로 병렬적인 두 가지 사항 중 어느 쪽을 선택해도 좋다는 의
미이다. 의문문을 연결하는 형태와 명사나 명사구를 연결하는 형태로 쓰인다.

申込書は、英語または日本語で記入してください。
신청서는 영어 또는 일본어로 기입해 주세요.

この保険商品は銀行、または証券会社で扱っております。
이 보험 상품은 은행 또는 증권 회사에서 취급하고 있습니다.

> 扱あつかう 다루다, 취급하다

3 もしくは 혹은, 또는

'혹은', '또는'의 뜻으로, 의미는 あるいは나 または와 같으나 좀 더 딱딱한 느낌이 든다.

電話もしくはホームページを通して申し込んでください。

전화 또는 홈페이지를 통해 신청해 주세요.

| 申もうし込こむ 신청하다

卒業のためには、試験を受けるか、もしくは論文を提出しなければならない。

졸업을 위해서는 시험을 치든지, 혹은 논문을 제출하지 않으면 안 된다.

4 それとも 그렇지 않으면, 아니면

'그렇지 않으면', '아니면'의 뜻으로, A인지 그렇지 않으면 B인지의 의문문을 연결할 때 쓰는 회화체의 표현이다.

コーラにしますか、それともジュースにしますか。

콜라로 할래요? 아니면 주스로 할래요?

雨が降ってきましたよ。続行しますか、それとも中止しますか。

비가 오는군요. 속행할까요? 그렇지 않으면 중지할까요?

(8) さて / ところで / それはそうと 그런데 / 그건 그렇고 등

1 さて 그런데

'그런데', '그건 그렇고' 등 앞 사항을 일단락하고 다음 화제로 옮기거나 다른 행동을 하려고 한다는 의미이다.

そのことは言われた通り順調に進んでいます。さて、予算の件ですが…。

그 일은 말씀하신 대로 순조롭게 진행되고 있습니다. 그건 그렇고 예산에 관해서인데요…….

| 〜通とおり 〜한 대로, 〜 그대로

覚えているつもりでも、さて口に出して話してみると難しいものだ。

외웠다고 생각해도 막상 입 밖에 내어 말해 보면 어려운 법이다.

| 口くちに出だす 입 밖에 내서 말하다

♦ 감동사로 어떤 동작을 시작하려 할 때 쓰기도 한다.

さて、そろそろ始めようか。 자, 슬슬 시작할까?

2 ところで 그런데

'그런데'의 의미로, 앞 사항과 상관없이 다른 화제를 꺼낼 때 쓰인다.

毎日よく降っていますね。ところで、お母さんの具合いはどうですか。

매일 잘도 내리는군요. 그런데 어머님의 상태는 어떻습니까?

このケーキ、なかなかおいしいですね。ところで留学の準備は進んでいますか。

이 케이크, 맛있네요. 그런데 유학 준비는 진전되고 있습니까?

❸ それはそうと　그건 그렇고

'그건 그렇고'의 뜻으로, 지금까지의 이야기를 도중에 중단하고 다른 화제로 옮길 때 쓰는 말이다. 갑자기 생각난 일을 덧붙인다는 느낌이다.

12月だというのにまだ暖かいですね。それはそうとクリスマスには何か予定がありますか。

12월이라고 하는데도 아직 따뜻하네요. 그건 그렇고 크리스마스에는 뭔가 예정이 있어요?

手伝ってくれてありがとう。おかげで早く終わった。それはそうと、今日は行けないとユミちゃんに連絡してくれた？

도와줘서 고마워. 덕분에 빨리 끝났어. 그건 그렇고, 오늘은 갈 수 없다고 유미에게 연락했니?

(9) すなわち / つまり / いわば / 要するに / 結局 / 例えば / いわゆる
즉 / 말하자면 / 요컨대 / 결국 / 예를 들면 / 소위 등

❶ すなわち　즉

'즉'의 뜻으로, 다른 말로 바꿔 말해서 설명하거나 설명문에서 강조하는 느낌으로 쓴다.

最近は英語だけでなく、第2外国語、すなわち中国語、スペイン語などといった言語も駆使できる若者が増えている。

최근에는 영어뿐만 아니라 제2 외국어, 즉 중국어, 스페인어 등의 언어도 구사할 수 있는 젊은이가 늘고 있다.

自分一人ぐらいなら大丈夫だろうという気持ち、それがすなわち油断というものだ。

나 하나 정도라면 괜찮을 거라는 마음, 그것이 즉 방심이라는 것이다.

❷ つまり　즉

'즉'의 뜻으로, 앞의 사항을 결론지어서 다른 말로 바꾸어 말할 때 쓴다.

母の兄、つまり私の伯父がその会社のオーナーです。

어머니의 오빠, 즉 저의 외삼촌이 그 회사의 오너입니다.

高3のカリキュラムは受験を中心に作られている。つまり精神的なケアはまったくしていないということだ。

고3의 커리큘럼은 수험 중심으로 만들어져 있다. 즉 정신적인 케어는 전혀 하고 있지 않은 것이다.

❸ いわば 말하자면

'말하자면'의 뜻으로 '예를 들어 말하자면'의 느낌이다.

> あの人とは小さいときからずっと一緒だったので、いわば家族みたいなものです。
>
> 저 사람은 어릴 때부터 쭉 함께였기 때문에, 말하자면 가족과 같은 사람입니다.

> これら勲章や賞状は、いわば父の生きた歴史のようなものです。
>
> 이들 훈장이나 상장은, 말하자면 아버지의 산 역사 같은 것입니다.

❹ 要するに 요컨대

'요컨대', '즉'의 뜻으로, 앞의 사항을 종합해서 포인트가 되는 핵심의 말로 바꾸어서 말한다는 느낌이다.

> A：そんなことは会社の内部情報を漏らすことになるので…。
> B：要するに協力できないということですね。
>
> A : 그런 일은 회사 내부 정보를 유출하는 것이 되니까……. B : 요컨대 협력할 수 없다는 것이군요.

漏もらす 새게 하다, 누설하다

> A：お客は減ったのに、従業員は多いし、経費の無駄づかいが問題だと思います。
> B：要するに人員削減が必要だということですね。
>
> A : 손님은 줄었는데, 종업원은 많고, 경비의 낭비가 문제라고 생각합니다. B : 요컨대 인원 삭감이 필요하다는 것이군요.

無駄むだづかい 낭비, 허비

人員削減じんいんさくげん 인원 삭감

❺ 結局 결국

'결국'의 뜻으로, 앞 문장에서 결론을 이끌어낸다. '앞의 일의 결과 최종적으로'라는 의미지만, 노력이나 기대에도 불구하고 앞의 일이나 행동이 잘되지 않았음을 나타내어 약간 부정적인 뉘앙스로 많이 쓰인다.

> 商店街を歩きまわったが、気に入るものがなくて、結局何も買わないで帰ってきた。
>
> 상점가를 걸어 돌아다녔는데, 마음에 드는 것이 없어서, 결국 아무것도 사지 않고 돌아왔다.

> その付近一帯をまんべんなく捜索したが、結局容疑者らしい人は見つからなかった。
>
> 그 부근 일대를 구석구석 수색했지만, 결국 용의자로 보이는 사람은 발견되지 않았다.

まんべんなく 구석구석까지, 미치지 않은 곳이 없이 두루두루

❻ 例えば 예를 들면

'예를 들면'의 뜻으로, 앞 문장에서 말한 것에 대한 예를 든다는 의미이다.

緊急の事態、例えば地震や火事の時は非常ベルが鳴りますので、落ち着いて職員の指示に従ってください。

긴급한 사태, 예를 들어 지진이나 화재 때는 비상벨이 울리므로, 침착하게 직원의 지시에 따라 주세요.

ここには伝統的な焼き物の中でも生活に密接なもの、例えば茶碗、湯飲みなどといったものが展示されている。

여기에는 전통적인 도자기 중에서도 생활에 밀접한 것, 예를 들어 밥그릇, 찻잔 같은 것이 전시되어 있다.

| 湯飲みゆのみ 찻잔, 컵

7 いわゆる　소위

'소위', '이른바'의 의미이다. 접속사가 아닌 연체사로, 명사 앞에 붙어서 '세상에서 일반적으로 말해지고 있는', '세상에서 말하는'의 뉘앙스를 가진 말이다.

子供を産もうとしない、いわゆる小子化現象が社会問題となっている。
아이를 낳으려고 하지 않는, 이른바 저출산화 현상이 사회 문제가 되고 있다.

| 少子化는 사회 문제인 저출산화 현상을 말한다.

日本人の体には西洋の食べ物より米やみそしる、いわゆる日本伝統の食べ物が体に合っている。
일본인의 몸에는 서양의 음식보다 쌀이나 된장국, 소위 일본의 전통 음식이 몸에 맞는다.

(10) ただ / ただし / もっとも / なお / ちなみに

단지 / 단 / 덧붙어 / 연관 지어 등

1 ただ　단지, 단

'단지', '단'의 뜻으로, 앞 사항을 인정하면서 사소한 예외나 문제점을 덧붙여 말할 때 쓰인다.

代行会社を通す方法もあると思う。ただ手数料がかかるだろう。
대행 회사를 통하는 방법도 있다고 생각한다. 단지 수수료가 들 것이다.

若いうちに独立するのも悪くないよ。ただ、多少の苦労はあると思うけど。
젊을 때 독립하는 것도 나쁘지 않아. 단, 다소의 고생은 있다고 생각하지만.

| 手数料てすうりょうがかかる
수수료가 들다
➡ 참고로 手数는 '수고', '품'이라는 뜻이 있어서, 手数をかける는 '수고(시간)가 든다'는 의미가 된다.

2 ただし　단

'단'의 뜻으로, 나중에 조건이나 예외를 첨가하는 경우에 쓴다. 딱딱한 말투이다.

植物園は年中開放しています。ただし、予約制になっております。
식물원은 일 년 내내 개방하고 있습니다. 단, 예약제입니다.

図書の貸し出し期間は一週間になっております。ただし、雑誌や機関誌などは貸し出ししておりません。
도서의 대출 기간은 일주일입니다. 단, 잡지나 기관지 등은 대출하고 있지 않습니다. (대출이 안 됩니다)

| 貸かし出だし 대출

③ もっとも 다만

'다만', '하기는', '그렇다고는 하나' 등의 뜻으로 앞 사항에 대해서 조건이나 제약을 붙이거나 예외를 제시하거나 부분적으로 수정하는 모습을 말한다.

> 東京に引っ越そうと思っています。もっとも、勤め口が見つかればの話ですが。
>
> 동경으로 이사하려고 생각하고 있습니다. 다만, 일자리를 찾게 된다는 전제하의 이야기지만.

> 学校は車で通っています。もっとも非常勤なので、毎日ではないですが。
>
> 학교는 차로 다니고 있습니다. 다만, 시간 강사이기 때문에 매일은 아닙니다만.

④ なお 또한, 덧붙여

'또한', '덧붙여' 등의 뜻으로, 앞에 말한 사항을 일단 끝맺고 다른 사항을 첨가할 때 쓴다. 뒤에 보조 설명, 예외, 특별한 사항을 첨가하는 말이 온다.

> 第2次面接は来週の月曜日本社の第一会議室で行われる予定です。なお、詳細は追ってお知らせします。
>
> 제2차 면접은 다음 주 월요일 본사 제1 회의실에서 진행될 예정입니다. 더 상세한 것은 추후 연락드리겠습니다.

> 今回の特別キャンペーンのご利用を心よりお待ちしております。なお、詳しいことは当社サイト、またはパンフレットをご覧ください。
>
> 금번 특별 캠페인의 이용을 마음으로부터 기다리고 있겠습니다. 덧붙여, 상세한 것은 당사 사이트 또는 팸플릿을 보아 주세요.

⑤ ちなみに 연관 지어서

'덧붙여서 말하면', '이와 관련하여' 등의 뜻으로, 어떤 사항을 말할 때 거기에 관련 있는 사항을 참고 삼아 첨가하는 느낌이다.

> 僕の友だちにいい人がいますが、紹介しましょうか。ちなみに、年収2千万です。
>
> 내 친구 중에 좋은 사람 있는데, 소개할까요? 참고로 연봉 2천만 엔이에요.

> 今年の営業トップはまた西村さんになりました。ちなみに、僕は3位です。
>
> 올해의 영업 톱은 또 니시무라 씨가 되었어요. 참고로 전 3위예요.

Chapter

33

형식명사

Chapter 33 형식명사

1 형식명사의 의미

형식명사란 명사로써 독립적인 뜻을 가지거나 활용하지는 않지만 문법적으로는 명사의 기능을 하는 품사를 말한다. 형식명사는 일본어로 의사소통을 할 때 화자의 의지를 전달하거나 표현하는 의도, 뉘앙스를 미묘하게 변화시키는 중요한 기능을 하므로 레벨 업을 하고자 하는 학습자에게 참으로 중요한 부분이다.

이번 Chapter에서는 학습자들이 어려워하고 혼돈하기 쉬운 표현을 비교적 비슷한 의미를 가진 말끼리 묶어서 나열하였다. 예를 들어 가장 어려워하는 '것'의 의미를 나타내는 형식명사 もの, こと, の, わけ를 같이 묶고, 해석상 비슷한 뜻을 가지지만 다른 용법으로 쓰이는 くらい, ほど를 같이 묶는 식으로 하였다.

다만, 대표적인 형식명사의 중의 하나인 つもり(작정), せい(탓), ため(위함/때문), はず(~일 터), だけ/ばかり(뿐, 만) 등에 대해서는, つもり는 'Chapter 15 의지의 표현', せい와 ため는 'Chapter 19 원인·이유의 표현', はず와 ため는 'Chapter 21 추측·전문의 표현', だけ와 ばかり는 'Chapter 28 조사Ⅱ'에서 자세히 다루었으므로 여기서는 생략하기로 한다.

2 もの / こと / の / わけ – '것'을 나타내는 표현

(1) もの

1 명사일 때의 의미

① 물건, 소유물, 것

人の物を勝手に触らないでください。 남의 물건에 함부로 손대지 마세요.

② 말, 언어, 글

呆れてものが言えない。 기가 막혀 말이 안 나와.

③ '유용한 역할을 하는 무엇'으로 관용적인 표현이 많다.

ものの弾みでやると言ってしまった。 얼떨결에 한다고 말해 버렸다.

金がものをいう。 돈이 행세를 한다.

> ものの弾みで 우연한 계기로, 얼떨결에
> ➡ はずみ는 기세, 힘, 탄력을 의미한다.

もののわかった人 사리를 아는 사람

ひと

物는 물건을 나타내고, 者는 사람을 나타낸다. 사람일 경우는 '～' 자에 해당하는 표현이라서 구체적인 사람을 가리켜하는 말이 아니라. 딱딱한 어조로 표현하거나 사람을 낮춰말할 때 쓰는 말이다.

② ～ものだ ～인 법이다

'～인 법이다'의 뜻으로, 마땅히 그래야 한다는 당연한 귀결을 나타낸다.

子供はさまざまなものに興味を持つものです。
こども きょうみ も
아이는 여러 가지 일에 흥미를 가지는 법입니다.

苦しいときは助け合うものだ。 괴로울 때는 서로 돕는 법이다.
くる たす あ

③ ～たものだ ～했었지

완료형에 접속해서 '～했었지'의 뜻으로 쓰인다. 과거의 습관이나 과거를 술회하는 느낌으로 쓴다.

中学生の頃、よく近くの図書館へ行って本を借りたものだ。
ちゅうがくせい ころ ちか としょかん い ほん か
중학교 때 자주 근처의 도서관에 가서 책을 빌렸었다.

子供の頃は、ここで友だちとよく遊んだものだ。
こども ころ とも あそ
어릴 때는 자주 여기서 친구들과 놀았었다.

④ ～たいものだ ～하고 싶구나

～たい에 접속해서 '～하고 싶구나' 등의 희망을 나타낸다.

休みが長かったらアフリカにも行ってみたいものだ。
やす なが い
휴가가 길면 아프리카에도 한번 가 보고 싶다.

機会があったら社交ダンスを習いたいものだ。
きかい しゃこう なら
기회가 있다면 사교댄스를 배워 보고 싶다.

⑤ ～ものだ ～이구나

'～이구나' 등의 감동·감개의 의미를 나타낸다.

短い期間でよくここまでやったものだ。
みじか きかん
짧은 기간에 잘도 여기까지 했구나.

個人ホームページを作るのって以外と簡単なものなんですね。
こじん つく いがい かんたん
개인 홈페이지를 만드는 것이 의외로 간단한 것이군요.

⑥ ～ものか / ～ものではない ～할쏘냐, ～하겠냐 (강조)

～ものか, ものではない처럼 의문사나 문장 끝의 부정어와 함께 쓰여 '～할쏘냐', '～하겠냐' 등의 반문이나 부정의 의미를 강조하는 뜻을 나타낸다. ～もの

까는 동사는 부정형이 아닌 긍정형이지만 '절대 ~할 수 없다[~하지 않겠다]'라
는 의미가 된다.

誰がこの土地を売ったりするもんですか。
누가 이 토지를 판다는 거예요? (절대 못 팔아요.)

そう簡単に負けるものか。
그렇게 간단히 질 수야 없지.

彼がそのお金で何するか分かったもんじゃない。
그가 그 돈으로 무엇을 하건 내 알 바 아니다.

(2) こと

❶ 명사일 때의 의미

추상적인 일, 사실, 사항을 나타낸다.

言っていいことと悪いことがあります。　말해도 되는 일과 안 되는 일이 있어요.

本当のことを教えてください。　진실을 알려 주세요.

❷ ～のこと

'~의 일', 즉 '~에 대한 것'이라는 뜻이다. ～のことが好きだ(~를 좋아한다)처
럼 관용적으로 쓰이는 경우도 있다.

お金のことは気にしないでください。　돈에 대한 건 신경 쓰지 마세요.

卒業後のことが心配です。　졸업 후의 일이 걱정입니다.

西田先輩のことが好きです。　니시다 선배를 좋아해요.

❸ ～たことがある　～한 적이 있다

'~한 적이 있다'의 뜻으로, 경험을 나타내는 표현이다.

テレビに出演したことがありますか。　TV에 출연한 적이 있어요?

❹ ～ことにする / ～ことにしている　～하기로 하다 / ～하기로 하고 있다

～ことにする는 '~하기로 하다'의 뜻으로, 의지에 의해서 결정했음을 나타낸다.
～ことになっている는 '~하기로 하고 있다'의 뜻으로, 규칙이나 습관을 나타
낸다.

独り暮らしだから犬を2匹を飼うことにしました。
ひと ぐ いぬ ひき か
혼자 사니까 개를 두 마리 기르기로 했어요.

いくら忙しくても、朝ごはんは必ず食べることにしています。
いそが あさ かなら た
아무리 바빠도 아침밥은 반드시 먹기로 하고 있습니다.

⑤ ～ことになる / ～ことになっている　～하기로 되다 / ～하기로 되어 있다

～ことになる는 '～하기로 되다'의 뜻으로, 본인의 의지가 아닌 다른 것에 의해 결정된 것임을 나타낸다. ～ことになっている는 '～하기로 되어 있다'의 뜻으로, 예정이나 규정을 나타낸다.

親の転勤でアメリカに行くことになりました。
おや てんきん い
부모님의 전근으로 미국에 가게 되었어요.

運転免許証は10年ごとに更新することになっている。
うんてんめんきょしょう ねん こうしん
운전 면허증은 10년마다 갱신하게 되어 있다.

⑥ ～こと(だ)　～할 것(～해야 한다)

충고, 명령, 주장을 나타낸다. 대개 ～こと。로 끝맺을 경우에는 '～할 것!' 등의 명령을 나타내는 표현이 되고, ～ことだ의 형태로 쓸 경우에는 '～해야 한다' 등의 명령이나 주장을 나타내는 표현이 된다.

門限は12時だからその前には帰ってくること。
もんげん じ まえ かえ
통금은 12시니까 그 전에 돌아올 것.

健康な体を維持したいんだったら、規則的な生活をすることだ。
けんこう からだ いじ きそくてき せいかつ
건강한 몸을 유지하고 싶다면, 규칙적인 생활을 해야 한다.

⑦ ～とのことだ　～라는 것이다(～라고 한다)

「종지형＋とのことだ」의 형태로 써서 '～라고 한다'라는 전문의 뜻을 나타낸다.

今日は体調が悪くて休むとのことです。
きょう たいちょう わる やす
오늘은 몸 상태가 안 좋아서 쉰다고 했어요.

岡田さんから手紙が来ていましたが、もうすぐ東京に帰るとのことでした。
おかだ てがみ き とうきょう かえ
오카다 씨로부터 편지가 왔는데, 이제 곧 도쿄로 돌아간다고 했습니다.

⑧ ～ことは～が　～하기는 ～하지만, ～했기는 ～했지만 (한정의 강조)

'～하기는 ～하지만', '～했기는 ～했지만'의 뜻으로, 한편의 조건은 인정하지만 다른 조건은 인정할 수 없다는 등의 일종의 강조 표현이다.

独ひとり暮ぐらし 혼자 사는 생활, 독신 생활

いくら ～ても 아무리 ～해도

～ごとに ～마다

門限もんげん 통금

期限内に提出したことはしたけど、論文が通るかどうか自信はありません。
きげんない ていしゅつ ろんぶん とお じ しん

기한 내에 제출은 했지만, 논문이 통과될지 어떨지는 자신이 없습니다.

あの店のタイ料理、おいしかったことはおしかったけど、自分でお金を払
みせ りょうり じぶん かね はら
ってまで食べたいとは思わない。
た おも

그 가게의 태국 요리 맛있긴 했지만, 스스로 돈을 내면서까지 먹고 싶다는 생각은 안 든다.

9 ~ことに ~하게도

문장 앞에서 감정을 나타내는 형용사, 동사에 쓰여 '~하게도'라는 의미를 나타
낸다. 감정을 강조하는 느낌이다.

驚いたことに彼はもう何もかも知っていた。
おどろ かれ なに し

놀랍게도 그는 이미 모든 걸 다 알고 있었다.

> 何なにもかも 이것도 저것도, 모조리

残念なことに、その人はすでにこの世の人ではなかった。
ざんねん ひと よ ひと

유감스럽게도 그 사람은 이미 이 세상 사람이 아니었다.

> この世よ 이승, 이 세상

10 ~ないことには ~하지 않고서는

'~하지 않고서는'의 뜻으로 ~なくては와 같은 의미이다. '~하지 않고서는
~할 수 없다'의 느낌으로 쓰인다.

自分の目で見て確認しないことには、何を言われても信じません。
じ ぶん め み かくにん なに い しん

내 눈으로 확인하지 않고서는 무슨 말을 들어도 안 믿어요.

親が認めてくれないことには、私も気楽に彼に会えないわ。
おや みと わたし きらく かれ あ

부모님이 인정하지 않고서는 나도 맘 편히 그를 만날 수 없어요.

> 気楽きらくに 마음 편하게

(3) の

명사화를 만드는 말로, '것'을 의미한다. 때에 따라서 こと(일), もの(물건), 人
ひと
(사람)를 나타낸다.

使ったのはもとの場所に返してください。(=もの)
つか ば しょ かえ

사용한 것은 원래 자리로 돌려놔 주세요.

遅れてきたのは山田です。(=ひと)
おく やま だ

늦게 온 것은 야마다예요.

さっき言ったのは忘れてください。(=こと)
い わす

아까 말한 건 잊어 주세요.

◆ 聞こえる, 見える, 感じられる 등 지각·감각을 나타내는 동사 앞에서는 の만 쓸 수
き み かん
있다.

子供が泣いているのが聞こえる。(こと(×))
아이가 울고 있는 것이 들린다.

あっちから走ってくるのが見えますか。(こと(×))
저쪽에서 뛰어오는 게 보입니까?

私のことを意識的に避けているのが感じられる。(こと(×))
나를 의식적으로 피하고 있는 것이 느껴진다.

避ける 피하다, 멀리하다

강조의 용법 ~んです에 대해서는 'Chapter 18 종지형, 명사 수식형'에서 설명한 바 있다.

(4) わけ

1 명사일 때의 의미

① 도리, 이치, 뜻

何を言っているのか訳がわからない。 뭘 말하고 있는 건지 당최 모르겠어.

② 이유, 사정

わけあって仕事を辞めることになりました。 사정이 있어서 일을 그만두게 되었어요.

③ わけない의 형태로 '간단하다', '용이하다'의 뜻이 된다.

一応日本語専攻だから、簡単な翻訳ぐらいはわけない。
일단은 일본어 전공이니까, 간단한 번역 정도는 쉽게 한다.

一応いちおう (완전하다고는 할 수 없으나) 일단, 대충, 우선은

2 ～わけがない　～일 리가 없다

'～일 리가 없다'라는 가능성이 낮음을 나타내는 말로, ～はずがない와 같은 뜻이다.

親戚の彼が知らないわけがない。 친척인 그가 모를 리 없어.

そんなバカなことあるわけないでしょ? 그런 바보 같은 일이 있을 리 없잖아.

3 ～わけだ　～할 만도 하다

「형용사・동사+わけだ」는 '～할 만도 하다'라는 뜻으로, 당연함을 나타내는 표현이다.

兄弟ですか? どうりでよく似ているわけだ。
형제였어요? 어쩐지 많이 닮을 만도 하지.

どうりで 그러면 그렇지, 과연, 어쩐지

似にている 닮았다

396

お金持ちだから、こんな不景気でも家が買えるわけだ。
부자니까 이런 불경기에도 집을 살 수 있을 만도 하지.

4 ～わけではない　～인 것은 아니다

'(～이지만 그렇다고 해서) ～인 것은 아니다'의 뜻으로 부분 부정을 나타내는 말이다.

広い部屋に引っ越したけど、別に収入が増えたわけではない。
넓은 방으로 이사는 했지만, 그렇다고 수입이 는 것은 아냐.

肉が嫌いなわけではないですが、体重が気になるので野菜を中心に食べています。 ｜ 気きになる 신경 쓰이다

고기를 싫어하는 것은 아니지만, 체중이 신경 쓰여서 야채를 중심으로 먹고 있습니다.

5 ～わけにはいかない　(그렇다고 해서) ～할 수는 없다

사회적, 주관적인 판단에 비추어 '(～라고 해서) ～할 수는 없다'는 불가능의 의미를 나타낸다.

好きだからと言って毎日食べるわけにはいかない。
좋아한다고 해서 매일 먹을 수는 없잖아.

大事なお客様との約束をすっぽかすわけにはいかない。 ｜ すっぽかす 약속을 어기다.
중요한 손님과의 약속을 어길 수는 없다. 　　　　　　　　　　바람맞히다

指導教授の推薦だから条件が合わないからといって断るわけにはいかない。
지도 교수의 추천이니까 조건이 안 맞는다고 해서 거절할 수는 없다.

---

break time　ふられる・すっぽかされる・どたキャンされる는 바람맞다?

ふられる는 '휘두르다', '거절하다'라는 뜻의 振る의 피동형으로, '채였다'라는 의미이다. 彼女にふられた(그녀에게 채였다)처럼 쓰인다. '약속 등에서 바람맞다'라는 뜻은 없다.
すっぽかされる는 '약속을 어기다'라는 뜻의 すっぽかす의 피동형으로, 약속 장소에 안 나오거나 해서 '바람맞았다'는 뜻이다.
どたキャン은 최근 많이 쓰이는 조어로, 土壇場와 キャンセル이 합쳐진 말이다. 여기서 土壇場는 '막판', '결정적인 순간', キャンセル은 영어의 cancel을 뜻하므로, 결국 どたキャン은 막판에 취소가 되는 경우를 말하는 것이다.

---

6 ～ないわけにはいかない　～하지 않을 수 없다, ～해야 한다

부정형을 수반해서 '～하지 않을 수 없다', '～해야 한다'라는 뜻을 나타낸다.

部長も出席するのに、平の私が出席しないわけにはいかない。 ｜ 平ひら 평사원
부장님도 출석하는데 평사원인 내가 출석하지 않을 수 없다. 　　　　　＝平社員ひらしゃいん

胃の調子が良くないが、接待があるからお酒を飲まないわけにはいかない。
<ruby>胃<rt>い</rt></ruby>の<ruby>調子<rt>ちょうし</rt></ruby>が<ruby>良<rt>よ</rt></ruby>くないが、<ruby>接待<rt>せったい</rt></ruby>があるからお<ruby>酒<rt>さけ</rt></ruby>を<ruby>飲<rt>の</rt></ruby>まないわけにはいかない。

위의 상태가 안 좋지만, 접대가 있으니까 술을 안 마실 수 없다.

3 くらい / ほど / 分 - 정도를 나타내는 표현

くらいと ほどは 조사Ⅱ에서도 설명한 바 있다.

(1) ~くらい

1 '정도'의 뜻으로 대략의 수량, 비교의 기준 등을 나타낸다.

A : 身長はどのくらいありますか。
B : 180センチあります。

A : 신장은 얼마나 됩니까? B : 180센티가 됩니다.

ご飯を食べる時間がないくらい忙しいです。

밥 먹을 시간이 없을 정도로 바쁩니다.

> 수량, 수치가 얼마 정도 된다는 표현은 あります(있습니다)를 쓰기도 한다. ~です로 표현하는 방법도 있다.
> **예** 土地は200坪ぐらいあります。 토지는 200평 정도 됩니다.

2 ~くらい ~はない   ~ 정도 ~한 것은 없다

'~ 정도 ~한(인) 것은 없다'의 뜻으로 최고의 정도를 나타낸다. ほど로 바꿔 쓸 수 있다.

山田さんくらい博識な人はそんなにいないと思う。

야마다 씨 정도로 박식한 사람은 그렇게 없다고 생각한다.

初デートに遊園地くらいいいところはないと思うけど。

첫 데이트에 유원지만큼 좋은 곳은 없다고 생각하는데.

> 初はつ~ 첫 ~
> **예** 初雪 첫눈 / 初恋 첫사랑

3 ~くらいなら   ~할 정도라면

'~할(하는) 정도라면 (~하는 게 낫다)'의 뜻으로, 극단의 예를 들어 강조하는 경우에 쓰인다.

あの学校に入るくらいなら浪人した方がましだ。

저 학교에 들어갈 정도라면 재수하는 편이 낫다.

パーティーに一人で行くくらいなら、行かない方がいい。

파티에 혼자 갈 정도라면 안 가는 게 낫다.

> 浪人ろうにん 재수, 재수생
> ましだ 더 낫다, 더 좋다

(2) ～ほど

1 정도, 비교의 기준을 나타내는 표현

'～정도', '～만큼'을 뜻한다. 긍정으로 쓰일 경우에는 くらい와 바꿔 쓸 수도 있다.

> 十日ほど休ませていただけませんか。
> とおか　　やす
> 10일 정도 쉬어도 될까요?

> 腰は痛いけど、医者にかかるほどではない。
> こし　いた　　　　いしゃ
> 허리는 아프지만, 의사에게 갈 정도는 아니다.

医者いしゃにかかる 의사의 진찰을 받다

2 ～ほど ～はない　～ 정도〔만큼〕 ～한 것은 없다

'～ 정도〔만큼〕 ～한〔인〕 것은 없다'의 의미이다. 뒤에 부정을 동반하여 최상급의 표현으로 쓰인다.

> 学生時代の同級生に会っておしゃべりすることほど愉快なことはない。
> がくせいじだい　どうきゅうせい　あ　　　　　　　　　　　　　　　　ゆかい
> 학생 시절의 동급생을 만나 수다 떠는 것만큼 유쾌한 것은 없다.

> お正月を一人で過ごすことほど寂しいことはない。
> しょうがつ　ひとり　す　　　　　　　　さび
> 설날을 혼자 보내는 것만큼 쓸쓸한 일은 없다.

3 ～ば ～ほど　～하면 ～할수록

～ば가 가정의 뜻이므로 ～ば ～ほど는 '～하면 ～할수록'의 의미를 나타낸다.

> 店の前に人が並んでいればいるほど人は集まってくる。
> みせ　まえ　ひと　なら　　　　　　　　　　ひと　あつ
> 가게 앞에 사람이 늘어서 있으면 늘어서 있는 만큼 사람은 모여든다.

(3) 分
ぶん
1 사물의 정도나 모습, 상태

> この分で行けば、目標には無難に突破するだろう。
> ぶん　い　　　もくひょう　　ぶなん　とっぱ
> 이 상태로 가면 목표는 무난하게 돌파하겠지.

> 安い給料だが一人で生活する分には困らない。
> やす　きゅうりょう　ひとり　せいかつ　ぶん　こま
> 적은 월급이지만, 혼자 생활할 정도에는 곤란하지 않다.

2 몫, 부분

몫이나 분량, 전체에 대한 부분을 나타낸다.

> ちょっと出かけてくるから、私の分は残しておいて。
> で　　　　　　　　わたし　ぶん　のこ
> 잠깐 나갔다가 올 테니까 내 몫은 남겨 둬.

足りない分は、必ず補っておきますから、少し待ってくださいませんか。

モ자라는 분량은 반드시 보충해 둘 테니까, 좀 기다려 주세요.

| 補おぎなう 보충하다

③ ~ 만큼

'~ 만큼'의 뜻으로, だけ와 유사한 의미로 쓰인다.

前回失敗した分、挽回できて嬉しい。

지난번에 실패한 만큼 만회할 수 있어서 기쁘다.

信頼していた分、裏切られたショックも大きい。

신뢰하고 있었던 만큼 배신당한 쇼크도 크다.

| 裏切うらぎられる 배신당하다
➡ 裏切る(배신하다)의 수동형

4 あいだ / うち / ま - 시간, 기간을 나타내는 표현

(1) ~あいだ(に)

① あいだ의 명사적인 의미

~のあいだ의 형태로 써서 공간적·시간적인 간격, 거리, 동안, 사이 또는 사람 사이의 관계를 나타낸다.

薬局と本屋の間に花屋があります。　약국과 서점 사이에 꽃집이 있습니다.

この間はいろいろとありがとうございました。

요전에는 여러 가지로 감사했습니다.

| この間는 '요전', '얼마 전'의 뜻으로 암기한다.

夫婦の間に子供がいない。　부부 사이에 아이가 없다.

② あいだ와 あいだに의 차이

명사, 형용사, 동사에 연결해서 쓸 때, 두 표현 모두 '~인 사이에' 또는 '~하는 사이에'의 의미로 쓰이나 쓰임새는 다르다. あいだ는 계속되는 시간의 범위를 나타낸다. 상태나 동작이 그 기간 중 계속됨을 말하므로 뒤의 문장에 계속적인 동작이나 상태를 나타내는 표현이 온다.

> 예 1時から3時までの間が一番忙しい。　1시부터 3시까지 사이가 가장 바쁘다.

あいだに도 계속되는 시간의 범위를 나타내지만, 그 시간 내에 다른 동작이 일어남을 말한다. 뒤의 문장에 상태의 변화가 일어난 동사나 일회성 동작을 나타내는 동사가 온다.

> 예 1時から3時までの間に来てください。　1시에서 3시 사이에 와 주세요.

• 활용 예

試験の結果を待っている間、とても不安で落ち着きませんでした。
しけん けっか ま あいだ ふあん お つ
시험 결과를 기다리고 있는 동안, 매우 불안해서 안정이 되지 않았습니다.

> 落ぉち着っく 안정되다, 진정
> 되다, 침착하다

ちょっと席をはずしている間に電話が来たらしい。
せき あいだ でんわ き
잠시 자리를 비운 사이에 전화가 온 것 같다.

> 席せきをはずす 자리를 비우
> 다

Mini Test

あいだ와 あいだに를 구별해 넣어 보세요.

1 ちょっと買い物をしている_____子供がいなくなりました。
か もの こども

2 日本にいる_____、ずっとアルバイトをしていました。
にほん

3 子供が寝ている_____夕飯の支度をしておきました。
こども ね ゆうはん したく

4 夏休みの_____運転免許を取ろうと思っています。
なつやす うんてんめんきょ と おも

정답 **1** あいだに **2** あいだ **3** あいだに **4** あいだに

---

(2) 〜うちは / 〜うちに / 〜うちで

1 うちは / うちに 동안

'〜 동안'의 뜻을 나타낸다. 보통 うちは 뒤에는 상태 동사가, うちに 뒤에는 동작 동사가 온다.

朝のうちはずっと雨でした。 아침 동안은 쭉 비가 왔습니다.
あさ あめ

よくわからないうちはただ黙って聞いていました。
だま き
잘 모르는 동안은 그저 잠자코 듣고 있었습니다.

> 黙だまる 잠자코 있다, 말을
> 안 하고 있다, 침묵하다

若いうちに体を鍛えておくべきだ。 젊을 동안에 몸을 단련해 두어야 한다.
わか からだ きた

> 鍛きたえる 단련하다, 훈련하다

近いうちにお尋ねします。 근간 찾아뵙겠습니다.
ちか たず

> 近ちかいうちに 근간, 가까운 시
> 일 내에

働いているうちにお金を貯めておかなければならない。
はたら かね た
일하는 동안에 돈을 모아 두지 않으면 안 된다.

2 〜ないうちに 〜하기 전에

직역을 하면 '〜하지 않을 동안'인데, 자연스럽게 바꾸면 '〜하기 전에'의 뜻이 된다.

冷めないうちに召し上がってください。 식기 전에 드세요.
さ め あ

気が変わらないうちに契約しましょう。　마음이 변하기 전에 계약합시다.

3 ～うちに入らない　～ 축에 끼지 않는다

'～ 축에 끼지 않는다', 즉 '～ 안〔범위〕에 들어가지도 못한다'는 의미이다. 여기서
うち는 '범위'를 나타낸다.

私の英語なんか上手なうちに入らないよ。　나의 영어 따위는 잘하는 축에 들지 않는다.

彼の腕などプロのうちに入らないよ。　그의 솜씨 따위 프로 축에 끼지도 않는다.

> 腕는 '팔', '팔뚝'이지만, '솜씨'의 뜻으로도 널리 쓰인다.
> 圓腕がいい。솜씨가 좋다.

4 ～うちで　～ 중에서

'～ 중에서'라는 비교를 나타내는 표현이다.

四季のうちでいつが一番すきですか。　사계절 중 언제가 가장 좋습니까?

私が飲んだワインのうちで、チリのワインが一番口に合いました。
내가 마신 와인 중에서 칠레 와인이 가장 입에 맞았습니다.

> 口くちに合あう 입맛에 맞다

(3) 間

「명사＋の間」, 「동사＋間」의 형태로 쓰인다.

1 (공간적, 시간적) 사이, 틈, 간격

少し間をあけて並べてください。　조금 간격을 두고 늘어세워 주세요.

つかの間　짧은 시간〔사이〕

あっという間　눈 깜짝할 사이

いつの間に　어느샌가

2 (적당한) 기회, 시간, 시기, 때

間を見計らって電話をかけます。　적당한 때를 골라 전화하겠습니다.

お茶を飲んで間を持たせてください。　차를 마시면서 시간을 때워 주세요.

> 見計みはからう 봐서 적당한 때를 가늠하다
> 間まを持もたす 시간을 때우다

5 あたり/ところ/てん – 시점을 나타내는 표현

(1) あたり

1 명사일 때의 의미

'근처', '부근', '주위'를 나타낸다.

このあたりに薬局がありますか。 이 근처에 약국이 있습니까?

待ち合わせの場所は銀座あたりがいいじゃないですか。
약속 장소는 긴자 주변이 좋지 않겠습니까?

2 '쯤', '정도'

'쯤', '정도'의 뜻으로, 「명사+あたり」의 형태로 쓰여서 사물의 기준, 때, 장소,
사람 등을 나타낸다.

彼には係長あたりが適当じゃないでしょうか。
그에게는 계장쯤이 적당하지 않겠습니까?

来月あたり人事異動があるそうです。
내달쯤 인사이동이 있다고 합니다.

(2) ところ

ところ는 회화에서는 とこ라고 말하기도 한다.

1 명사일 때의 의미

① 곳, 장소를 나타낸다.

静かなところ 조용한 곳

② 〜のところ의 형태로 '〜의 집', '〜가 있는 곳'을 나타낸다.

先輩のところに遊びに行きます。 선배 집에 놀러 갑니다.

③ 〜のところ의 형태로 그 근처, 곁을 나타낸다.

エレベーターのところで待っていましょう。 엘리베이터 앞에서 기다리고 있죠.

④ 점, 부분을 나타낸다.

作文におかしいところがあったら直してください。
작문에 이상한 곳이 있다면 고쳐 주세요.

それがあなたのいいところですよ。

그것이 당신의 좋은 점입니다.

⑤ 어떤 변화가 행해지는 장면, 상황을 나타낸다.

あの店に不審な男の人が入るところを見ました。
그 가게에 수상한 남자가 들어가는 것을 봤습니다.

② 정도, 범위를 나타낸다.

수량이나 정도를 나타내는 말에 이어져 '쯤', '정도'의 뜻을 나타낸다.

これくらいのところで手を打ちましょう。 이 정도 선에서 타협합시다.

貯金は300万円ってとこかな。 저금은 300만 엔 정도일까?

手を打つ ①타협하여 해결하다, 결말짓다 ②손을 쓰다, 조치를 취하다

③ 동사 현재형+ところ / ～ているところ / ～たところ

　～할 참 / ～하고 있는 참 / ～한 참

앞에 오는 시제에 따라 의미가 달라진다. 「동사의 현재형+ところ」는 '(이제부터) ～할 참', ～ているところ는 지금 진행 중이라는 의미로 '～하고 있는 참', ～たところ는 완료형을 쓰는 만큼 '(방금) ～한 참'의 뜻을 나타낸다.

ちょうどよかった。これから出かけるところだったのよ。
마침 잘됐다. 지금부터 나가려는 참이었어요.

ごめんなさい。今食事をしているところなんです。
미안해요. 지금 식사를 하고 있는 참입니다.

今就職説明会が終わったところです。
지금 취직 설명회가 끝난 참입니다.

> **▌TIP ～たところ와 ～たばかり**
> 둘 다 '막 ～한'이라는 뜻이지만, 쓰임새는 다르다. ～たところ는 어떤 행동을 막 끝낸 직후라는 뜻인 반면, ～たばかり는 심리적으로 가까운 시간으로 느껴져도 쓸 수 있는 표현으로 '～한 지 얼마 안 된'이라는 느낌으로 쓴다.
>
> 車は去年買ったばかりです。(○) 차는 작년에 막 샀어요.
> 車は去年買ったところです。(×)

④ ～のところ

今, 現在, この 등의 명사에 붙어 '현 단계', '지금 시점', '최근' 등의 시간적인 상황을 나타낸다.

今のところ 지금 시점으로는　　　現在のところ 현재 단계로는
このところ 요즘, 최근　　　ここのところ 지금 현재로는 (＝ここんとこ)

今のところ患者の心理状態は安定しています。
지금 환자의 심리 상태는 안정되어 있습니다.

⑤ ～ところによると　～한 바에 의하면

「동사+ところ」의 형태로 '～한 바에 의하면'의 뜻을 나타낸다. 뒤에는 반드시 전문의 뜻을 나타내는 표현이 온다.

聞くところによるとブラウンさんはアメリカに帰ったそうだ。

들은 바에 의하면 브라운 씨는 미국에 돌아갔다고 한다.

記者の伝えるところによると経済状況はさらに悪化しているらしい。

기자가 전하는 바에 의하면 경제 상황은 더욱 악화되고 있다는 것 같다.

> さらに 더한층, 더욱 더

6 ～どころではない　～할 때가 아니다

「명사＋どころではない」, ～ているどころではない의 형태로 써서 지금
'~할(하고 있을) 때가 아니다'라는 뜻을 나타낸다.

A : あれ？みんなと行かないの？
B : 仕事が残っていて飲み会どころじゃないんです。

A : 어라? 다 같이 안 가? B : 일이 남아 있어서 술자리에 갈 때가 아니에요.

彼が留学から帰ってくる。落ち着いて勉強しているどころじゃない。

남자 친구가 유학에서 돌아온다. 침착하게 공부하고 있을 때가 아니다.

7 ～どころか　～는커녕

접속조사로 '~는커녕'이라는 뜻을 나타낸다.

能力試験の準備どころか学校の勉強もろくにしていない。

능력시험 준비는커녕 학교 공부도 제대로 하고 있지 않다.

株に投資して儲かるどころか損ばかりしている。

주식에 투자해서 이익을 보는커녕 손해만 보고 있다.

> ろくに는 '제대로', '변변히'의
> 뜻으로 뒤에 부정의 말을 수
> 반한다.
> 損そんをする 손해 보다
> ↔ 得とくをする 득을 보다
> ➡ 見る라고 하지 않는 점에
> 주의한다.

(3) 点てん

'점'의 뜻으로 방면, 부분, 측면 등을 나타낸다.

技術の点では優れています。　기술 부분에서는 뛰어납니다.

初挑戦の人に不利な点があるかどうか確かめなければならない。

첫 도전하는 사람에게 불리한 점이 있는지 어떤지 확인해야 한다.

> 優すぐれている 뛰어나다, 우
> 수하다

6 おき / たびに - 반복을 나타내는 표현

(1) ～おき(に)

おき, おきに는 '~ 걸러', '~ 간격으로'의 뜻이다. 같은 동작이나 상태가 반복되
는 경우에 수량을 나타내는 말에 붙어 그 간격을 나타낸다.

髪が傷んできたので、一日おきに髪を洗います。

머리가 상해서 하루걸러 머리를 감습니다.

> 髪かみが傷いたむ 머리가 상하
> 다, 머리결이 손상되다

月曜日は一週間おきに休館します。
월요일은 일주일 걸러(격주마다) 휴관합니다.

♦ 〜ごと(に)는 접미어로 '〜마다'의 뜻이므로 구별한다.

例 月ごとの行事 월례 행사　　　　隔週ごとに 격주마다

(2) 〜たびに

'〜할(일) 때마다', '〜할 때는 항상'이라는 반복의 뜻을 나타낸다. 「명사＋たびに」, 「동사 현재형＋たびに」의 형태로 쓰인다.

友達の結婚式のたびに、新しい洋服を買います。
친구의 결혼식 때마다 새 옷을 삽니다.

故郷に帰るたびに、母校をたずねることにしています。
고향에 돌아갈 때마다 모교를 방문하기로 하고 있습니다.

7 그 외의 표현

(1) 〜うえ / 〜うえに / 〜うえで / 〜うえは

① 〜のうえでは 〜상으로는

'〜상으로는'의 뜻으로, 방면, 분야를 나타낸다. '어떤 관계, 어떤 점, 어떤 면, 어떤 경우에 있어서는 〜하다'라는 의미이다.

図面の上ではこの設計は合っている。 도면상으로는 이 설계는 맞다.

企画のうえでは完璧なプロジェクトだ。 기획상으로는 완벽한 프로젝트다.

② 〜うえで 〜하는 데 있어서

동사의 현재형에 〜うえ(で)의 형태로 '〜하는 상에서', '〜하는 과정(경우) 안에서'의 의미를 나타낸다.

社会人になる上で大切なことは責任を持つことだ。
사회인이 되는 데에 있어서 중요한 것은 책임을 지는 일이다.

この地域の開発を進めていく上で障害となるのは、環境団体の反対運動だ。
이 지역의 개발을 진행해 가는 과정에서 장해가 되는 것은 환경 단체의 반대 운동이다.

③ 〜たうえで 〜하고 나서

「동사의 완료형＋〜うえ(で)」는 직역하면 '〜한 위에'가 되는데, 이는 '〜하고 나서', '〜한 후'의 뜻을 나타낸다.

詳しいことは'お目にかかった上で、ご説明します。
くわ め うえ せつめい
상세한 일은 뵙고 나서 설명드리겠습니다.

お目めにかかる 뵙다

ゆっくり考えたうえで決めたいと思います。
かんが き おも
천천히 생각한 후에 결정하고 싶습니다.

4 ～うえに　～한 데다가

명사 수식형에 붙어서 '～에 더하여', '～한 데다가 (게다가)'의 뜻을 나타낸다.

この部屋は古い上に狭い。
へや ふる うえ せま
이 방은 낡은 데다가 좁다.

値段が高いうえにおいしくないから、常連さんがいるはずがない。
ね だん たか じょうれん
가격이 비싼 데다가 맛있지 않으니까 단골이 있을 리가 없다.

常連じょうれん 단골손님

5 ～たうえは　～한 바에는

「동사 과거형＋うえは」의 형태로 '～한 이상', '～한 바에는'의 뜻을 나타낸다.

やると言ったうえは全力を尽くさなければならない。
い ぜんりょく つ
한다고 한 이상, 전력을 다하지 않으면 안 된다.

全力ぜんりょくを尽っくす 전력을 다하다

大学に進学すると決めたうえは悔いのないようにしっかりやりなさい。
だいがく しんがく き く
대학에 진학한다고 결정한 바에는 후회가 없도록 열심히 하여라.

悔くいのないように 후회 없도록
➡悔くい 뉘우침, 후회

(2) ～しだい

1 명사일 때의 의미

① 순서, 차례

② しだいに의 형태로 '점차', '차츰'의 뜻을 나타낸다.

外はしだいに明るくなってきた。
そと あか
바깥은 점차로 밝아져 왔다.

2 ～しだいだ　～ 나름이다

「명사＋しだいだ」의 형태로 '～에 따라 결정됨', '～ 나름임'의 뜻을 나타낸다.

これからどうなるかは君の決心しだいだ。
きみ けっしん
이제부터 어떻게 될지는 너의 결심에 따라 달라진다.

この事態をどう思うのかは気持しだいだ。
じ たい おも き もち
이 사태를 어떻게 생각하는 건지는 생각하기 나름이다.

③ ～しだい　～하는 대로

「동사의 ます형＋しだい」의 형태로 '～하는 즉시', '～하자마자'의 뜻을 나타낸다.

そちらに着きしだい連絡することになっています。
그쪽에 도착하는 대로 연락하기로 되어 있습니다.

彼の居場所をつきとめしだい、電話します。
그의 거처를 알아내는 대로 전화 드리겠습니다.

> つきとめる (규명하여) 밝혀 내다

(3) ～まま

① ～(되어 가는) 대로

「동사＋まま」의 형태로 쓰여, 되어 가는 상황에 맡기는 모습을 나타낸다.

何も考えないで、気の向くままに歩いて行った。
아무 생각도 하지 않고, 마음 가는 대로 걸어갔다.

子供の頃は、何もかも母に言われるままにしていた。
어릴 때는 뭐든지 엄마가 말하는 대로 했다.

> ～に言われる ～에게 말을 듣다

② ～ 채로, ～ 대로

「명사＋のまま」, 「い형용사＋まま(～いまま)」, 「な형용사＋まま(～なまま)」, 「동사＋まま(～たまま)」의 형태로 쓰여서 변하지 않는 모습을 나타내거나, 어떤 동작이나 상태가 유지된 상태에서 다른 동작이 이루어진다는 동시 진행의 뜻을 나타낸다.

生のまま食べるよりゆでて食べた方が消化にいい。
날것으로 먹는 것보다 데쳐 먹는 편이 소화에는 좋다.

> 生는 '생', '날것'이라는 뜻이다. 生卵(날계란), 生ビール (생맥주), 生放送(생방송) 등 접두어로 쓰이기도 한다.

ありのままの自分を見てもらいたい。
있는 그대로의 자신을 봐 주었으면 한다.

年を取らないで、きれいなままでいたい。
나이를 먹지 않고 예쁜 채로 있고 싶다.

> 年としを取とる 나이를 먹다
> ➡ '연세 드시다'라고 할 때는 お年を召す라고 한다.

あまり使ってないので、まだ新しいままだ。
그다지 사용 안 하기 때문에, 아직 새것 그대로다.

疲れていたので、化粧したまま寝てしまった。
피곤해서 화장한 채로 자 버렸다.

買い物に出かけたまま帰ってこない。
장 보러 나간 채 돌아오지 않는다.

Index

주요 문형 정리

Index 주요 문형 정리